数智税务的探索与实践

税友研究院 著

中国财经出版传媒集团
中国财政经济出版社

图书在版编目（CIP）数据

数智税务的探索与实践 / 税友研究院著. --北京：中国财政经济出版社，2023.9

ISBN 978-7-5223-2510-1

Ⅰ. ①数… Ⅱ. ①税… Ⅲ. ①税收管理-管理信息系统-中国 Ⅳ. ①F812.423

中国国家版本馆CIP数据核字（2023）第174831号

责任编辑：叶 彤　　责任校对：胡永立
封面设计：北京兰卡绘世　　责任印制：党 辉

数智税务的探索与实践
SHUZHI SHUIWU DE TANSUO YU SHIJIAN

中国财政经济出版社 出版

URL：http：//www.cfeph.cn
E-mail：cfeph@cfeph.cn

社址：北京市海淀区阜成路甲28号　邮政编码：100142
营销中心电话：010-88191522
天猫网店：中国财政经济出版社旗舰店
网址：https：//zgczjjcbs.tmall.com
北京密兴印刷有限公司印刷　各地新华书店经销
成品尺寸：185mm×260mm　16开　22.5印张　539 000字
2023年10月第1版　2023年10月北京第1次印刷
定价：78.00元
ISBN 978-7-5223-2510-1
（图书出现印装问题，本社负责调换，电话：010-88190548）
本社质量投诉电话：010-88190744
打击盗版举报热线：010-88191661　QQ：2242791300

序

很高兴看到税友研究院的这本书稿。作为中国税务信息化、数字化建设的重要力量，税友的IT能力是毋庸置疑的，让我意外的是，他竟然“文武双全”，在税务领域数字化实践的基础之上，还形成了洋洋洒洒的一本书。该书对近年来税务信息化、数字化建设过程进行了归纳总结，这一做法在众多财税IT公司中应该是并不多见的。作为一个较长时期一直关注税务信息化建设的研究者，我非常欣赏这种精神。更何况，写出包含诸多丰富题材内容的一本书，对于我来说，其实也是很有挑战的一件事，所以我很认真地学习了这本书稿。

《数智税务的探索与实践》一书汇集了2020年以来税友研究院三年的研究成果，以税务数字化转型为主线，包括上、下两篇，其中又分成6大部分。书中不少具体内容令人受益匪浅，不过，本书的主要特点还在于以下几处：

第一，本书是从数字化的角度对近些年来税收管理实践和改革进行了解剖，而这一视角是做好数字化转型所需要的重要前提之一。一直以来，尤其是信息化初期，在“纸上走到计算机”的信息技术应用模式下，信息化业务主要是将传统业务“搬到”计算机系统和平台上，其主导逻辑是线下的、基于纸面的业务流程。而提倡数字化这一概念以来，与以往的“电子化”“信息化”等提法相比，其重要改变就是后面还有“转型”两字——完成这一任务，就需要从线上的、基于数字化系统的角度来思考。这一视角的转变，带来了变化和创新。从数字化的视角来看，现有税费政策和税收管理的实施和创新、考虑数字化条件下的税费政策改革和发展空间，就会与书中的观点和结论产生共鸣。例如，要用“数据+规则”去描述税费业务的现状和发展。在这一观察视角和思维范式下，税务管理模式及其重点才会转变成数字化新时期的新形态。

第二，本书从数字税务建设者的角度开展了讨论和思考。数字税务建设者思考的问题，都是“接地气”的问题，否则，施工图纸就变不成实际的应用系统，这不是公式中一个变量或者文章中一个名词就可以解决的。在书中，我们看到了研究者们考虑了流程再造、岗位重组等系统性问题，不少内容都是“干货”。对于数字税务建设而言，概念的演变听起来就几个字的变动，但涉及大量的变化，这些变化都要一一落实，可以说盘点不清具体的变化之处，数智税务的建设就无法落地。例如，讨论应用场景的时候，需要落实数据分析、规则设计、流程设计、事项梳理和岗责设置；讨论“四精”体系则需要从主体、对象、过程、合作、载体、驱动等方面进行落地规划。虽然书中探讨的内容离具体的工程需求说明仍有区别——这也是研究和写文章的局限所在，但是如果从更加理论化一些的角度来看，本书也体现了数字税务与传统税务不一样的研究角度和方向。

第三，本书的内容印证了在税收领域发展交叉学科的现实需要。在研究界，尤其是社会科学领域，这些年开始重视交叉学科的发展。对应于本书讨论的对象，我们把这一领域称之为“数字税务”（或者数字税收），并且在2021年正式成立了中国人民大学数字税收研究所。虽然潮流和方向大致没错，但其实几乎所有的交叉学科被正式认可之前，或许它们的研究对象、形式、研究方法都会被置疑，尤其是研究者不多的时候，这时候不断有相应的成果出现，就显得弥足珍贵。本书不仅让我们看到了这个所谓的交叉领域在业界的真实需求，也看到潜在的研究对象和研究方向。书中讨论了多个融合业务和技术交叉领域的问题，其中有一些，例如“自然人税收管理、平台经济税收管理”等也是目前的难点，使用了经济学、管理学、信息科学、法学等多个领域的方法。从本书的探索也可以看到，运用交叉科学的思维和方法能够对解决这些疑难问题有所裨益。

目前来看，“无经济，不数字”。数字经济渗入社会经济生活的方方面面，包括税收在内的各个领域的研究者几乎都开始研究数字经济相关的问题，数字经济也在不断的发展，对于所有研究者而言，既是机遇，也是挑战。从挑战来看，不仅需要感知早，接触早，还要深入地思考总结。这些年我也在思考这个问题，积淀经历并不意味着比新接触的研究者更有优势，在飞速发展的数字经济面前，知识就会不断地老化。在研究对象不断发展变化的背景下，建立数字税收领域的系统研究框架，确定相对稳定的、有一定持续性的科学研究对象，而不仅仅是停留在现象本身，仍然是一个需要去探索的重大问题。当然，也不排除，数字税收就是数字化时代的税收，是税收研究领域整体的数字化演进，那更是一个宏大的领域，但这种可能性较小。

总之，本书篇幅不小，主题丰富，甚至有些内容，就我个人而言，也是正在学习的新鲜事物，所以这个“序”称之为读书心得其实更为合适。我相信，税友研究院的诸位同仁既是把这本书作为一个总结，同时肯定也是把这本书作为一个起点。面临智慧税务的广阔空间，正如书中在第三部分做出的展望，期待税友研究院的各位同仁在不断丰富的实践基础之上更深入的总结，充分发挥企业拥有丰富实践素材的优势，与理论界、实务界对这一领域有兴趣的朋友们一起，共同提高认识水平，为数字税务的建设继续努力，为数字中国提供“税务样板”，为全球数字政府建设贡献中国方案。

中国人民大学数字税收研究所副所长　谢波峰

2023年7月

目　录

上篇　理论·方法·策略

下篇　实践·探索·创新

上篇　理论·方法·策略

第一部分

税费数字化转型的方法与策略

1. 税费业务云化概念过程及其应用

税费“业务云化”来源于自然人税收管理系统（ITS）的实践，其内涵和外延的形成并非一蹴而就，也非一成不变，必将随着我国税收数字化转型实践不断向前演变。

一、业务云化概念及其形成过程

（一）业务云化的背景：支撑税改的路径探索

2018年以来的个税改革，让我国财税界专家感叹中国税务20多年的“综合税制梦”终于实现，更让国内外专家赞叹的是，中国税务通过互联网技术的巧妙应用，让税制改革在整个社会“无感”中平滑落地。为了探究个人所得税综合税制改革的成功之道，以云计算技术为核心的技术支撑体系逐渐浮出水面，“云化”成为税务领域的热词。

一开始，电子税务局“云化”的内涵被概括为“业务云化、数据云化、应用云化、技术云化和运维云化”。“业务云化”被定义为“构建以用户为中心，采用主体、行为、事实三段论对业务进行数据化，构建全域数据链条，实现落地数据一致性；将业务切成不可分、可重用、可再现的基础业务单元和公共服务单元，打造税务生态圈”。

此后，随着ITS的建设重心从以支撑税改为核心的纳税人端往以精细化、智能化管理为核心的税务人端转移，即云化的外延逐渐从“服务云化”往“管理云化”发展。此时，“业务云化”的原有定义就显得过于单薄，越来越无法覆盖全部业务并指导实践，因而迫切需要赋予其新的内涵。

（二）业务云化概念初成：以税收应用上云策略为主线

在ITS之前，我国的税收信息系统总体上归属于传统应用软件。由于云计算释放出巨大红利，国家税务总局早在个税改革前两年就开始局部试用云技术。恰逢个税改革业务的迫切需要，税收应用迁移上云也就应运而生、顺势而为，推动我国走入了“税务云时代”，并在此基础上将“云化”发展成为我国税收应用现代化的重要路径之一。因此，ITS迁移上云的策略也就成为了初次定义“业务云化”的基本依据。

对于不同的应用体系，其上云的策略也不一样。由于个税改革主要集中在综合所得方面，需要彻底重建的税收应用也就局限在综合所得方面，因此，从本质上讲ITS是一个建新与利旧相结合的信息化项目。基于此，虽说ITS是政务软件，但其上云策略与商业应用软件并无二致，总体上借鉴了“搬家法”“微服务化”的策略。

一是围绕综合所得汇算清缴的业务系统，采用的是“微服务化”上云策略。由于综合所得改革需要对原有的业务模式进行完全重构，且设计者从一开始就考虑了业务系统的组件化和服务化。因此，围绕综合所得汇算清缴的业务系统天然具备“微服务化”上云的条件。

二是围绕代扣代缴和预扣预缴的业务系统，采用的是“搬家法”上云策略。由于本次个税改革基本未涉及分类所得和经营所得，因此相应的税收应用基本未经改造；而涉及综合所得预扣预缴部分，虽然政策上有所调整，但在业务架构上与代扣代缴并没有什么不同。因此，对于扣缴系统的上云基本采用了“搬家法”策略。

针对 ITS 各个模块上云的策略，以及不同上云策略对“以纳税人为中心”的业务创新的支撑程度，个税改革选择了“微服务化”为基本策略。

（三）业务云化概念发展：以税务数字化转型为统领

党的十九届四中全会首次将“推行数字政府”上升为国家意志，明确要求“推进数字政府建设，加强数据有序共享，依法保护个人信息”。数字政府，作为实现国家治理体系和治理能力现代化的战略支撑，已成为数字中国的重要组成部分。自然而然，税务信息体系建设也围绕着数字化转型开展。

中关村信息技术和实体经济融合发展联盟发布的《数字化转型参考架构》给出“数字化转型”的定义是：“顺应新一轮科技革命和产业变革趋势，不断深化应用云计算、大数据、物联网、人工智能、区块链等新一代信息技术，激发数据要素创新驱动潜能，打造提升信息时代生存和发展能力，加速业务优化升级和创新转型，改造提升传统动能，培育发展新动能，创造、传递并获取新价值，实现转型升级和创新发展的过程。”数字化转型包括三大根本任务和五个视角。三大根本任务是价值体系优化、创新和重构；五个视角是发展战略、新型能力、系统性解决方案、治理体系和业务创新转型。其内涵及关联关系如图 1－1 所示。

深刻理解数字化转型的内涵及其关联关系，要求我们深层次探究“业务云化”更本质的东西，去回答诸如“税费业务云化的原生牵引力是什么？”“新技术在税费业务云化中的作用是什么？”等问题。思考、探究这些问题的答案，有助于我们在一定的时期内对“业务云化”的概念进行完善、深化和固化。

（四）业务云化概念固化：云计算＋自动化

通过回顾 ITS 和个税改革的实践，结合数字化转型的内涵及其关联关系，我们能够很轻易地找到上述两个问题的答案。

1. 目标价值主张是税费业务云化的原生牵引力

以个人所得税改革为例。综合所得税制改革是个税改革既定的总体目标价值主张，而让综合税制平滑落地则是总体目标价值主张下的至关重要的主张。要实现这一价值主张，必要的业务场景是实现纳税人端的自动填报，以弥补当前我国自然人纳税人普遍的合规能力不足问题。为了实现纳税人端的自动填报，在申报模式上需要将当时的自行申报模式改造成预填申报模式。而要实现预填申报模式，其前提是取得必要的数据，因此在实践上创新性地引入了日常生活事件触发的税种要素报告模式，以替代现行的按法律法规规定的时点一次性集中报告税种全要素的模式。同时，为了自动处理采集得来的涉税数据，使税收政策落地，就需要通过构建规则和模型，使政策规则化、规则智能化。业务重构为自动化的过程，体现在应

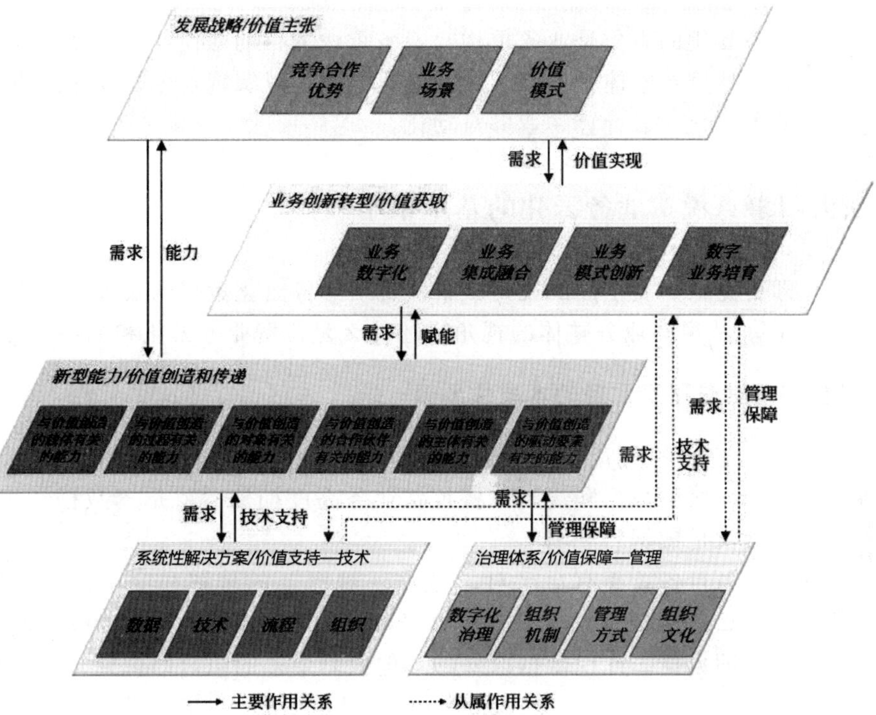

图 1-1 以价值体系优化、创新和重构为根本任务的五个视角及其关联关系

用上与“微服务化”异曲同工。由此，业务云化的核心价值主张是业务自动化，手段是业务重构；而反过来，业务云化也是当下实现业务自动化的成熟、经济、有效的手段。

2. 新技术是税费业务云化的必要条件

仍以个人所得税改革为例，综合所得税制改革的目标早在 20 多年前就已确定。为了实现这一目标，国家税务总局早在 2005 年就出台了《个人所得税管理办法》，提出了“建立个人收入档案管理制度、代扣代缴明细账制度、纳税人与扣缴义务人向税务机关双向申报制度、与社会各部门配合的协税制度；尽快研发应用统一的个人所得税管理信息系统，充分利用信息技术手段加强个人所得税管理；切实加强高收入者的重点管理、税源的源泉管理、全员全额管理”的目标。其中，个人所得税管理信息系统中的“基础信息管理系统”的建设要求与综合所得税制的要求基本一致：“（一）建立个人收入纳税一户式档案，用于汇集扣缴义务人、纳税人的基础信息、收入及纳税信息资料；（二）传递个人两处以上取得的收入及纳税信息给征管环节；（三）从一户式档案中筛选高收入个人、高收入行业、重点纳税人、重点扣缴义务人，并实施重点管理；（四）通过对纳税人收入、纳税相关信息进行汇总比对，判定纳税人申报情况的真实性；（五）通过设定各类统计指标、口径和运用统计结果，为加强个人所得税管理和完善政策提供决策支持；（六）建立与各部门的数据应用接口，为其他税费征收提供信息……。”但是由于受技术条件的限制，建成交付的基于金税三期系统架构设计的基础信息管理系统并不支持“一人式”数据归集，无法支撑个税业务的集中处理，不能满足综合税制改革需要。直至 2017 年年底，国家税务总局决定建设基于云计算技术的 ITS 才真正解决了集中处理税收业务的问题，个人所得税综合税制改革的目标才得以实现。

综上所述，业务云化的本质是业务重构，业务重构的目的是使业务自动化成为可能。因而业务云化是指在云计算技术体系支持下，通过业务重构以实现业务自动化的方法论。可以用公式表达为：业务云化 = 云计算 + 业务自动化。

二、宏大叙事：税费业务云化的基本策略

宏大叙事，即更完整、更全面的视角叙事。税费业务云化策略的宏大叙事就是既要源于ITS 又要超脱于 ITS，从税费业务整体的视角讲述什么是税费业务云化和如何实现业务云化。

（一）数据和规则是税费业务的本质性要素

在“数字中国”建设的大背景下，数据驱动、规则驱动已成为时髦用词和标准用词，各行各业各个岗位都在谈论数据和规则。将税费业务高度抽象后就是“数据 + 规则”，即税费业务的本质性要素就是数据和规则。

需要说明的是，各行各业都有自己对“数据 + 规则”的理解和应用，并不存在所谓的标准答案。那么，什么是税费业务领域的“数据 + 规则”？当下最有利于税费数字化转型的解读是——计税依据即数据，计税依据以外的其他税制要素的组合即规则，因此税费业务即“数据 + 规则”。

1. 数据是征税对象的基本存在形态

征税对象又叫课税对象、征税客体，是指税法规定的对什么征税，是征纳税双方权利义务共同指向的客体或标的物，是区别一种税与另一种税的重要标志。征税对象是税法最基本的要素，因为它体现着征税的最基本界限，决定着某一种税的基本征税范围。

经济决定税收，税收的种类由征税对象规定，而征税对象由经济行为性质决定。税收通常可划分货物和劳务税、所得税、财产税、资源税和行为税五类，这是由其征税对象的性质决定的。征税对象按其性质的不同可划分为流转额、所得额、财产额（数量）、资源额（数量）、特定行为额（数量）。

征税对象解决对什么征税的问题，然后要解决的是对征税对象数量化的问题，这就是计税依据（税基），体现征税对象量的规定性。计税依据分为从价计征和从量计征两种类型。从价计征的税收，以征税对象的自然数量与单位价格的乘积作为计税依据。从量计征的税收，以征税对象的自然实物量作为计税依据，该项实物量以税法规定的计量标准（重量、体积、面积等）计算。比如：企业所得税、个人所得税的计税依据是所得额（金额）；土地增值税的计税依据是增值额（金额）；耕地占用税的计税依据是实际占用耕地的平方米数（数量）；车船税的计税依据是车辆和船舶“辆”“净吨位”“自重吨位”（数量）；房产税的计税依据是房屋的余值或租金收入（金额）；增值税、消费税的计税依据是货物和应税劳务的增值额和营业收入（金额）；城市建设维护税和教育费附加的计税依据是实际缴纳的“三税”的税额（金额）。

综上，任何一个税种的计税依据都是以金额或数量形式对征税对象的量化，都表现为数据。

2. 规则是将征税对象转化为税收的要素组合

除了征税对象外，税制要素还包括纳税人、税目、税率、纳税环节、纳税期限、纳税地点和减税免税等。其中“纳税人和税率”与“征税对象”是税收制度的基本要素，任何税种如果缺少这三个要素中的某一个均不能成立。任何一个税制要素都规定了具体的、确定的内容。

纳税人，即纳税义务人的简称，是税法规定直接负有纳税义务的单位和个人，是税款的直接承担者。

税目，是征税对象的具体化，是税法规定的同一征税对象范围内的具体项目，其规范两个方面的内容：一是明确征税范围，体现征税的广度；二是对具体的征税项目进行分类和界定，以适用不同税率。

税率，是指应纳税额与计税依据之间的法定比例，是计算税额的尺度，体现征税的强度。

纳税环节，是纳税人在征税对象流转过程中应当缴纳税款的环节。

纳税期限，是纳税人发生纳税义务后，向国家缴纳税款的时间限度。

纳税地点，是纳税人应当缴纳税款的地点。

减税免税，减税是从应征税额中减征部分税额，免税是免征全部税款。减税免税是对某些纳税人或征税对象的鼓励或照顾措施。

上述要素是在计税依据确定以后，通过一定逻辑将征税对象转化为具体的税额，并明确由谁在什么时间什么地点缴纳税款的具体规范，因此上述税制要素的组合便是“规则”。

（二）数据和规则分离是税费业务的自然状态

在明确了税费业务由本质性要素数据和规则构成后，需要分析自然状态下的数据和规则，以寻求聚合策略达到税费业务目标。

1. “数据”来源于市场

“税收是人民或私人团体为供应公共机关的事务费用而被强制征收的财富”（英国财政学家巴斯特希尔）。税收来源于“人民”或“私人团体”，即“市场”主体。正如前文所述，量化了的征税对象即计税依据，也称税基。征税对象的两个关联术语为税本和税源。

税本是形成税收收入的经济基础，指国民经济的生产力，包括人力、资本、土地三个要素及由此结成的生产经营单位等。通俗地理解，税本就是市场主体及其构成要素。

税源是经济税源的简称，是指税收收入的经济来源，它主要是指国民经济各个部门当年创造的国民收入或往年累积的国民收入。在社会产品价值中，能够成为税源的只能是国民收入分配中形成的各种收入，如工资、奖金、利润、利息等。

税本是因、税源是果，税源产生于税本；而征税对象和税基就是税源的具体化和量化。因此可见，税基都是由市场主体产生的。

税基产生后它会以什么形式被记录和存储呢？会计是指以货币为主要计量单位，以会计凭证和会计账簿为主要形式，采用专门的方法对社会组织的财务收支和经济业务进行记录、核算和监督的活动。是的，会计活动记录了税本数据、税源数据，同时也在记录税基数据。

因此，可以这样理解，在政府部门干预之前，计税依据即“数据”产生于市场主体，并被以会计形式记录、存储于市场主体。

2. “规则”来源于政府

上文我们已经将“规则”定义为税制要素的组合。规则有税收法律法规和业务规则两种存在形式。

一是税收法律法规。包括全国人大和全国人大常委会制定的税法、国务院制定的税收法规、国务院财税主管部门制定的税收规章和税收规范性文件。所有的税收法律法规都由广义的政府产生并公开颁布。理论上讲，税收法律法规对政府（财税部门）与市场主体都是双向透明的，不应当存在执行上的偏差。但是由于我国现行税收法律法规都规定得比较原则、抽象，没有通过法律条文将税收法律法规进行规则化、场景化，因而很难要求市场主体不折不扣理解和执行税收法律法规规定。

二是业务规则。业务规则是对税收法律法规进行规则化和场景化的结果。业务规则包括计税规则和监控规则。

计税规则是规定了计税依据应当转化为何种计税结果的规则。计税规则是以正向思维对税收法律法规进行规则化和场景化的结果，它由一系列的指标、标签、规则和模型构成。计税规则只作用于构成计税依据的数据。

监控规则是对破坏计税规则的行为实施监控的规则。监控规则是以逆向思维对税收法律法规进行规则化和场景化的结果。同样地，监控规则也是由一系列指标、标签、规则和模型构成。监控规则不仅作用于计税依据，还需要作用于佐证计税依据的其他相关数据。

（三）聚合策略：税费业务云化的宏大叙事

通过上述分析可以得到这样的结论：由于生产和存储数据和规则的主体不同，数据和规则相互分离是税费业务的自然状态，也就是常态。因而，如何将数据和规则聚合起来就是税费治理的基本策略，即我们通常说的税收征管模式。可以这样理解，传统的税收征管模式就是通过法律法规规定纳税人的申报义务，让其将数据报送到税务部门以实现数据与规则的聚合。那么，基于税费业务云化的聚合策略应当是或者可以是什么样的呢？

1. 业务云化的基本策略

业务云化即聚合策略设计的基本逻辑：既然数据与规则分离是常态——数据在市场而规则在税务，那么从税费视角来看，可选的路径要么是“数据采进来”，要么是“规则输出去”。

（1）“数据采进来”云化策略。

与“数据采进来”云化策略相对应的征管模式是预填申报制度。从数据与规则互动的角度来看，预填申报制度总体上分为三步。

第一步就是采数据。采数据的第一个前提是建立信息报告制度，信息报告的主体包括一切交易行为的支付方、掌握涉税信息的其他政务单位以及纳税人本人，他们具有法定的报告义务，不履行就需要接受某种惩罚或者丧失某种利益。有了信息报告制度，相关单位和个人才有义务、税务部门才有依据将“数据采进来”。采数据的第二个前提是建立多元化的信息报告渠道，特别是移动端的建设。有了渠道各个信息报告义务人才能方便地“报”，税务部门才能方便地“采”。有了这两个前提才能有“采数据”这个实际动作。在预填申报制度下，采数据和建立采数据的制度是整个业务流程的起点和核心。

第二步试算计税并预填。这一步的内容就是用业务规则中的计税规则对数据进行加工，生成应申报数据预填申报表，推送给纳税人由其确认提交。

第三步也是最后一步，即税务部门审核。这一步的内容是用业务规则中的监控规则识别纳税人确认提交的申报数据与应然数据之间的差异，并安排应对措施。

ITS个人所得税综合所得汇算清缴的预填申报制度以及围绕预填申报制度展开的相关制度、规则、措施和手段的安排，是“数据采进来”云化策略的典范。

（2）“规则输出去”云化策略。

与“规则输出去”云化策略相对应的征管模式是合作合规模式。由于自主开发的商业软件数据标准不统一，税务部门通常需要与云化、SaaS化的商业软件合作而非与所有企业直接对接。

从企业视角，合作合规模式是依靠强化公司治理、实现自我约束来管控税收风险；从税务视角，合作合规模式是通过向企业输入税收规则、加强企业内部和外部的会计控制来实现风险管控。

合作合规模式的内容包括两个部分。第一部分是企业与税务机关签订税收遵从协议，让税务机关清晰了解企业的内控制度，建立税企互信，这是合作合规的基础。第二部分则是企业向税务部门坦诚报告所有相关信息，而税务机关向企业输出税收业务规则，在企业纳税申报之前帮助纳税人解决税收确定性问题，消除税收风险。

合作合规模式的具体实现方式主要有两种。一种是通过涉税专业服务机构实行合作合规，这种模式是由税务机关与涉税专业服务机构、企业签订三方税收遵从协议来实现；另一种则是通过税务机关与企业集团直接签订税收遵从协议来实现。

2. 业务云化的策略选择和应用

上文从理论的角度梳理出了业务云化的两种基本策略，但在实际应用中必须以辩证的方法论来看待：“数据采进来”和“规则输出去”策略不是绝对的，而是相对的。即整体上体现为“数据采进来”的云化策略中一定蕴含着部分“规则输出去”，反之亦然。

（1）影响业务云化策略选择的因素。

从公共治理的角度看，税费业务云化的策略选择受政府与市场关系的影响。政府和市场的关系问题，是一个世界性的问题，既是经济理论研究的焦点，也是各国经济发展实践中的难点。经济体制改革的核心问题是处理好政府和市场的关系，实现“有为政府”和“有效市场”，重点在于三个方面：一是要划定政府管理边界；二是要找准公共服务边界；三是要明确引导调控边界。因此，虽然从纯技术的角度，一刀切实施“数据采进来”的税费业务云化策略是最为简单有效的，但从政治、经济的角度未必是明智的做法，很可能引发政府“越界”的争议。因此，在策略选择上必须以具体的影响因素为依据。

一个影响因素是记账中心及其方位。记账中心及其方位的不同从市场主体维度影响着业务云化策略的选择。

所谓“数据”即计税依据，它是由市场主体通过交易产生并以会计记录的形式进行归集并存在于市场主体中。这就产生两个与业务云化策略选择有关的问题，一是市场主体有无记账中心；二是市场主体的记账中心在何处。

第一，关于市场主体有无记账中心的问题。依据《会计准则》和《小企业会计准则》（以下简称“准则”），一切市场主体（含合伙企业、个人独资企业和个体工商户）均应当按照规定进行会计活动。但是，对于自然人没有相应的规定。通俗理解，企业都有记账中心，而自然人则没有。

记账中心与业务云化策略选择的关系是：数据归集是业务云化的前提。有记账中心的说明数据已经得到归集，税务部门可以通过“规则输出去”实现业务目标；而自然人没有记账中心，需要税务部门建立记账中心并以此为基础与规则聚合实现业务目标，因而通常采用“数据采进来”策略。

第二，关于市场主体的记账中心在何处的问题。尽管准则要求每家企业记账，但并不排除集约化记账。随着数字技术的发展，越来越多的企业选择通过成立集团财务共享中心，或者委托涉税专业服务机构集中记账，因此，各类企业的记账中心方位不尽相同。

记账中心所处方位和业务云化策略选择的关系是：正如上文所述，由涉税专业服务机构代理记账的，税务规则可以与云化或 SaaS 化代理记账软件对接；企业集团建有财务共享中心的，税务规则可与财务共享信息系统对接。所以尽管二者都采用“规则输出去”策略，但具体到征管服务模式上还是有很大不同的。

第二个影响因素是数据血缘及其规模。数据血缘及其规模的不同从税费种业务的维度影响业务云化策略的选择。

本文所称数据血缘，是指市场主体记账数据与计税依据数据之间的亲疏程度，是借鉴人类社会中类似的一种关系来表达数据之间的这种关系。比如，企业发放员工工资扣除并记录的“三险一金”与个人所得税计税依据中的“三险一金”完全一致，属于“近亲关系”；又比如，对于生产企业来说，购入原材料发票上记录的数据，需要通过材料采购、原材料、生产成本、库成品多道结转，最终才转化形成销售成本，成为计税依据的一部分，因而采购发票记载的数据与企业所得税计税依据数据之间是“远亲关系”。

血缘关系近的记账数据可以直接转化为计税依据数据，而血缘关系远的数据则需要提供整条数据链才有可能转化为计税依据数据。因而，就某一税种的业务云化策略选择而言，记账数据与计税依据血缘越近，需要的采数规模就越小，就越倾向于“数据采进来”云化策略；记账数据与计税依据血缘越远，需要的采数规模就越大，就越倾向于“规则输出去”云化策略。

（2）业务云化策略的若干应用可能。

根据以上分析，我国税务部门可以采用的业务云化策略应用模式包括以“数据采进来”为基本策略的税务部门预填申报、以“规则输出去”为基本策略的专业服务合作合规和大企业直通直连三种。

其一，税务部门预填申报。

税务部门预填申报制度最合适的对象是自然人的相关税费，如个人所得税。一是因为我国自然人普遍没有记账习惯，自然也就没有记账中心，需要税务机关为其建立；二是我国自然人实体税收法律规定的交易数据（记账数据）与计税依据之间的血缘关系很近。

第二个适合税务部门预填申报的对象是财产和行为税，比如城镇土地使用税。一是因为税务部门不需要依托市场主体的记账中心，可以从其他政务部门直接取得数据；二是相关交易数据（记账数据）与计税依据之间的血缘关系很近。

第三个适合税务部门预填申报的对象是货物和劳务税，比如增值税。这个税种适合税务部门在于其特殊的“记账”行为，即强制“克隆”市场主体的交易数据。尽管交易是市场主体的自主行为，本应只记录于市场主体的账本上，但由于交易过程不得不使用了税控系统，相关数据就被记录于税务部门，相当于税务部门“克隆”了市场主体的部分账本。增值税适用税务部门预填申报的第二个条件是，发票数据与增值税的计税依据之间的血缘关系非常近。

需要特别说明的是，尽管本文以个人所得税为例说明自然人税费适合税务部门预填申报，但不应当认为个人所得税的所有所得项目都适合。个人所得税的经营所得项目的核算基础和业务逻辑与企业所得税完全一致，实际上是非常不适合预填申报制度的。

其二，专业服务合作合规。

数据表明，我国中小企业数量已经占全部企业数量的99%以上①，而选择涉税专业服务机构代理记账的中小企业又占了90%。因此，基于“规则输出去”云化策略的合作合规征管服务模式应当大有市场。

采用合作合规征管服务，将有利于税务部门对中小企业实施事前事中干预，以促进中小企业的合规和遵从。除了为中小企业创造更好的服务、提高其税收合规水平外，同样能给税务部门带来的是管理成本的大幅降低。

云计算技术的广泛应用将使合作合规成为税务部门和中小企业的首选。随着记账软件越来越多地“上云”，使企业与税务管理部门及涉税专业服务机构之间进行实时交互，税务体验也更加轻松。通过业务软件，企业在生成业务记录的同时也能根据税务部门输入的规则自动生成税务事务的数据。在这样的模式下，任何错误或遗漏都能够被实时发现，从而降低税务申报或合规性的风险。

实行合作合规的关键点是识别出能够将税务机关和中小企业链接起来的“桥梁”，即云会计（Cloud Accounting）服务的提供者。税务机关应当重点对此类新型涉税专业服务机构加强服务与监管。着重关注其整体信用、内控制度，更需要对其向中小企业提供的服务质量进行监控，特别是税务合规服务能力。对于有意愿、有能力进行合作合规的新型涉税专业服务机构，双方应当签订合作协议。在此基础上，税务机关向其提供基础信息下载、业务信息报送、涉税软件对接、业务规则辅导等便利化服务。通过合作合规，税务部门树立“服务好一个涉税专业服务机构 = 服务好一群中小企业”的理念，推动征管服务由“零售式”向“批发式”升级，从而提升中小企业的税法整体遵从度。

其三，大企业直通直连。大企业集团与税务系统直通直连是“规则输出去”云化策略的第二个可供选择的应用。

经济发展新态势和数字化转型新形势下，市场竞争愈发激烈，许多传统大规模企业都存在着竞争力提升慢、发展速度缓的问题。怎么有效管理企业集团来提高效率和竞争力、发挥规模优势成为需要考虑的关键问题之一。近几年特别是近5年来，华为、海尔、万科、蒙牛、太保、中石化等大型集团企业纷纷通过成立财务共享服务中心来加速推进数字化转型。通过建立财务共享服务中心可以奠定财务数字化基础，实现财务与业务广泛链接，助力全价值链数据脉络打通，从而将企业财务中心转化为企业数据中心。推行财务共享服务策略可以帮助公司实现提高效率、降低成本、加强内控、实现信息共享和提高客户满意度等多个层面的目标。而与此同时，也为税务业务云化策略的实施奠定了数据基础。

---

① 张莫．“中小企业发展指数”显示企业发展信心增强．经济参考报，2022年8月1日．

据披露，截至2020年年底，我国已有企业集团财务共享服务中心超过1000个。[①] 2020年以来，一些地区税务局开始试行“规则输出去”业务云化策略，配合大企业集团打造“税企直通直连”服务平台。以青岛为例，税务局打造“税企直通直连”服务平台后，大企业集团申报准备和办理时间缩短95%以上，涉税业务录入数据减少90%以上，营商环境得到明显改善，涉税风险也得到较好管控。例如，“税企直通直连”服务平台实施后，海尔集团在全球有21个工业园、108个工厂的税务流程均通过集团ERP系统与税务机关网上办税系统互联互通，实现了从企业业务生成、政策管理、涉税报表、风险内控、智慧申报、税务局反馈的一体化闭环管理，管理效率大幅提升。[②]

三、创新实践：业务云化在ITS的具体应用

正如前文所述，基于个税改革时我国个人所得税政策环境的实际情况，在ITS实践中采用的是“数据采进来”的业务云化策略，即预填申报模式以及支撑预填申报的整个支撑体系，包括税种要素申报、单一账户体系、一人式归集、应用移动化、三端联动和智能审核等。

（一）预填申报制度

预填申报制度的核心功能是实现纳税人端的自动化。

预填申报制度并非我国税务部门首创，早在20世纪90年代北欧四国就已实施。根据FTA描述，预填申报制度的基本流程是，雇员需要将自己的纳税代码和可以享受的各种权利提供给雇主或法律规定的其他有义务向税务局报送自己信息的第三方。雇主在向雇员支付收入时，会基于一个固定纳税期间计算并扣缴雇员应预缴的税款，然后及时向税务局解缴。年度终了后的2~3个月内，税务局会通过计算机系统将接到的所有纳税人信息进行处理，并据此生成纳税人申报表，包括纳税人取得的所得、已经缴纳的税款和应补（退）税款等信息，然后以固定格式发给纳税人进行确认。纳税人通过对表中信息进行核实，认为需要进行修改的，应及时向税务局进行报告。税务局会定期将纳税人多缴的税款返还给纳税人。上述流程与ITS的汇算清缴流程完全一致。

预填申报制度是30年以来世界范围内税务部门在纳税申报流程设计和信息技术应用领域所取得的最重大进步之一，而我国个人所得税改革实施的预填申报制度则为这个重大进步奉献了最为华丽的篇章。这是因为，在ITS之前尽管OECD有18个国家对个人所得税实行了预填申报制度，但这些国家的共同特征是国土面积小、人口基数少。像中国这样国土幅员辽阔、人口基数庞大的国家实施个人所得税预填申报制度，是世界税务史的创举和壮举。这是因为，预填申报制度必须基于全国范围的数据互联互通。因此，我国成功实施个人所得税预填申报制度，应当归功于税务部门在税制改革这样的重大事件中敢于启用以云计算为代表的新兴信息技术。

---

① ACCA，中兴新云服务有限公司，厦门国家会计学院．2020年中国共享服务领域调研报告．2020.

② 胡海啸，周萍萍．青岛：打造“税企直连”服务平台．中国税务报，2020年08月10日（A2）．

（二）税种要素申报

税种要素申报制度的实质是纳税信息报告制度，是“数据可得”的保障性措施。在个人所得税改革之前，我国个人所得税的税收信息报告完全依赖于报酬支付方。由于报酬支付方同时具有代扣代缴义务，因而通过报送个人所得税扣缴申报表一并实现扣缴申报和信息报告。在这样的背景下，即便有一些信息并不被纳税人所掌握，税务部门往往也将其整合进扣缴申报表，并要求纳税人将其报送给扣缴义务人，由扣缴义务人一并报送，比如税优型商业养老险和个人捐赠支出。个人所得税改革之后，计税依据中出现了完全归属于纳税人个人，且往往又是纳税人隐私的信息，如父母信息、子女信息、医疗信息、住房信息等专项附加扣除信息。按照传统的由就业单位代为报送不再是合适的途径。而与此同时，由于自然人纳税人没有记账习惯，也就是没有记账中心，待到次年个人所得税汇算清缴一并申报也非常不现实，因而需要实时向税务机关报送，由税务机关代为记录其计税依据的相关信息。由此，一种将计税依据信息单独、随时报送给税务机关的制度即税种要素申报制度应运而生。

税种要素申报制度作为“采数据”的制度保障，可以广泛应用于一切采用预填申报模式为云化策略的税费种。

需要重点说明的是，采用纳税人税种要素申报制度并不排斥扣缴义务人作为税种要素申报的主体。恰恰相反，由于预扣预缴申报内含两大功能：税种要素申报和税款扣缴申报，因而预扣预缴申报现在是、将来也将是税种要素申报最为重要的组成。

（三）一人式归集和单一账户

一人式归集和单一账号是采数据、存数据和处理数据的制度保障，是个人所得税预填申报制度的基础和核心。一人式归集和单一账号基于“统一数据标准（One Data）”和“单一实体（One Entity）”。

统一数据标准。实现数据的“可信”“可用”“可见”，要求在数据治理体系建设过程中以数据应用工具作为支撑，建立统一规范的标准数据元、实现打通全业务全环节的一套数据元标准，通过业务域原子数据项的分离，实现高效率、高质量的数据治理和运用。

数据标准是精准数据体系的起始点。在税务系统割裂建设时期，不同系统往往会从不同的视角和维度对数据对象进行描述，给数据在不同系统间的共享带来不便。打破各业务领域、各税收系统间的数据壁垒，建立基于一套数据标准的统一的数据元，实现税务大数据的融通、可用，是税务信息化建设的重要内容，是保证系统有效运行的重要手段。

单一实体。税务数据汇集了来自不同系统不同业务场景的数据，势必会存在相同人员使用不同身份办理不同业务的情况，构建同一主体的统一主体维度，打通各个独立系统的天然壁垒，使得来自各系统、各业务场景的数据归集于统一主体，是提高数据分析利用精准性的核心。构建基于自然人单一账户体系和组织（法人）单一账户体系的生产业务数据建模和生产服务数据建模，是实现大数据归集、算准税收账的关键。

系统独立建设的形式下，纳税人缺少跨系统的统一主体，跨系统信息不关联，会造成数据归集利用难、纳税人使用体验差的问题。主体不一致导致数据难以归集，无法综合利用，很难按人进行跨系统归集统计，无法形成统一全面的数据基础和纳税人画像，限制了后续对数据的利用。想要提高数据的归集、使用效率，需要打通现有系统账户壁垒，建立一套统一的、跨系统的纳税主体账户体系。

总之，单一账户是为了有针对性地采数据，一个实体是为了标准化地存数据，一人式归集则是为有目的地管数据。

客观而言，ITS 只是在最小必要范围内实现了“单一账户”“一个实体”和“一人式归集”，勉强支撑个人所得税综合所得的业务云化。未来如需支撑其他税费种业务云化，哪怕是支撑个人所得税经营所得和分类所得业务云化，一人式归集和单一账户体系的边界也还需要更大和更快的拓展。

（四）应用移动化

众所周知，在个税改革的过程中，代表应用移动化税务水平的个税 App 大放异彩，为改革成功立下汗马功劳。

移动互联网的特色优势是泛在连接和及时精准，是将“数据采进来”和“结果推出去”的主要依托，在税费业务云化中扮演重要角色。

“泛在”被用于形容网络无所不在，是源于电脑技术的发展，电脑已全面融入人们的生活之中，无所不在地为人们提供各种服务。由于税费要素特别是自然人税费要素数据存在碎片化问题，因而相较于固定互联网，移动互联网的泛在连接特性更好地满足了“一人式”或“一户式”归集的需要。

移动化的精准性来源于移动智能终端的实名化和数据传递的实时性。在税收治理领域，自然人通过移动智能终端的实名认证后将被赋予“单一账户”。在单一账户的基础上，分别建设自然人库和法人库。如此，通过智能移动端的实名认证功能，将自然人、法人、税务机关和其他政务部门之间的经济业务数据实时连接起来，从而确保了数据的准确性和鲜活度。

移动互联网的泛在连接和及时精准特性在税费领域特别是自然人税费领域有非常广阔的应用前景。

（五）三端联动

三端联动是指计税依据数据在纳税人端、扣缴人端和税务人端的互相透明和实时纠错机制。其实质是通过纳税人、扣缴义务人和税务人三方对计税依据数据进行相互认证，以达到确保数据真实的目的，是一种强化数据治理的机制保障。

正如前文所述，扣缴义务人（雇主）是纳税人（雇员）计税依据数据的最重要报告人。而雇员薪酬支出可以抵减雇主的企业所得税，利益驱动下雇主具有冒用他人身份虚构雇工支出的冲动，因而单纯依靠扣缴义务人报告的计税依据数据并不“可信”。从利益的角度看，纳税人本人和税务机关，是因冒用身份产生的计税依据数据而使利益受损的两方。从能力的角度看，纳税人本人对身份冒用数据具有敏捷感知的能力，但缺乏制衡手段；而税务部门恰恰相反，其具有法定的行政强制力，但缺乏感知能力。

因而，三端联动的关系和策略如下：税务部门通过相关机制和信息化手段建设，让纳税人实时感知其计税依据数据被扣缴义务人虚构，从而向税务部门提交相关信息；税务部门根据纳税人提供的信息依据行政强制力要求扣缴义务人核查更正。这样就形成了“纳税人监督、税务机关处理”的数据治理模式。

三端联动、多端联动数据治理模式可运用于任何计税依据数据利益相关者三方或三方以上的涉税业务场景，比如平台经济领域。

（六）智能审核

业务云化被定义为“云计算＋自动化”，其中，理解“自动化”的逻辑起点是“以纳税人为中心”。所以在ITS项目建设中，固然应当优先考虑“服务云化”“服务自动化”，但这并不意味着对“管理云化”“管理自动化”的偏废。因为“管理云化”“管理自动化”同样是“以纳税人为中心”的重要一环，只有税务端用户能够自动化处理相关税费业务，整个业务流程才能提速增效，“以纳税人为中心”才能真正落到实处。ITS个人所得税综合所得汇算清缴退税智能审核就是“管理云化”“管理自动化”的一个样板。

ITS智能审核的第一个阶段是个人所得税综合所得汇算清缴退税“指标化机审”。即通过设计指标模型，对纳税人提交申报数据的逻辑关系进行判断，以确定是否符合退税条件。税改期间“指标化机审”发挥了绝大的作用，大大提升了退税速度。

ITS智能审核的第二个阶段是“智能化机审”。主要的做法是在“指标化机审”的基础上拓展：一是扩展了审核对象范围，将审核对象由退税数据拓展到申报数据；二是增加了指标类型，在逻辑判断指标的基础上增加了业务真实性判断的指标；三是提升了指标的指向性，不仅展示纳税人的数据问题，还提供引导明确核查的具体方向。

ITS智能审核的第三个阶段是“法制化智能机审”。从法理上讲，税务部门对纳税人个人所得税综合所得汇算清缴退税审核，无论作出“同意退税”还是“不同意退税”的决定，都是具体的税务行政行为，是可复议、可诉讼的。因此，流程和文书至关重要。因此，下一步的“智能审核”应当往“法制化机审”的方向发展，即将法制文书电子化、征纳互动线上化和智能化机审结合起来，率先通过ITS对个人所得税综合所得汇算清缴退税处理税务文书交互过程逐步实现“线上化”“半自动化”和“自动化”，最终实现“法制化智能机审”。

2. 数字化转型下的税费业务场景重构策略

数字革命是当今世界“百年未有之大变局”的关键变量之一。在“万物互联”的时代背景下，数字技术、人工智能的迅猛发展，催生了全球范围经济、政治、社会各领域数字化转型的蓬勃发展。在政务治理领域，国际社会尤其是发达国家十分重视将数字化转型作为提升综合国力的重大战略，并将其作为应对未来全球竞争的工具选择。

我国《国民经济和社会发展第十四个五年规划和2035年远景目标纲要》在“加快数字化发展，建设数字中国”篇中专设了“提高数字政府建设水平”章节，要求“将数字技术广泛应用于政府管理服务，推动政府治理流程再造和模式优化，不断提高决策科学性和服务效率”。全面的数字化转型成为新时代经济发展的大趋势。政务领域的数字化转型也步入理论创新与实践探索的“快车道”。当前的“税收数字化转型”策略，正是在这样的宏观背景下对提升税务治理能力的重要创新，也是实践税收现代化目标进程的重要战略选择。

置身于新的战略背景，税费业务设计需要定位于顶层设计、前瞻设计立场，才不会被现有文件的条条框框所束缚，需要进行变革式、创新式的战略谋划，才不会只是在现有基础上的局部改良。

一、税收数字化转型与经验借鉴

（一）税收数字化转型的核心

“数字化”是转型手段，“转”代表转型的过程机理，“型”代表转型的目标形态。

用税务语言来讲，“型”即未来的业务场景，是税费业务的最终呈现；“数字化”是技术方法，以云计算、大数据、人工智能、区块链等数字技术为依托；“转”即重构，是基于技术手段，从传统业务场景向新型业务场景转变的过程。

因此，不言自明，“业务场景重构”是税收数字化转型的核心。

业务场景具有鲜明的“画面感”，直接体现了“以用户为中心”的价值导向，强调用户体验，根据用户反馈优化产品，这也是税收数字化转型需要达成的价值目标。因此，税费业务场景设计应该是一种跨时空想象，即将预期产品置身于未来的场景中，感知用户对未来产品的需求，从而以用户需求的“将来时”来指导场景设计的“现在时”。

（二）ITS 实践的数字化转型经验

在数字化思维下，万物皆数据，业务即算法。以数据原子的规则化组合映射业务内涵，达成确定性的业务目的，正是数字化转型的本质。税收数字化转型也遵循这一逻辑。洞察数据在税费业务中的原子本质，设计数据自动流转的算法规则，是数字化转型工作的主要内容。

个人所得税改革所依托的自然人税收管理信息系统（ITS），可以说是数字化转型的一次先行尝试。

从业务视角看，ITS 所实践的业务需求设计过程，是大多数税费业务设计都将面临的。ITS 从业务的起点到各个阶段的产出物形态，都经过了反复的论证与迭代，并且已经拥有行之有效的实践，可以为整个税费业务设计提供初始的参考样例。从数字化转型的业务内涵看，ITS 在要素化采集、预填式申报、规则化管理等方面进行了若干点状的实践，带来的业务成效不言而喻，对税改支撑、效率提升、征管变革等意义重大。接下来的数智税务所承载的是新一代税收信息系统的使命，数字化转型范围更大，改变也不局限于“点”，而应当串联成“线”，铺展为“面”，由“表”及“里”，实现业务场景的代际创新、业务理念的代际转型。

从技术视角看，ITS 率先应用云计算技术，这是业务转型所带来的信息技术的选择应用，是云计算技术首次应用于税费领域。从实践经验来看，业务与技术是相辅相成的。比如，个税综合所得税制的转型带来了全国自然人信息一人式归集的业务需求，而云计算技术的发展恰巧为业务需求提供了技术路径。当采用了云计算技术之后，税费对于大数据的计算能力发生跃迁，业务的实时交互成为可能，从而创设出预填交互等全新的业务场景。未来数智税务对于技术的选型，也将来源于业务需求的提出。当今技术背景下，云计算、区块链、人工智能、物联网等都可能成为未来数智税务业务的技术选型。

二、业务场景重构的方法论

业务场景重构是数字化转型的本质，也是业务需求编制的内容主体。

业务场景重构是一项综合性、系统性的工程，是基于统一的业务转型理念，在满足技术条件支撑的前提下，对业务场景的数字化重构。因此，建议未来数智税务的业务场景重构由业务专家、数据科学专家和技术专家组成的团队来共同完成。

（一）业务场景基本理论

1. 业务场景要素

“场景”，原意指戏剧、电影中的场面，是指在一定的时间、空间内发生的一定的任务行动或因人物关系所构成的具体生活画面。

一个完整的税费业务场景，应当能够描述“什么人”于“什么时间”在“什么地方”用“什么方式”做“什么事情”，因此，业务场景要素至少应当包括税费业务事件、行为主体、空间、时间和交互方式五个基本要素，也就是 4W（What，Who，Where，When）+1H（How）。

（1）税费业务事件（What）。

税费业务事件是一项或一组税费业务政策构成的、以引发税费业务行为为目标的税费业务关系。

税费业务事件具有显著的政策性，任何税费业务事件都应当能够描述明确的税费业务政策依据。组合并描述税费业务政策依据是描述税费业务事件最核心的内容。

税费业务事件应当遵从顶层设计。任何税费业务事件都应当是在顶层设计下的独立事件，围绕顶层目标是绝对的，业务独立是相对的。因此，“服务于谁”是业务场景描述的基点。比如，事件“预缴”服务于事件“汇缴”，而事件“汇缴”又服务于税种的顶层目标——税种职能。

税费业务事件或远或近都可以用税费法律上的“权利”或者“义务”的关系来表述。比如事件“预缴”、事件“汇缴”，以及由此引发的事件“补税”“退税”都可以用纳税人和税务机关的权利义务关系来表述。

（2）行为主体（Who）。

在税费业务场景中，征方和纳方是恒定的、不可或缺的行为主体。但需要特别注意的是，纳方中的“纳税人”必定是税费业务事件的要素，没有纳税人就没有税费业务事件，但不必定是行为主体。“纳税人”既可以是行为主体，也可以不是行为主体。也就是说，在税费业务场景描述中，我们要考察的不是税制要素中的“纳税人”，而是办税业务中的“行为人”，这一点非常重要，事关业务场景其他要素“空间”“时间”和“交互方式”的选择策略。

对行为主体的描述应当针对具体的税费业务事件从征方、纳方和第三方关系人维度展开。

征方包括税务机关、海关、代征人。税务机关纵向需按照总省地市县五级细分、横向按照内设机构的业务分工细分，并在此基础上进一步细分到每个具体的业务岗位。

纳方包括纳税人、扣缴义务人和代理人。纳方为自然人的，原则上不需要进一步细分。纳方为组织机构的，则需要进一步细分，直到能够识别出具体经办的自然人。

第三方关系人主要围绕涉税数据展开，包括涉税数据报告人和涉税数据应用人。鉴于涉税数据的可得性对于税收治理数字化转型的重要性，税收数字化转型进程中，重点应当放在涉税数据报告人的制度安排上，包括掌握涉税数据的政务部门、互联网平台和支付款项的市场主体等。需要特别注意的是，千万不要基于传统业务逻辑，将支付款项的市场主体只定义为“纳方”的扣缴义务人，而在涉税数据报告人列表中将其遗漏，在某些税费种中款项支付方是最重要的涉税数据来源。

（3）空间（Where）。

空间需求包括但不限于两个维度的描述。

一是税费业务事件本身是否存在空间跨越性需求，包括跨主管税务机关业务、跨层级业务、跨部门业务、跨区域业务等。比如，企业重组业务、反避税业务通常具有空间跨越性的内在需求。

二是从“端”即行为主体（用户）的维度，描述税费业务事件是否有通过技术手段消除空间距离，实现“端到端”业务模式的内在需求以及需求的强烈程度。实现“端到端”的业务模式是税费治理数字化转型的表象特征之一，是对税费业务事件实现方式的总体要求。但是，对于自然人业务和法人业务而言，选择什么“端”是有差异的。自然人业务由于纳税人角色和行为人角色合一，更倾向于所有税费业务事件都通过移动端办理；而法人税费业务通常由职业人员完成，需要扮演企业成员的角色，因此有的业务需要通过移动端办理，而另一部分业务则通过PC端办理更为合适。当然，即便都是自然人，年龄、身份、性格等个性化因素对“端”的倾向性也会有所不同。

（4）时间（When）。

时间需求包括但不限于法定时限、时序关系和服务时间三个维度的描述。

法定时限是税费法律法规对税费业务事件的约束性时间要求。比如，税法规定的增值税的月度申报时限是次月的15日前。业务专家对法定时限的描述绝不是简单地照搬税法的规定，而是对税费业务事件进行结构化拆解的基础上根据法定时限作出创造性解读，目的是通过税费种要素的多渠道、多形式申报以实现税费种的“预填式”“一键式”申报。

税费业务是由主、次、微多个业务场景组成，这就需要业务专家对同时存在的每个业务场景之间的关系进行管理。时序逻辑就是对存在因果关系或者传递关系的两个及两个以上的业务场景的管理策略。

比如经营所得A、B、C表申报之间，存在A表申报将数据传递给B表，B表申报将数据传递给C表的传递关系，业务专家需要清晰地描述A表申报在前、B表申报居中、C表申报在后的时序关系。如果政策上没有作这样的时序安排（事实上政策确实没有作这样的安排），就需要在场景设计时用时序逻辑去控制。

关于服务时间，终极目标是所有服务渠道都能提供7×24服务。但毫无疑问这不现实，因此需要根据不同的业务场景做差异化处理。原则上，在确保工作日服务时间的基础上，对于纳税主体与行为主体分离的业务可适当增加延时服务，而对于纳税主体与行为主体合一的业务则应当考虑7×24服务。

（5）交互方式（How）。

为什么要将交互方式作为业务场景的基本要素？这是因为我们将税费业务事件定义为税费业务关系。既然是税费业务关系，则必定存在征方和纳方的交互。因此，任何税费业务事件都可以按照实时交互和延时交互进行归类（关于实时或延时的阈值区间也是一个可以专题研究的命题）。

过去，我们将税费业务事件分为“纳税人依申请发起事项”和“税务机关依职权发起事项”。对于纳税人依申请发起事项，税务机关总是要处理回应的，这里边就有一个交互的过程。将其分为实时交互和延时交互，大家是容易理解的。但对于“税务机关依职权发起事项”如何去理解也是一种“交互”呢？我们把时间拉长去审视就会发现，任何“税务机关依职权发起事项”都不是无缘无故的，都是税务机关对纳税人过去一件或者若干件税费业务事件的反馈。比如说税务稽查，是对纳税人疑点税费业务行为的反馈；比如说行政处罚，是对纳税人已确定违法行为的反馈。

为什么要将所有税费业务事件按照交互方式进行分类？因为根据优化营商环境和税费治理质效的要求，我们的终极目标是所有税费业务事件实现实时交互。也就是说，当前的所有延时交互都要向实时交互的目标演化发展。这就需要我们将已经实现实时交互和还没实现实时交互的税费业务事件区分开来。

2. 业务场景分类

按照业务核心程度，业务场景类别可以分为主要业务场景、次要业务场景。按照描述的颗粒度，业务场景可以进一步细分为微业务场景。

主要业务场景和次要业务场景的划分是为了以提纲挈领的方式，把握税费治理核心业务，本质上是一种场景梳理的方法论。主要业务场景聚焦税费业务的核心事项；次要业务场景则涵盖税费业务全集的其他方面。

实务中，这种方法可以应用于场景推演的全过程。比如，对于“申报”场景，同样以主次场景的方法进行分析，可以把“申报”分为“申报前（申报准备）”“申报中”“申报后”。“申报中”可以看成主场景，其他则看成次场景，以此推演。

微业务场景是在主要业务场景和次要业务场景推演细化过程中产生的，三者结合起来体现的是一种由粗、到细、到微的推演方法。

（1）主场景。

主次业务场景划分是否得当事关每个税费种业务架构设计是否合理。主要业务场景是能够体现税费核心业务或者业务中枢的场景。

数智税务业务场景重构的统一理念下，主要业务场景应当体现税费的核心业务，税收的基本职能是组织财政收入，因此，“税费种申报”应当成为主要业务场景优先考虑的对象。

基于税费业务的内在逻辑和 ITS 设计的实践经验，我们建议，设计税费种的主要业务场景的数量应由“元（税基 + 税率结构）”的多少来确定。

在此逻辑下，一个税费种可能只有一个主要业务场景，比如企业所得税（一“元”）只有汇算清缴一个主要业务场景，土地增值税（一“元”）只有清算申报一个主要业务场景；一个税费种也可能有多个主要业务场景，比如增值税有一般增值税申报、进口增值税申报和出口增值税免抵退申报三个主要业务场景；个人所得税每一个所得项目对应一个税基和一套税率表，因此每一个所得项目就是一“元”。所以现行的个人所得税有多个主要业务场景，分别是综合所得汇算清缴、经营所得汇算清缴、财产转让代扣代缴等。

（2）次场景。

在税费业务全景下，次要业务场景是除主要业务场景以外的其他业务。包括税务登记、实名认证等为主要业务场景服务的基础性业务；也包括纳税服务、风险管理等为主要业务场景保驾护航的监管服务类业务；还包括服务于主要业务场景可持续发展的管理决策类业务等。

（3）微场景。

微业务场景是主要业务场景和次要业务场景的细分。细分微场景，实质是解答一件事如何办的问题。微场景直接展示了业务处理的思路，体现出业务场景设计的价值导向。微场景选择是否合理、颗粒度设计是否得当是决定业务“云化”程度的关键。

微场景的颗粒度并非越“微”越好，确定微场景的原则是“以独立的业务含义为限、以表达业务的自然态为宜”。场景细分应当以有业务意义的最小单元为度，不能为了“微”而“微”；最合适的“度”是行为主体能够直接感受到的业务的最自然状态。比自然状态更小的颗粒度，由于损失了效率和体验感，即便存在独立的业务含义，也不应当被定义为微场景。个人所得税专项附加扣除报送的设计就是遵循这一原则的一个范例。

（二）业务场景设计的方法

业务场景设计需要考虑的主要内容和时序是数据、规则、流程、事项、岗责。

1. 数据分析

数据的分析过程可以遵循如下步骤：

第一，根据已经描述完成的业务场景，梳理出支撑该业务场景所需的全部数据项并初步确定数据标准。

第二，针对本业务场景传递给后序业务场景的数据，考察其可用性，并酌情调整数据标准或者调整后序业务场景。

第三，根据本业务场景所需的全量数据，审视所有前序业务场景，考察是否需要调整前序业务场景及调整后的数据可得性，并依次处理。

第四，数据完全可得的，进入“规则”设计环节，设计数据驱动发起并自动流转。

第五，数据不完全可得，但能支撑基线业务的，进入“规则”设计环节，设计数据驱动发起并人工补充数据后流转。

第六，数据不完全可得，且不能支撑基线业务的，进入“流程”设计环节，在该业务场景中补充税费业务数据采集事项。

另外还需要注意的是，梳理支撑业务场景的数据项时，理论上应当从政策以及业务场景的价值目的出发，找出场景所需的全量数据项。这与当前表单已经列示的数据项存在差异，如果以当前表单为基础，则应当对每一个数据项进行审视。具体来说，一要看数据项的存在是否合理。比如房地产转让申报中的成本数据项，如果“成本”是需要基于对税务政策的理解，自行计算加工之后生成的，让纳税人直接填报显然不太妥当，可转为采集要素：以购进发票为基础的房产原值、以契税缴款书为依据的购进时缴纳的契税、以房产价值评估发票为依据的评估费用等等，如此，“成本”数据项则转化为“房产原值”“契税”“评估费用”等数据项，这也是由表单式转化为要素式的实现逻辑。二要看数据项的组合是否充分。审视当前数据项是否能完整、能否充分表达本业务场景的业务内涵，以及需要传导至后序业务场景的，在本场景中是否需要新增或规范。比如个人所得税综合所得汇算清缴申报中，个人的公益捐赠可以税前扣除，但是个人自行填报捐赠金额，无法把握全额扣和限额扣的尺度，在后续的风险管理及退税审核场景中，也无法判断填报是否正确。因此在汇缴申报场景中，需要增加捐赠相关明细数据项的采集。

在数据的分类上面，可以有若干维度进行划分：按照数据来源，可以分为原始数据和加工数据；按照数据类型，可以分为行为数据和事实数据；按照数据使用，可以分为一般数据和标签数据。

在分析实务中，通过以上维度对数据进行区分，有助于我们理解数据的属性，这也是后续数据标准化管理的一项需求。

数据分析细致繁琐，需要对政策内涵有深刻的理解、对数据标准有清晰的认知，并且要有新型业务理念的注入。在实务中，比较适当的方法是借助规范化的表单或者工具来进行梳理分析。这样，在经过逐步迭代之后，可以达成对税费标准数据元的整理，以及对各个数据项来源和调用关系的充分展现。

2. 规则设计

规则是指微观层面的对数据项的计算逻辑，包括业务规则和模型。

业务规则是业务专家基于业务经验，按照税费业务事件的政策要求，对指标的组合结果。业务规则用于自动处理数据，以支撑税费业务事件完成。

模型是专家团队按照税费业务事件的政策要求，通过数据建模，利用模拟、优化、计划等算法形成的最佳指标配置和编排。模型用于实现自动处理数据、支撑税费业务事件的完成。

基于上述定义，是不是需要进行规则设计，由支撑税费业务事件的数据可得性分析结果而定。通俗理解，有数据就要设计规则，没数据就不需要设计规则。

在数据可得的前提下，选择设计业务规则还是模型，因税费业务事件而异。需要强调的是，业务规则不具有预测能力，因此业务规则一般在业务需求设计过程中就可以完成；但模型具有预测能力，因此模型建设贯穿于税收信息系统设计建设的全过程，甚至需要延伸到项目交付使用之后。

在数智税务业务场景重构的统一理念下，规则构建也需要遵循一套较为固定的范式。哪一类规则设计具有必要性，哪一类规则实施具备可行性，建议有一个初步的整理。比如说，对于能够取得数据的，尽量设计预填类规则；在面向自然人的采集数据场景中，需要采用引导式、辅助式规则，交互中的文字语言要尽量通俗易懂。这一类范式可以在工作中逐步讨论确定，形成列表，用以指导后续工作。

规则的构建成果，也需要以统一的表式进行表达。规则管理将成为未来税务人员的工作重点，规则库或者说规则中心的构建有赖于规则的原始积累和异同甄别。

3. 流程设计

本文中的流程指的是业务流程，是一组将输入转化为输出的相互关联和相互作用的活动，活动之间不仅有严格的先后次序限制，而且活动的内容、方式、责任也有明确的界定和安排。业务流程在本质上是资源配置优化和组织结构优化的一种管理制度。

基于税费业务事件是一种由国家法律规定的权利义务关系，业务流程是不可或缺的，因此要不要流程不是我们在业务场景设计中需要关注的重点。我们需要重点考察的是税费业务事件在业务流程中流转的驱动力是什么，是数据驱动还是流程驱动？

数据驱动则是在流程节点输入数据，利用规则或模型进行决策判断，通过数据的自动流动性驱动税费业务事件从起点走向终点的驱动模式；而流程驱动则是在流程节点输入人的直觉和经验判断，通过转手交接来驱动税费业务事件从起点走向终点的驱动模式。

因此，一项税费业务事件数据可得可用且设计了相应的规则，即已经实现数据驱动，就可跳过本环节进入事项设计环节；一项税费业务事件数据不可得或者不可用，则需要在流程节点设计活动内容、方式、责任，通过人工输入直觉和经验的判断、人工转手交接来驱动税费业务事件流转，直至输出结果。

4. 事项梳理

税收信息化项目的建设方是税务部门，建成后的运营主体也必定是税务部门，这种状况在可预期的未来难以改变。鉴于此，我们将“事项”定义为税务人员要实际操作的事。

事项可分为自动事项和人工事项。数据驱动下的事项就是自动事项，而流程驱动下的事项就是人工事项。

信息系统开发交付后，基于流程驱动或数据驱动，税务人员的事项大相径庭。

流程驱动下的人工事项，税务人员在每个节点作判断并转手交接，管理的对象是轻度抽象化的税费业务事件。因此，人工事项与税费业务事件“血缘”关系比较近，通常可以用类似于金三底层业务的名称来表述。

但税费业务事件在数据驱动下实现自动化处理，则是依靠数据的可得可用性和规则设计的科学合理性。因此，抽象出来看税务人员在自动事项中要做的只有“数据治理”和“规则管理”两件事。当然，这两件事还可以按照不同的维度向下细分。但无论如何，由于实行了人管数据和规则、数据和规则管事，自动事项与税费业务事件“血缘”关系就比较远，通常用“××数据管理”“××规则管理”“××指标管理”等名称来表述。

需要注意的是，虽然总体趋势是数据驱动将逐步取代流程驱动，但在税收数字化转型进程中两者有可能长期共存。这一状况将在很大程度上给税务人力资源配置带来困扰，因此通过业务需求设计过程中的分析，划分并计量出自动事项和人工事项就显得格外重要。

5. 岗责设置

岗责设计的原则是因事设岗、因岗定责。影响岗责设计的最重要因素是“事的难易程度”与“人力资源实际水平”。

在业务需求做到岗责设计环节，“事项”应当基本明了，因此重点应当关注“人力资源实际水平”，既包括人力资源数量供给水平，也包括人力资源能力供给水平。

相对而言，由于人工事项更加具象、数量庞大、但对专业人员难度不大，因此对于人力资源的数量供给水平要求高、专业化水平和操作熟练程度要求高；对于自动事项，由于更加抽象、数量相对少但复杂，因此对于人力资源的数量供给水平要求没那么高，但是对人才的复合型要求非常高。鉴于税务部门人力资源的现状，建议按照团队设岗，即将业务专家岗、数据科学家岗和技术专家岗组合成相对稳定的团队，共同负责自动类型的事项管理。

（三）业务场景设计的相关考量

业务场景设计虽然聚焦于业务，但在实现逻辑上，技术支撑也是需要适当考量的。数字化正是基于当今数字技术的发展，给税费业务模式带来变革的可能性，而提出的战略转型。

技术分析跟随业务需求而生，决定了业务实现的技术方式，关系到项目预算和最终的业务场景形态，在业务需求分析的各个阶段，技术实现与业务场景都密切关联。

理论上，需求是技术的应用场景，新型的需求催生了技术的演化。因此，在立项阶段，我们应当按照最优实现方式对业务予以规划，再考量技术的支撑程度，而不要以当前所应用的技术，主动限制了对业务的想象。商务领域的技术应用领先于政务领域，商务应用技术也可以转为政用，甚至由政务应用的特殊需求促进新技术的研发与应用，这都是存在可能的。

当然，数字化不是意味着技术的全盘高精尖，技术选型始终以适用性、经济性为重要考量。在满足关键业务场景对于技术支撑的核心需求的前提下，需充分考虑成本节约因素，不仅是当前部署的成本，也包括未来若干年可能发生的综合成本。

法制资源分析也是无法规避的一个方面，包括当前的税费政策法律、法规和征收管理制度的分析，以及中共中央方针政策导向的分析等。税收数字化转型带来业务场景的变革，在变革中，对于既有税制，尤其是征管制度的突破将很难避免，换言之，如果没有突破，又谈何实质性变革。实务中，法制资源分析虽然不体现为业务需求设计的组成部分，但也是要考量的因素之一。

（四）业务场景重构的方法

业务场景重构是在业务场景设计的方法论之下，对于业务场景的变革化设计，是破旧立新的过程。业务场景重构进入实操之时，需要充分考虑遵循的理念和可行的步骤。

1. 业务场景重构遵循的理念

业务场景重构理念，是工作人员在进行场景分析时的原则，决定了场景改造的路径，也决定了对业务最终呈现效果的评价标准。因此，在进入业务场景设计之时，理念的统一相当重要。

当然，在当前阶段，完整罗列场景重构的原则尚存困难，需要以核心理念为主导，在实践中不断圈定原则、积累规范，形成对工作的可用指导。

从核心理念层面来看，我们认为可以从两个维度进行把握。

（1）价值标准。

从业务本身出发，业务场景的重构对促成税收核心功能的发挥，对促进税收现代化的实现，以及对于营商环境优化、政务服务目标等方面的价值衡量，展现为这件事的价值目的判断，这也是在立项版业务需求阶段需要解答的问题。

（2）成效标准。

数智税务的核心理念是数字化转型。数字化转型的基本逻辑是：以数据的自动流动，化解复杂系统的不确定性。因此，我们可以基于上述逻辑构建数字化转型战略的成效标准，指导数字化转型的实现。可以拆解为两个层面：

第一，数字化。可以体现为：要素、实时、集成。

要素：可以理解为两层含义，第一，以数据为生产要素，体现数字资产理念，实施数据生命周期管理；第二，数据的要素化采集，改变传统申报的表单形态，前置以要素采集，以符合自然态的方式采集经济业务行为中的要素化信息项，在申报阶段则实施数据驱动下的归集与预填。

实时：实时性是数字化的重要特征。在现有的信息技术下，数字传递时效已经发生跃迁式变革，尤其是云计算和5G技术的应用，零时滞已在商业领域有着广泛应用。税费业务事项也存在延时到实时的转变需求，比如申报事中的风险提醒，一键式扫描，问题实时展现，将成为业务场景设计的一项标准范式。

集成：在各行各业的数字化转型中，对于打破数据壁垒、促进数据流通都有着鲜明的诉求。税费业务的数字化转型同样需要考虑一体化的问题。多个既有系统之间、各个税费种之间，形成统一的数据标准，形成共用的征管规范，破除数据孤岛、数据烟囱，才是对数字化效能的最大利用，也是成本集约的重要考量。

第二，降低不确定性。可以体现为：智能、精准、效率。

智能：智能化是数字化转型的典型特征。在数据驱动理念下，业务由系统自动处理，改变传统业务“人在流程中”的经验式业务处理模式。智能化的驱动力是规则，也就是算法。规则管理将成为新型业务的重要微场景。

精准：经验式带来了不确定，智能化则表现为确定性。税费业务确定性的核心体现是精准，固定而完善的规则，将重塑政策落地的精准性。依托标签的用户画像管理，将创造精准服务的新型业务形态，输出为数据驱动下的新业务场景。

效率：人工处理模式下，即便经验再丰富，业务依然存在饱和上限，人力组织编制也决定了人力不可能任意扩张。尤其面临短时间并发业务时，突击模式会让工作人员不堪重负。技术变革也带来了效率的显著提升。依托云计算模式，根据业务需求适配信息资源成为数字化转型的标配之一。

当然，这种拆解也只是一种方法，尚不全面。在实务中，随着工作的深入，可以逐步加以丰富与修正。同时，社会各界的数字化转型也在加速进程之中，借鉴外部的理论与实践经验，完善税费数字化转型的理念与原则，是实务中的一项可取方法。

2. 业务场景重构实施的步骤

场景重构的实施过程，可以分解为以下四个步骤。

（1）确定业务边界。

业务场景重构，首先需要确定业务边界。数智税务涵盖了全量的税费业务，因此业务边界是清晰的。对全量税费业务场景的梳理，首先，需要对全量业务范围进行圈定，可以在当前税务信息化的基础上，结合未来各主体需求，以发展的眼光进行审视后圈定。

业务场景的重构，从场景分析的逻辑和实施改造的进程来考虑，最大可能呈现为螺旋式、渐进式的变革，在顶层设计之下，业务需求逐步产出、分阶段落地。全量的场景重构是理想目标状态，但实现进程很难一蹴而就，尤其是当征管服务的新型举措涉及税法税制的变革之时，场景重构的难度激增，落地实效也可能与最初设计存在较大偏差。

因此，在场景的梳理中，以若干业务事项作为切入点，进行探索性尝试，实践并优化业务场景重构的方法论，提炼并积累数智税务业务改造的逻辑经验，是比较可行的路径。未来，业务事项的全量重构，将达成数智税务的完整业务场景。

然而，必须关注到，在数字化转型的逻辑下，上下游场景之间体现为数据的流动，存在密切的逻辑勾稽关系。场景的改造，必须以上下游关联的一串业务场景为单位，才能实践数据驱动的价值。因此，在改造场景的选择中，业务场景适合按条索状进行择取。

（2）业务场景的初步分析。

场景的初步拆分基本遵循主—次—微的过程。在改造的业务范围内，形成待改造的场景集。

主、次、微是我们在场景分析中的逻辑时序。理论上，主、次场景是较大的颗粒度，微场景是细化的颗粒度。在着手进行场景拆分时，我们不必拘泥于要一步到位拆分至怎样的颗粒度，随着场景逐步推演，微场景会自然浮现。

业务拆分的过程，本质上是业务场景设计的过程。在场景的推演逻辑中，聚焦的对象是数据。重点是以数据生命周期的理念，考察数据的来源与应用。当支撑当前场景的数据可得时，设计为数据驱动场景；当支撑当前场景的数据不完全可得时，可以溯源至采集环节，设计数据采集或外部交互的前置场景。逐层推演，直到能完整展现业务场景面貌，其中蕴含的技术支撑与政策变革需求全面浮现为止。

（3）锁定关键业务场景。

关键业务场景的提出是立项版业务需求的主要内容。

关键业务场景，一方面需要通盘考虑业务边界内的主场景和次场景，保障我们对关键业务场景梳理的重点性和全面性。另一方面，是业务场景初步拆分后（向微场景推演，但不一定到微场景的颗粒度），对于其中发生显著转型的业务场景的提出，尤其是需要新技术手段支撑的，以及需要法制资源支持的，这两类场景直接关系到项目预算和法制变革，需要反复论证，并进入领导决策。

（4）业务场景的迭代完善。

业务场景重构是随着分析逐步细化、逐步深入的过程。

初始阶段，业务场景重构的目标是聚焦核心场景，提炼关键业务；业务场景可以是较粗的颗粒度，当涉及部分技术支撑或法制资源变革事项时，可能需要在较细的颗粒度上进行阐述。

中期阶段，业务场景重构的目标是罗列全量场景，明确功能列表；颗粒度要比初期细致，基本要到完整罗列主要微场景的程度，建议出具业务场景的流程图原型。

完善阶段，业务场景重构的目标是细分微场景，对每一个微场景的内涵要素进行细致说明，以供业务需求分析和开发人员进入落地开发使用。这一阶段的颗粒度是最细的，内容要求也是最完整的。不仅要列举全量微场景，还要对微场景的逻辑时序关系（流程）进行说明，并且要就场景上下游关系进行阐述。

3. “四精”体系辨析及其数字化转型落地

2020年年底，中央深改委第十七次会议审议通过的《关于进一步优化税务执法方式的意见》指出，要推动税务执法、服务、监管的理念方式手段变革，深入推进精确执法、精细服务、精准监管、精诚共治（以下简称“四精”）。这是“四精”要求首次见诸新闻报道。2021年3月，中办、国办印发《关于进一步深化税收征管改革的意见》（以下简称“两办意见”），将“着力建设智慧税务，深入推进精确执法、精细服务、精准监管、精诚共治，充分发挥税收在国家治理中的基础性、支柱性、保障性作用”，作为深化税收征管制度改革的指导思想，明确了“四精”要求。

“四精”要求具体如何理解？相互之间是什么样的关系？它们的方向和目标是什么？结合文献梳理，试以数字化转型解构落实“四精”要求，形成税收业务体系的框架性分析方法，为策划具体落地提供参考。

一、“四精”体系数字化转型落地方案编制方法

（一）“四精”的区别与联系

“四精”体系是从不同视角对税收工作的认识和定位。

1. 税务机关履行职权视角——精确执法

税收执法是国家行政机关重要的执法活动之一，它是指国家税务机关及其工作人员依照法定职权和程序，将国家税收法律法规适用于纳税人及其他管理相对人的一种具体行政行为。

税收执法是通过税务机关行使不同的管理职权来实现的。国家通过制定、颁布一系列有关税收管理的法律法规，形成众多的、有机联系的税收法律规范。税务登记、征收管理、税务稽查等一系列各不相同的管理行为，虽然种类不同、方式各异，但都是一种执法行为，都在行使着税收执法权。税收执法权的行使过程就是税收执法的过程。

精确，即非常准确、非常正确。精确执法就是说，无论是税务机关在行使何种税收执法权的时候，都能够非常准确、非常正确。重点是行使权力的合法性和合理性。

合法性主要指：主体法定、执法内容合法、执法程序合法、执法根据合法。

合理性主要指：行政行为应符合立法目的；行政行为应建立在当前考虑的基础上，不得考虑不相关因素；平等适用法律规范，不得对相同事实给予不同对待；符合自然规律；符合社会公德。税收执法中自由裁量权的行使也必须遵循行政合理性原则，做到适宜、恰当、公正、合情、合理。

两办意见对于“精确执法”相关要求的要点可以从合法性与合理性两方面进行归纳。

合法性方面包括：

健全税费法律法规制度。一是现行税收暂行条例上升为法律；二是完善现代税收制度；三是推动修订税收征收管理法、反洗钱法、发票管理办法等法律法规和规章；四是加强非税收入管理法制化。

规范税务执法行为。一是依法依规征税收费；二是落实税费优惠政策到位；三是不征收“过头税费”；四是防止不当行政干预；五是全面落实行政执法公示、执法全过程记录、重大执法决定法制审核制度；六是推进执法信息网上录入、执法程序网上流转、执法活动网上监督、执法结果网上查询；七是2023年基本建成税务执法质量智能控制体系；八是完善税务执法及税费服务相关工作规范；九是持续健全行政处罚裁量基准制度。

合理性方面包括：

提升税务执法精确度。一是创新行政执法方式（非强制，不“一刀切”）；二是依法处置、罚当其责；三是坚持包容审慎原则。

加强区域协同。一是推进标准统一、信息互通、结果互认；二是简化迁移程序，2022年基本实现资质异地共认；三是扩大通办事项，2025年基本实现全国通办。

强化内控监督。一是2022年基本构建起全面覆盖、全程防控、全员有责的税务执法风险信息化内控监督体系；二是强化内外部审计监督和重大税务违法案件“一案双查”，不断完善执法行为的常态化、精准化、机制化监督。这是从内部监督角度保证执法的合法性和合理性。

2. 保障纳税人办税视角——精细服务

《纳税服务工作规范》对“纳税服务”的解释是，税务机关依据税收法律、行政法规的规定，在税收征收、管理、检查和实施税收法律救济过程中，向纳税人提供的服务事项和措施。

从保障纳税人缴费人办理纳税缴费业务角度来看，只要纳税人缴费人是按照法律法规规定要求办理业务的，税务机关就必须为其提供相应的公共服务。

精细，即精密细致、精密细心。精细服务就是说，税务机关在为纳税人提供纳税服务时，应该做到精密细致、精密细心。重点是站在纳税人缴费人角度，为纳税人缴费人考虑，以纳税人缴费人为中心，关注用户体验，做到确定、稳定基础上的个性化、便利化。

两办意见对于精细服务的要点可以归纳为：

（1）税费优惠政策直达快享。一是征管操作办法与税费优惠政策同步发布、同步解读；二是进一步精简享受优惠政策办理流程和手续；三是2022年实现依法运用大数据精准推送优惠政策信息。

（2）减轻办税缴费负担。一是通过数据共享着力减少纳税人缴费人重复报送；二是全面推行税务证明事项告知承诺制；三是拓展容缺办理事项；四是持续扩大涉税资料由事前报送改为留存备查的范围。

（3）改进办税缴费方式。一是2021年基本实现企业事项网上办，个人事项掌上办；二是2022年建成全国统一规范的电子税务局；三是拓展“非接触式”“不见面”办税缴费服务；四是逐步改变传统申报模式，2023年基本实现信息系统预填申报。

（4）压减纳税缴费次数和时间。一是推进税（费）种综合申报；二是简并部分税种征期；三是扩大部门间数据共享，加快企业出口退税事项全环节办理速度。

（5）智能型个性化服务。一是改造12366税费服务平台向24小时智能咨询为主转变，2022年基本实现全国咨询“一线通答”；二是大数据智能分析识别纳税人缴费人实际体验、个性需求等，精准提供线上服务；三是持续优化线下服务满足特殊服务需求。

（6）维护合法权益。一是完善权利救济和争议解决机制，畅通渠道；二是探索大企业事先裁定；三是健全信息保护等制度；四是严肃税务机关和人员保密纪律。

3. 防范税收流失视角——精准监管

监管，即监视管理、监督管理。税收监管，从字面上讲就是税收监管主体对税收流失进行的监视和监督管理。百度百科对税收监督的定义是，税务部门（依法）对纳税人的生产经营和纳税情况进行的监察和督促。

税务部门通过日常征管工作，使税收介入社会经济的各个方面，深入企业生产、销售、财务、成本核算、利润计算和利润分配等各个环节，了解企业生产经营管理中存在的薄弱环节，以及依法纳税、遵章守法等方面的问题，促使企业健全各项管理制度，改善经营管理，加强经济核算，不断提高经济效益。同时堵塞各种税收漏洞，纠正和查处违法违章行为，并配合公安、工商、海关等部门打击经济领域里的违法犯罪活动。

精准，即非常精确、准确。精准监管，就是说税务机关的防范税收流失工作要做到非常精确和准确，而要做到这一点，需要能够及时准确发现和正确处理。重点是科学有效地识别和防范税收流失的风险，核心是实施风险管理。

两办意见对于精准监管的要点可以归纳为：

（1）建立健全“信用+风险”监管机制。一是健全守信激励和失信惩戒制度；二是纳税缴费信用评价制度；三是纳税人缴费人动态信用等级分类和智能化风险监管；四是健全“数据集成+优质服务+提醒纠错+依法查处”自然人税费服务与监管；五是加强对高收入高净值人群的税费服务与监管。

（2）重点领域风险防控和监管。一是对问题多发的行业、地区和人群，提高抽查比例；二是对隐瞒收入、虚列成本、转移利润以及利用“税收洼地”“阴阳合同”和关联交易等逃避税行为，加强预防性制度建设；三是加大依法防控和监督检查力度。

（3）严厉打击涉税违法犯罪行为。一是发挥大数据作用，对发票开具、使用等进行全环节即时验证和监控，对虚开骗税惩处从事后打击向事前事中精准防范转变；二是健全违法查处体系，打击“假企业”“假出口”“假申报”等行为；三是严查曝光，纳入企业和个人信用记录，共享至全国信用信息平台。

4. 协同合作的视角——精诚共治

税收共治，是社会治理的重要组成部分，其核心含义是社会治税，超越了以往单纯由税务部门管税的范畴，是在税务主责的前提下充分发挥其他主体的力量促进税收治理。

税收作为国家治理的物质起点，是国家治理体系的重要组成部分，是国家治理能力的重要体现形式。税收治理不仅涉及征纳双方，还需要多方参与，形成全社会关心支持税收工作、维护国家税收利益和纳税人权益、监督征纳行为等的税收共治环境。

精诚，即真诚。精诚共治，就是说要营造全社会共同做好税收治理工作，政府部门、企事业单位、社会组织和团体、公民等，都要做到真诚合作，融入社会治理的大环境。重点是通过合作对象、渠道途径和结果应用等，实现信息共建共享共用。

两办意见对于精准监管的要点可以归纳为：

（1）加强部门协作。一是推进会计核算和财务管理信息化，规范电子发票作用；二是深化“银税互动”助力小微企业；三是加强情报交换、信息通报和执法联动，跨部门协同监管。

（2）加强社会协同。一是发挥行业协会和社会中介组织作用；二是加强涉税中介组织的执业监管和行业监管；三是大力开展税费法律法规普及宣传；四是营造诚信纳税的浓厚氛围。

（3）强化税收司法保障。一是公安部门涉税犯罪案件查办；二是警税双方制度化、信息化、常态化联合办案；三是检察机关发现负有税务监管相关职责的行政机关不依法履责的，依法提出检察建议；四是完善涉税司法解释，明晰司法裁判标准。

（4）强化国际税收合作。一是深度参与国际税收规则和标准制定；二是落实防止税基侵蚀和利润转移行动计划；三是完善“一带一路”税收征管合作机制；四是扩大和完善税收协定网络。

“四精”之间的相互关系：税收执法包含服务、监管、共治；服务、监管是执法的一体之两面；共治是理想状态，提出了具体做法，内容既涉及监管，也涉及服务，如图 3－1 所示。

图 3－1　“四精”关系

（二）“四精”的方向和目标

两办意见给出了“四精”体系的方向和目标：

2022 年，在税务执法规范性、税费服务便捷性、税务监管精准性上取得重要进展。

2023 年，基本建成“无风险不打扰、有违法要追究、全过程强智控”的税务执法新体系，实现从经验式执法向科学精确执法转变；基本建成“线下服务无死角、线上服务不打烊、定制服务广覆盖”的税费服务新体系，实现从无差别服务向精细化、智能化、个性化服务转变；基本建成以“双随机、一公开”监管和“互联网＋监管”为基本手段、以重点监管为补充、以“信用＋风险”监管为基础的税务监管新体系，实现从“以票管税”向“以数治税”分类精准监管转变。

2025 年，深化税收征管制度改革取得显著成效，基本建成功能强大的智慧税务，形成国内一流的智能化行政应用系统，全方位提高税务执法、服务、监管能力。

（三）策略方法

1. 首先明确发展阶段

根据税收业务的数字化形态，税收业务体系数字化转型可以划分为五个阶段，如表3－1所示。

表3－1　　税收业务体系数字化转型发展阶段

发展阶段	主要特征	主要驱动因素	主要做法	递进策略
实体操作	制度机制职能	职能驱动	传统方法和理念，手工操作条件，遵循业务规则，目的是实现管理职能	递进策略是通过信息系统实现业务协同，规范流程、环节、标准等内容
信息化	载体流程规范	流程驱动	通过信息化建设，规范业务流程，目的是实现服务与管理流程和标准的一致性	递进策略是通过网络化改造，实现业务的全时空、跨平台处理
网络化	时空限制突破	数据驱动	通过网络平台的建设和使用，突破业务办理的时间、空间限制，目的是突破时空限制办理业务，基于网络化能够获取业务办理所需的数据信息	递进策略是业务智能化，要破除业务壁垒，整体规划业务路径，定义自动化处理规则
自动化	参与方式变化	规则驱动	通过对业务办理中逻辑规则的梳理与定义，实现业务的自动受理和办理，目的是降低人工参与，基于系统（乃至智能）能够正确执行设定的规则	递进策略是转变业务视角，系统规划税收业务与经济业务的关系，从用户（包括纳税人缴费人、税务人、社会组织等）降低成本、提高效率、体验优化等多个角度，进行改造和创新
一体化	加入更大生态	用户驱动	通过转换视角，将狭窄的税收业务融入更大的社会生态，实现税收业务与经济主体的全面联结，目的是降低整个社会的交易成本，基于经济业务的服务和监管的关联性	

2. 再确定核心路径

“四精”体系数字化转型的核心路径是（新型）能力建设，通过识别和策划——持续建设、运行和改进——支持业务按需调用，从而加速推进业务创新转型。

成效或结果上可以简而言之：降低成本，提高效率，优化体验等。

3. 最后提出系统性解决方案

通常，系统性的解决方案包含数据、技术、流程和组织四个方面，如表3－2所示。

表3－2　　系统性解决方案

项目	内容
数据	完善数据采集范围和手段 推进数据集成与共享 强化数据建模与应用

续表

项目	内容
技术	信息技术，如自动化、数字化、网络化、智能化等 管理技术，如系统工程技术、经济计量技术、控制技术等
流程	业务流程优化设计 业务流程的运行状态跟踪、过程管控和动态优化等
组织	根据业务流程优化要求确立业务流程职责，匹配调整有关业务关系、部门职责、岗位职责等 人员能力培养和优化配置

（四）分析结构

结构分析要从主体、对象、过程（或活动）、合作、载体与驱动六方面开展。

1. 主体

税务部门始终是税收服务和管理工作的主体，应根据不同体系的目标和要求，针对性分析开展主体的建设内容，并且制度机制等因素也应纳入相应的主体或其他分析体系中。

主体的分析主要包括两个方面：一是理念观念，主要是理论和方法论方面的支持；二是能力支撑，包括人才开发能力和知识赋能能力。人才开发能力主要指人才的精准培养、使用和考核；知识赋能能力主要指利用平台化知识、技能共享和个性化知识、技能服务等为主体赋能的能力。

2. 对象

主体实施服务和管理的对象，通常是纳税人缴费人。

对象的分析主要包括三个方面：定位，明确对象范围；画像，描述对象特征，用于分类施策；使能，通常包括告知和帮助辅助等手段，使对象能够比较准确地配合活动。

其中，画像的本质是给纳税人定义若干标签，用以快速识别某一类型纳税人。

画像应该遵循一定的原则：一是基于业务模型；二是开放与迭代，不存在大而全、一劳永逸的列举结果。

尽管不能列举大而全的框架，但从主要税收业务要求角度对纳税人画像进行描述，可以大致划分为以下四类，实际中还需要根据业务场景进一步分析，逐步完善和迭代。

（1）主体特征。如行业、规模、登记注册类型、投资主体、总分机构、地址、资格资质（高新技术企业、民政福利企业）、区域特征（长三角、京津冀、粤港澳大湾区）等。

（2）经营特征。如产品及服务（集成电路、电子商务、军工企业、成品油、废旧物资、农业产品等），资本运营（上市公司、债券发行、股权变更、VIE 架构等），跨国投资经营，环保排污，财务特征（小微企业、长期亏损、财务中心）等。

（3）业务特征。如行为（办税、咨询等），结果（申报、纳税、发票等），项目、财产（车船、房产、土地、人员等），数据指标区间等。

（4）服务和管理特征。如历史管理信息（公告、催办、处罚等），纳税信用等级，纳入特定管理或服务范围等信息。

需要注意的是，以上特征都应考虑时间属性。此外，在不同的业务体系中，根据业务场景需要，画像的目的和视角都有所不同。

3. 过程（或活动）

主体实施于对象的活动，通常是服务或管理等具体事项，如办税活动、咨询查询等。

过程（或活动）的分析包括业务升级和用户体验两个方面。

（1）业务升级。业务升级分析需要注意活动本身的合法性、安全性、必要性和可操作性。其中，必要性需要考虑业务升级的标准化、流程化和集成化，可操作性要考虑业务升级的确定性、自动化和智能化。

（2）用户体验。用户体验分析即从用户视角去考虑知晓性、有用性、易用性和友好性。知晓性，即要为用户提供宣传辅导、帮助指引；有用性，即指业务可办结；易用性，通常是指流程清晰、操作简便、渠道多样、衔接顺畅；友好性，即合乎习惯、简单自然、确定一致、礼貌尊重。

4. 合作

实施服务和管理活动的合作者，以及采取的合作活动，如税银信息共享，税务公安合作打击发票违法犯罪活动等。

合作分析包括三个方面：对象、业务协同（在线数据、能力和业务协同）和生态共建，即共建和提升整个生态圈的资源和能力的共享、在线业务办理和优化。

5. 载体

暂指渠道和方式。即实施服务和管理活动的渠道、方法等具体途径，如办税服务大厅，办税终端，电子税务局等。

6. 驱动

支持和推动服务及管理工作创新的因素，如数据采集和管理的方式、方法等方面的进步。

驱动分析包括数据管理能力和数据服务能力两个方面。

数据管理能力包括数据集成管理、分析应用、协同利用等能力，如采集、分析加工、共享等的更新，可以支持和推动业务的创新。

数据服务能力包括数字资源、数字知识、数字化服务等能力，如规则、模型等的更新，可以支持和推动业务的创新。

（五）具体运用

上述分析结构可以灵活组合，按照对需要分析的内容和想要达到的目标，分析应该采取的路径和方法。

其中，总体分析可以对一些业务类别在发展阶段上的差异性找到定位，进而选择相应策略。而对于服务、监管等业务活动的分析，则可以从主体、对象、活动、合作、载体、驱动等结构入手，分析优势和弱点。既可以面面俱到地全面分析，也可以以一个或多个点组合分析。总之，根据项目特点，选择恰当的方法。

二、精确执法体系

（一）主体

1. 观念理念

合法性方面，要求做到法定、规范、精确；要有法制观念，做到心中有法、虑必及法、言必合法、行必循法。

合理性方面，要有柔性执法、包容审慎等观念。

2. 能力支撑

人才开发方面，着重考虑以下几个方面：一是法律法规的制度完善；二是遵循法“无授权不可为”原则；三是要求综合掌握法律法规内容和实质；四是一切职权行为合乎法定要求；五是完善培养激励机制；等等。

知识赋能方面，主要包括完善执法平台，指引帮助正确执法，提高执法水平和业务能力，加强个性化的辅导，完善内外部监督等。

（二）对象

从定位来看，税收执法行为的对象，包括纳税人缴费人，以及涉税业务的相关人。如交易对方（涉税行为相关方），承担辅导帮助职能的涉税专业服务机构或其他中介机构等。

从画像来看，分为法人和自然人两大类。法人，主要考虑定性和定量两个角度，即类型和规模，如国民经济行业分类和大、中小微企业。自然人，主要考虑角色和人口统计信息分类等维度，如法人、财务人员、个体工商业主，户籍、性别、年龄、知识层次等。

税收执法对纳税人画像主要从履行税收职权角度来分析。在全面分析的基础上，具体业务比较关注纳税人业务特征方面的描述，如办税行为和办税结果方面的特征归纳，履行办税义务的情况，受行政处罚情况等。

从使能方面来看，主要通过宣传告知和提供合适的参与配合途径、方法，以利于对象能够履行执法要求、监督执法行为。

（三）过程活动（职权法定）

方法一，大的分类可参考《税收征管法（修订征求意见版）》的界定，也就是税收执法权的内容。主要包括：税务登记；账簿凭证管理；信息报告管理；申报纳税管理；税额确认；税款追征；税务检查；法律责任；争议处理。

方法二，按照税收征管操作规范的内容进行梳理，具体如表 3－3 所示。

表 3－3　　税收执法事项

一级	二级	三级	四级
自主办理事项			
	综合信息报告		
	发票使用报告		
	税费申报		
	税费缴纳		
	证明开具		
税务管理基础事项			
	纳税人类型		
	税务行政许可		

续表

一级	二级	三级	四级
	优惠核实确认		
	税收核定		
	退（抵）税（费）		
	逾期及欠税		
	税务代保管资金		
	预约定价安排		
	调查协查		
	通知及送达		
	外部信息采集交互		
	凭证及证件		
	征缴管理		
	涉税服务		
法律追责与救济事项			
	违法处置		
	税款追征		
	行政救济		
	相互协商程序		
	重大执法决定法制审核		

（四）合作

政府及职能部门，主要是信息共享，一事通办、联办，以及纳入政务平台总体框架。

司法机关，主要是建立信息共享和执法合作协作机制。

地方党委、政府、人大、政协、司法、新闻媒介和人民群众，主要是起到违法信息和执法行为外部监督作用。

社会组织与个人，如行业协会，主要是发挥税法宣传、信息共享，以及执法行为外部监督等作用。

（五）载体

主要有：办税服务厅；直接接触，上门执法或送达；电信、媒体、网络，电话短信邮箱，通知公告等；在线终端，电子税务局，办税 App 等。

（六）驱动

数据管理能力，整体上的税收业务数据集成管理、分析应用、协同利用能力。

数据服务能力，整体上的税收执法业务数字资源、数字知识、数字化服务等能力。

三、精细服务体系

（一）主体

观念理念方面，以纳税人为中心，维护其合法利益，保护其合法权益；在具体业务上注重用户体验。

能力支撑方面，一是人才开发能力，主要是关注在提高政策水平、业务技能、沟通协调、礼仪文化等方面的人才培养使用。二是知识赋能能力，主要是在完善的服务平台、辅助服务的办理、合理解决实际问题等方面提供支撑。

（二）对象

从定位来看，主要是纳税人缴费人。

从画像来看，纳税服务对纳税人画像主要从服务纳税人角度，侧重于纳税人利益和权益的保护和维护方面，具体业务上比较关注纳税人主体特征、经营特征等方面信息，如符合享受税收优惠的主体信息和经营行为信息等。

从使能来看，一是告知，包括信息的提供与获取、办税流程、税收环境、法律救济、权益保护等。二是帮助辅助，即对具体涉税业务的办理提供平台、帮助等。

（三）过程活动

精细服务的过程活动大致可以分为纳税人调查、宣传公告、咨询辅导、信用评价、权益保护、法律救济、办税服务、服务评价、查询等大类，如表 3－4 所示。

表 3－4　　精细服务的过程活动例表

一级	二级	三级
纳税人调查		
	纳税人调查	
	需求调查	
	满意度调查	
宣传公告		
	政策法规	
		公告
		适用性解读
	事项公告	
		信用级别 A 级纳税人公告
		欠税公告
		非正常户公告
		重大税收违法案件公告

续表

一级	二级	三级
咨询辅导		
	政策咨询	
		直接答复式
		扩展引导式
	政策辅导	
		一般辅导
		个性化辅导
信用评价		
	信用评价	
		指标体系
		评价管理
	信用复评	
权益保护		
	异议申诉	
		意见申诉
		争议调解
	服务投诉	
		纳税服务投诉
		局长信箱（等）
	违法举报	
		税务干部
		税收违法
法律救济		
	行政复议	
	行政诉讼	
	行政赔偿	
办税服务		
	信息报告	
	发票业务	
	申报缴税	
	优惠资格	
	涉税证明	
		税收居民身份证明
		完税证明等

续表

一级	二级	三级
	社保非税	
	出口退（免）税	
	国际税收	
	变更注销	
服务评价		
	办税评价	
	反馈建议	
查询		
	公众查询	
		信用级别A级纳税人查询
		发票查询
		电子文书查验
		重大税收违法案件查询
		涉税专业服务机构信息公告和查询
		一般纳税人资格查询
		全国税收票证查验
	纳税人查询	
		纳税人状态查询
		办税状态（进度）查询
		欠税查询
		证明信息查询

（四）合作

一是社会组织与个人：涉税专业服务机构，主要起到引导规范作用；行业协会，主要是信息共享；志愿者（体验师等），主要是宣传引导和优化体验等作用。

二是政府及职能部门：纳入政务平台总体框架，促进一事通办、联办。

（五）载体

载体包括：办税服务厅、电子税务局（含自然人）和办税终端、办税App等。

（六）驱动

数据管理能力，主要是办税服务方面的业务数据集成管理、分析应用、协同利用能力。如个性化分析识别，差异化服务策略等。

数据服务能力，促进为对象服务的数字资源、数字知识、数字化服务等能力，如支撑建设和完善个性化分析识别和差异化服务策略的平台等。

四、精准监管体系

（一）主体

从观念理念来看，主要围绕发生税收流失的风险和问题，应用风险管理理念、信用管理理念和分类分级管理措施。

从能力支撑来看，一是人才开发能力，主要是政策应用、产业行业特征、风险管理、信用管理等方面的人才培养使用；二是知识赋能能力，主要是提供政策分析，产业行业特征，风险管理，信用管理等有关知识、技能共享和个性化知识、技能服务的平台。

（二）对象

从定位来看，以纳税人缴费人为主的涉税信息（如资格资质等）变化；行为，涉税业务行为；结果，涉税业务结果。

从画像来看，税收监管对纳税人画像主要是从防范税收流失角度，侧重于风险纳税人或已经发现税收违法的纳税人的特征识别，在全面分析的基础上，具体业务上更加关注纳税人经营特征、业务特征等方面信息。如符合税收风险指标特征信息的重点纳税人类型，多次发生税收违法行为的纳税人等；在日常服务和管理中，更加典型如纳税人的动态风险和信用信息。

从使能来看，主要是提供和获取信息、收受实施的管理活动、营造促进遵从的环境。

（三）过程活动

精准监管的过程活动主要包括监控、预警和查处三大类，根据不同的对象采取不同的方法。

OECD 将税务管理基本流程定义为服务、登记、评定、检查、征收、争议处理六项。将风险管理、信用管理的流程嵌入税务管理基本流程中，形成新的税收管理流程。风险管理、信用管理的核心业务有其内在的逻辑和流程体现，将其主要业务分别对应到监控、预警和查处等类别中。

监控，主要针对可能导致税收流失的人和行为采取的手段。从时间上可以分为事前、事中和事后监控；从方法上可以采用如情报信息的采集与调查，风险指标和模型的建立和扫描等。暂归类为情报采集归集、风险识别分析、信用评价、动态信用和动态风险四大类。

预警，主要指发现税收流失的迹象或现象时采取的措施，着重在事前和事中。暂归类为风险信息应用和信用信息应用，如风险清单，风险等级排序，风险统筹，风险提示提醒等；根据信用指标变化，调整服务策略和措施，如必须现场办理发票等业务。

查处，主要指对导致税收流失的人或行为进行查处的管理活动，一般是事后。暂归类为违法行为处理和信用信息联动等二类，具体根据需要细化。

监管活动与过程如表 3－5 所示。

表 3－5　　监管活动与过程示例

一级	二级	三级	四级	五级	六级	说明
监控						
	情报采集归集					
		情报收集				收集内外部原始数据，包括日常服务管理、外部信息共享与采集等
		处理加工				对原始数据进行加工、整理以利于分析应用，如清洗、匹配、转换等
		共享交换				不同部门或层级等之间的税收情报共享或交换，国际税收情报交换也属于其中一种
	风险识别分析					
		风险识别				
			风险指标、模型建立			
			风险指标、模型应用			
		等级排序				
			风险估算			概率和影响
			风险归集			按纳税人、按风险类型等
			风险等级排序			综合考虑风险影响和征管资源，评定纳税人风险等级
	信用评价					
		纳税信用信息采集				
		纳税信用评价				
			纳税信用指标			
				纳税人信用历史信息		
				税务内部信息		
					经常性指标信息	办理涉税事项过程中主动发生的

续表

一级	二级	三级	四级	五级	六级	说明
					非经常性指标信息	一是纳税评估、税务审计、反避税调查信息；二是税务稽查信息，包括：涉税犯罪信息，涉税违法被行政处罚信息，发现少缴税款行为做出补缴税款处理的信息，拒绝、阻挠税务机关执法的信息等
				外部信息		
					外部参考信息	银行、工商管理、海关、质量检验、环保等部门的信用评价的优良或不良记录
					外部评价信息	银行、工商、国土管理、房管、海关、媒介等相关部门的信用评价信息
		补评、复评和动态调整				
		纳税信用评价结果发布				
		纳税信用信息共享				
	动态信用和动态风险					
预警						
	风险信息应用					
		风险提示提醒				
			对纳税人			
			对税务机关管理人员			
		日常服务管理响应				
			主体			
			时间			
			内容			
			渠道			
			流程			

续表

一级	二级	三级	四级	五级	六级	说明
			标准			
	信用信息应用					
		日常服务管理响应				
			主体			
			时间			
			内容			
			渠道			
			流程			
			标准			
查处						
	风险应对					
		纳税评估、税务审计				
		反避税调查				
	违法行为检查处理					
		税务违法违章处理				
		税务稽查				
			检查和处理			
			案件移送			
	税收保全与强制					
	信用信息联动					联合惩戒失信行为
	过程监控和评价反馈					风险指标过程监控和结果反馈等

（四）合作

一是会计、金融、市场，应该有合作的业务内容和规制；二是审计、监察，监管职责的一致部分；三是媒体、社会组织、机构平台等，主要是信息共享；四是公安、检察、法院等司法机关，主要是信息共享。

（五）载体

一是风险管理流程，以及风险指标模型等；二是信用管理流程，以及指标模型等；三是信息支持系统，支撑包括数据情报信息等的采集、共享、集成、应用等。

（六）驱动

数据管理能力，重点是情报数据采集、集成、加工应用的能力。

数据服务能力，重点是提供风险管理、信用管理有关数据的资源、知识和服务能力。

五、精诚共治体系

（一）主体

从观念理念来看，需要围绕打造、营造优良的税收治理环境，充分运用社会管理、公共服务、信用管理、以人民为中心、生态环境保护，以及“共建、共治、共享”等理念和思想。

从能力支撑来看，一是人才开发能力，着重是政策理论和应用、数据分析应用、沟通协调等方面的能力培养。二是知识赋能能力，主要是提供政策分析，数据分析应用，沟通协调等有关知识、技能共享和个性化知识、技能服务的平台。

（二）对象

从定位来看，为纳税人缴费人及其应税行为。

从画像来看，税收共治方面对纳税人画像主要从社会治理角度，侧重于纳税人信息的共享和业务联通方面，具体业务上比较关注纳税人主体特征、经营特征和业务特征方面等信息，如发生需要跨部门办理税收业务的纳税人、需要联合管理的税收违法纳税人等。

从使能来看，一是引导参与政策制度制定；二是共同促进自觉遵从环境形成。

（三）过程活动

税收共治的过程活动可以根据对象划分为七个主要类别，如表 3－6 所示。

表 3－6　　税收共治的过程活动

合作方	一级	二级
征纳双方、交易方等		
	政策制度制定（立法）	
	税收行政公开	
		办税过程可视化
	行政监督	
		情况反馈

续表

合作方	一级	二级
		举报投诉
		行政复议
		行政诉讼
内部协同协作		
	本地职能部门间	
	跨区域税务部门间	
政府及职能部门		
	信息共享	
		政府审计
		税银信息
	业务贯通	
		业财税银（警关审证保）
	联合联动	
		信息共享共建共用、联合服务或办案
中介机构		
	执业监管	
	行业监管	
行业主管或协会等		
	信息共享	
	引导遵从	
司法机关		
	信息共享	
		案件
	预防和惩戒	
	联合办案	
	宣传	
		案例
		司法解释
国际税收多边合作		
	国际组织和区域税收组织	
		“一带一路”税收征管合作

（四）载体

一是建立合作机制；二是建设完善线上信息平台。

（五）驱动

一是数据管理能力，主要是对跨部门业务数据的获取、集成和应用能力；二是数据服务能力，为跨部门业务数据的集成和应用提供资源、知识和服务能力的支撑。

六、系统性解决方案

数据方面，重点是数据采集、集成共享、建模应用，关键是数据和规则的建设。

技术方面，重点是管理技术和信息技术的应用；主要是信息系统的支持，包括行政应用系统和业务处理系统。

流程方面，主要是业务流程优化以及流程管控和动态优化。包括规范流程和考核监督。考核监督包括内控机制、执法监督和绩效管理等。

组织方面，主要是组织架构优化、人员能力培养使用和提升，包括：组织架构合理，即前端直接承担具体任务，后台系统与资源科学合理支持；能力资源适配，即业务能力和数字化能力与需求相匹配。

4. 税务数字化转型的岗责体系建设策略

数字经济蓬勃发展，正深刻改变人类生产生活方式，对经济社会发展、全球治理体系、人类文明进程影响深远。习近平总书记曾指出，世界经济数字化转型是大势所趋，新的工业革命将深刻重塑人类社会①。对每个行业来说，数字化转型都是必然趋势。

“十四五”规划纲要草案提出，“深化税收征管制度改革，建设智慧税务，推动税收征管现代化”。中办、国办印发的《关于进一步深化税收征管改革的意见》提出，要着力建设具有高集成功能、高安全性能、高应用效能的智慧税务，深入推进精确执法、精细服务、精准监管、精诚共治，为推动高质量发展提供有力支撑。只有通过数字化转型升级，构建起新的税收征管模式，才能将中央要求落到实处。税务数字化转型已经在路上。

一、税务数字化转型与新型岗责体系的关系

（一）数字化转型是深化税收征管改革的方法选择

数字化转型的目的是利用数字化技术为组织构想和交付新的、差异化的价值，最终结果是业务模式以及相应的组织架构、组织文化等一系列系统性变革，是技术与业务模式的深度融合。实践表明，只有对业务进行系统性、彻底的（或重大和完全的）重新定义（包括组织活动、流程、业务模式和员工能力等方方面面），而不仅仅是建一个信息化系统，才有可能实现转型目标。

两办意见明确指出，深化税收征管改革的目标是智慧税务，而智慧税务的核心动力是税收业务的数字化转型。

税务数字化转型的目的不是改变税收业务本质，而在于利用数字化技术，通过业务模式以及配套组织架构、组织文化等系列变革，实现税收职能作用的强化或优化，即创造新的、差异化的价值。通俗地讲，这种新的价值在于：落实国家宏观调控政策，支持经济发展；服务纳税人，使其涉税业务办理更加便捷合理，且能感受到优良的办税体验；在提高税法遵从度、降低征纳成本等方面更加有效，从而能够更好地发挥税收在国家治理体系中的基础性、支柱性、保障性作用。

改革开放以来，我国税收征管模式发生过数次变革，除了税制本身的因素，信息化因素的影响最大。信息化和当今所说的数字化转型体现为系统迭代关系，金税工程的一期至三

---

① 习近平．登高望远，牢牢把握世界经济正确方向——在二十国集团领导人峰会第一阶段会议上的发言．新华社，2018年11月30日．

期，以及其他税务信息化系统，其实都可以纳入广义的数字化转型的范畴。它们共同改变了传统的税收征管理念和方法，帮助建立和完善了“以申报纳税和优化服务为基础，以计算机网络为依托，集中征收，重点稽查，强化管理”的税收征管模式，可以说是税务数字化转型1.0。尤其是金税三期工程依托信息系统实现了全国税收征管业务规范统一，解决了税收征管工作规范化、制度化和流程化问题，通过优化纳税服务和实施风险管理，有力促进了纳税遵从，反映了时代特征，是当时业务和技术的最佳结合。

数字化转型是为了实现生产关系适应生产力的发展，上层建筑适应经济基础的发展，而实施的系统性变革，是实现深化税收征管改革目标，建立以智慧税务为核心的征管模式的必然选择，是建设现代化税收治理体系和治理能力的重要手段与方法。

（二）岗责体系是深化税收征管改革的重要内容

深化税收征管改革是税收执法、服务、监管的系统性优化。不仅要树立正确的指导思想，坚持科学的工作原则，树立明确的工作目标，完善执法制度和机制，大力推行优质高效智能税费服务，精准实施税务监管，持续深化拓展税收共治格局，还需要强化税务组织保障抓好贯彻实施。这就要不断优化业务流程，合理划分业务边界，科学界定岗位职责，建立合理的岗责体系；还要不断加强征管能力建设，促进工作质效持续提升，制度规范、业务流程、信息技术、数据要素、岗责体系一体化融合升级协同推进。

税收管理职责来源于税收的职能，是税务机关根据税收法律、法规的规定，开展税收管理活动所承担的法定职责。税务岗责体系即税务管理岗位职责体系，包括机构、岗位设置以及工作流程和职责等构成部分，是与一定的税收征管模式相适应和配套的。

从“一员到户、各税统管”的专管员到税收管理员，从“征管查分离”到依托信息化服务加管理，不同的税收征管模式，不论是名称、概念、内涵都发生了巨大变化，其所对应的各个时期税收管理岗位和职责也自然完全不同。尤其是随着“放管服”改革和优化营商环境工作不断深入，税收管理职责逐步走向事前放、事中控、事后管的动态格局，不断运用现代信息技术发展成果，探索推动税收征管模式向自动化、智能化、智慧化发展。

从政治经济学角度分析征管模式这一生产关系，如果说数据是解决生产力角度的劳动对象和劳动工具这一物的因素问题；那么，岗责体系就是征管模式得以落实的组织和运行保障，在一定程度上解决了生产力角度的劳动力这一人的因素问题，是对新的征管模式能否顺利实现起到决定性作用的重要因素。

目前的税收管理职责，概括地讲，核心是服务和执法，以及与服务、执法活动相关的法制管理、支持保障等内容。主要包括：围绕纳税人办理涉税事务的纳税服务职责；围绕评价和促进税收遵从的税收评定、税款追征和违法调查职责；围绕争议处理和救济等的法制管理职责；围绕保障税收工作运转的支持保障职责等。这些职责与总局、省局、地市州、县、乡镇等纵向五级行政管理，横向职能部门、机构适配。细化到具体的岗位和职责，就形成了当前的税收管理岗责体系。这样的岗位和职责也是随着税收制度、业务体系不断发展变化而来的，尽管核心职能没有变化，但要与数字化转型的要求相匹配就需要作出彻底的改变。

（三）依托税务数字化转型建立新型岗责体系

税收是税务的源头，税务是税收的途径。税收是经济学概念，而税务是经济活动。税务通常解释为税收的事务或征税的事务，有广义与狭义之分。广义的税务是指国家税收活动全部工作事务，狭义的税务一般指税收的征收、管理工作。不论税收征管模式如何发展变化，其根本职能永远不会改变。

因事设岗是岗位设置的基本原则，岗责体系不可能脱离税收业务、征管模式和组织结构而存在，而是要服从服务于整体业务模式和流程的要求。构建岗责体系，首先必须在业务模式和基本流程的基础上，梳理相应的业务系列或框架；然后才能结合组织架构，设计对应的岗位和职责，形成岗责体系。

数字化转型是建立新税收征管模式的手段和方法论，其过程和结论自然应该用于建立相应的岗责体系。故而，建立匹配新的税收征管模式的岗责体系，须遵循以下的方法和步骤。

首先，要正确识别数字化转型的关键要素，明确税务数字化转型的根本任务、核心路径和关键驱动要素，掌握具体实施的方法和步骤。

其次，在数字化转型的方法论指导下，以税务管理基本流程为基础，结合以纳税人为中心、新公共管理、风险管理等理念，全面重构税收服务和管理的业务和模式，描绘主要业务场景。

再次，根据税务管理的主要流程和业务场景，分析税务部门和人员应该完成的工作职责，梳理形成相应的工作系列和主要职责。

最后，结合机构设置和业务系列的核心职能，综合科学、合理和效率等方面要求，归纳出建立岗责体系的基本思路和需要重点解决的问题或方面等内容。

（四）建立新型岗责体系的路径

组织设计理论是岗责设计的基础理论，数字化转型的方法主要针对业务的转型。建立新型岗责体系需要结合运用组织设计等基础理论和数字化转型的方法论，对有关机构、岗位和职责进行合理配置。

岗责体系的建立按照“因事析责——依责设岗——按岗定标——对标择（育）人——以人成事”的顺序，贯穿其中的线索则是对税务数字化转型的能力支撑，包括数据、技术、流程、组织等，如图 4－1 所示。

（1）因事析责。借鉴和运用数字化转型的理念和方法，分析界定新税收管理模式中的具体业务和变化，细化业务场景，以完成工作事项、达成业务目标为出发点，以数据驱动和自动化流转为主线，梳理税务部门的工作职责，按照性质、方法、内容等特点，归纳形成工作职责系列，明确方向和责任要求。与此同时，要充分兼顾不能自动化线上办理或处理的业务，包容条件不允许的主体对于传统业务或传统模式的需求，遵循信息化建设和业务工作的基本规律和原则，形成完整全面的工作职责。

（2）依责设岗。遵循岗位设置的“专业分工”“协调费用最小”和“不相容职务分离”等一般性原则，结合税收征管工作的特点，在专业化分工和合作基础上，引入项目化、团队化的方法，在质量要求高、工作难度大、时间要求紧（如复杂规则设计、风险模型设计、风险应对任务等）的职责中加以运用。既强调在横向的岗位和部门间开展职能合作，也坚

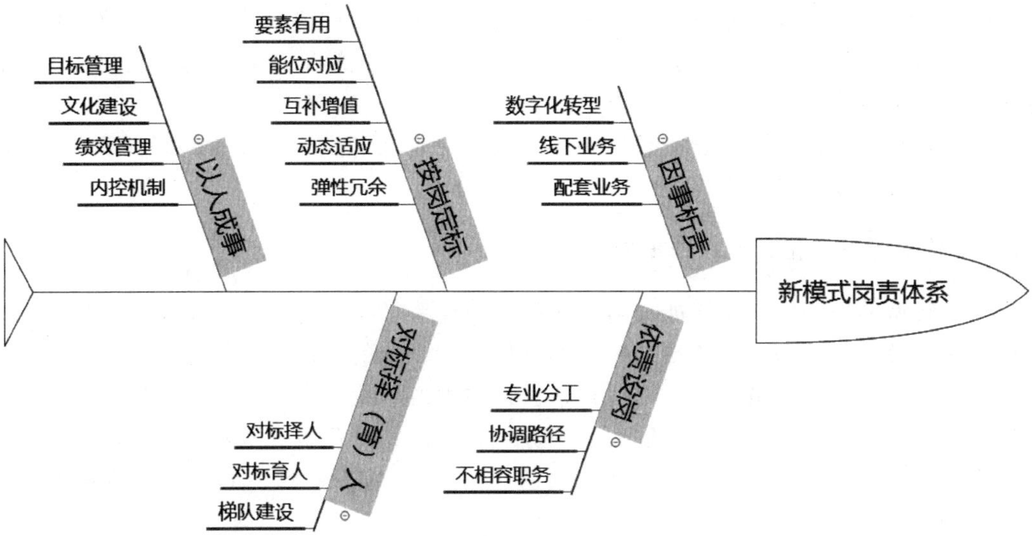

图 4－1 新模式岗责体系

持纵向发挥比较优势进行联动管理，形成岗位和职责的“纵向到底”“横向到边”的全覆盖网络。

（3）按岗定标。根据各个岗位的职责要求，设定工作标准和规范要求，运用能级原理等方法，根据工作的标准、工作量测算等内容确定需要的软硬件资源。尤其是需要配置的税务人员的能力、结构和数量，要充分考虑要素有用、能位对应、互补增值、动态适应、弹性冗余等原理的实际应用，做到必要、合理、饱和等因素的和谐统一。

（4）对标择（育）人。对照税收服务和征管等业务岗位职责配置要求的标准，一是要选择合适的人员充实到相应的岗位上，就是员工的能力和岗位工作要求一致，把合适的员工安排到合适的岗位，实现岗得其人，人尽其才，效率优化；二是要按照工作目标和规划，有目的地引进和培养培育人才，保持比较合理的人才梯度。

（5）以人成事。实现税收服务和管理的业务目标重在执行，通过各个岗位的人员完成各自的工作职责，才能达成整体的工作目标。要通过目标管理、文化建设、绩效管理、内控机制等多种理论和方法，结合具体工作实际，有机地将个人目标和组织目标融合起来，重视和关心人员的状态，实现组织和人共成长的优良循环。

简而言之，就是通过运用数字化转型方法论，对税收业务进行场景分析，确定数字化业务背景下的岗位职责，进而建立与机构部门、征管资源动态匹配的良性循环。

二、税务数字化转型的关键

提到数字化转型，会立刻联系到移动互联、大数据、云计算、人工智能等一些已经应用或正在兴起的新技术，这些新技术改变了人们日常生活和交流，也对企业或组织经营运作产生重大影响，催生了许多虚拟化、智能化的体验和互动方式以及新的业态和商业模式。表面上看，是通过数字化技术，在交互方式、管理方式、运作方式上实现线下与线上、实体与虚拟、自动化与智能化的融合，进而完成业务模式的升级；实质上不仅是 IT 转型、业务转型，更是生产力转型，是业务重塑或重构，是组织架构和组织文化转型。有专家说数字化转型的本质是，在数据+算法定义的世界中，以数据的自动流动化解复杂系统的不确定性，从目的和方法上讲切中肯綮。

数字化转型的关键，根本任务是价值体系优化、创新和重构，核心路径是新型（数字）能力建设，关键驱动要素是数据。①

（一）价值体系优化、创新和重构

数字化转型的核心要义是以能力为主线的价值体系重构，通过能力建设配合生态共建共享，使每一个参与主体都能发挥更加积极的作用，为系统的整体进化作出贡献。

各个主体都在转型中被赋能，被优化，获得更大的价值，实现生态的发展与进化。税务管理活动中的相关主体主要包括纳税人、税务机关、涉税专业服务机构，还会涉及其他政府部门或组织，以及社会公众。在这场价值体系重构中，每一个相关主体都是应该考虑的对象，应该被交付新的价值。

纳税人是纳税的主体，是税务机关服务和管理的对象。税务管理活动中，应该以纳税人为中心，为其提供快速、便利的涉税业务办理服务。一是在服务渠道、方式等方面应用最新的技术和发展成果，实现简单方便快捷；二是通过制度和业务创新，让纳税人对于税收政策及应用普遍能够理解、接受并乐于使用，让纳税人税法遵从意愿和能力得到普遍提高；三是服务要能够覆盖所有类型群体，既要能够引导大部分纳税人"走高速"，也要包容那些条件、能力等不够的纳税人"骑自行车"。通过持续改进和赋能于纳税人，使其感受到被尊重，感受到便利的服务。科学合理的制度，优良的税收遵从环境，就是对纳税人而言的新的价值创造。

税务机关作为代表国家征税的主体，承担着服务纳税人，维护国家税收利益的职责。于税务机关而言，新的价值创造可以概括为纳税人满意度和税收遵从度的提高和征纳成本的降低。业务模式改变的目标，一是建立在数字化基础上的业务集成融合，优化资源配置，降低运营成本，提高运行效率；二是构建和逐步完善数据驱动的业务规则和流程，实现税收服务和管理业务自动化、智能化；三是以数据共享和应用为中心向纳税人和社会应用两端延伸，打造开放共治的税收新业态；四是整个税务人员队伍对职能发挥的支撑作用显著加强，智能化的信息系统加上素质精干的人力资源，加上合理科学的配置，是整个税收工作实现动态精准高效良好运行的保障。

涉税专业服务机构是纳税人和税务机关之间的桥梁，既代理或帮助纳税人办理涉税业务，其本身也是纳税人。不论是传统的税务合规、税务咨询和代理记账等业务，还是新型的"互联网+涉税专业服务"，在税务数字化转型过程中，都会受到巨大影响。一是税务机关办税服务不断便利化、智能化、个性化，传统的依赖人力的代理申报、代理记账等低端业务范围将逐步缩小，差异化、个性化定制服务将成为方向；二是涉税专业服务与信息技术紧密结合，服务会向在线化、平台化转变；三是基于数据的服务空间不断扩大，业务精确性、便利性、集成性持续提高，跨业务、跨区域、跨年度等业务能创造更大价值，参与并可以为征

---

① 中关村信息技术和实体经济融合发展联盟．数字化转型 新型能力体系建设指南（团体标准 TAIITRE 20001—2021）．2021. 8.

纳双方提供更加确定、高效的服务。

其他政府部门是数字政府的共同组成部分，既为税务管理提供相关的职能信息，增加税务管理的确定性；也可以依法从税务部门获取并利用有关纳税人的涉税信息，更好实现部门职能；政府建设数字化平台，构建数字政府，是推进国家治理体系和治理能力现代化的重要举措。

作为纳税人，社会公众和其他组织能以更低的成本，更加容易和正确地履行税收义务；作为公民和社会组成部分，社会公众和其他组织享受税收“取之于民，用之于民”的公共福利的同时，还可以从税务部门以及其他部门提供的数字信息中获取必需的内容以帮助维护自身利益。

总体而言，在社会数字化进程中，所有人都要融入这一大环境，税务数字化只是整个数字化网络中的一部分，在建立和维护社会信用体系，形成价值认同、群体意识等方面，帮助全体公民和组织提供新的体验和价值。

（二）新型能力建设

按照《数字化转型 参考架构》（团体标准 T/AIITRE 10001—2020），新型能力建设包括价值创造的载体、过程、对象、合作伙伴、主体、驱动要素六个视角。

税务价值创造的载体，是为纳税人提供的办税服务和税收执法活动、监管措施。与载体有关的能力，就是税务服务和管理数字化创新能力，通过不断创新、开发以纳税人为中心的智能服务产品，提升服务体验等级，提高管理质量效率。这种能力外化为服务和管理活动的同时，也具体体现在电子税务局等提供服务和管理功能的信息化系统或产品上。

税务价值创造过程相关的能力，就是对智能化办税服务和税收管理等活动的过程管控和数字化运营管理能力。包括对整个过程的全场景感知、实时分析、动态调整、自适应优化等精准管控，以及一体化柔性运营管理、智能辅助决策和信息安全管理等。比如，按照纳税人动态信用和风险评级，在覆盖所有办税服务项目上实施差别化服务和管理，就需要做到对纳税人全周期、全场景的感知分析和动态调整等精准控制能力。

税收服务和管理主要面向纳税人，价值创造对象有关的能力也就是服务纳税人的能力。除了要提高税务部门通常所称需求定义能力、快速响应能力、创新服务能力，还需要通过税务部门的措施提高纳税人主动参与意识和自觉遵从能力。比如，以纳税人为中心创新服务场景，需要以数据的自动流转为目标，按照数据获取和加工应用重构业务向事前、事中、事后延伸，一方面要在对纳税人数据分析基础上开展行为分析和画像，通过预测或预判，快速、动态、精准响应和满足用户需求；另一方面要建设简单便利的系统和渠道，通过数据推送、预填等数据共享方式，实现实时咨询、人工和智能交互、针对性辅导训练、个性化定制等服务，提升纳税人（办税人员）在线处理业务能力。

参与税务价值创造的合作伙伴，既包括其他各类相关政府部门或社会组织，也包括纳税人、涉税专业服务机构。通过在线数据共享、互通、互认，营造税收共治环境，共同建设统一社会信用体系和合作遵从的税收生态。打造与合作伙伴相关的能力，就是税务生态合作和共建能力。一要在认知上形成广泛共识，构建优势互补、合作共赢的协作网络；二要通过在线数据、能力和业务协同，提升整个生态圈资源和能力的按需共享、在线智能交易和自学习优化，做到良性进化可持续发展，进而延伸融入数字政府、数字社会建设中。

税务价值创造的主体即税务机关的能力建设，不仅要对员工进行知识赋能，提供平台化、工具化、个性化的知识、技能共享和服务，快速提升员工的胜任力，培养快速的差异化技能和创新能力；还要发挥数字化优势，在领导力、组织结构、流程机制和能力培养、人才开发等长远方面赋能。

驱动要素集中反映在数据管理上，包括数据全生命周期管理，提升数据分析、集成管理、协同利用和价值挖掘等能力；数字业务培育能力，即基于数据资产化运营，提供数字资源、数字知识和数字能力服务，培育发展业务数字化变革创新等能力。重点在于一是业务数据分析和识别，二是数据管理，三是数据应用。

新型能力建设要围绕数据、技术、流程、组织等方面持续动态优化，建立与之相匹配的数字化治理机制，形成系统性解决方案，如表 4－1 所示。

表 4－1　　　　新型能力建设的具体内容

项目	载体	过程	对象	合作伙伴	主体	驱动要素
含义	税务服务产品，执法活动，监管措施	税务服务、执法、监管过程的管理和控制	服务和管理对象	税务协作部门和组织等	税务服务和管理的主体	税务服务和管理活动的发展动力
具象	电子税务局，工作平台，春风行动等	工作规范，系统控制等	纳税人	金融、司法、行业协会和社会中介，国际税收合作等	税务机关及人员	数据
目标	服务：精细化、智能化、个性化；执法：科学精确；监管：分类精准	依法依规，深度融合、高效联动、全面升级	大幅提高税法遵从度和社会满意度	部门协作，社会协同，司法保障，国际合作	建设德才兼备的高素质税务执法队伍	打造规模大、类型多、价值高、颗粒度细的税收大数据，高效发挥数据要素驱动作用
主要能力	产品创新：产品数字化创新；数字化研发设计	生产和运营管控：全过程、全场景的集成互联和精准管控，一体化柔性运营管理、智能辅助决策，信息安全管理	用户服务能力：需求定义能力，快速响应能力，创新服务能力	生态合作能力：认知上形成广泛共识，在线数据、能力和业务协同	员工赋能能力：人才开发能力，知识赋能能力	数据开发能力：数据管理能力，数字业务培育能力
来源	本质是业务创新，即业务的数字化，包括制度和机制，支持的信息系统等	实质是对过程的掌握与要求，全面感知、实时分析、动态调整和自适应优化	满足纳税人的共性和个性需求，提升纳税人遵从意愿和能力	情报交换、信息通报和执法联动，全社会营造诚信纳税的浓厚氛围	平台化、工具化、个性化的知识、技能共享和服务，组织结构、流程机制和能力培养、人才开发等	围绕数据的自动化流转，解决服务和管理的自动、智能、智慧

续表

项目	载体	过程	对象	合作伙伴	主体	驱动要素
方法	全在线、全周期	业务联通，数据流转	全在线、全自动、个性化，交互式、提示式、确认式	信息共享，数据流转，结果集成	在线支持，知识共享和服务	数据管理，规则管理，知识管理
示例	集成式账户，要素式报告	一户一人一局一员	画像和行为预判	数字政府平台	在线工具和辅助	服务的全自动化
	智能化在线执法和监管	纳税人行为自动分析，税务人员自控考核考评，决策信息和任务自主分类推送	在线辅助业务，服务社区	税收信用在社会信用体系中的作用	个性化知识共享和培育，税务社区	监管和执法的任务产生，团队和程序、工具等的自动化配置

（三）数据驱动

数字化转型化解不确定性的方法是通过数据的自动流转，把正确的数据以正确的方式在正确的时间传递给正确的人和机器。

税收管理是国家以法律为依据，根据税收的特点及其客观规律，对税收参与社会分配活动全过程进行决策、计划、组织、协调和监督控制，以保证税收职能作用得以实现的一种管理活动，涵盖税收立法、税收执法和税收司法的全过程。狭义上的税收管理主要指税收执法活动，它由实体法、程序法、行政法和处罚法等法规共同规范。税收实体法规定各税种的纳税人、征税范围、计税依据和税款缴纳期限等实体内容，税收程序法主要是规定征收管理方式、方法、程序，二者相辅相成缺一不可，税务数字化转型至少也需要对实体和程序两个方面综合考虑。

实体法方面的数字化转型偏重于内容，主要体现在办税服务和数据分析应用这两大场景。首先，要针对各税种的立法目的和宗旨，从其最主要的业务场景入手逐步细化，以化解不确定性为目标，打通所有业务系统中的数据，分析其必要数据在系统中的来源（所有渠道，包括其他税种）与加工应用过程，围绕自动流转重构该税种管理的业务规则和流程，包括纳税人、税务机关（包括信息系统）的义务和业务、法人与自然人业务的打通、遵从评价与风险管理的打通，实现自动化与智能化；其次，要在综合所有税种的数据来源和加工应用基础上，建立数据管理和应用的规则，即达到业务数字化和数字业务化，并依靠数据管理本身的自动化，实现税种数据管理和应用的集成化、标准化、自动化；最后，以税务数据管理应用为手段，为政策制定和落实的效应分析评估及决策提供数字化支持，充分做到政策调控有的放矢精准施策。

程序法方面的数字化转型偏重于形式和过程，主要集中在办税服务和税收监管执法等场景。服务方面，着重优化用户体验，降低征纳成本；监管方面，按需供给和动态优化配置征管资源，做到快速精准识别敏捷规范执法。首先，要综合实体管理需求，以客户为中心构建税务管理的全景图，在理顺数据流转脉络的基础上，按照数据自动化推动思路增减调整业务，重构业务体系、流程和规则，包括程序性内容，使自动化处理、人工交互合理协调。其次，以主体全周期业务自动化为目标，通过数据自动流转，提供丰富工具和辅助，为主体引导，为主体减负，为主体赋能。最后，要瞄准税务生态圈以参与者间的业务自动化为目标，建设开放、进化的健康税收生态。

实现方面，首要的是政务一体化，让数据在整个社会自动流转，才能顺利共建税收生态。在数字社会这个目标尚未完全达成之前，应该按照总体框架设计内部业务流程，留足空间标准，待条件成熟逐步过渡。

对照两办提出的"着力建设以服务纳税人缴费人为中心、以发票电子化改革为突破口、以税收大数据为驱动力的具有高集成功能、高安全性能、高应用效能的智慧税务"要求，可以看出，其目标是以纳税人缴费人为中心，方法是数据驱动，核心是"智慧"，体现了数字化转型方法论的现实应用。

综上所述，税务数字化转型的总体思路和方法应用可以简单概括为，一是通过数据自动流转，实现业务自动化和智能化；二是对所有参与主体赋能，使之能够最优化地顺利达成业务目的。

三、确定岗责的方法和思路

岗责体系的基础是工作职责的界定。建立适应税务数字化转型需要的岗位职责体系，首先应该按照税务工作数字化转型的方法确定工作职责。

（一）方法步骤

因事析责的过程，就是运用数字化转型的理念和方法，分析转型后的业务和变化，围绕数据的自动流转，细化业务场景，梳理税务部门应该承担的工作职责。

1. 基本思路

首先，运用场景分析方法，按照数字化转型的理论和方法，从主体、数据等要素的状态变化中，梳理各场景中应该配置的岗位职责。

其次，对岗位职责特点进行归纳统计和分类，分析为了实现业务数字化转型所需要的主要要求，构建岗位职责体系。

最后，分析如何实现新的岗责体系良好运行，需要对哪些关键要素或方面做出完善和改进，从而为新的征管模式或税收征管改革提供支撑。

2. 分析方法

数字化转型最基本的方法就是以数据的自动流动化解不确定性，而对于需要人机交互的内容则以合理的形式为参与主体赋能，使之简单便利准确地顺利完成业务。

具体的思路，一是将系统设定为一个独立的主体，以方便对于自动完成事件的描述；二是对于自动完成事件，其实是数据在规则驱动下的流转，本质上是税务部门或人员对数据和规则的设定和规划，要在税务部门或人员的事项中得到体现；三是根据管理流程和具体场景，确定相应的赋能方式和内容，包括但不限于工作模板、要素化填报和提示、在线帮助指导等。

从与信息系统关系视角，业务可以分为线上和线下两种。线上业务又分为自动化运行和人机结合的业务，自动化业务由系统根据纳税人的参与自动完成，税务机关负责对其业务数据和规则作出定义；人机结合业务则是指需要税务人员参与业务流程，在系统中按步骤完成工作。线下业务，除了一些无法或不需要进入信息系统的工作（如政策解读、辅导培训等），尽管仍然需要在办税场所为纳税人提供必要的服务，按照业务类别完成具体的工作职责，但一方面也是通过信息系统完成的工作流程，另一方面整个数据和规则适用和线上业务是一致的。整体上也是需要数据、规则、运营、能力等方面的基础支撑。

税务业务的划分如图 4－2 所示。

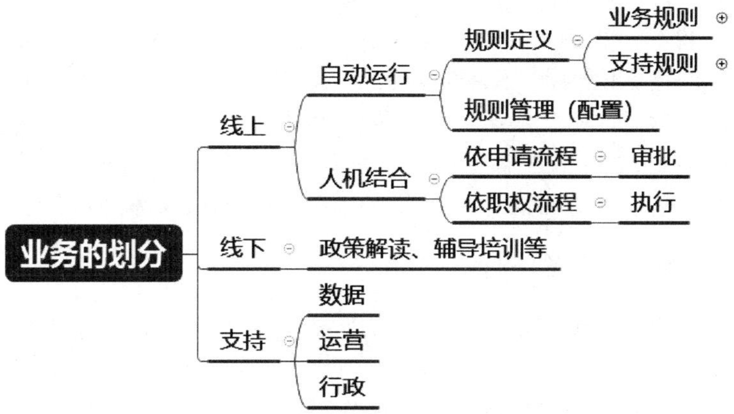

图 4－2　税务业务的划分

（二）场景分析

按照业务核心程度，业务场景类别可以分为主要业务场景、次要业务场景。按照描述的颗粒度，业务场景可以进一步细分为微业务场景。主要业务场景和次要业务场景的划分是为了以提纲挈领的方式，把握税费治理核心业务，本质上是一种场景梳理的方法论。

主要业务场景，是能够体现一个税费种核心业务或者业务中枢的场景。次要业务场景是除主要业务场景以外构成税费种业务全景的其他业务场景，既包括税务登记、实名认证等为主要业务场景服务的基础性业务，也包括纳税服务、风险管理等为主要业务场景保驾护航的监管服务类业务；还包括服务于主要业务场景可持续发展的管理决策类业务。微业务场景是主要业务场景和次要业务场景的细分。

业务场景要素至少应当包括税费业务事件、行为主体、空间、时间和交互方式五个基本要素，业务场景设计和分析的内容着重是数据、规则、流程、事项、岗责。

通过对税费业务场景的设计和分析，从要素构成到内容状态变化，梳理出各个业务场景下数据、规则、流程、事项、岗责等的要求，形成岗责体系的基础——工作职责清单。①

（三）数据的识别与分类

数字化转型，数据是关键。

① 具体的场景分析方法详见本书“数字化转型下的税费业务场景重构策略”。

场景分析中，按照数据的来源确定业务处理规则，是基本设定方法。根据本业务场景所需的全量数据，审视所有前序业务场景，考察是否需要调整前序业务场景及调整后的数据可得性，并依次处理。对于数据完全可得的，进入“规则”设计环节，设计数据驱动发起并自动流转；数据能够支撑基线业务的，设计数据＋规则驱动发起，并人工补充数据后流转；数据不能支持基线业务的，则需要设计业务“流程”，在该场景中须有税费业务数据人工采集事项。

数据的溯源和标准是最基础的工作。为了支持众多场景的分析和后续业务的设计，要对数据的识别和分类进行口径和标准的统一，原则上可以根据税制要素（包括纳税人、课税对象、计税依据、税源、税目、税率、减免税、纳税期限、纳税地点、税收违章处理等）构成和“MECE（不重复不遗漏）”原则来进行。比如从税费业务视角，可以将税收数据定义为：主体和关系信息、计税费依据信息、税费额缴纳信息、纳税遵从信息、行为轨迹信息5个大类；再进一步细分为纳税主体、主体关系，收入所得、支出扣除、财产投资，纳税申报，风险信息、信用信息、法制信息，行为轨迹信息10个组成部分。

（四）需要遵循的基本前提

数字化转型，不能完全脱离现实条件，否则有可能陷入不确定性陷阱。因此，需要设定应遵循的基本前提。

其一，原则上实体法的内容保持不变，相关行政法的规定也需要遵守。

其二，风险管理在税收服务和管理过程的全面运用和融入，是基本规则和策略依据。风险管理的本质是现有条件下争取结果最优化。广义上的风险管理存在于整个税收管理过程之中；税收风险的识别分析，应该从纳税人成立之时就开始了。狭义的风险管理流程，是指包括目标规划——信息收集——风险识别——等级排序——风险应对（含深度分析）——过程监控和评价反馈等在内的一系列管理过程。实际工作中所称税收风险管理，主要集中在事后风险的识别和应对上，即狭义的风险管理；而广义的风险，如对于事前、事中风险的防范和规避，通常主要通过过程控制来实现。

其三，数字化转型的目标是主流主体，但是也必须包容其他主体。因为纳税人主体存在多种情形，具体的办税场景下，各类纳税人主体的业务渠道、数据采集、流程规则等会存在一些差异。对于税务机关而言，在相关的服务流程、规则、岗位和职责上也应该有对应的调整。比如，法人或组织业务的办理，主要是其办税人员承担，或者委托代理人；自然人业务的办理，主要以自然人个人办理为主，也有可能委托代理人，但是数量很少；涉税专业服务机构则主要服务于一些专项业务，或者特定的纳税人群体等；涉税服务办理以线上为主，但是一定要满足不能够或不愿意线上办理的纳税人群体需求，等等。

其四，规划可以也必须长远而全面，实施则需要步步为营不断完善，具体的内容是需要不断细化、不断迭代的。

四、税务管理流程的岗责

场景分析最根本的做法，应该是根据税收工作的职能，对所有税费种按数字化转型的理念和方法，从主要业务场景、次要业务场景逐步细分到微业务场景，分析和设计各要素及内容；再按照结果归纳变化特点，确定新的岗位职责。

然而，其一，此项工作内容过大过细，一时难以完成；其二，按照主次业务场景的原理和税收工作的职能，主次场景最终归纳的结果与公认的税收管理基本业务流程应该是一致的，可以用公认的税收管理主要流程分类代表总体上的场景；再加之本文场景分析的目的，主要是为了示意各场景下对于税务机关岗责的要求。因此，具体做法上采取了简略的方法：一是场景的选择上，以 OECD 关于税务管理基本流程的划分为主要场景，在一个比较粗的层面分析税务数字化转型所形成的主要工作职责，以便于展示如何形成完整的分析过程；二是粗略地将主体划分为纳税人、税务系统和税务人员，略过其他场景要素，只为形成一个总体上的思路和印象。

OECD 报告将税务管理分为服务、登记、评定、检查、征收、争议处理六项主要任务或基本流程①。本文参考这种分类共识，结合现实当中的税务管理流程数字化，推演有关服务和管理场景下的岗位职责。

（一）登记事项的岗责分析

政府提供统一在线的市场主体登记服务，及时将数据传递共享给税务等相关部门。市场主体包括自然人和法人，也包括税源项目的登记管理部门，如住建、交通、民政等。同时，提醒市场主体及时补充完善税务信息，以方便后续涉税业务办理。税务部门收到信息后，及时向市场主体推送办理涉税事项的提示和渠道、方法、要求；过程中，信息系统通过推送要素化信息确认，完成有关事项办理。登记管理流程的目标，是逐步向国家统一的数字账户过渡，税收信息只是其中的一部分，其内容由所有市场主体和税务机关共同建设、使用和维护。

税收数字账户由税务部门提供，是既可以由纳税人自己操作，也可以由涉税专业服务机构代为操作的税收业务处理平台。改变以往只是向税务部门申报或报告的做法，整合税务数据、提供业务办理和服务、方便纳税人操作，形成持续的业务交互模式，容易让纳税人产生对自身权属上的认同，有利于持续开展服务和管理。

从国家治理层面来看，每个公民或组织都应该有唯一的数字账户，不同的职能部门负责不同的账户内容，所有内容共同构成该个人或组织履行义务享受权利的账户。从税收数字账户开始，遵循统一的标准和规则，逐步将其他政府部门或公共组织的数据吸纳完善，最终形成完整的国家数字账户。这样做的好处，不仅改变税收或其他业务办理的理念，使公民或组织更具主体意识，参与程度和便利明显提高；而且在打破政府行政部门之间数据壁垒，实现数据共享和应用，建设数字政府和数字社会方面将产生极大帮助。

税务管理的登记基本流程如图 4 - 3 所示。

---

① OECD. Tax Administration 2017: Comparative Information on OECD and Other. Advanced and Emerging Economies. Paris: OECD Publishing, 2017.

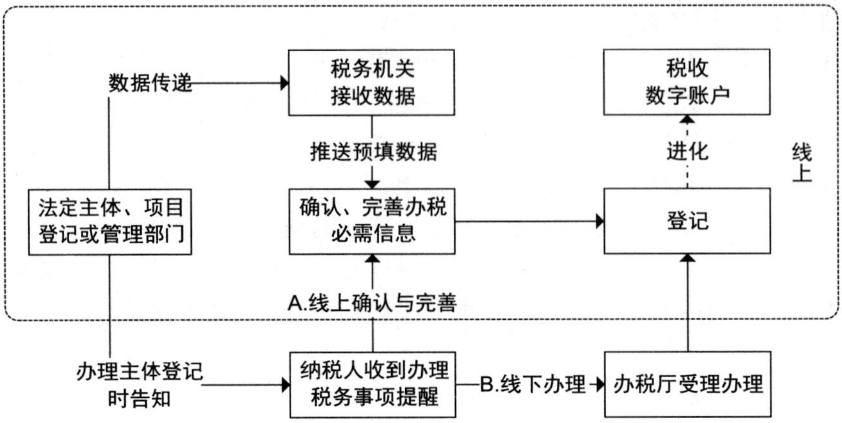

图 4－3　税务管理之登记基本流程

1. 数据

登记业务处理的数据来源是市场主体的设立信息，既包括自然人和法人，也包括归集登记有关应税税源项目的信息。

加工处理过程主要是市场主体或其经办人、代理人按照税法规定，在主体设立信息核实基础上，补充完善有关履行税收义务必要的信息的过程，如财务会计制度备案、银行账户报告、缴（退）税银行账户及协议等。

2. 其他主体与事项

（1）纳税人等：

①可以通过在线方式完成涉税登记信息（税收数字账户）的确认和报告，包括办税人员身份认证，线上缴税和退税账户绑定，税源项目的确认和报告等。

②由于主观或客观原因不能或不愿线上办理的，也可以到线下服务厅办理。线下办理，也是以办税服务人员帮助纳税人线上办理的方式完成。

（2）信息系统：

①自动接受主体登记部门传递信息，根据数据初始加工，建立特征标志。

②收到有关登记信息（包括税源项目信息）后向纳税人推送办理提示提醒，告知事项要求等。

③在线自动受理办税人员的业务办理。

④在线提供办理过程中交互式提示和帮助，辅助完成操作。

⑤自动为纳税人画像，动态更新税收信用和风险等。理论上线上办理可以做到 7×24 小时。

3. 税务岗责

登记流程的税务岗责具体内容如表 4－2 所示。

表 4－2　　登记流程的税务岗责一览表

岗位类别名称	序号	职责	层级	部门	属性
税务登记制度规范岗	1	有关税务登记及税务数字账户制度或规范的起草，工作规划与实施等	总局	征管	线下

续表

岗位类别名称	序号	职责	层级	部门	属性
税务登记规则定义岗	2	登记业务的内容、处理规则设计与维护	总局	征管	自动化
	3	共享外部主体登记信息及具体规则设计与维护	总局	征管	自动化
	4	系统自动接受和处理登记的业务规则设计与维护	总局	征管	自动化
	5	纳税人特征、行为等标签定义和维护	总局	征管	自动化
	6	税务数字账户规则设计与应用维护	总局	征管	自动化
税务登记规则配置岗	7	根据区域实际情况，配置具体规则	省局	征管	自动化
办税服务岗	8	线下受理、办理业务（帮助纳税人在线上办理）	办税服务厅	服务	人机结合

（二）评定（申报）事项的岗责分析

OECD所称评定，包括所有与纳税申报表有关的活动，主要是服务或帮助纳税人完成申报和缴款。主要指纳税人自我评定（即申报和纳税、退税）。税务部门收集纳税人适用的个性化税收申报要素数据，推送给纳税人确认；自动组合成有关税种申报表，经纳税人确认后，完成申报。未来在税收数字账户条件下，可通过要素化记账，按期据账自动完成申报和缴税。

预填这一策略不仅仅应用在纳税申报上，所有涉税业务办理过程中，能够从信息系统或其他渠道取得的纳税人数据，都应该展现给纳税人确认或修正。这样做既能减轻纳税人工作量，也能提示其规范守法，还能对存量数据及方法进行纠正和验证。及时获取足够的交易信息，目前来说的主要渠道有：发票的开具和取得数据；其他政府部门或公共组织数据，如科技、民政、海关、住建、交通、劳动人事、金融监管等部门；特殊来源，如CRS、国际情报交换、举报等。

要素，是构成事物必不可少的因素，组成系统的基本单元。[①] 所谓要素化，言下之意就是针对某项事物的要素，采取相应的方法，以达成对该事物的目的或目标。要素化是数字化的必由之路。对于任一服务或管理事项，自动化或智能化的前提就是根据识别要素的变化，遵循相应的规则采取相应的动作。越是趋向涉及主体的目的单一、选择余地（要素相关）明确且较小、适用事实简单清楚、业务流程清晰等特点的事项或业务，其可简单化、移动化实现的可操作性越强；反之，则不容易实现移动化，需要对业务或事项进行拆解和简化。典型的如个人所得税的专项附加扣除申报方式。要素化的目的，是根据业务的要素情况，选择合适的办理或处理方法及规则。

税务管理中评定基本流程如图4-4所示。

1. 数据

评定（申报）的数据来源主要是税务机关掌握的纳税人特征、发票开具和取得等有关税款计算的信息，以及纳税人自我评定和报告的数据，包括应征税款和应退税款，以及优惠享受情况等方面的内容。

① 百度汉语，https：//hanyu. baidu. com/zici/s？ wd = % E8% A6% 81% E7% B4% A0.

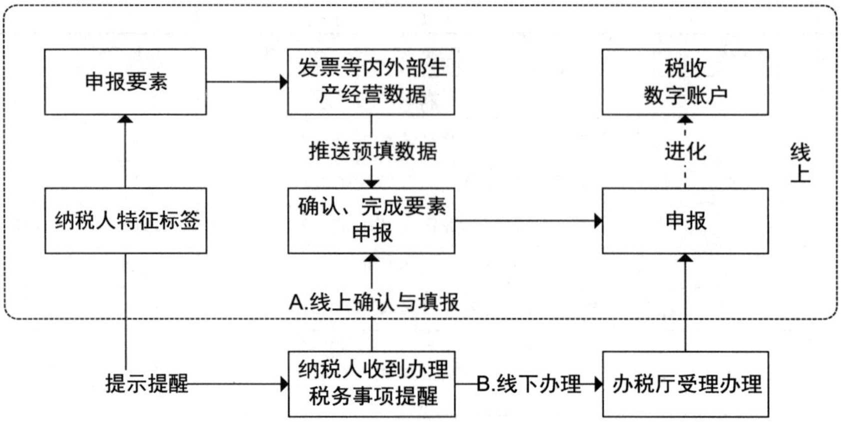

图 4－4　税务管理之评定基本流程

加工处理过程主要是由纳税人或其经办人、代理人按照税法规定完成对应纳税款（或应退税款）的报告并缴纳。

为了方便纳税人，税务机关可根据纳税人特征（含优惠等信息），整合内外部数据抽取申报要素预填申报表推送纳税人确认完成申报义务，包括根据政策和已有数据能够完成计算的应征（退）税款，如可根据税源登记项目自动计算的财产行为税，多缴应退税等。

2. 其他主体事项

（1）纳税人等：

①可以通过在线方式完成要素化申报、纳税申报和税款划转缴纳，也可以在线办理退税等。

②由于主观或客观原因不能或不愿线上办理的，也可以到线下服务厅办理。

（2）信息系统：

①根据纳税人特征，按照要素化方式（含优惠等资格），从共享信息和内部数据中抽取要素化数据预填并推送纳税人，由纳税人确认完成报告，如根据发票数据自动预填增值税要素化申报部分数据，纳税人确认后组成申报表内容。

②自动收集纳税主体有关生产经营信息，分析可能发生的税源变化情况，并在预填确认报告过程中作出提示提醒。

③经纳税人确认，完成申报及税款支付，也可经纳税人确认，符合条件的，自动退还应退税款。

④符合条件情况下，自动启动特定申报或退税业务（如享受税收优惠、小额多缴税款、留抵退税等）。

⑤按照纳税人特征和历史情况分析，提示提醒办理申报。

⑥在线自动受理办税人员发起的申报业务。

⑦在线提供办理过程中的交互式提示和帮助，辅助完成操作。

⑧根据纳税人办理情况，结合对申报数据的分析，动态更新税收信用和风险。

⑨根据税源登记项目自动计算预填财产行为税等，经确认后完成申报。

⑩根据自动数据交换，完成税收收入核算等内容。

3. 税务岗责

评价（申报）流程的税务岗责具体内容如表 4 - 3 所示。

表 4 - 3　　评价（申报）流程的税务岗责一览表

岗位类别名称	序号	职责	层级	部门	属性
评定（申报）制度规范岗	1	分税种申报制度或规范的起草，工作规划与实施	总局	税种	线下
评定（申报）规则定义岗	2	分税种申报自动受理和处理的业务规则定义，包括要素化申报和预填业务规则	总局	税种	自动化
	3	生产经营等佐证数据获得与加工的规则定义，包括运用机器学习等方法实现智能抓取，并使准确率和可用性逐步提高	总局	税种	自动化
	4	在线辅助完成申报的内容和规则定义	总局	税种	自动化
	5	特定事项批量发起确认等规则定义，如催报名单、特定类型的退税等	总局	税种	自动化
	6	税收收入核算规则定义	总局	核算	自动化
评定（申报）规则配置岗	7	根据区域实际情况，配置具体规则	省局	税种	自动化
办税服务岗	8	线下受理办理纳税人业务（帮助纳税人在线上办理）	办税服务厅	服务	人机结合

（三）服务事项的岗责分析

除申报之外的办税服务事项，包括税收数字账户使用、咨询查询、问答交互、发票、政策确定性服务（事先裁定、预约定价等）等，税务管理中服务基本流程如图 4 - 5 所示。

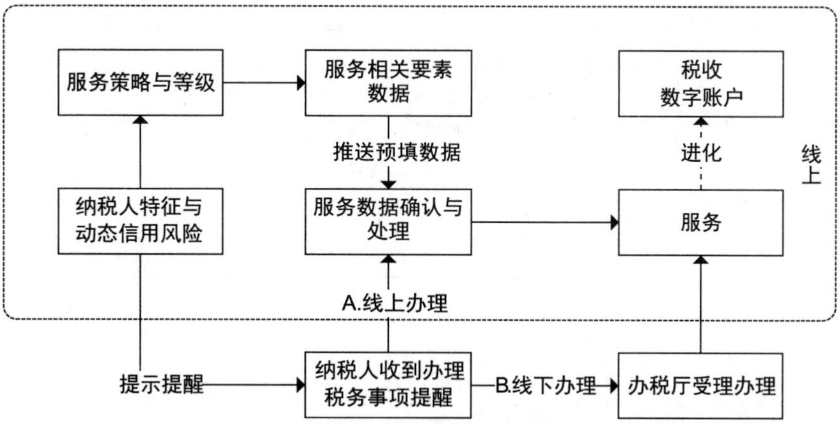

图 4 - 5　税务管理之服务基本流程

1. 数据

服务的数据来源主要是纳税人的办税业务，包括发票领用、开具、用途确认，税务机关对纳税信用等的管理，以及与纳税人需求反馈、咨询、投诉等相关的交互活动。

加工处理过程包括：由纳税人或其经办人、代理人按照税法规定办理涉税业务时进行自动采集、加工；税务机关对纳税信用的加工、反馈调整受理，以及涉税事实的调查确认；税务机关开展差异化、个性化服务的策略及实施过程数据采集与加工等。

2. 其他主体事项

（1）纳税人等：

①常规服务全部在线办理，具体项目可通过在实时交互中提供链接办理。

②由于主观或客观原因不能或不愿线上办理的，也可以到线下服务厅办理。

（2）信息系统：

①全面分析纳税人特征、行为、结果，形成多维度税法遵从方面的动态信用和风险积分，用以确定办税服务的方法类型。

②根据税收服务的目的，按照要素化方式，从共享信息和内部数据中抽取数据推送纳税人预填，由纳税人确认，没有的则补充，并提示提醒相应后果。

③根据所有涉税服务可能导致的税收遵从风险，与纳税人特征、行为等要素之间的关系或模型，自动按照预设的处理规则、业务逻辑，在渠道、环节、资料、数据、人员、时间、空间等方面进行定制流转、处理、中止或终止。

④按照纳税人特征和历史数据，提示提醒办理相关业务。

⑤在线自动受理办税人员发起的业务办理。

⑥在线提供办理过程中交互式提示和帮助，辅助完成操作。

⑦根据纳税人办理情况，动态更新税收信用和风险。

⑧自动为特定纳税人定制个性化服务，如大企业系列个性化、平台化涉税服务等。

3. 税务岗责

服务流程的税务岗责具体内容如表4－4所示。

表4－4　　服务流程的税务岗责一览表

岗位类别名称	序号	职责	层级	部门	属性
服务制度规范岗	1	涉税服务制度或规范的起草，工作规划与实施；包括：纳税人需求管理、纳税人权益保护、纳税信用管理、办税服务、个性化服务、智能化服务、涉税专业服务管理、宣传咨询辅导等	总局	服务	线下
发票制度规范岗	2	发票管理制度或规范的起草，工作规划与实施	总局	征管	线下
服务规则定义岗	3	纳税人服务需求收集与分析规则定义	总局	服务	自动化
	4	税收遵从指标（动态信用和风险）规则定义		征管、服务、税种	自动化
	5	办税服务差异化服务规则定义		服务	自动化
	6	办税服务与纳税人特征或状态关联规则定义		服务	自动化
	7	办税服务要素化预填规则定义		税种	自动化
	8	特定纳税人个性化服务规则定义，如大企业个性化服务		服务	自动化

续表

岗位类别名称	序号	职责	层级	部门	属性
	9	信用评价规则定义，风险纳税人（黑灰名单）管理等		服务	自动化
	10	涉税专业服务机构工作规则定义		服务	自动化
	11	服务交互辅助系统，服务助手或工具等赋能手段规则定义		服务	自动化
	12	服务规划，服务方案等制定规则定义		服务	自动化
	13	纳税人满意度、投诉等处理规则定义		服务	自动化
	14	受理咨询、辅导、投诉、个性化诉求等服务流程和规则定义		服务	自动化
	15	对有关情况进行调查核实等流程和规则定义		服务	自动化
发票规则定义岗	16	发票要素、授信赋码、开收用管等系列规则定义	总局	征管	自动化
	17	发票与申报、财务报告等数据应用规则定义		税种	自动化
服务规则配置岗	18	服务规则配置	省局	服务	自动化
发票规则配置岗	19	发票规则配置	省局	征管	自动化
办税服务岗	20	线上办税服务流程，如发票临时授信额度审批、延期申报和纳税申请、咨询投诉、信用评价管理、个性化服务交互与实施等	办税服务厅	服务	人机结合
	21	线下受理办理纳税人业务		服务	人机结合
	22	线下实施情况调查核实		服务	人机结合

（四）检查和风险管理事项的岗责分析

将风险管理的理念贯穿检查的全过程，并不是外延扩大，而无论是检查对象的确定，还是检查内容和结果的形成，都按照税收风险管理的方法论执行。这里的税收风险管理是狭义的税收风险管理，是税务部门从促进税法遵从角度，开展税收风险识别、分析、应对和反馈等活动的全过程（针对事后风险，事前、事中风险主要在服务过程中监控，但风险登记册有记录）。风险应对策略包括日常检查和稽查、反避税，以及提示提醒，还有其他辅助措施等。这里的检查，主要指稽查。税务管理中检查和风险管理基本流程如图 4－6 所示。

1. 数据

检查和风险管理的数据来源主要是税务机关掌握的纳税人生产经营、申报纳税，以及外部共享或获取的情报数据等。

加工处理过程主要是风险的识别分析，以及对风险信息的核实与处理。方法包括传统的风险指标模型方法，也包括大数据、机器学习等智能识别方法。

风险管理和检查的过程主要是人机结合方式，尽管其中也有自动化完成部分，比如纳税主体信息收集，风险指标和模型的扫描，风险数据的登记、汇总和筛选、排序，应对策略、分析报告、团队、计划、程序、底稿等的自动产生供确认，以及在整个过程中的程序性规范和工具性的支持等。

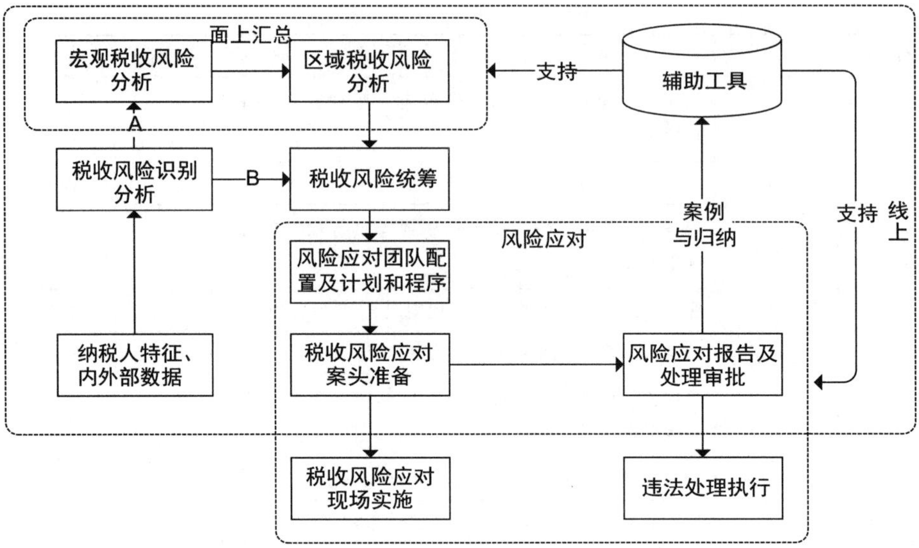

图 4－6　税务管理之检查和风险管理基本流程

2. 其他主体事项

（1）纳税人等：依法接受税务机关的调查和检查。

（2）信息系统：

①根据纳税人的特征标签，自动识别固有风险，纳入风险登记册管理。

②自动收集纳税主体生产经营信息，共享外部数据等，从主体全量数据自动进行匹配性分析和风险指标扫描，识别税收风险，纳入风险登记册管理。

③根据数据集中程度，层层开展行业性指标对比，从宏观逐渐到具体，自动出具包含分析报告＋筛选对象的初步内容报告。

④自动预测税收风险的领域和区域，出具提示和预案初步内容报告。

⑤自动按层级、区域生成风险汇总分析数据，对识别风险进行统筹，生成待确认深度分析任务。

⑥根据确定的风险分析任务，自动配置人员，按定制规则出具组建团队建议（含横向和纵向，跨区域和层级的联动）。

⑦向风险分析和应对工作提供支持，包括但不限于审计程序、计划、工作底稿和工具匹配等。

⑧固定数据采集证据基础上，允许和激励新线索和问题的发现及其归纳提交等。

⑨提供移动、在线风险智能识别分析工具，记录执法，辅助税务人员分析、现场实施、取证、底稿、报告等。

⑩发票风险识别与网格化管理等（数据归集，风险识别，自动推送，分析应对）。

⑪自动反馈预填式办税结果的税收风险影响，提高准确性和数据利用效率。

⑫自动分析生成反避税疑点，生成待确认特别纳税调整任务。

⑬符合法定条件时，自动衔接税收违法处理程序，自动衔接税收保全和强制措施等。

3. 税务岗责

检查流程的税务岗责具体内容如表 4－5 所示。

表 4-5　检查流程的税务岗责一览表

岗位类别名称	序号	职责	层级	部门	属性
税务检查管理制度规范岗	1	税务检查制度或规范（包括法律程序等）的起草，工作规划与实施等	总局	检查	线下
税务检查规则定义岗	2	税务检查程序规则定义，程序上包括选案、案头准备、实施和审理等，内容上包括违法举报、案源管理、检查过程、违法处理、案卷、公告、复查、执行措施等	总局	检查	自动化
税务检查规则配置岗	3	根据区域实际情况，配置具体规则	总局、省局	检查	自动化
税务检查案源管理岗	4	对案源的管理，主要是对案源自动化处理的人工干预	所有	检查	人机结合
税务检查实施岗	5	税务检查实施	所有	检查	人机结合
税务检查审理岗	6	税务检查情况的审理	所有	检查	人机结合
税务检查执行岗	7	税务检查报告的执行	所有	检查	人机结合

风险管理流程的税务岗责具体内容如表 4-6 所示。

表 4-6　风险管理流程的税务岗责一览表

岗位类别名称	序号	职责	层级	部门	属性
税收风险管理制度规范岗	1	税收风险管理、数据情报等工作制度、机制，战略规划与方案等	总局	风管	线下
税收风险管理规则定义岗	2	全国性税收风险识别指标、模型、情报收集应用等规则定义	总局	风管，征管，税种	自动化
	3	税收风险管理流程性规则定义，包括风险登记、风险估算、风险统筹、风险应对任务生成、风险应对团队配置、风险应对结论和报告、风险应对跟踪、风险指标模型反馈等		风管	自动化
	4	审计程序、审计计划、审计策略、审计底稿、证据、在线工具等模板和规则定义与维护		风管，征管，税种	自动化
	5	经济交易特征分析和公平交易、价格、利润、税负等参考数据库（以发票数据为基础，旨在衡量交易公允性的可商用的数据库）建设与发布		风管，征管，税种	自动化
税收风险管理规则配置岗	6	全国性风险管理规则配置	总局	风管	自动化
	7	根据区域实际情况，配置具体规则	省局	风管	自动化
税收风险识别分析	8	总局开展的税收风险识别	总局	风管，征管，税种	人机结合
	9	全国性宏观税收风险分析，经济税收分析等		风管	人机结合

续表

岗位类别名称	序号	职责	层级	部门	属性
	10	省以下开展的税收风险识别	省局及以下	风管，征管，税种	人机结合
	11	区域性税收风险分析，经济税收分析等		风管	人机结合
税收风险任务管理	12	全国性风险应对任务管理	总局	风管	人机结合
	13	区域性风险应对任务管理	省局及以下	风管	人机结合
	14	全国性风险应对任务跟踪质疑	总局	风管	人机结合
	15	区域性风险应对任务跟踪质疑	省局及以下	风管	人机结合
	16	全国性风险应对审理	总局	风管	人机结合
	17	区域性风险应对审理	省局及以下	风管	人机结合
税收风险应对	18	全国性风险应对深度分析及预案	总局	风管，检查	人机结合
	19	区域性风险应对深度分析及预案	省局及以下	风管，检查	人机结合
	20	全国性风险应对，报告及反馈，如特定企业工行业联动风险应对等	总局	风管，检查	人机结合
	21	区域性风险应对，报告及反馈	省局及以下	风管，检查	人机结合

（五）追征事项的岗责分析

追征是指欠税追征，包括法律责任的追究，处罚等。此处的追征，也应用了风险管理理念，属于税收风险管理的一部分，税务管理中追征基本流程如图4－7所示。

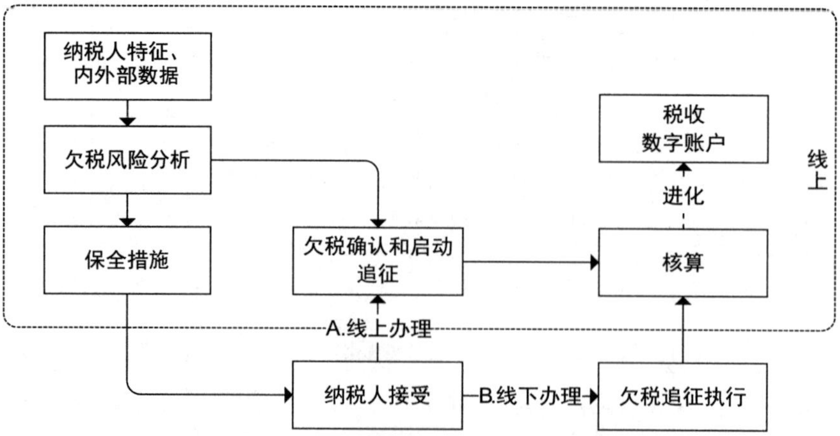

图4－7 税务管理之追征基本流程

1. 数据

税款追征的数据来源主要是纳税人申报或税务机关依法检查确认的应缴而未缴的税款等信息。

加工处理过程主要是产生欠税前的风险提示提醒和产生欠税时的追征程序启动，以及欠税存续（追征不能）期间的监管数据和程序的自动化采集和运行。

具体执行的数据，则以人机结合的形式采集（自动扣款、划转等情形也是人机结合场景的结果）。

2. 其他主体事项

（1）纳税人等：依法缴纳应纳税款。

（2）信息系统：

①自动收集纳税人生产经营信息（含投资、债务、资产等）。

②自动分析税收风险管理识别出的影响，结合流动性情况，提示欠税风险。

③自动根据欠税风险，提示纳税人逾期风险。

④产生欠税的，根据存续情况，自动生成待确认催缴流程，并依法启动税收保全或强制措施审批等。

3. 税务岗责

追征流程的税务岗责具体内容如表4-7所示。

表4-7　追征流程的税务岗责一览表

岗位类别名称	序号	职责	层级	部门	属性
税款追征制度规范岗	1	有关税款追征的制度或规范的起草，工作规划与实施等	总局	征管	线下
税款追征规则定义岗	2	欠税风险数据采集、指标等定义	总局	征管	自动化
	3	自动识别欠税风险和处理规则定义	总局	征管	自动化
	4	税款追征任务规则定义	总局	征管	自动化
	5	法制程序处理规则定义，包括责令限改、简易处罚、税收担保、税收保全、税收强制等	总局	法制	自动化
税款追征规则配置岗	6	根据区域实际情况，配置具体规则	省局	征管	自动化
税款追征任务岗	7	税款追征任务确认、批准、执行	省以下	征管	人机结合
	8	责令限改，简易处罚流程等违法处理程序执行	省以下	征管	人机结合
	9	担保、税收保全和强制启动与审批、执行等	省以下	征管	人机结合

（六）争议处理事项的岗责分析

争议处理，是指纳税人等市场主体对税务机关确定纳税主体、征税对象、征税范围、减税免税以及退税期限、适用税率、计税依据、纳税环节、纳税期限、纳税地点以及征收方式等行政行为有异议而发生的争议，通过行政复议或行政诉讼进行处理，以及由此引发的行政赔偿等程序。税务管理中争议处理基本流程如图4-8所示。

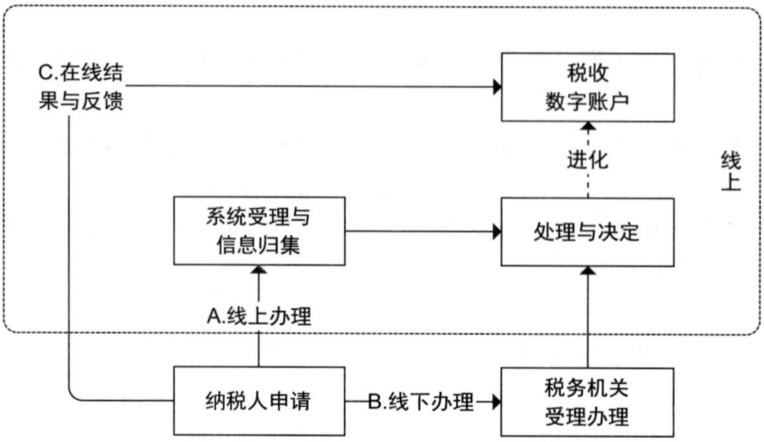

图 4-8 税务管理之争议处理基本流程

1. 数据

争议数据来源主要是纳税人、扣缴义务人、纳税担保人同税务机关发生的涉税争议和直接涉及税款的行政处罚等业务数据。

加工处理过程主要是争议处理过程和结果。主要完成形式是人机结合的方式，自动化的内容体现在程序方面的规范和限制。

2. 其他主体事项

（1）纳税人等：

①可以在线办理复议或赔偿申请；

②由于主观或客观原因不能或不愿线上办理的，也可以到线下办理。

（2）信息系统：在线自动受理办税人员发起的业务办理，并推送到相应的税务机关和人员。

3. 税务岗责

争议处理流程的税务岗责具体内容如表 4-8 所示。

表 4-8 争议处理流程的税务岗责一览表

岗位类别名称	序号	职责	层级	部门	属性
税收争议制度规范岗	1	有关税收争议的制度或规范的起草，工作规划与实施等	总局	法制	线下
税收争议规则定义岗	2	税收争议有关程序的受理、处理等规则定义	总局	法制	自动化
税收争议规则配置岗	3	根据区域实际情况，配置具体规则	省局	法制	自动化
税收争议处理岗	4	税收争议受理、审理、处理，主要指行政复议程序，包括线上和线下	所有	法制	人机结合
税收争议处理岗	5	争议行政行为的处理，以及诉讼、赔偿、补偿等有关程序的履行	所有	法制	人机结合

（七）主要特点与变化

税收管理基本业务流程数字化岗责的大体构成变化和特点，可以从以下几个方面来概括。

1. 线上线下视角

按照业务是否在线上运行，其对应的岗位职责也主要分为三种：

第一种：主要在线下完成的业务。对应的岗责主要是制度规范岗。该岗位主要负责制度或规范的起草、工作规划与实施等内容。

第二种：自动化运行的业务。对应的岗责有两块，分别是规则定义岗和规则配置岗。规则定义岗主要负责对自动化的处理规则进行设计，通常由税务总局承担；规则配置岗主要是根据区域情况配置具体规则，通常以省级局为主承担。

第三种：人机交互式的业务。对应的岗责主要是各项依申请业务的与纳税人交互（含审批），以及依职权业务的具体执行（非常多），需要在信息系统中完成。

2. 业务驱动视角

按照驱动规则，业务可分为数据和规则驱动的自动化业务，以及流程驱动的线下业务和人机结合业务。

流程驱动管理是传统信息化的建设方式，核心是围绕流程规范一系列关联的人和活动，活动的先后顺序、内容、方式、责任等有明确的界定。传统的信息系统是流程驱动的，将物理世界的流程在信息世界中定义一遍，完成业务的实现。

数据驱动以数据为根本要素和核心线索，通过数据发挥监测、分析、挖掘和使能等作用，从而实现业务目标。数据驱动管理的特点是自动化、无形化、敏捷化，对于数字化程度、数据质量、数据维度等要求比较高。

由于政府部门的特定职能属性，从现阶段的情况来看，税务管理的数据驱动主要体现在以下几个方面：一是利用信息系统实现办税业务的自动化受理和办理，提高办税服务的规范、效率和便利程度；二是结合税务部门以及其他渠道获得的数据，识别分析纳税人特征和税收风险，通过数据来确定个性化、差别化服务及精准管理的方向和对象，提高税法遵从度；三是运用数据分析为税收管理提供决策辅助，大到制度机制等范围广、影响大的政策决策，小到个案的工具支持、策略选择和处理建议等。而要做到这些，必须要做到数据的跨职能部门和跨系统的全量归集，以及应用上的协调互通。这是最基本的要求。

因此，目前的业务模式当以流程驱动和数据规则驱动并行，相应的岗责也各有侧重。办税服务（含登记、申报、服务等）、风险识别等业务以自动化运行为主，对应的岗责以规则的定义和配置为主，其他业务以人机结合形式的流程驱动为主，对应的岗责以处理和执行为主。随着数据治理和智能化水平的不断提高，未来业务将会逐步向自动化运行过渡，相应的岗责也会随之调整。

3. 层级视角

从职权层级视角看，按照目前的职责划分状况，暂区分为总局、省局和省以下三个层级。原则上总局主要是政策制度方面的规范和完善，各项工作的总体规划和战略，重大或全国性业务的统筹和协调，国际交流合作等；省局则主要是在全省范围内落实税收政策制度和工作任务，制定本省的总体工作规划和战略，统筹和协调省内重大或跨区域性业务、地方特色业务创新等；省以下着重是执行，按照省局的规划、要求和配置开展具体的工作。

4. 能力需求

从业务运行和岗位职责的变化可以看出，无论是自动化业务的规则定义和设计，还是人机结合的执行或交互工作，均与传统的流程驱动模式下分环节完成规定运作的要求不同，数字化的理念和应用涉及从税收制度的设计到具体执行操作的几乎所有业务内容。

制度规范制定方面，要从传统的手工操作思维解脱出来，遵循数据驱动的数字化转型业务设计思路，对整个税收征管制度乃至实体税制作出调整；要在制度层面体现和保证自动化运行规则的合法性（比如信用的法律定位和与服务的关系），将业务处理规则和数字化规则有机地融合。

规则的定义设计方面，包括有关指标、模型、方法、工具等各种规则，其实都是数据使能（或赋能）的表现，不仅需要准确体现政策的要求，还需要通过数字化手段实现自动化和智能化。这对人员的能力要求之高是可以预见的。

具体执行上，尽管人机结合的模式与以往的流程驱动的信息化系统形式上变化不是很大，但由于将一般简单计算（包括识别）型的业务内容通过规则自动化处理了，再将程序性内容、智能化帮助和格式性要求等内容集成在业务流程中，反而造成两种极端。一是简单业务操作的智能化，通过系统和流程机制赋能，对于具体使用人员的能力要求并不高；二是剩下的主要是在流程机制的辅助下需要通过数据的分析、挖掘等完成的业务，如税收风险识别分析、税收经济分析等，则有政策、数据和技术等多重能力要求。

5. 应对思路

税务管理的数字化转型，本质上是对建设新型税务管理能力的要求。

信息系统方面（载体），不应存在毕其功于一役的想法，应该具备以需求的进化为核心，循序渐进、不断迭代的敏捷开发能力。

业务模式方面（过程），实施以智慧税务为核心的税收服务 + 执法和监管，加强制度机制的基础、涉税服务的智能、业务规则的控制、规范执法的支撑、科学决策的辅助、税收风险的防范等一系列过程支持和控制能力。

服务对象方面，要以纳税人为中心，围绕自动、智能、个性，加强需求收集、需求定义、需求快速响应、创新和引导等能力。

合作伙伴方面，目的是打造税收共治的生态环境，需要稳定的数据共享、信息互通、结果互认、目标共赢的合作乃至一体化数字政府构成能力。

税务机关和人员（主体）方面，按照业务模式和岗位职责要求匹配具备相应能力的人员，同时通过数据、流程、机制、文化等方面引导、提高、规范和辅助能力。

整个体系的支撑是数据（驱动要素），不论是自动化智能化，还是人机结合的服务和执行，都依赖于数据的管理能力，在充分收集、科学归集的基础上形成的监测、分析、挖掘和使能能力。

这些能力需求上的变化，反映到岗责体系上至少需要：一是在部门、机构的设置上，要从最有利于建设和发挥新型税收管理能力的角度去调整和完善；二是在工作机制上，要围绕根本目标，结合机构部门配置的协调，打破部门职能限制，打通数据和应用壁垒；三是人岗匹配上，建立和岗位需要相匹配的征管资源配置机制，基本达到新岗责的职业能力要求。

五、岗责体系构建

场景分析出来的岗责是独立的、分散的，是从属于具体的业务场景的。构建完整的岗位职责体系需要将其按照业务的内在要求进行组合，从而形成岗位，并分配到组织机构上，再按照要求安排相应的人员分工，才能形成可以运转的体系。

（一）岗位设置

岗位设置通常有两种方法：一种是自下而上的层层归纳重新构建，另一种是自上而下的利用现有架构体系逐步改良。

方法一：直接细化职责，再建立岗位职责对应关系。

在具体的岗位和职责分析上，可以选择直接根据最小业务场景或微场景细化职责，然后再建立分系列的岗位职责对应关系。

第一步，分析各最小业务场景或微场景中的税收业务事项，梳理出全量岗责清单。

第二步，在全量岗责清单基础上，分析职责的具体属性，分类配置层级、业务属性等标签，以及工作职责间的不相容等关系。

第三步，按照专业性、内聚性、内控性原则，对职责进行聚合，形成岗位，整合岗位职责对应关系，如表4－9所示。

表4－9　　岗位职责对应关系

岗位编号	岗位名称	职责编号	职责说明	职责类型	层级标签	业务属性标签
0X001	XX规则定义岗	0X001001			总	服务，政策
0X002	XX规则配置岗	0X002001			省	
		……				

第四步，按照岗位、业务属性重新梳理业务序列，进而确定相应的职能部门和机构、层级等，形成完整的架构体系。

这种方法的好处是从细节到整体的推进过程逻辑清楚准确，但是完全脱离现实实际，就会对体系架构的整体性规则要求很高，否则容易出现返工。

方法二：以现有的部门和业务分类为基础梳理岗责的分类，构建整体框架后再逐步细化。

第一步，假设机构部门和主要职责等保持不变，将场景分析出来的岗责按照现状下最合理的业务归属，对应到现在的部门或业务系列，确实不能归口或确有必要强调的，单独提出来形成系列。

第二步，在整体框架下，将场景分析出来的岗责放置到框架中，取代原来的岗责，并进行数据流转的推理和验证。

第三步，再将最小化业务场景的岗责，按照专业性、内聚性、内控性等原则，对职责进行聚合，形成岗位，整合岗位职责对应关系。

第四步，按照岗位、职责与机构、部门、层级等匹配适应关系，适当调整协调一致，形成完整的架构体系。

这种方法的好处是对构建整体框架有相对系统的基础，结合业务转型作调整的整体性和操作性比较强，比较容易形成清楚的职能序列，效率也比较高。

比如，从传统业务分类的视角，在场景分析基础上归纳梳理的业务系列包括：直接面向管理和服务主体的服务系列、发票系列、执法系列（含追征）、风险管理系列、检查系列，为前端业务提供规则和支撑的规则系列、能力系列、数据管理系列、运营系列；属于基础职能类别的税政系列、法制系列、内控系列、核算分析系列、行政系列等。这里的规则系列、能力系列、数据管理系列就属于因为“独特且需要”而新设的，其他系列的业务岗责也应该按照数字化场景分析后的岗责替代。数字化场景下的业务岗位体系如图 4－9 所示。

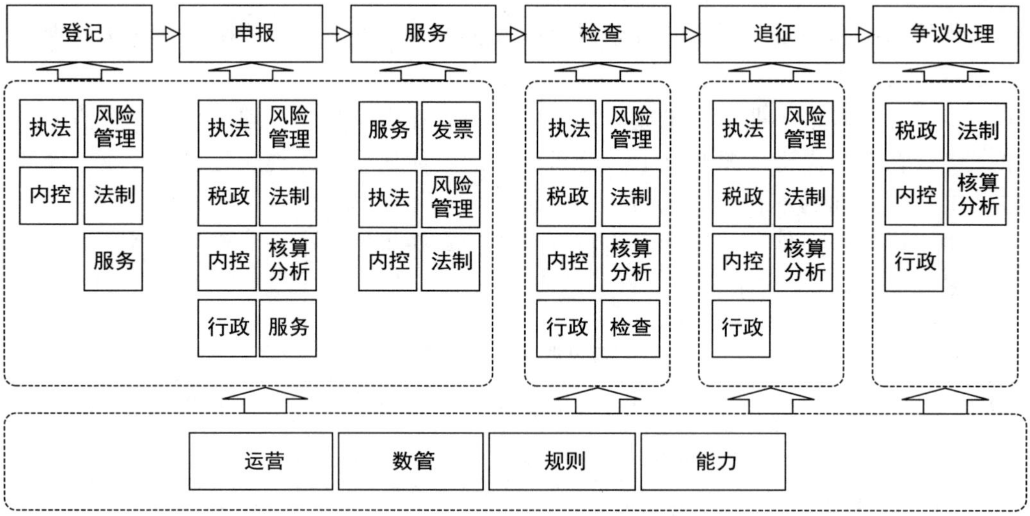

图 4－9　数字化场景下的业务岗位体系

（二）建立人岗适配的动态关系

岗责体系是一个有机统一的整体，需要通过岗位职责和人力资源的动态适配来实现业务目的。

1. 能级原理及运用

能级原理，是指管理的组织结构与组织成员的能级结构必须相互适应和协调。这样才能提高管理效率，实现组织目标。能级原理中的“能级”，是指组织成员在一定条件下，能对实现组织目标起作用的各种能力之和的差别，其基本原理是：级的划分与组合应保证行政组织结构的稳定性和有效性；不同的能级应具有不同的责任、权力和利益，实行责权利一致的原则；各类能级必须动态对应。

实现方法：

第一步，将工作职责依照工作内容和要求标准进行业务领域分类分级，将人力资源也按照业务领域进行分类分级，岗位能级关系如图 4－10 所示。

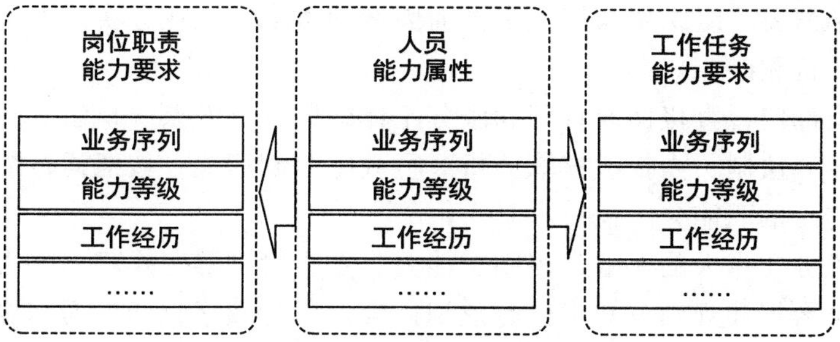

图 4 -10　岗位能级关系

第二步，对照固定岗位的职责要求，适配相应等级的人员，做到人岗相适。

第三步，对于项目化或团队化的工作任务，根据任务要求选配所需对应领域和等级的人员组成，做到专业性和合理性高度一致。

第四步，将这些过程设计在信息系统中，通过数字化自动执行。对于不能完全适合岗位或任务要求的，需要制定计划在一定期限内达到标准和要求；要和绩效、待遇等充分结合，形成岗责体系和内部管理数字化、智能化高度融合。

2. 岗位与人的数字化动态匹配

能力是岗位和人力资源之间的桥梁。要按照岗位的具体职责要求，设定工作标准和规范要求，运用能级原理等方法，根据工作的标准、工作量测算等内容确定需要的软硬件资源。尤其是需要配置的税务人员的能力、结构和数量，要充分考虑要素有用、能位对应、互补增值、动态适应、弹性冗余等原理的实际应用，做到必要、合理、饱和等因素的和谐统一。

以职责系列划分为基础，对各业务系列的能力进行科学细分，并在人事信息系统中按照相同分类和标准，建立相应的职业能力系列属性，分析其能力构成，包括且不限于学历、专业资格、从业经历、参与案例或工作团队等数据，进行目标明确的识别和培养。通过在岗位职责、工作任务、人力资源信息中建立相同的关于能力系列、能力等级等属性，可以将工作要求与人员信息建立科学的对应关系，根据岗位、任务的要求，建立工作要求与能力系列和等级的关系模型，在合适的人员中合理选配，实现人与职责、人与任务的数字化动态匹配，有效化解在人岗适配中的不确定性。

保持组织的强大和活力，需要不断提高组织中人的综合素质和能力，要保持合理的年龄、能力搭配等结构，形成梯度。

管理上要按照职位分类，根据职位性质、管理特点、难易程度、工作强度和技术含量的高低，建立任职资格系统，量化从事某一职位人员所必须具备的知识、经验、技能、素质，对应的岗位职责、作业标准、工作流程、操作规程，并针对不同类别确立相应的管理方式。

（三）组织机构的完善

实现税务数字化转型，需要包括数字业务在数字空间的运行和数字业务在实体空间的运行等系列制度支持，需要组织体系的配套运行来落实，包括组织机制上要建立相匹配的职责和职权架构，管理方式、组织文化等方面要全面协调配合等。

尽管初始岗位的设置是以现状为基础进行的，不代表对业务和组织现状的维持不变。岗责需要和组织架构协调发挥作用，才能实现构建岗责体系的目的，组织架构也需要适度调整以更好地适应改革需要。组织架构涉及多方面因素的考虑，从业务实现上讲主要是横向和纵向的分工合作与职责相匹配。

作为政府职能部门，直接面向管理和服务主体的服务、发票、执法、风险管理、检查执法职能，以及税政、法制、内控、核算分析、行政等基础职能，按照运行需要，配套相应的组织结构。这与传统的职能分工没有差异。

如果把智慧税务比作人的大脑，规则、能力、数据管理等工作相当于大脑的功能区，而在其中运行的各类数据和规则及知识就是意识内容。因为数字化转型而需要新设的为前端业务提供规则和支撑的规则、能力、数据管理、运营等新的业务系列，则是应在组织架构中特别加以调整和完善的。要以数字化运营的思维，综合考虑设置具有相应业务职能的部门或机构，或者调整原有职责为新的职责，并厘清其与其他部门间的协调与配合。

1. 数据和规则管理

数据的自动流转是建立在数据和规则的管理及应用基础上的。数据方面涉及来源和采集、数据的加工和应用、数据的质量、数据的共享和安全等内容；规则包括业务的处理规则、数据的管理规则、能力建设的规则、规则的管理等，二者是整个税务管理数字化的“动力总成”。

相较于其他业务系列，数据和规则是在数字化状态下对业务实现和流转的管控要件，具有双重特征，形式上有技术工作的特点，内容上归属于业务工作范畴。

从数据的基础属性而言，需要建立和完善税收数据管理制度，拟定、维护税收数据标准，组织税收数据采集、集中管理和质量管理，税收数据平台的技术管理和日常维护，税收数据安全管理，负责向其他部门提供税收数据的技术处理和保障。

规则包括两方面，一是业务处理的规则，也就是税收服务和管理的政策制度或规定的结构化表述，既有程序性要求，也有内容性要求；二是根据事实或实际情况，设定数据的自动流转规则，以完成或辅助完成具体业务事项。前者更适合由税政部门或征管部门完成其日常管理，而后者需要业务与技术部门的协同配合才能完成。需要实施规则新增、参数调整、评估、优化、退出全生命周期管理，设立规则定量、定性评价模块，建立规则库，规范规则应用的管理。

由于职能分工等原因，传统业务系列的“烟囱”或“竖井”现象比较普遍，造成数据和规则、流程等多种因素影响下协作困难、效率低下。依靠各个职能系列自身是不可能解决“烟囱”问题的，只有实施中台化策略，建立对数据和规则的统筹管理，才能实现业务数据和规则的协调一致，逐步打通在各具体业务系列间的业务和数据壁垒。通过将业务和技术相互融合，不断扩展业务边界，不断增强支撑创新业务的能力，不断深挖数据价值，使税收服务和管理更加规范、有效。

因此，设立专门的数据和规则管理机构，遵循数字化升级的要求，实施对整个税务数据资产和税收业务数字化规则的统筹管理，是十分必要且可行的。

2. 能力管理

新型能力建设是数字化转型的核心路径，是应对不确定性的关键。达成能力建设的目标，就要向所有税收服务和管理活动的参与者赋能，包括税务人员、纳税人、涉税专业服务机构和人员、其他部门或社会组织等等。简言之，让正确的人在正确的时间用正确的方式或方法做正确的事。

（1）赋能的内容。

从赋能的内容而言，上面总括可以拆分为两个部分，一是正确的人在正确的时间做正确的事，这个主要通过数据的自动化流转来实现，这部分由数据和规则管理负责；二是用正确的方式或方法做事，这个主要通过在做事的过程中（或事前）提供相应的帮助或工具来实现，这是能力管理的重点内容。当然，基础的政策或业务知识的宣传、培训、辅导等工作也是必要的，但这就不专属于能力管理范畴了。

不难看出，为税收服务和管理活动各个环节的参与者提供帮助或工具，需要将政策制度分解为具体的时间、地点、人物、规则、数据等要素构成的可视化场景，让信息系统在合适的场景下提供形式适合的支持。

具体的政策制度所需的能力工具或帮助，可以由税政或征管系列的专家分析其规则时一并提出，但整个提供能力支持的产品规划和规范、规则是需要统一管理的，这也是数据共享和打破“烟囱”的必然要求。

（2）赋能的对象。

从赋能的对象而言，还包括对主体能力的识别和培养，即寻找和培养能正确做事的人。用最合适的人匹配不同的要求，能级管理是能力管理的内容之一。比如，纳税人需要完成研发费用加计扣除的报告，但是从其所有办税人员的综合情况看来能力不足以独立完成费用归集和计算等工作，税务部门可以提供多种方案为其解决，或者让其办税人员参加辅导培训，或者由系统随机推荐具备能力的涉税专业服务机构或服务产品等等。再比如，要组建一个对特殊行业或企业的风险应对团队时，需要行业专家若干、财税专家若干、信息系统专家若干，系统应该从现有人员中根据条件要求自动选择，这就需要对税务人员在能力、技能、经历、等级等方面有综合的评价与描绘。专业能力的识别与应用还可以与内部控制、数字人事等模块共同构成税务人员的整体评价，为其事业规划提供支持。

对赋能对象的能力识别也是能力管理的内容之一。根据能力识别情况，有针对性地提供解决方案，或自动化的匹配规则，将人与系统、业务事项等要素有机结合相辅相成，实现业务转型的目标。

（3）赋能的路径。

另外，实现赋能不仅需要强大的能力、知识的识别和支撑，也需要基于移动化、社交化、知识化的数字化平台作为载体，并以价值创造结果和贡献为导向，激励参与者自我管理、自主学习和价值实现。

具体落实上，一是需要依靠职能部门对税收政策制度、服务管理机制等多角度全方位深入研究，这是能力的目的与主要来源；二是需要对能力内容和工具的研究方法、产出标准等进行规范管理，为深化应用打下基础；三是需要通过科研部门或单位对前沿或创新业务进行深入研究，不断拓展能力内容和工具的内涵和外延；四是需要建立并开展参与者的能力识别与评价体系及其研究活动，形成衔接交互的纽带；五是要利用规则衔接人员与职责，尽量通过自动化设计化解不确定性；六是需要不断改进赋能平台的设计、管理，形成能力自然进化的生态。

不论是专门设立一个部门，还是由现有部门承担这些能力管理的职责，都应该将这项系列工作提到重要的位置上来，这是关乎整个数字化转型成败的关键。

3. 一般性原则的适用

尽管其他职能系列基本上能够从现有的业务系列过渡而来，但是其工作内容和方法还是要按照数字化的要求作出相应的调整。

其一，遵循以数据的自动流转化解不确定性原则，设计和配置本系列的业务事项，并且要遵从整体上的数据和规则管理要求，形成一体化的业务和数据系统。

其二，遵循为参与者赋能的业务促成原则，瞄准业务目标，以用户为中心、要素化数据采集、简便化过程操作、交互式辅助帮助、系列化能力提升，共同营造优良税收环境。

其三，遵循包容性原则，既要考虑实现数字化转型，也要包容无法接受或应用数字化的群体，允许在传统化形式和手段下的数字化业务的实现。比如在办税大厅，由税务人员为纳税人提供服务，完成线上业务的办理。

（四）整个体系的运行

中办、国办印发的《关于进一步深化税收征管改革的意见》提出，税务执法要从经验式执法向科学精确执法转变，税费服务要从无差别服务向精细化、智能化、个性化服务转变，税务监管要从“以票管税”向“以数治税”分类精准监管转变，依靠数字化升级和智能化改造建成功能强大的智慧税务，全方位提高税务执法、服务、监管能力。这是对税务数字化在税收现代化建设中作用发挥的准确定位和要求，是对建立新的税收管理模式和体系的高度概括。实现两办意见要求的目标，需要结合业务、技术和人力资源，才能实现模式的转换和升级。

1. 业务概括

（1）涉税服务业务，将主要依靠纳税人自助线上办理，整个流程也以系统自动化处理为主。线下办税大厅主要服务于不能或不便线上办理的纳税人，以及必须现场办理的涉税业务，按照当地经济发展、纳税人数量和规模、涉税业务总量和历史数据等因素，综合考量之后配备相应的办税服务人员。将从服务前台调整出来的人员，充实到税源管理、税收风险识别分析和应对等工作岗位，加强税收执法和监管力量。

（2）税务执法方面，从传统的经验加人工转向“数据 + 规则”驱动的数字化执法。自动收集归纳情报数据；根据纳税人特征，对照税收政策制度和系统掌握信息，自动推送信息供确认或报告；自动享受优惠或权利，也自动提示存在税收风险或违法；自动启动相关业务流程；自动为执法过程提供全程在线支持，自动根据执行情况作出进一步服务策略或管理方案的建议；自动受理权益维护和救济的申请；自动在层级、部门间推送工作任务等。创新行政执法方式，提升税务执法精确度，执法标准规范统一，执法的公示、过程记录、审核制度等全程线上记录和公开，将内部控制制度嵌入整个工作流程中，完善过程控制和责任监督。在自动化流程和数字化工具支持下，对于执法或具体执行人员的能力和数量要求明显下降，征管资源也可以根据当地的纳税人数量规模等情况优化配置。

（3）税务监管方面，将依靠数字化的手段和措施，为发现和及时处理税收违法提供保障和支持。以“信用 + 风险”为基础，对纳税人全生命周期开展“数据集成 + 优质服务 + 提醒纠错 + 依法查处”的动态信用等级分类和智能化风险监管。依靠大数据强化税收风险管理，实现从风险识别分析到任务应对到处理的自动化数据流转和全程工具与辅助系统支持。主要依赖于对数据、规则和设计研究，包括业务规则和技术应用等全方位的知识体系。

2. 组织结构

组织机构需要从以下三个方面来考虑：

（1）压缩管理层级。

按行政区划设置机构对税收执法力量有一定的削弱作用。主要表现在：一是地方行政干预对税收执法的影响，虽然总体上比较规范，但也不排除一些特殊情况下的不适当行为发生；二是机构套设、铺设，大量人力资源被结构性分散消耗在机构或岗位设置上，不能形成合力；三是纵向层级过多，总局、省级、地市级、县区级、分局所等共五级，条线基本对齐的职能配套方式，使得大量资源结构性分散消耗在机构或岗位设置上；四是职能的“竖井”或“烟囱”现象，各自为政、重复性制度或工作牵扯基层大量时间和精力，需要根据数据驱动统筹合并；五是复杂业务和大企业的服务和管理，需要专业和集约的征管资源配备，基层的能力往往达不到要求，等等。

数字化转型将驱使服务和管理全面向线上迁移，形式上对于纳税人的属地管理要求已经很不明显，基础服务完全可以也应该全国通办，基础管理则仍然由属地机关负责。

在五个层级中，地市级和分局所两级完全可以取消。分局所原本就是县区级的派出力量，在服务和管理数字化以后，由县区局集中调配统一实施，形式上与实质上形成统一。

地市级作为省级与县区级的中间层级，既没有政策解释和细化的业务，在管理和服务上也不完全具备区域级的统筹和调度必要性，发挥承上启下的作用比较多，完全可以取消，由省级局直接管辖县区局。省级局也可以根据区域经济发展情况，设置若干大区级的派出机构，直接从事复杂或重大的服务和管理，减少行政化的资源耗费。

（2）加强专业能力。

至少要在总局和省局层面建立包括业务和数据等方面的研究部门或机构，通过专业的深度研究和管理，为模式落地和工作开展提供业务处理、数据驱动、知识赋能等持续支持。如数据和规则管理部门、能力研究机构、数据分析和应用中心、风险管理中心等。

分层级设立指挥协调中心，统筹区域级税务执法和监管的战略规划制定和具体落实，直接指挥和协调区域或层级间的重大服务或执法任务，提高区域级税收治理水平和能力等。

根据经济社会发展或纳税人情况，设立具有典型特征和规模效应的服务和管理中心，发挥集约化比较优势，从点、线、面、体逐步形成精细服务和科学治理的生态效应，如行业管理中心（区域）、大企业税务管理中心、中小企业管理中心等。

（3）合理分工联动。

分工：

总局主要负责制度机制、标准规范等的总体规划，基础设施建设，全国统筹，监管督促等。省以下主要负责地方适用配置、具体任务管理以及本区域内的统筹等。

联动：

复杂的政策确定性服务，政策与具体实际情况不能做到完全适合，纳税人或基层税务机关难以作出准确执行的度量，需要层层向可以作出准确执行的机关请示解决或协商。比如事先裁定、预约定价等，需要自下而上和自上而下的往复联动协作。

专项或专案风险应对或持续管理，以及重大项目或案件，一方面可以由总局或省局根据长期战略或宏观经济社会情况确定具体的任务安排，利用数字化手段，科学组建团队合理调度资源，由相关的各层级按照分工共同做好有关工作；另一方面也可以根据具体任务情况，由高层级指定或会办牵头机构，再由相关的各层级单位按照分工共同完成有关工作。在这些过程中，充分运用规则以数据的自动化流转，配合对全程人员的辅助工具和帮助，既富有质量和效率地达成业务目标，又减少人为因素的不利影响，实现内控优化与人才培养。

重点业务创新以及数据分析和应用等大型研究课题或项目，也应该参考上述方法，通过跨区域和层级的联动与协同，优质高效达成目标。

3. 任务与岗责

日常的服务和管理工作对照其工作系列要求和职责，需要重点说明的是跨业务系列或者重要、重大任务的职责和运转。正如数据是整个转型的驱动一样，任务将是整个税收服务和管理的载体。任务跨越职能部门、打破“竖井”和“烟囱”、联系上下层级，这些都是贯通业务的桥梁。

不论是服务任务还是执法任务，原则上都应该全程按照设定的自动化规则处理，即按照“任务目标－能力需求识别－资源配置－工具支持－结果反馈”的流程自动化运行，如图4－11所示。首先，总体上根据任务的属性构成（如纳税人特征、风险影响或级别、时间要求等），确定任务的执行层级；其次，根据任务执行层级及其可调用的征管资源，配置适合的任务执行团队；再次，为任务执行团队提供全程的支持和辅助（如审计计划模板和程序指引等工具，在线识别和分析及取证和记录工具，以及审计结果验证性复核工具等），确保任务顺利完成；最后，根据任务完成情况，自动反馈相关的规则系列或风险指标模型等供修正和完善，完成戴明环（PDCA）循环。

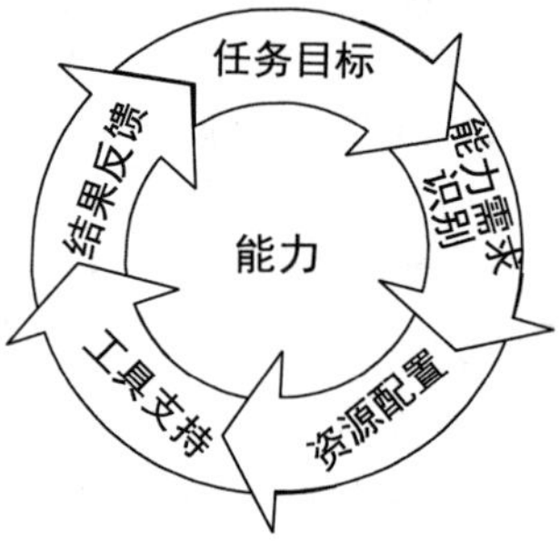

图4－11　围绕能力的建设与应用，实现任务的自动化管理示意图

显然，在此之前，需要实现对能力和资源池的动态识别管理。一是要及时对所有税务人员的能力进行识别，包括业务系列和非业务系列及其相应等级；二要对任务目标准确识别，并根据其目标与需求模型确定需要的征管资源，也就是能力；三是根据战略规划、工作计划，遵循重要性、优先级等规则，统筹调度征管资源，派发和完成有关服务或执法任务。

任务执行团队的确定，则是整个税务服务和管理高度集成的关键。比如根据任务的重要性，可以设定由县级直至总局直接承担；也可以根据任务重要性和涉及区域，由总局向下直至县区按区域覆盖或能力匹配等情况确定任务归属，形成系统自动确定、人工可干预和确认、跨区域和层级联动、资源配置合理合适的高效任务管理机制。

通常业务人员的整体业务水平和管理层级是正向对应关系，即层级越高水平越高、能力越强，而且跨区域的业务也需要更高一层的单位才具有管辖权。因此，日常管理事项应该由基层机关负责，而跨区域或比较复杂、重要的事项就需要根据其任务要求匹配具有更高能力的机关或部门负责才行。比如大企业的个性化服务和管理、政策确定性服务、重大稽查案件、反避税调查等，至少需要从征管资源中选择足够能力的配置，才能完成任务目标。对征管资源利用的配置原则上也应该兼顾地区、人员、纳税人等多种因素影响，既要利于任务完成，也要考虑实际操作。

同理，在机构设置上，既要遵循因事设岗减少交叉，也要做到相对稳定幅度控制，合理配置不同层次人力资源。还要根据实际情况因材施策，不断培养提升资源池总体能力。这不仅是人事教育部门的职责，也是业务系列能力建设部门的职责，更是整体系统数字化持续运营的要求。

第二部分

数字化转型推动税费改革

5. 深化个税改革　以数治税支撑目标实现

党的十九届四中全会作出了《关于坚持和完善中国特色社会主义制度 推进国家治理体系和治理能力现代化若干重大问题的决定》，提出“健全以税收、社会保障、转移支付等为主要手段的再分配调节机制，强化税收调节”，其中首次提出“完善直接税制度并逐步提高其比重”。党的十九届五中全会审议通过的《中共中央关于制定国民经济和社会发展第十四个五年规划和二〇三五年远景目标的建议》提出，“优化税制结构，适当提高直接税比重”和“完善再分配机制，加大税收、社保、转移支付等调节力度和精准性，合理调节过高收入”。十三届全国人大四次会议通过的《国民经济和社会发展第十四个五年规划和 2035 年远景目标纲要》提出，“优化税制结构，健全直接税体系，适当提高直接税比重。完善个人所得税制度，推进扩大综合征收范围，优化税率结构”和“加大税收、社会保障、转移支付等调节力度和精准性。健全直接税体系，完善综合与分类相结合的个人所得税制度，加强对高收入者的税收调节和监管”。

上述一系列重大战略决策指明了深化个人所得税税制改革的方向和路径，确立了当前和今后改革工作的重点：完善再分配功能，优化税制结构。优化税制结构，完善个人所得税制度，就是要以公平正义为目标，着力解决好现行税制结构中较为突出的不公平问题，确保有力、精准调节收入再分配。同时，也要兼顾效率和组织收入，避免用力过猛而挫伤投资和消费积极性，或者因大幅减税而严重削弱再分配调节能力。

一、现行税制需着力解决五个突出的不公平问题

2019 年施行的个人所得税改革是中国税务史上里程碑式的改革，成功建立起综合与分类相结合的税制，奠定了现代化个人所得税制度基础。但改革是一项系统性、持续性工程，不可能毕其功于一役。2019 年之后的个人所得税制度还带有很明显的“分类税制”特征，公平性受到损失，需要通过深化改革来解决。

（一）多元林立导致不同所得项目间税负不公平

现行个税税制是“2 个综合性征收所得项目 +4 个分类征收所得项目”的六元税制，其中影响公平的最根本性问题是：计税属期不一致，综合所得和经营所得按年，其他分类所得按次。按次计税方式打破了税负公平性，还引发了税率和减免税等制度安排的不合理。

具体而言，由于财产转让、财产租赁所得按次计税，使得当次亏损不能纳入全年所得作为抵扣，即当次盈利要交税、当次亏损不抵扣，造成了当次有亏损者的不合理税负；还引发

了不合理的税率确定制度安排，主要是分类所得的税率为20%的比例税率，针对高收入者，与综合所得、经营所得相比显著偏低；此外，还引发了不合理的减免税制度安排，如个人转让上市公司（包括2021年9月成立的北交所上市公司，下同）和新三板公司非原始股（或非限售股）的所得免征个人所得税。这虽然缓解了按次计税的不公，但却带来了新的更大不公：与非上市、非新三板公司之间的税负不公平。上市公司和新三板公司股息红利差别化个税政策也是如此。

（二）费用标准调整机制不透明导致公众对税制体验不公平

综合所得基本减除费用标准没有明确的调整依据、调整程序和调整周期，导致社会认同度低，不论调与不调、调多调少，老百姓总体上还是不满意。不透明的调整机制还频频引发舆论关于“提高个人所得税起征点”的各种讨论，成为每年“两会”必提的焦点问题，单纯“提高个人所得税起征点”早已不被财税学界认可，但却因为其“吸引力强”而仍要耗费诸多公共资源。

（三）基本减除费用标准全国“一刀切”导致区域间不公平

基本减除费用的设立，旨在按照平均标准扣除个人自身及其赡养的家庭成员的消费性支出（包括基本生活支出和非基本生活必需品支出），以维持人力资本的简单生产和再生产。由于区域间经济发展和消费水平不均衡，人均消费性支出差异较大。以2019年城镇居民人均消费性支出为例，最高的上海（48272元①）是最低的山西（21159元②）的2.3倍。但现行税制实行全国同一标准的“一刀切”政策，与家庭消费性支出的地区差异性严重不匹配。

（四）部分弱势群体所在家庭负担未充分扣除导致家庭间不公平

《中共中央 国务院关于优化生育政策促进人口长期均衡发展的决定》将3岁以下婴幼儿照护费用纳入个人所得税专项附加扣除。但除此以外，家庭成员丧失劳动力和配偶在适龄期间非自愿性失业（指有劳动能力有就业愿望但未就业），给家庭特别是低收入家庭带来了较重负担，没有得到充分扣除。其中，成员丧失劳动力（主要指残疾人）的家庭负担更重，不但减少了家庭劳动力，还需要扶养丧失劳动力者。从个人所得税制成熟国家的个税政策来看，在税前给予低收入纳税人适当的家庭成员丧失劳动力和非自愿性失业税收优惠，是较为通行的做法，也是国家保护弱势群体、维护公平正义的体现。例如，美国给予照顾被扶养者（残疾人）的费用以税收抵免，并且通过实行家庭税制，将夫妻的收入和扣除合并计税。由此，夫妻失业一方的生计费用在就业一方的合并计税中得到了较为充分的扣除。

目前，我国对残疾人的税收优惠政策主要集中在促进残疾人就业、创业方面。例如，《个人所得税法》第五条规定，残疾人员所得减征个人所得税；《财政部 国家税务总局关于促进残疾人就业增值税优惠政策的通知》（财税〔2016〕52号）和《促进残疾人就业增值税优惠政策管理办法》（国家税务总局公告2016年第33号）规定，对安置残疾人的单位和个体工商户（以下称纳税人），实行由税务机关按纳税人安置残疾人的人数，限额即征即退

---

① 2019年居民人均可支配收入及消费支出．上海市统计局，2020年1月21日．

② 山西省2019年国民经济和社会发展统计公报．山西省统计局，2020年3月6日．

增值税；《财政部 国家税务总局关于安置残疾人就业单位城镇土地使用税等政策的通知》（财税〔2010〕121号）规定，对实际安置残疾人达到一定标准的单位，免征城镇土地使用税；《财政部 国家税务总局关于全面推开营业税改征增值税试点的通知》（财税〔2016〕36号）附件3《营业税改征增值税试点过渡政策的规定》第一条第（六）项和《财政部 国家税务总局关于促进残疾人就业增值税优惠政策的通知》（财税〔2016〕52号）第八条规定，残疾人个人提供的加工、修理修配劳务，以及残疾人员本人为社会提供的服务，免征增值税。

但从实际效果来看，残疾人就业、创业比率极低，导致优惠政策覆盖范围太窄，效果不佳。数据显示，我国现有残疾人8500多万人[①]，其中城乡持证残疾人就业人数仅为861.7万人[②]，仅约10%。如此之低的就业率，足以说明我国现行对残疾人的税收优惠政策导向出现了重大偏差，对残疾人的“弱有所扶”并没有落到实处。

关于城镇失业人员数量，据统计，2021年年末城镇登记失业人员1040万人[③]，这意味着全国有数百万个家庭正遭受失业的困扰。而我国尚未实行家庭税制，针对配偶失业无收入的家庭也未作相应扣除补偿，这显然是在“弱有所扶”方面的一大覆盖不足。

（五）税收治理路径不清晰导致执行效果上的不公平

一是涉税信息报告过窄。个人所得税征管由“信息报告”“预扣预缴”和“汇算清缴”构成，其中“信息报告”是基础和核心。但是，目前信息报告的执行并不理想。长期以来，个人所得税征管主要实行的是“代扣代缴”，而各类商事主体没有明确的信息报告义务。这样一来，扣缴义务过重，而“信息报告”义务却被被大大弱化。信息报告义务人一旦消极应对报告义务，就会造成税基窄化或个税流失。比如，一直以来，相关制度并未设定互联网平台企业的信息报告义务，税务部门对灵工类和共享类平台经济的税收征管缺乏有力抓手。

二是纳税遵从引导不畅。目前以预填申报为核心的自行汇缴业务模式还没有全面确立，只得要求扣缴单位来精准算税，力图使纳税人免于自行申报。这既增大了准确扣缴税款和发放工薪的难度，延长了个税扣缴申报纳税准备时间，影响了营商环境，也不利于培养纳税人主体意识及责任意识，弱化了后续实行更大范围综合征收的基础。

三是办税对象覆盖不广，办税应用不活跃。截至2020年6月，个人所得税手机App注册用户超过1.3亿人[④]，个人所得税移动化服务的用户基础已初步具备，但与个税申报人数相比，仍有较大差距。2019年1～10月，个人所得税合计减税4480.84亿元；个人所得税纳税人人均减税1786元[⑤]。由此推算，2019年1～10月个税申报人数超2.5亿人，是个税App注册用户的近两倍。同时，个税App应用功能数量和活跃度有限，用户黏性有待增强。

四是外部信息获取不多。信息共享、税收共治体系有待完善，个人收入和财产信息严重

---

① 2010年末全国残疾人总数及各类、不同残疾等级人数．中国残疾人联合会，https：//www.cdpf.org.cn//zwgk/zccx/cjrgk/15e9ac67d7124f3fb4a23b7e2ac739aa.htm.

② 2020年残疾人事业发展统计公报．中国残疾人联合会，https：//www.cdpf.org.cn/zwgk/zccx/tjgb/d4baf2be2102461e96259fdf13852841.htm.

③ 2021年度人力资源和社会保障事业发展统计公报．中华人民共和国人力资源和社会保障部，http：//www.mohrss.gov.cn/xxgk2020/fdzdgknr/ghtj/tj/ndtj/202206/t20220607_452104.html.

④ 王军．深化税收合作 携手抗疫前行．国家税务总局，2020年6月5日．

⑤ 国务院关于减税降费工作情况的报告．中国人大网，2019年12月25日．

匮乏，弱化了对高收入者的调节和监管。例如，对明星艺人取得的片酬收入，税务部门未能及时联合行业主管部门进行信息共享、税收共治，威慑力有限，明星艺人偷逃税屡禁不止。

五是个税征管有待完善。如对个人独资企业、合伙企业对外投资分回利息、股息、红利个税征管漏征较多，特别是多层合伙架构下的个税征管有所失序。

二、解决好上述五个突出不公平问题的思路建议

解决上述五个突出不公平问题，业务上，要分别从简并多元税制向三元税制转型最终实现二元税制、建立并公布基本费用调整机制、授权地方可就基本减除费用进行加计扣除、增设“残疾人照护”“配偶失业”专项附加扣除等方面突破；技术上，要依托“数据驱动”，推行“一人式”的自然人税收征管新模式来突破。

（一）先易后难 分步消除多元林立

从个人所得税的政策目标出发，综合考虑政策合法性、业务可行性、技术可行性和风险可控性，按照“信息对称、风险可控；一次规划、分步实施；先易后难、先立后破”的原则设计渐进式改革框架。

第一步，形成综合所得、经营所得、长期财产所得相并列的三元税制。具体做法是：对利息股息红利所得、财产转让、财产租赁所得等财产性所得实行按年计税、盈亏相抵，按照取得所得的难易程度（实践中常以时间长短来区分），重新归类为长期性所得和短期性所得；长期性所得设立为长期财产所得项目，为鼓励长期投资，可借鉴税制成熟国家经验给予相对优惠的税率；短期性所得并入综合所得，以促进更大范围的税制公平。同时鉴于经营所得按照权责发生制计税，与综合所得等按照收付实现制计税明显不同，且对会计核算要求较高，为避免经营所得对长期性所得、综合所得的税基侵蚀，暂应保留经营所得。

第二步，待条件成熟时合理拆分经营所得，形成综合所得、长期财产所得相并列的二元税制。具体做法是：按照同样标准，即所得取得的难易程度，拆分为长期性所得和短期性所得，再分别并入综合所得、长期财产所得。

新设长期财产所得的主要目的是促进税制公平。根据“量能负担”原则，税负应与其实际纳税能力相匹配。就个税而言，实际所得（而不是名义所得）多的，应该多纳税；实际所得少的，应该少纳税。目前税制中，未考虑所得获取过程的风险成本、难易程度和通货膨胀等时间成本因素，导致长期财产所得的实际所得额明显低于名义所得额，造成税负不公。

纵观国际税制设计，获取所得花费的“时间成本”是给予必要补偿以确定实际所得的一个重要的考量因素。同样，在我国个人所得税制度的设计中，也不乏体现。时间成本是指为达成特定协议所需付出的时间代价，主要包括时间本身的流逝、在等待时间内造成市场机会的丢失和通货膨胀的影响。通俗地理解，相当于资产的“青春损失费”。其中，时间本身的流逝，源于“货币时间价值”理念，是指一定量资金在不同时点上的价值量差额，长期资金理应取得比短期资金更多的收益补偿。在等待时间内造成的市场机会的丢失，源于时间延长所带来的收益不确定性或者波动，即收益风险的增加。通货膨胀的影响，是收益的“杀手”，是区别实际所得与名义所得的主要因素，只有消除通货膨胀影响，才能将名义所得转化为实际所得，让税制公平得到更真实的体现。因此，在设计“长期财产所得”时，

重点考虑“时间成本”因素。

1. 个人所得税税制设计的时间成本因素简要分析

个人所得税应纳税所得额由收入、成本费用及扣除等计算得到。公平交易假设前提下，收入主要依市场机制取得，一般来说，包含有对时间价值、机会成本以及通货膨胀的补偿。但是成本费用及扣除却未必包含时间成本因素，造成长期所得扣除不足。以下按所得项目类别，对成本费用及扣除受时间成本因素的影响情况进行简要分析。

（1）综合所得。基本减除费用会受时间成本影响，但由于其未与居民消费价格指数（即 CPI）保持联动增长，会受通胀影响而少计扣除，导致虚增所得额。至于劳务报酬、稿酬、特许权使用费的减除费用（按照收入的 20%），由于与收入联动，而不是以账面（历史）价值计量，所以不会受时间成本影响而少计扣除。

（2）经营所得。被投资单位财产转让时，由于财产原值是按照账面（历史）价值计量的，会受财产持有期间时间成本（如累计通胀率，通胀率可以 CPI 作为参考值，下同）的影响而低估原值、少计扣除，导致虚增所得额。

（3）利息股息红利。目前个税政策不允许税前扣除成本费用。但从合理配比的角度来说，收益中所包含的时间成本（相当于本金或股本 × 持有期间累计通胀率）应予剔除；如果不作剔除，将会造成按照名义所得而非实际所得征税，势必违反“量能负担”原则，虚增所得额。

（4）财产转让所得。由于财产原值是按照账面（历史）价值计量的，会受财产持有期间时间成本的影响而低估原值、少计扣除，导致虚增所得额。

（5）财产租赁所得。由于财产租赁的减除费用（每次收入在 4000 元以上的，定率减除 20% 的费用）与收入联动，而不是以账面（历史）价值计量，所以不会受时间成本影响而少计扣除。

（6）偶然所得。一般来说，取得偶然所得无须成本（或与其收入相比几乎忽略不计），所以不会受时间成本影响。

2. 消除或缓解通胀等时间成本因素影响的方法分析

（1）综合所得。基本减除费用的时间成本因素主要是通胀影响，可以仅就通胀影响进行专项消除，例如与 CPI 联动变化。

（2）利息股息红利和财产转让所得（包括经营所得中的财产转让所得，下同）的税前扣除受通胀等时间成本因素影响较大。为予消除或缓解，可以将长期持有资产获得的利息股息红利、财产转让所得合并为长期财产所得，并设置相对较低的税负予以补偿。

（3）实行基本减除费用通胀影响专项消除措施后，综合所得中的通胀等时间成本因素基本消除，故可将其与不受通胀影响的财产租赁所得、偶然所得、经营所得中除财产转让所得以外的其他部分，以及短期持有资产获得的利息股息红利、财产转让所得，一并纳入综合所得，由此扩大综合所得征收范围。为保障税改平稳，可以按照“先易后难、先立后破”原则推进，先行将财产租赁所得、偶然所得整体并入综合所得，同时将短期持有资产的利息股息红利、财产转让所得并入综合所得。

（4）关于长期财产所得的时间划分标准。根据上述分析，资产持有期间越长，通胀等时间成本累计影响越大。结合个税综合征收按年计征的特点，借鉴税制成熟国家经验，可以选择资产持有时间是否超过 1 个纳税年度，作为判定长期财产所得的时间标准。当然这并不是说1年内发生的财产转让所得、投资收益就不存在通胀等时间成本影响，而是为了简便征收、好理解、好执行。即当资产持有期间在同一个纳税年度内时，并不细究其通胀等时间成本因素的影响结果；只有资产持有期间超过1年后，才细究其时间成本的影响结果，并对该结果造成的少计扣除、虚增所得额予以税收补偿，设置相对较低税负。

（5）关于对长期财产所得设置相对较低税负的方法。由于长期财产所得中通胀等时间成本因素的影响结果取决于多个因素，例如：资产（包括本金或股本）持有期间、通胀率（即CPI涨幅）、财产转让中原值占收入比重等，计算非常复杂，难以一一计算税前扣除中低估的成本费用、少计的扣除。为简便征收，可以对长期财产所得统一设置一个固定的、相对较低的比例税率。具体税率，可以借鉴税制成熟国家经验，并结合我国国情得到。

（二）建立并公布基本费用调整机制，引导社会公众合理预期

借鉴个税税制成熟国家的经验，实行基本减除费用与居民消费价格指数（即CPI）有条件的联动调整机制，保持与居民消费价格（CPI）涨幅基本同步调增，每年一调，或者当连续年份的CPI累计涨幅达到既定值时进行调整。关于基本费用调整机制，业内已有大量的研究成果，在此不再赘述。

（三）授权地方可就基本减除费用加计扣除，消除区域间不公平

借鉴税制成熟国家先进经验（例如，美国的个人所得税采用“联邦税+地方税”分设体制，其中联邦税相对稳定，地方税可由地方调控，既保障中央财力稳定，又可以调动地方积极性），可由全国人大授权地方人大立法就基本减除费用标准进行加计扣除，但以不影响中央财力实得部分为限。

基本策略如下：增设区域附加减除费用，即在基本减除费用的基础上，额外增加一块区域附加减除费用，金额标准授权各省（自治区、直辖市）人大立法在一定范围内自行设置。增加区域附加减除费用会使得个人所得税收入降低，由此造成的财政收入减少应由地方承担。可预先测算区域附加减除费用对税收收入的影响，以中央财力不受影响为原则，调整中央与地方共享比例，并设定一定年限不变。

示例如下：A省是发达省份，2020年个税收入为1000亿元，根据现行预算分配比例政策（中央60%，地方40%），中央实得财力为600亿元，地方为400亿元。假设A省拟将每月5000元减除费用提高至8000元，测算2020年个税提高减除费用标准后总收入为900亿元，即减收100亿元。为保持中央实得财力600亿元不变（占总收入900亿元的66.67%），则地方只能得300亿元（占33.33%），据此拟定A省个税收入新的预算分配比例为“中央66.67%、地方33.33%”，一定五年不变。

为避免纳税人年度汇算时选择区域附加减除费用标准高的地区作为汇缴地，以便多享受扣除而避税，需要配套调整汇缴地原则，由税务机关按照合理规则指定汇缴地。同时，采用合理措施保障退税不能穿底（指超出退税当月国库可用资金限额）。

（四）增设“残疾人照护”“配偶失业”专项附加扣除，消除家庭间不公平

一是增设“残疾人照护”专项附加扣除。该扣除可将个税优惠覆盖面提升至100%的理论值，有利于健全残疾人税收优惠政策体系、树立良好的残疾人税收优惠政策导向，从而在

更大程度上彰显社会公平正义。

二是增设“配偶失业”专项附加扣除。该扣除将极大地缓解理论界对我国个税课税单位制度设计的诟病。

（五）依托“数据驱动”，推行自然人税收征管新模式，消除执行上不公平

依托“数据驱动”，从以下方面推行自然人税收征管新模式，消除执行上的不公平。

1. 完善信息报告

一是完善信息报告制度。将信息报告制度从传统的扣缴制度中剥离出来加以完善，将包括免税收入、不征税收入在内的全量涉税信息全部纳入报告范围，以确保信息链条完整、不断流，夯实以数治税基础。

二是引入“指定扣缴”制度。针对新业态，规范互联网平台企业信息报告和平台经济个税征管，要求平台或相关方报告自然人（网络主播等）涉税信息，并履行预扣预缴义务。

2. 推行以数治税

按照“信息获取→归集试算（建立规则模型）→征管服务（自动或辅助决策）”模式，以“设计引导合规、消除系统性风险”为优先目标，完善征管制度设计和涉税信息获取，实现“源泉管理、源头采数”；以“服务引导合规、防范系统性风险”为主要目标，实行动态风险管理，实现“事前引导、事中监控”；以“管理引导合规、消除个性化风险”为补充目标，完成个税风险闭环管理，实现“精准监管、精确执法”。

3. 完善信息共享

拓宽协作部门（例如金融监管部门、不动产登记管理部门等）和协作渠道，完善协作机制，深化收入和财产信息共享，建成自然人税收数据库及“高收入高净值人群税收信息子库”。

4. 强化个税征管

强化动态风险、信用两体系监控和分类分级管理。依托自然人电子税务局、自然人税收数据库等，开展贯穿事前、事中、事后一体化动态风险和信用监控，实施自然人和个人所得税分类分级管理，为强化高收入者个税调节和高风险者个税监管奠定基础。

三、夯实个人所得税改革信息化基础

基于个人所得税综合所得改革成功建立的自然人税收账户及实名认证体系、自然人电子税务局、个人所得税 App，以及自然人税收数据库，现有的信息化基础作一定程度升级后，总体可支撑上述税制改革目标。

（一）加固升级自然人电子税务局

首先，大力夯实自然人单一账户体系根基和用户基础。以实现自然人“数字化、移动化、智能化”办税愿景为出发点，不断拓展用户覆盖范围、应用功能数量，增强用户黏性，为公平税制惠及全体纳税人奠定坚实的用户基础。

其次，分步推进自然人电子税务局升级建设。一是支撑税制优化改革测算分析和分步实施，推进三元税制实现；二是支撑基本减除费用与 CPI 联动调整机制；三是支撑增设区域附加减除费用扣除的精准测算。

（二）完善个税信息报告机制

以税务机关掌握个税全量涉税信息为目标，规范相关单位涉税信息报告义务，将包括免税收入、不征税收入在内的全量涉税信息全部纳入报告范围。

（三）健全自然人税收数据库

数字化转型，大数据先行。以深化税制改革和征管改革为目标，以预期应用场景为基础，先内而外全面打通个人所得税计税要素归集渠道，建设更加完善的自然人税收数据库。规划升级建设自然人税收数据库，将税改新增涉税信息纳入归集、处理，为全面支撑税制结构优化改革奠定坚实基础。

（四）加强外部信息共享

深度推进外部信息共享和个税分类分级管理。一是健全与金融监管、不动产登记管理等部门的自然人收入和财产信息共享机制，利用 CRS 数据，为强化高收入者个税调节、高风险者个税监管、个税分类分级管理奠定基础。二是要求电商平台报送相关交易数据，提升税务机关遵从引导和合规服务能力。

（五）加强与财政、人行（国库）联系

建立区域附加减除费用的财力影响测算联动机制等。

（六）提升个税业务数字化设计成熟度

全面确立“以用户为中心，以汇缴申报业务为核心，数据驱动，体验优化，互动强化”的个税业务数字化转型思路。以构建长期财产所得汇缴业务场景为例：

第一步，设计“个税长期财产所得汇缴申报”主要业务场景。重点设计汇缴计税预填确认场景，需要全面汇集前序业务提供的计税要素数据实现汇缴预填，并融入办税提醒、优惠提醒、风险预警等。

第二步，设计“资产投资收益和财产转让收入信息报告”和“资产投资和财产转让原值和费用信息报告”等次要业务场景。重点将原分类所得的扣缴制场景升级为长期财产所得的预缴制场景，主要由支付单位等报告收入信息，从历史数据中提取原值和费用信息，为主要业务场景提供汇缴预填所需的计税要素数据。

第三步，在设计好主要业务场景和次要业务场景的基础上，进一步细化微业务场景，完善业务办理与纳税咨询相融合的场景嵌入式的征纳互动服务体系。

（七）构建新模式和新岗责

一是按照业务数字化转型思路，构建“以用户为中心、计税要素申报→计税要素归集→推送提醒、征纳互动→表单预填确认”的新型自然人税收管理模式。

二是按照“以税务机关职能转变、执法方式转变、数字化转型为目标→重构税务事项（以数字化运行和监控规则管理为主，体现智慧税务）→新责新岗新机构→新素质新要求新考核”的思路，配套建立新型岗责体系。

6. 紧扣数字化改革策略　推进社保征缴模式转型

2022年4月，习近平总书记发表题为《促进我国社会保障事业高质量发展、可持续发展》的重要文章指出，社会保障体系建设要坚持国家顶层设计，做到全国一盘棋……抓好党中央决策部署和各项改革方案的贯彻落实，在完善覆盖全民的社会保障体系上不断取得新成效。

近年来，在党中央国务院的决策部署下，社保体系改革迈入加速发展通道。自2019年以来，税务部门坚持"依法协同稳妥"原则，承接社会保险费征收职能，已经实现了《国税地税征管体制改革方案》所提出的"职责平稳划转、工作稳妥推进、社会效应良好"的初步目标。当前，如何实践"优化高效统一"原则，以数智赋能社保征缴模式转型，实现更高层次征管体制改革目标，成为社会保障体系建设中一项重要诉求。

本文从社保业务的发展需求和当前社保征缴模式之间所存在的矛盾问题入手，分析征缴模式转型的必然性；立足相关部门"十四五"规划的整体要求，紧扣数字化改革策略，提出社保征缴模式数字化转型的具体做法；并从实施的视角对业务关键点进行剖析，重构业务场景，厘清实施步骤，为社保征缴模式转型提供具象的实施愿景和可行的发展路径。

一、问题分析：从发展矛盾洞察模式转型的必然性

数字化转型，是当前政务领域变革的广泛诉求。如何应用数字化思维、数字化技术重构数字化业务方案，建成自动高效的政务服务体系，成为政务数字化转型的基本目标。但是，这种思维容易让人陷入为数字而数字的概念陷阱。业务模式变革的本质，是对业务的再创造。因此，更需要从业务本质出发来理解数字化转型的必要性。

马克思主义认为，矛盾是事物发展的源泉和动力。那么，当前的社保征缴模式下，存在哪些矛盾问题？这些矛盾问题是否到了不得不解决的程度？怎样才是解决矛盾问题的优选路径？这些问题是首先需要分析的。

（一）国家战略层面：全国统筹战略与简单征收职能不相匹配

可持续性是社保事业发展的基本诉求。随着我国人口老龄化的不断加剧，养老保险的可持续性发展成为社保事业面临的首要难题。为缓解养老保险可持续发展困境，国家从制度层面陆续出台包括国资划转、中央调剂、鼓励生育、个人养老金等在内的一系列组合政策。尤其是国务院办公厅发布《关于印发企业职工基本养老保险全国统筹制度实施方案的通知》（国办发〔2021〕48号），标志着养老保险全国统筹正式实施。全国统筹加大了基金的共济能力，是养老保险可持续发展的关键举措。

全国统筹提出统一养老保险政策、统一基金收支管理制度、统一建立中央和地方支出分责机制、统一经办服务管理和信息系统、统一建立省级政府考核机制等“五统一”目标。税务机关是社保缴费的经办部门，在全国统筹的实施中，税务机关是重要的参与者。

当前，社保税务征收依然处于征收职能划转的初级阶段，以平稳过渡为目标，不论是采取核定征收方式还是转为单位自行申报方式，均没有改变税务机关简单履行征收职能的业务实质，没有展现税务统收的制度优势，与全国统筹的改革目标仍有较大差距。如何基于全国统筹的整体目标制定并实施有效的统收策略，是税务机关践行征缴职能必须交出的答卷。

（二）社会发展层面：新型就业形态与传统管理策略不相适应

1986 年，我国诞生养老保险制度；1991 年，我国推动全国范围的养老保险改革。社会保险制度实行的 30 多年，也是我国改革开放和经济社会加速发展的重要时期。诸多国有企业进行了改制转型，民营经济迅速发展，就业形态也随之发生巨大变化。

在社保制度实行初期，职业轨迹体现为单一化和稳定性。大量职工在其职业生涯中稳定任职于一家单位，单位掌握该职工的全部历史档案信息。社会保险的按户管理模式很好地匹配了当时的社会经济环境，职工将社保业务悉数托付给单位，由单位履行参保、缴费、退休办理等一系列事务。

然而，当前经济社会已经发生了巨大变迁。人的流动性变得空前突出。从空间上看，不仅是跨县、跨市、跨省，甚至跨国就业也不再是新鲜事。从时间上看，人的一生可能经历非常复杂的就业形态变化，换工作可能同时伴随着社保的跨制度转移，也伴随着干部或工人的身份转化，从而影响到退休年龄的计算。此外，年轻人可能身兼数职，平台经济下无数农村劳动力涌入城市，成为网约劳动大军的一员——新型的就业形态早已突破了传统的稳定就业范畴。

基于保护劳动者的制度设计，现今单位已经不再掌握员工的历史信息，社保中的按户管理模式已经无法匹配当前的复杂就业形态，故而断保、重复参保等问题频发。当前职工参保实务中，政策规定的参保逻辑和单位实际的参保逻辑的差异，如图 6－1 所示。当前，单位根据参保险种，自行报告参保人；因为单位不了解个人的全部属性信息和历史参保缴费信息，容易造成适用制度不当、重复参保等问题；单位向人社/医保分别报告参保人名单，各险种信息缺乏比对，容易发生漏保、挂靠等问题；并且单位自行决定缴费基数，真实性也缺乏核验。

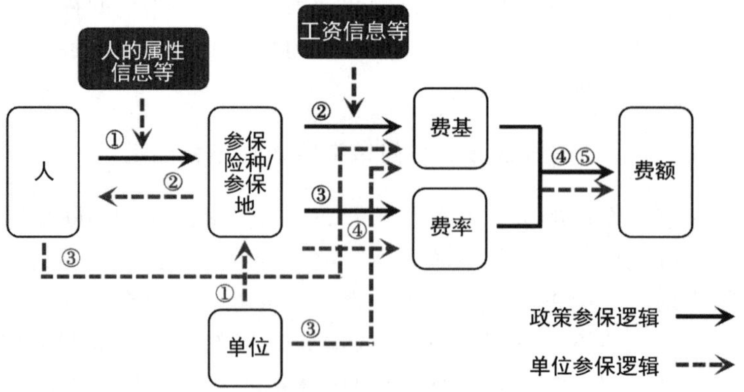

图 6－1　职工参保逻辑比较

另外，当前灵活就业人员的参保主要依赖于个人对社保政策的理解来自主申请。他们往往不具备相关业务知识，或者较难触达参保渠道，因此，基本上游离于社保管理服务体系之外，从而产生大量问题。灵活就业人员在政策规定和当前实际之间的参保逻辑差异，如图6-2所示。当前的现实是，灵活就业人员的参保只针对本地区政策校验相关条件，判断是否可在本地参保，不校验个人是否已经在异地参保，是否符合异地参保条件等，所以造成重复参保、适用制度不当、应参未参（应在其他地方参保）等问题。

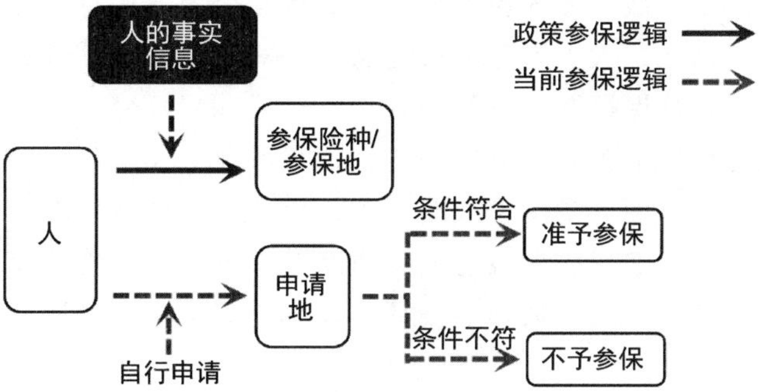

图6-2　灵活就业人员参保逻辑比较

因此，建立与新型就业形态相匹配的新型管理策略，是征缴模式转型的必然要求。

（三）企业发展层面：企业经营实际与政策支持导向不相协调

当前，社保征缴实行多部门分环节治理。人社、医保部门对缴费基数实施上下限审核；税务部门负责征收；对于缴费基数偏低而导致的对参保人权益损害问题，则由人社部门依举报实施个案处理。社会保险缴费是企业经营成本上的重要开支，在名义费率居高、惩戒措施缺位的实际环境下，做低费基成为大量中小企业以及民营企业的经营管理策略。

员工个人虽然有权益保障的隐性诉求，但一方面缺乏专业测算能力，对社保本身一知半解；另一方面处于单位的管理之下，并不敢于维权发声。所以，社保征缴方面的治理局限于对缴费基数上下限的发布，业务实际与政策条文处于长期的背离状态。

在这样的环境之下，合规缴费反而成为市场竞争中的不利因素。长此以往，劣币驱逐良币，可能对市场经济秩序规范造成难以逆转的不良影响。

从征缴管理角度来看，长期放任缴费不足并非良策。征缴管理一方面要符合市场经济秩序规范，维护优胜劣汰的公平竞争机制，另一方面也要保持市场主体活力、维护基金的可持续发展。因此，从顶层重构各部门的联动管理机制，建立科学动态合理的征缴调整策略，才是社保费征缴治理的应有之义。

（四）个人权益层面：权益保障诉求与专业服务能力不相匹配

社会保障与每一个老百姓息息相关，但又具有很高的专业门槛。普通老百姓很难对自己未来权益需求进行合理预估，更不用说在此基础上对当下的参保缴费进行适当合理的规划。在长期的单位代扣代缴模式下，个人已形成依赖单位的思维惯性，对于何种情况下需要自行办理何种业务没有全面的认知。在临时账户迁移、养老金领取的地域选择与缴费年限规划等多个方面都存在盲区；在多重身份转化后，个人甚至很难预计自己的法定退休年龄，如此种种都会对个人权益造成实质损害。

需要理解的是，权益保障是老百姓的天然需求，专业门槛只是提升了需求展现的难度，而并不构成对需求本身的减少。而门槛之所以存在，也在于行政机关没有建立起主动触发与响应人民需求的畅达途径。

对于面向个人，尤其是涉及全体老百姓的社保服务业务，必须探索出有别于单位管理模式的主动型服务模式，在征缴服务的各个环节，保持与个人的信息对称，主动引导个人进行权益保障的最优选择。显然，人工服务不可能满足一对一的服务需求，数字化所展现的自动化、智能化模式将是个人社保征缴服务的最优选择。

通过上述对矛盾问题的剖析，可以发现，社保征缴业务关系到国家战略、社会发展、企业发展、个人权益等多个方面，是国家战略所需，也是民心向背所系。在完成征缴职能划转的初期平稳过渡之后，为了实现征缴效能的实质跃升，下一步必然需要以更宏大的视野和更长远的眼光来规划征缴服务策略，从顶层设计推动部门间的有效协同，实现业务变革的集约化、高效化和整体性目标。

数字化改革为社保征缴模式转型提供了崭新思路。纵观上述矛盾问题，数字化可以为全国统筹的精准实施提供数据基础，可以实施适应新型就业形态的数字化管理方案，可以形成基于精算平衡的征缴调整策略，也可以为个人的权益保障提供数字化服务通道。因此，构建社保数字化征缴服务体系，是征缴模式转型的必然选择。

二、目标定义：社保数字化征缴模式的目标和方法

当前，不论是税务部门还是人社、医保部门，都已进入数字化转型的新阶段。

金税四期提出“税务数字化转型”策略，是提升税务治理能力的重要创新，是实践税收现代化目标进程的重要战略选择。随着发票电子化改革的深度推进，税务数字化转型已经进入实质运行阶段，其他各业务领域也即将迈入变革实施进程。《人力资源和社会保障事业发展“十四五”规划》（人社部发〔2021〕47 号）也提出：加快推动社会保险经办数字化转型，提升社会保险数据分析应用能力，提升社会保险经办精确管理和精细化服务水平。

社保征缴业务的数字化转型，必须融入各部门数字化转型的整体规划之中。既要符合金税四期的整体建设思路，又要兼顾社保经办数字化转型要求。社保征缴模式的数字化转型，要实现数字信息的跨部门无缝联动，以及业务经办的跨领域顺畅协同，这将成为政务系统跨部门协同性数字化转型的重要实践。

（一）征缴模式转型的业务目标

社保征缴业务数字化转型的业务目标是：构建基于自然人单一账号的、全生命周期的、税费一体化的、覆盖全民的社保费征缴服务新体系。重构社保参保缴费业务场景，建立符合宏观政策导向的、与新型就业形态相适应的、充分维护缴费人权益的社保费征缴服务新模式，提供标准统一、智优判断、高效协同、触手可及的征缴服务体验，实现社保征缴服务数字智治新格局，为养老保险全国统筹征缴侧提供完善的数字化转型方案。

（二）征缴模式转型的主要内容

社保征缴模式的数字化转型，是围绕数字政务整体目标和数字社保建设思路，对社保征缴服务的业务场景，以及对社保治理的体制机制、方式方法、组织架构等进行全方位、系统性的数字化重构过程。可以分为以下三大体系。

一是构建数据驱动的社保征缴业务体系。梳理社保征缴业务场景，寻找社保传统业务向数字化业务的转型路径。首先聚焦关键业务场景，从满足关键业务的数据要素需求出发，逐级推演，形成次要场景；逐层细化，创建微型场景。重构社保业务流程的创建逻辑，在数据要素支撑下，把能够自动化实现的业务交由系统自动处理，让依赖人工受理、人工审核的传统流程驱动式业务转化为系统自动运行、风险事中提示的新时代数据驱动式业务。让重构的社保征缴业务充分展现智能化、高效率特征，实现社保征缴业务的代际转型。

二是打造以人民为中心的社保泛在服务体系。以人民为中心，一方面是体现政务服务数字化转型的用户中心通用目标，转“政府本位”为“人民本位”，让社保参保主体可以享受更便捷、更高效的在线服务。畅通信息交互渠道，提供多场景提示提醒服务，并结合社保服务覆盖全部人群的业务特征，进行通俗化场景构造；依托手机 App、政务小程序等掌上办路径，依托打通最后一公里的便民服务点、社区办事处，形成触手可及的社保“泛在”服务，优化社保征缴服务的用户体验。以人民为中心，另一方面是基于社保义务与权益为一体的特殊属性，维护参保群体权益。通过税费数据的一人式集中，全面掌握自然人事实属性信息和参保缴费信息，正确判断自然人在每一个时点的身份标签和应当参保的险种和制度类型，改变传统模式下因信息不对称、交互不顺畅而带来的断保、漏保、错保等问题，实现应保尽保、正确参保，体现对个人社保权益的充分维护。

三是创建高效协同的社保数字生态体系。在社保业务中，人社、医保、税务是主要的参与政务部门，公安、民政、教育、司法等多个部门需要提供自然人主体的相关信息，也是社保数字生态的重要参与者。除了政务主体，社保数字生态还包括单位主体和个人主体。生态系统的建设，要求基于各主体的天然属性，赋予适当的权利义务（这可能要求对部门相关职责进行重新的合理化配置，也会导致重置单位和个人在部分场景中承担的权利义务），以路径最短、效能最优、能耗最低的原则，重构业务场景，形成动态平衡、高效低耗、可持续发展的社保协同治理新型模式。

三、关键业务：业务关键点分析及数字化转型方案

（一）参保缴费要素分析及管理模式选择

1. 参保缴费要素的组成

参保缴费要素可以分解为：参保对象、参保险种、参保地、参保期间、缴费基数、适用费率、缴费人。

从数字化视角，社保费征缴业务的核心，即在于确定各项参保缴费要素的具体取值。

下面对各参保缴费要素分别做出说明。

（1）参保对象。按照社保法相关规定，我国境内的用人单位和个人是我国社会保险的

参保对象。

对应参保的用人单位和个人进行识别与锁定，是社保征缴管理中的首要业务。当前，用人单位实行注册地为主的管理模式，统一社会信用代码体系业已建立，在征收职能划转几年之后，用人单位参保管理中税费主体不一致等业务难点问题也已基本理顺。

在参保个人方面依然面临诸多问题：自然人具有天然的流动属性，一方面表现为随着年龄的增长，其身份的切换流动，比如从学生转变为劳动适龄人口，从职工转变为退休；另一方面表现为地域流动，伴随着就学、就业等事件的发生，地域流动成为普遍现象。这些流动都会导致个人应参保险种和参保地点等要素的转化，因此，持续跟踪个人的身份转换和地域流动，在每一个时间点上都能保持对个人及其身份的准确锁定，是参保缴费核定的最基础要求。

（2）参保险种。即确定个人需要参保的具体险种和制度信息，以及确定用人单位的应参保险种信息。如何准确识别个人身份，自动判断其可参保险种和制度类型，是征缴数字化中的核心任务。因此，需要依据政策参保逻辑，基于个人属性信息，设计自动化规则，对其参保险种和制度类型做出精准的判断。

（3）参保地。即确定参保缴费的具体地点，也即确定参保缴费的管理机关。在人的一生中，会出现多种属地信息，比如出生地、户籍地、就学地、就业地、常住地，以及某些证照的签发地。参保地与参保险种同步确定，比如参保企业职工基本养老保险，参保地即为就业地；参保城乡居民基本医疗保险，一般在户籍地，但对于学生则在就学地。在不同的身份类型下，关联哪一种参保地类型，是需要进行明确判断的。

（4）参保期间。参保期间是与参保险种和参保地同步核定的信息要素。社保业务贯穿人的全生命周期，因此，以人的生命时间序列进行观测，参保期间信息需要在时间序列上保持不重合、不断档。

（5）缴费基数。养老保险全国统筹提出了在全国范围内统一养老保险政策的要求，其中包括对费率、费基的政策统一。在缴费基数的确定上，当前大部分省市由人社部门实施上下限审核，在具体的执行口径上存在很大差异，包括社会平均工资的统计范围、缴费下限的比例等都有着实操上的不同规定。全国统筹所提出的统一要求，是征缴业务所面临的一项重要变革。未来缴费基数所实施的全国政策统一，较大可能是在全国层面确定缴费基数的合理范围，由地方基于实际在合理范围内确定具体的基数方案，由此保持一定的政策延续性。由于缴费基数调整备受企业关注，一方面，需要寻找更精准高效且普遍适用的规范性方案，减少因企业的道德风险因素而导致的缴费基数不确定性；另一方面，在执行中也需要基于精准测算，充分预估政策调整对企业经营的影响，适时适度，审慎实施。

（6）费率。社保名义费率是营商环境的重要组成指标。当前名义费率和实际费率存在较大的差异，很不利于营商环境的培育。数字化模式下，基于对费源的精准把握，可以实施更为科学精准的费率制定策略。

（7）缴费人。缴费人的确定也是社保征缴业务的重点之一，部分险种实施政府补贴和集体补助政策，因此缴费人不仅包括参保的用人单位和个人，还包括政府、集体等其他单位。具体的缴费人和其缴费金额需要依据地方政策而定。

2. 要素分析及模式选择

下面，本文区分不同险种对参保缴费的各个要素进行具体分析，并由此判断各险种所适合的征缴管理的基本模式。

（1）基本养老保险。

基本养老保险的参保缴费要素和政策规定概要如表6－1所示。

表6－1　　　　基本养老保险的参保缴费要素和政策概要

参保缴费要素	政策概要
企业职工/机关事业	
参保单位/参保人	企业职工的参保范围：国有企业、城镇集体企业、外商投资企业、城镇私营企业和其他城镇企业及其职工，实行企业化管理的事业单位及其职工 机关事业的参保范围：按照公务员法管理的单位、参照公务员法管理的机关（单位）、事业单位及其编制内的工作人员
参保地	就业地
参保期间	就业期间
缴费基数	用人单位：单基数标准——职工缴费基数之和；双基数标准——本单位职工工资总额； 职工个人：上一年度本人月平均工资为个人缴费工资基数（有条件的地区也可以本人上月工资收入为个人缴费工资基数）。在当地职工平均工资60%～300%范围内
费率	单位缴费、个人缴费分别设置比例费率
缴费人	单位代扣代缴
灵活就业	
参保人	无雇工的个体工商户、未在用人单位参加基本养老保险的非全日制从业人员以及其他灵活就业人员
参保地	灵活就业关联地
参保期间	同灵活就业期间
缴费基数/费率	在本省全口径城镇单位就业人员平均工资的60%～300%选择适当的缴费基数
缴费人	个人自行缴纳
城乡居民	
参保人	年满16周岁（不含在校学生），非国家机关和事业单位工作人员及不属于职工基本养老保险制度覆盖范围的城乡居民
参保地	户籍地
参保期间	符合参保条件的期间
缴费基数/费率	分设缴费档次，省（区、市）人民政府可以根据实际情况增设缴费档次
缴费人	个人、集体、政府

基本养老保险的参保缴费要素中，最核心的是参保人，人的身份差异决定了其是否应参保及参保的制度类型，也决定了其参保地和其余各项参保缴费要素。

结合养老保险全国统筹的实施，在征缴侧，必须探索一套能够精准锁定个人、精准识别个人身份、动态掌握个人身份变化的征缴服务策略，并且需要把当前养老保险“按户管理”为主的模式转化为“按人管理”为主的模式。

在“按人管理”为主的模式下，社保管理部门可以将人的全生命周期纳入管理视野。

相较而言，户的属性是人在就业等状态下的阶段性属性，形成与人的阶段性关联。因此，不打破对个人的直接管理服务模式，可以有效改善“按户管理”模式存在的时间断档和空间割裂。

目前，养老保险全国统筹提出了“五统一”目标，这也意味着养老保险在参保缴费要素层面要实现规范统一。因此，在全国范围实施统一的征缴规范，需要确定各要素的标准层级，区分是否需要在全国层面唯一确定，还是可以由地方自行决定。本文将基本养老保险的参保缴费要素区分成全国和地方两个标准层级，如表6－2所示。

表6－2　基本养老保险参保缴费要素标准层级划分

要素	任务	标准层级	说明
何人	确定参保人（权益）	全国	解决覆盖面不全问题
何种	确定应当参保的制度类型	全国	解决适用制度不当、重复参保、跨制度转移等问题
何地	确定参保地点	全国	解决适用制度不当、重复参保、跨统筹区转移接续等问题
何时	确定参保期间	全国	解决断保、重复参保问题
何基	确定缴费基数	全国标准内的地方自定	根据当前地方政策
何率	确定适用费率	全国标准内的地方自定	根据当前地方政策
何方	确定缴费人（义务）	地方	根据地方补贴标准等

在基本养老保险参保缴费要素确定的逻辑顺序上，遵循先全国再地方，先确定何人参保、何种、何地、何时，再确定何基、何率、何方缴费。由此形成参保缴费核定的业务逻辑框架。

（2）基本医疗保险。

基本医疗保险的参保缴费要素和政策规定概要如表6－3所示。

表6－3　基本医疗保险的参保缴费要素和政策概要

参保缴费要素	政策概要
城镇职工	
参保单位/参保人	国有企业、城镇集体企业、外商投资企业、城镇私营企业和其他城镇企业及其职工，国家机关及其工作人员，事业单位及其职工，民办非企业单位及其职工，社会团体及其专职人员
参保地	就业地
参保期间	就业期间
缴费基数	与基本养老保险一致
费率	单位缴费、个人缴费分别设置比例费率
缴费人	单位代扣代缴

续表

参保缴费要素	政策概要
灵活就业	
参保人	无雇工的个体工商户、未在用人单位参加职工基本医疗保险的非全日制从业人员以及其他灵活就业人员
参保地	灵活就业关联地
参保期间	同灵活就业期间
缴费基数/费率	与基本养老保险一致
缴费人	个人自行缴纳
城乡居民	
参保人	不属于城镇职工基本医疗保险制度覆盖范围的中小学阶段的学生（包括职业高中、中专、技校学生）、少年儿童和其他非从业城乡居民
参保地	户籍地/就学地
参保期间	符合参保条件的期间
缴费基数/费率	分设缴费档次
缴费人	个人、政府

基本医疗保险和基本养老保险的参保缴费要素比较接近。个人从出生即纳入基本医疗保险参保范围，对于城乡居民来说，达到退休年龄之后依然需要参保缴费，因此更具有全生命周期管理特征。与基本养老保险一样，基本医疗保险也更适合实施“按人管理”的模式。

在参保缴费要素的标准层级规范方面，基本养老保险和基本医疗保险基本遵循一致的逻辑。需要在全国层面锁定参保人，确定其应参保的制度类型以及参保地点、参保期间。当前医疗保险尚未实施全国统筹，费基、费率、缴费人更多遵循地方规范，因此相应要素实施地方标准。基本医疗保险参保缴费要素标准层级划分如表 6 – 4 所示。

表 6 – 4　　基本医疗保险参保缴费要素标准层级划分

要素	任务	标准层级	说明
何人	确定参保人（权益）	全国	解决覆盖面不全问题
何种	确定应当参保的制度类型	全国	解决适用制度不当、重复参保、跨制度转移等问题
何地	确定参保地点	全国	解决适用制度不当、重复参保、跨统筹区转移接续等问题
何时	确定参保期间	全国	解决断保、重复参保问题
何基	确定缴费基数	地方	根据地方政策
何率	确定适用费率	地方	根据地方政策
何方	确定缴费人（义务）	地方	根据地方政策

（3）生育保险。

生育保险的参保缴费要素和政策规定概要如表 6 – 5 所示。

表 6-5　　生育保险的参保缴费要素和政策规定概要

参保缴费要素	政策规定概要
参保单位/参保人	职工应当参加生育保险，参加职工基本医疗保险的在职职工同步参加生育保险
参保地	就业地
参保期间	同就业期间
缴费基数/费率	由企业按照其工资总额的一定比例向社会保险经办机构缴纳生育保险费，最高不得超过工资总额的百分之一 按照用人单位参加生育保险和职工基本医疗保险的缴费比例之和确定新的用人单位职工基本医疗保险费率
缴费人	由用人单位按照国家规定缴纳生育保险费，职工不缴纳生育保险费

按照《国务院办公厅关于全面推进生育保险和职工基本医疗保险合并实施的意见》（国办发〔2019〕10号），参加职工基本医疗保险的在职职工同步参加生育保险，生育保险基金并入职工基本医疗保险基金，统一征缴，统筹层次一致。

因此，生育保险参保要素可与医疗保险同步确定，当判断自然人是否应当参保职工基本医疗保险时，同步确定其是否应参保生育保险。

（4）失业保险。

失业保险的参保缴费要素和政策规定概要如表 6-6 所示。

表 6-6　　失业保险的参保缴费要素和政策规定概要

参保缴费要素	政策规定概要
参保单位/参保人	城镇企业事业单位、城镇企业事业单位职工依照本条例的规定，缴纳失业保险费（本条所称城镇企业，是指国有企业、城镇集体企业、外商投资企业、城镇私营企业以及其他城镇企业）； 省、自治区、直辖市人民政府根据当地实际情况，可以决定本条例适用于本行政区域内的社会团体及其专职人员、民办非企业单位及其职工、有雇工的城镇个体工商户及其雇工； 中国人民银行及其分支机构，不纳入失业保险实施范围
参保地	就业地
参保期间	同就业期间
缴费基数/费率	城镇企业事业单位按照本单位工资总额的百分之二缴纳失业保险费。城镇企业事业单位职工按照本人工资的百分之一缴纳失业保险费
缴费人	单位代扣代缴

失业保险当前普遍统筹层次较低，《失业保险条例》（国务院令第 258 号）规定，失业保险基金在直辖市和设区的市实行全市统筹；其他地区的统筹层次由省、自治区人民政府规定。

地方可以决定失业保险的参保范围。《失业保险条例》（国务院令第 258 号）规定，省、自治区、直辖市人民政府根据当地实际情况，可以决定本条例适用于本行政区域内的社会团体及其专职人员、民办非企业单位及其职工、有雇工的城镇个体工商户及其雇工。

参保对象除了城镇职工外，部分省市也开始探索对灵活就业人员的失业保险参保制度。

比如2022年6月1日，广东省十三届人大常委会第四十三次会议表决通过关于修改《广东省失业保险条例》的决定，明确省人民政府可以根据国家规定探索建立灵活就业人员参加失业保险制度。

因此，失业保险适合采用"按人管理"+"按户管理"的模式。

"按人管理"是指，根据个人的身份标签，以及人与参保单位之间的关系信息，确定个人是否为参保人。若地区（统筹地）政策规定，部分灵活就业人员属于可参保对象范围的(比如广东)，需要识别个人灵活就业相关身份标签，判断个人是否可参保。

"按户管理"是指，根据地区（统筹地）政策，依据单位相关属性信息确定单位是否属于失业保险参保范围。

(5) 工伤保险。

工伤保险的参保缴费要素和政策规定概要如表6-7所示。

表6-7　　工伤保险的参保缴费要素和政策规定概要

参保缴费要素	政策规定概要
参保单位/参保人	中华人民共和国境内的企业、事业单位、社会团体、民办非企业单位、基金会、律师事务所、会计师事务所等组织和有雇工的个体工商户（以下称用人单位）应当依照本条例规定参加工伤保险，为本单位全部职工或者雇工（以下称职工）缴纳工伤保险费； 职工（包括非全日制从业人员）在两个或者两个以上用人单位同时就业的，各用人单位应当分别为职工缴纳工伤保险费； 建筑施工企业对相对固定的职工，应按用人单位参加工伤保险；对不能按用人单位参保、建筑项目使用的建筑业职工特别是农民工，按项目参加工伤保险
参保地	用人单位注册地与生产经营地不在同一统筹地区的，原则上在注册地参加工伤保险。未在注册地参加工伤保险的，在生产经营地参加工伤保险； 劳务派遣单位跨地区派遣劳动者，应根据《劳务派遣暂行规定》参加工伤保险。建筑施工企业按项目参保的，应在施工项目所在地参加工伤保险
参保期间	同单位用人期间或工程项目施工期间
缴费基数	一般：本单位职工工资总额乘以单位缴费费率之积 特殊： 建筑施工企业：可以按照项目工程总造价的一定比例 小型服务业企业/有雇工的个体工商户：可以按照营业面积的大小核定应参保人数，按照所在统筹地区上一年度职工月平均工资的一定比例和相应的费率，计算缴纳工伤保险费；也可以按照营业额的一定比例计算缴纳工伤保险费 小型矿山企业：可以按照总产量、吨矿工资含量和相应的费率计算缴纳工伤保险费 建筑施工企业：按用人单位参保的，应以工资总额为基数依法缴纳工伤保险费；以建设项目参保的，可以按照项目工程总造价的一定比例计算缴纳工伤保险费
费率	行业差别费率及行业内费率档次
缴费人	由用人单位缴纳工伤保险费，职工不缴纳工伤保险费

工伤保险以单位或建筑工程项目为管理原点。个人是否应当参加工伤保险，根据其当前就业的单位是否属于参保对象而定。

缴费基数可能与职工工资相关，也可能按照单位行业与规模特点采用特殊方式确定；费率方面规定了行业差别费率及行业内费率档次，也是由单位所处的行业而定；且仅用人单位缴纳工伤保险费。对于两处任职的情况，需要各用人单位分别为职工缴纳，不存在全国唯一参保的问题。

因此，工伤保险适合采用的模式是“按户管理”为主，“按人管理”为辅。该模式下，首先依据单位相关属性信息，确定单位是否属于参保范围；再根据人与单位是否存在就业关系（依据为身份标签），确定个人是否为参保人。

基于上述分析，本文将各险种的基本管理模式和参保缴费核定逻辑总结如表6-8所示。

表6-8 各险种的基本管理模式和参保缴费核定逻辑

险种	基本管理模式		参保缴费核定逻辑
	按人管理	按户管理	
基本养老保险	主	辅	判断个人身份标签，确定参保缴费要素
基本医疗保险	主	辅	同基本养老保险
生育保险	主	辅	对于应当参保职工基本医疗保险的个人，同步确定其应参保生育保险
失业保险	并列	并列	根据地方政策规定，识别属于参保对象的参保人（根据身份标签）和参保单位范围
工伤保险	辅	主	首先依据单位相关属性信息，确定单位是否属于参保范围；再根据人与单位是否存在就业关系（依据为身份标签），确定个人是否为参保人

（二）税费一体化管理理论基础和应用方案

税务机关承担的社保征缴职能并非简单的费款征收，而是同时肩负有促规范、增效能的重要使命。尤其在当前社保基金面临可持续发展困境的情况之下，如何发挥税务垂直征管效能，如何以税务大数据优势形成对社保征缴能力的实质提升，是值得研究的业务要点之一。

上文基于社保业务本身的特点研究社保数字化转型的基本方案，本节将立足于税务立场，探讨税务机关承担社保征缴职能所具有的管理优势，以追本溯源的视角，审视税费业务的实质，探讨税务大数据在社保征缴中的应用方案，提出税费一体化管理的可行性。

1. 税费一体化管理的理论基础

在税收业务中，有对税本、税源、税基、税额的概念区分。借用税收业务的内在逻辑，对于社保征缴业务，也从费本、费源、费基、费额的角度着手分析。

费本，形成社保基金收入的经济基础，指的是国民经济的生产力，包括人力、资本、土地三个要素及由此结成的生产经营单位等。简而言之，费本即产生社保费的经济主体。

费源，社保基金的经济来源，国民收入分配中形成的各种收入。

费基，是法律法规规定的据以计算各种应缴保费的依据或标准。

费额，在费基的基础上依据费率确定的缴费金额。

社保费属于税收楔子（Tax Wedge），为广义税收，因而适用经济决定税收的基本逻辑。经济增长的规模、速度、质量、结构决定着税收总量、增长速度和税收结构。这个逻辑映射到社保费上，就是一个地区的社保费总量、增长速度和制度结构，归根结底是由该地区的经济增长因素，即费本、费源决定的。要做到养老保险高质量、可持续发展，就要求费本充足、费源充沛、费基充实。

那么，税务机关是否能有效实施对费本、费源、费基的管理呢？这要从费与税的本源相关性说起。区分不同的参保制度类型和险种、从个人和单位两个维度出发，费与税的本源相关性分析如表6－9、表6－10和表6－11所示。

表6－9　社保费本源分析：企业职工/机关事业单位就业

费种	费本	费源	费基	费率
养老保险	企事业单位	（单位部分）单位收入	（单位部分）工资总额	比例
	城镇职工	（个人部分）工资收入	（个人部分）工资收入（上下限）	比例
医疗/生育保险	企事业单位	（单位部分）单位收入	（单位部分）工资总额	比例
	城镇职工（医疗）	（个人部分）工资收入	（个人部分）工资收入（上下限）	比例
工伤保险	企事业单位	（仅单位）单位收入	（单位部分）工资总额/项目工程总造价/营业面积/营业额……	比例/定额
失业保险	企事业单位	（单位部分）单位收入	（单位部分）工资总额	比例
	城镇职工	（个人部分）工资收入	（个人部分）工资收入（上下限）	比例
税种	**税本**	**税源**	**税基**	**税率**
企业所得税	企事业单位	利润（源自单位收入）	企业所得税应纳税所得额	比例
个人所得税（工资薪金）	城镇职工	工资薪金所得	工资薪金所得	超额累进

表6－10　社保费本源分析：灵活就业

费种	费本	费源	费基	费率
养老保险	灵活就业人员	灵活就业收入	当地上一年度职工年平均工资（上下限）	按分档比例计算，定额
医疗保险	灵活就业人员	灵活就业收入	当地上一年度职工年平均工资（上下限）	按分档比例计算，定额
税种	**税本**	**税源**	**税基**	**税率**
个人所得税（劳务报酬/经营所得）	灵活就业人员	劳务报酬所得/经营所得	劳务报酬所得/经营所得	超额累进

表6－11　社保费本源分析：城乡居民

费种	费本	费源	费基	费率
养老保险	城乡居民，政府，集体	个人收入，政府补贴，集体补助	—	分档定额
医疗保险	城乡居民，政府，集体	个人收入，政府补贴，集体补助	—	分档定额
税种	**税本**	**税源**	**税基**	**税率**
个人所得税	城乡居民	—	—	不征税

从表中可见，对于企业职工、机关事业单位职工和灵活就业人员，个人既是费本也是税本，费源与税源均来源于个人所得（工资薪金/劳务报酬/经营所得等）；同时，按照当前政策，企业/机关事业单位职工的费基按本人上年度月平均工资取上下限，本质上为税源的函数；灵活就业人员的费基按照地区上年度平均工资取一定比例，本质上也是税源的函数，因此，完全具备税费一体化管理的基础个人缴费和个人所得税的比较如表 6－12 所示。

表 6－12　个人缴费和个人所得税（工资薪金/劳务报酬/经营所得）的比较

<table>
<tr><th>险种</th><th>类型</th><th>本</th><th>源</th><th>基</th></tr>
<tr><td rowspan="3">养老保险
医疗保险</td><td>城镇职工（企业/机关事业单位）</td><td>费本＝税本</td><td>费源＝税源</td><td>费基＝f（税源）</td></tr>
<tr><td>城镇职工（灵活就业）</td><td>费本＝税本</td><td>费源＝税源</td><td>费基＝f（工资薪金税源）</td></tr>
<tr><td>城乡居民</td><td>费本</td><td>费源</td><td>费基</td></tr>
<tr><td>失业保险</td><td>城镇职工（企业/机关事业单位）</td><td>费本＝税本</td><td>费源＝税源</td><td>费基＝f（税源）</td></tr>
</table>

从单位维度分析，社保缴费和税收（企业所得税）本、源均一致，具备税费一体化管理的基础单位缴费和税收比较如表 6－13 所示。

表 6－13　单位缴费和税收比较

<table>
<tr><th>险种</th><th colspan="2">类型</th><th>本</th><th>源</th><th>基</th></tr>
<tr><td>养老保险医疗/生育保险失业保险</td><td colspan="2">城镇职工</td><td>费本＝税本</td><td>费源＝税源</td><td>单位费基＝工资总额
或＝ ∑个人费基</td></tr>
<tr><td rowspan="2">工伤保险</td><td rowspan="2">城镇职工</td><td>一般行业</td><td>费本＝税本</td><td>费源＝税源</td><td>单位费基＝工资总额
或＝ ∑个人费基</td></tr>
<tr><td>特殊行业</td><td>费本＝税本</td><td>费源＝税源</td><td>单位费基＝项目工程总造价/营业面积/营业额……</td></tr>
</table>

就养老、医疗、生育、失业保险而言，单位缴费基数是工资总额（双基数模式）或者是个人缴费基数的合计数（单基数模式），因此可纳入税费一体化管理体系。就工伤保险而言，一般行业的单位缴费基数与其他险种保持口径一致，因此可纳入税费一体化管理体系；特殊行业单独管理。

2. 税费一体化管理的应用方案

税费一体化管理包括服务一体、监管一体和数据一体。

服务一体，即通过推行预填式自行申报，实现个人所得税、社保费一表集成；按照单位、个人进行用户分类，共享共用移动端、扣缴端、大厅端、自助终端等渠道；以维护参保人的权益为出发点，对参保人本人、缴费人进行推送信息提醒提示。通过优化服务促进参保意愿，以优化服务促进缴费合规。

监管一体，即所得税部门与社保非税部门之间协同配合、实现税费共治共管，形成以税优费、以费优税的协同共治格局。

数据一体，即整合个税与社保数据形成内容更丰富的一人式自然人数据库，让数据成为税费治理的核心驱动力。税费一体数据归集是社保征缴业务数字化转型的关键举措。数据一体包括对数据源、用、存等各个环节的一体化管理。

3. 税费一体化管理的应用举例

通过一体化方案，税务数据信息可以在社保费征缴管理的多个场景中发挥作用。比如在参保缴费核定中，通过综合利用税费信息，对人的身份进行准确判断；应用工资信息，对缴费基数进行自动核定等。

以对灵活就业人员的身份识别为例，因为灵活就业人员需要自行参保缴费，有大量符合政策条件的人员因为不了解相关事宜而未能参保。《人力资源和社会保障事业发展“十四五”规划》特别指出，推动实现职工基本养老保险由制度全覆盖到法定人群全覆盖，放开灵活就业人员在就业地参加社会保险的户籍限制，积极促进有意愿、有缴费能力的灵活就业人员以及新就业形态从业人员等参加企业职工基本养老保险。

灵活就业人员可以分为非全日制劳动关系就业、劳务关系就业、个体工商户等投资从业，以及其他灵活就业（包括稿酬、特许权使用费、非连续性劳务报酬等）。理论上，只要与单位产生业务关联，单位在支付报酬时都需要履行个人所得税代扣代缴义务。因此，通过个税扣缴申报的相关信息采集，可以有效识别绝大多数的灵活就业人员，通过建立税费一体的服务渠道，促使其及时正确参保，维护自身权益。

（三）社保征缴模式数字化转型的具体做法

社保征缴模式转型，需要厘清业务数据脉络，实施业务场景重构。从信息报告到申报缴费的各个环节，都要充分利用数据驱动模式，实现业务的数字化改造。以下是对征缴各个环节模式转型的基本设想。

1. 信息采集：结果报告转为要素报告 多次采集转为一次采集

【原模式】信息采集时，一般需要依靠对业务的认知来进行相关结果报告。比如，报告参保险种、缴费基数，都需要基于专业判断。社保、税务信息报告各自独立，人社、医保与个税需要分别采集员工信息。

【新模式】以通俗化为原则，转结果报告为要素报告。理想模式下，要素信息是贴合经济业务的。比如，入职环节报告员工的基础信息时，采集合同约定的工资金额；工资发放环节采集发放时间和工资收入的具体组成项目，由系统根据规则自动进行后续加工处理。由于员工相关信息等属于税费业务的共用基础信息，因此，在数字化转型的整体性要求下，建议实现一次采集，人社、医保与个税实现共用，避免多头报告与信息壁垒环境下产生逻辑矛盾、监管缺失的问题。

2. 参缴登记：单位判断转为系统判断 按户管理转为按人管理

【原模式】以企业职工参保缴费为例：单位掌握主动权，由其根据参保险种，自行报告参保对象。由于单位不了解职工个人的全部属性信息和历史参保缴费信息，容易造成适用制度不当、重复参保等问题；同时，单位向人社、医保（和税务）分别报告参保人名单，各险种信息缺乏比对，容易发生漏保、挂靠等问题。

【新模式】立足于政策规范，还原政策规定的参保缴费逻辑顺序，从人出发，实现个人的应保尽保和准确参保。基于税费一体自然人信息库，根据员工基本信息、就业单位信息、历史参保缴费信息等自动进行规则判定，自动确定各险种是否应参保，并进行相应险种的参保（缴费）登记。

3. 基数核定：单位报告转为自动核定 定期调整转为动态调整

【原模式】单位自行申报缴费工资，人社/医保部门进行基数上下限审核，核定信息传递至税务部门用于征收。

【新模式】缴费基数核定中最重要的信息是职工工资。职工工资每个月都是动态变化的，人社/医保部门在一个年度进行一次缴费工资核定，显然是受限于征管资源而延续了历史做法。缴费基数核定因为缺乏校验信息，实质上也已经流于形式。

在数字化征缴模式下，这项业务可以实施彻底改造。由单位报告员工工资相关要素信息，根据本地区的相关政策要求，内置规则，由系统自动进行缴费基数核定，实现规则驱动下的缴费基数核定管理。这一模式还可以同步改变一年一核定的形式，可以按各地需求实现多种缴费基数管理模式，甚至可以实现按年/按季/按月等动态调整。

4. 转移接续：个人办理转为全程提示 流入流出环节两头扎口

【原模式】转移接续是社保业务管理的难点，在转移接续环节，需要个人自行了解相关政策，主动办理转移接续手续。

【新模式】对人员流动性问题实施两头扎口管理。在流出环节（包括：劳动关系结束、劳务关系结束、毕业、户籍迁移等）对人员进行缴费中止相关信息提示，并在后续按时间节点实施信息扫描，对于发现缴费中断情况的，进行跟踪提示。在流入环节（包括劳动关系建立、劳务关系建立、入学、户籍迁入等），在实施新的参保缴费信息认定时，同步检索其历史参保缴费信息，对于需要办理转移接续或识别发生断保、重复缴纳等情形的，进行信息提示。实现信息对称，维护缴费人权益。

5. 缴费申报：自行申报转为预填申报 通俗便捷实现缴费遵从

【原模式】以职工缴费申报为例，由单位按照核定信息自行进行缴费申报。

【新模式】充分利用数据的逻辑关系，构建数据驱动机制，基于信息采集，实现缴费申报环节的预填申报。一方面体现通俗化，把基于专业判断的自行申报模式转型为内置规则下的预填申报模式；另一方面展现便捷性，减少申报环节的信息填报，优化营商环境。更为重要的是，预填信息为社保缴费构建了合规通道，可以有效避免填报差错，实现缴费遵从。

6. 征收核算：按户核算转为按人核算 同一事实经由一个部门

【原模式】核算口径不一，针对同一参保人的同一缴费事实由多个部门分头核算。

【新模式】实行“按人、全口径”核算。即同一参保人的同一事实只需由一个经办机构（税务部门）生产形成同一结果，这个同一结果表现为一个交易记录号、一个参保人账号、N 个缴费人（参保人本人、缴费单位、履行补贴义务的政府、履行补助义务的集体），税务部门生产形成的这一结果向各个经办机构同步记账，并形成两两核销机制——即对于同一缴费人承担多名参保人的缴费义务的，必须实施准确的记账与核销措施。

7. 交互服务：不查不知转为主动告知 信息壁垒转为三端联动

【原模式】社保缴费相关信息需要个人主动查询（各地渠道不一致）；因为交互渠道受限，社保管理中个人缴费基数确定等诸多环节实质存在缺失；因为地区间的信息壁垒，个人对于自己是否重复参保、是否断保等情况也很难精确把握。

【新模式】实行全生命周期的主动式信息交互服务，通过渠道和机制建设，实现移动端（参保人个人）、扣缴端（企业）和政府端（包括税务、人社、医保）之间的互动，个人缴费掌上办打造权威渠道，避免资金风险。

8. 风险监管：事后监管转为事前事中 单一监管转为多重监管

【原模式】主要监管模式为事后依举报进行，由人社部门进行劳动者权益保障方面的监管。

【新模式】充分利用税务信息，建立事前事中风险监管模式，比如在员工入职环节对其当前有效的其他参保缴费信息进行查验，避免重复参保。利用渠道拓展，实施内外联合多重监管，比如：个人需确认自己的参保险种和缴费基数，可在线提出申诉。

（四）税费一体的参保缴费流程逻辑

图6－3展示了自然人参保缴费和单位参保缴费的一般逻辑。当然，具体到实务场景中，比如入职、入学、灵活就业等，还需要进一步细化流程，形成详尽的业务流程设计方案。

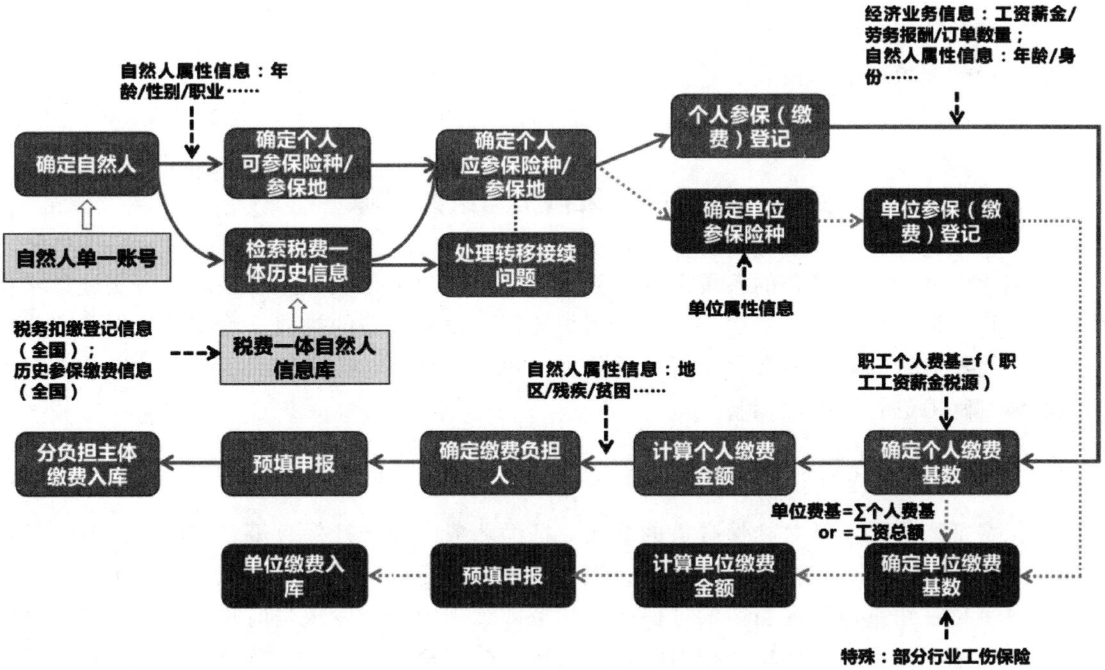

图6－3　自然人参保缴费和单位参保缴费的一般逻辑

按人管理是流程中的逻辑主线，以人为主体，参保缴费主要流程如下：

一、基于自然人税费单一账号，采集自然人相关信息，确定单一自然人。

二、基于自然人相关属性信息和税费一体归集信息，对其身份进行判断，综合确定个人可参保险种（包括制度类型）和参保地。

三、判断可参保信息是否唯一。不唯一则推送单位或个人（视具体场景）进行选择；唯一的可参保信息或者个人选定的结果作为该个人应参保信息。

四、利用税费一体自然人库信息，对个人历史参保信息进行查询，判断当前参保地和历史参保地是否跨统筹区，是否需要进行转移接续处理。

五、系统自动生成个人参保（缴费）应登记信息，税务机关进行缴费登记，人社/医保部门同步进行参保登记。

六、系统根据经济业务信息和自然人属性信息，自动进行个人缴费基数的核定。

七、根据适用费率，计算缴费金额。

八、根据个人相关的属性信息，确定缴费负担人。

九、自动预填缴费申报表。

十、生成各缴费负担人应征信息，缴费入库。

根据上文所阐述的各险种管理模式，“按户管理”形成流程中的逻辑副线，对于职工参保缴费等涉及单位主体的业务，按照以下逻辑处理：

一、根据个人参保（缴费）核定信息，结合单位的属性信息，确定单位的应参保（缴费）险种信息；单位进行参保（缴费）初次登记或登记信息变更。

二、依据职工个人的缴费基数核定信息，结合单位属性信息，自动依规则进行单位缴费基数核定或调整。

三、根据适用费率，计算缴费金额。

四、自动预填缴费申报表。

五、生成应征信息，单位缴费入库。

四、制度建设：数字化转型的政策重构与组织保障

数字化转型是一个复杂的系统工程。社保征缴业务数字化表面上看是对业务实施数字化重构的过程，但实则也会对费制政策以及组织体制建设提出新的挑战。为支撑社保数字化征缴模式，需要对费制政策从数字化视角重新加以审视修订，在数字化岗责分析的基础上对组织机制体制保障进行适配性调整。

（一）符合数字化需求的费制政策设计

社保费征缴实质上是对社保政策的落实。征缴业务来源于社保政策，不能脱离政策所规定的业务边界。对业务实施数字化重构，根本上就是要把政策规定转化为数据规则。

从数字化视角重新审视当前的社保征缴相关政策规定，会发现当前政策存在不满足数字化闭环、不适应新型就业环境、未对问题事实形成处理建议等情况，需要进行相应费制政策的重构设计。

1. 构建适应数字闭环管理的政策体系

社保政策的形成与发展经历了较为长期的过程，在普遍低统筹层次、多遗留问题的现实情况下，政策规定相对较为笼统，诸多口径在实操层面才有实质的规定，而这些是不利于业务数字化实施的。因此，需要基于数字闭环管理的需求，审视政策规定中的缺漏环节，完善相应的政策规定。

比如，本文基于人的属性事实，对人的身份进行划分。但是，作为公司股东、个独企业投资人/合伙企业合伙人，该如何进行参保缴费，当前政策中是没有明文规定的。从数字化视角，基于人的属性事实，理应有相应的政策规定。

再如，某地对灵活就业人员做出如下定义：“具有本市户籍从事有合法经济收入的自雇人员、无雇工个体工商户、未在用人单位参加基本养老、医疗保险的非全日制从业人员以及

其他灵活就业人员。”那么，什么是合法经济收入？什么是其他灵活就业？政策层面没有提出刚性或原则性的判断标准，这样是无法实施数字化改造的。

2. 拟定适应新型就业环境的政策规范

当前，就业环境相较于上一代人已经发生了重大变化。比如，随着平台经济的发展，大量人员成为基于互联网平台的新型灵活就业人员，就业地、居住地、户籍地相互分离。对于此类人员的参保缴费该遵循怎样的规定？如何才是维护缴费人权益的最优选择？当前政策中并没有给出指导性意见。

再如，是否在劳动年龄内是判断人的身份的一个重要数据项。随着个人职业流动性增强，大量人员的职业经历不再局限于单一的机关干部或者企业工人，而是在机关事业—企业—灵活就业—城乡居民等多重身份中切换，在经历多次身份变更后，退休年龄如何确定，实务中各地执行不一，这也给数字化带来了障碍，需要政策层面加以规范。

3. 明确既有参保缴费问题的处理原则

当前社保参保缴费中存在的多处重复参保问题、多重身份下制度适用问题等，实务中缺乏统一的政策规定。当前实务中，往往等到退休时点，才对人的历史参保缴费信息实施清算，但在数字化模式下，此类问题必须在参保缴费阶段加以解决，因此应当确定相关的规则。

比如两处任职受雇情况下，如何界定劳动关系及应参保地？当职工参保与城乡参保身份同时成立的时候，是否职工身份优先，还是具有选择权？（比如农民工群体，在其就业地是应当参保城镇职工还是可以选择参保城乡居民？该由谁来选择，是就业单位还是劳动者本人?）；尤其是当不同地区间的政策存在差异或矛盾时，必须加以明确，否则可能导致数字化规则无从拟定。

（二）适配数字化逻辑的组织体制保障

社保征缴模式的数字化转型，是围绕数字政务整体目标和数字社保建设思路，对社保征缴服务的业务场景以及对社保治理的体制机制、方式方法、组织架构等进行全方位、系统性的数字化重构过程。组织保障是数字化转型的重要组成。

1. 数字化岗责体系建设

数字化社保新型业务场景的构建，将打破既有的社保业务管理模式。传统业务中，社保业务管理主要集中在业务受理、业务审批等事项中，工作人员在流程节点之中，依据经验从事具体业务的审核事项；而数字化业务中，业务更多体现为自动执行，工作人员处于流程之外，管理事项实际转化为对业务规则的设计和监管。因此，数字社保需要对组织岗责体系实施变革。

组织岗责体系变革主要涉及新型能力建设运行相关的职能职责调整、人员角色变动以及岗位匹配等内容，包括但不限于：根据业务流程优化要求确立业务流程职责，匹配调整有关的合作伙伴关系、部门职责、岗位职责等；按照调整后的职能职责和岗位胜任要求，开展员工岗位胜任力分析，人员能力培养、按需调岗等，不断提升人员优化配置水平。

与数字社保相匹配的新型岗责主要包括：自动运行业务中的规则管理职责、人机结合业务中的业务执行和规则管理职责、决策支持业务中的研究管理职责、辅助支撑业务中的系统运营和人工兜底职责等。

2. 职能重塑和部门协同

更为重要的是，社保业务需要人社、医保、税务等多个部门的合作协同。在数字化背景下，各个部门要精诚合作、密切配合，对相关组织要素开展一体化变革，重构形成合理的职责分配和通畅的业务合作模式，对数字社保形成完善的组织体制机制支撑。

一方面，数字化转型将带来部门职能和社保制度体系的重塑。比如，对于费基核定事项，在核定征收模式下，企事业单位自行向人社、医保部门报告缴费基数，人社医保部门仅就基数是否符合当地上下限规定进行审核，审核执行职能由人社医保部门承担。在数字化改革设想下，缴费基数核定这一事项更为合理的执行路径，是由人社医保部门确定本地区缴费基数核定的具体规则，提请省政府同意后，以数字化形态成为征缴信息系统的内置规则，由税务部门承担基于内置规则的征缴实施工作。

另一方面，数字化改革的整体性、一体化目标，要求社保业务在多部门间形成高效协同的执行体系。以人社、医保、税务部门为主体，公安、民政、教育、司法等多个部门协同参与（需要提供自然人主体的相关信息，以构建完整的自然人信息库），重构业务执行场景，形成多部门间各司其职、自动运转、高效联动的社保协同治理新型模式。

7. 出口退税征退一体化：数字管税必然之选

出口退税是经济全球化背景下各国的通行政策，也是我国财政税收体系中的重要一环，作用在于使我国的商品及服务以不含税的价格公平地参与到全球市场的竞争中去，对我国经济发展及推动产业结构优化等都有着重大影响。因此，制定符合市场规则并兼顾我国国情的出口退税政策，建立科学高效并具有前瞻性的出口退税征管体系，是提高出口退税效率、优化营商环境、有效发挥出口退税政策作用的关键。

一、征退税一体化的意义及目标

（一）研究的背景

从20世纪90年代初全国成立十个总局直属管理的出口退税处，逐步发展到国地税征管体制改革后仅保留了部分省级出口退税管理与服务分局，出口退税管理随着增值税税制改革、征管体制改革的不断推进，其专业性强、业务独立性强的神秘面纱已经逐渐褪下，原有管理理念下的征管体系和信息数据的孤岛模式已显得力不从心。

2016年，为深入贯彻《深化国税、地税征管体制改革方案》，进一步规范出口退（免）税管理，国家税务总局在原规范的基础上升级制定了《全国税务机关出口退（免）税管理工作规范（1.1版）》（税总发〔2015〕162号，以下简称“规范1.1”），其中首次提出：“生产企业申报的出口退（免）税，原则上由主管征税的县（区）以上国家税务局负责审批。”这意味着，随着从业务信息化到“互联网+”到“智慧税务”的技术条件发展升级，出口退税管理中的征退税一体化管理开始被提上议事日程。

因此，现有的出口退税政策如何进一步融入和配合后续的深化增值税改革？出口退税申报能否通过数字化转型实现征退税一体化申报？出口退税审核办理模式如何体现金税四期数字管税的理念？出口退税风险管理如何借力风控体系和信用体系的双动支持？出口退税计划指标的限制能否通过财税体制的完善而得以解除？税务部门在出口退税管理的机构设置、人员编制、岗责分工、征管方式、工作规程等方面如何更统一高效？这些都是需要厘清的问题。

（二）研究的意义

“十四五”规划中“关于完善现代税收制度改革”的章节中明确提出了“聚焦支持稳定制造业、巩固产业链供应链，进一步优化增值税制度”“深化税收征管制度改革，建设智慧税务，推动税收征管现代化”两大要求。因此，创新理念的出口退税管理和先进技术的数字化应用，正是改革要求的具体体现之一；征退税一体化的政策及管理模式的形成也是体现数字管税的必然之选。在当前时点开展前瞻性和趋势性的研究，探索具体的可行性政策方案和征管模式正是顺应数字化转型成大趋势的提前布局，也具有提前抢占出口退税领域的数字化转型理论创新与实践探索“快车道”的重要意义。

实现出口退税数字化转型升级后的现实意义主要有以下两方面。

其一，征退税一体化有利于对出口退税风险防控体系的完善。出口退税业务属于税收流失风险的高发区，同时也存在着一些政策落实执行不到位的情况。但由于出口退税存在一定的专业性和独立性，在数据和系统上与核心数据及系统存在一定的割裂，这对于全链条管理的增值税体系存在一定的风险和隐患。通过一体化管理，将有利于发挥两个体系的支持作用，对出口企业和供货企业建立全链条和快速化的风险管理体系；有利于将征、管、查、退各环节紧密地串联到一起，对出口企业建立全方位、全周期的管理和服务体系，及时开展风险预警和提示，避免国家税款的流失。同时，也能够将各项出口退税政策不折不扣地执行到位，既维护好国家税收利益，也维护好出口企业的合法权益。

其二，实现征退税一体化有利于提升管理和服务效率效能，优化营商环境，支持对外贸易。通过一体化管理，在企业端优化备案模式和申报方式，简化办理流程及手续，缩短申报准备时间；在税务端优化审核机制、提升函调管理，减轻工作负担，提升审核效率；在财政端优化资金拨付机制、加快拨付速度、缓解国库压力。通过三管齐下，在风险可控的前提下，尽可能缩短退税到账时间。

（三）研究的思路

符合总体税制改革路径的政策调整和完善是征退一体化政策的核心；基于现有及短期未来内可实现的技术支持和数据支撑的征管方式升级是目标实现的基础。因为，税收征管问题是完善的税制体系得以发挥作用的关键，也是整个税收管理活动的中心环节。税收征管问题是政策落实的“最后一公里”，会面临很多可能的现实问题，各类机制如果没有办法实现也就不能有效地发挥功效。

因此，本文将立足上述维度，以出口退税征退税一体化政策及征管为研究对象，通过对征退税一体化的现状及问题、政策征管路径设计、技术实现建议的思考和梳理，为出口退税征退税一体化提供可行性分析。

二、征退税一体化的现状及问题

（一）征退税一体化的现状

目前，由于征管体制改革还在不断完善的过程中，阶段性和碎片化的现象较多，出口退税管理正处于摇摆不定的变革之中：相关业务中属于税源专业化管理的范畴由专门的退税部门管理，但又在国地税改革中被要求逐步实现征退税一体化管理，由征税部门负责部分业务的审批。同时，随着机构改革的完成，全国有一半的省级税务机关取消了单独的出口退税管理部门，将其并入了货物与劳务税处，但又保留了业务量较大地区的省级出口退税管理部门。

一是狭义的征退税一体化。主要是在《规范 1. 1》出台之前，在 2006 年的全国进出口税收专业会议上，国家税务总局提出了一个对出口税收业务进行综合性管理的理念，即征退税衔接，故当时征退税一体化主要指的就是征退税衔接。其主要理念是：在坚持出口退税专业化管理的基础上，通过信息共享、模式确定、业务结合、制度规范、分工负责、协作配合等一系列措施，将出口退税管理工作融入到整体税收工作之中，建立起征、退税部门对出口税收业务齐抓共管的衔接、协作机制。它是当时税收科学化、精细化管理的要求和具体体现。而主要落地的做法为，退税部门和征税部门之间相互传递以下几类数据：资格信息数据，如出口退税资格认定信息、纳税信用等级信息；征管类数据，如内销征税数据和享受优惠情况、出口退税的退税数据、转内销、视同内销数据；评估稽查类数据，如纳税评估信息、案件稽查信息等。

二是更大意义和范围上的征退税一体化。在深化国税、地税征管体制改革的大背景下，从 2016 年修订出台《规范 1. 1》，到 2018 年《国税地税征管体制改革方案》正式落地，自上而下的组织架构中开始模糊征管机关和退税机关；2019 年起，国家税务总局开始整合金税三期系统和出口退税管理系统，在金税三期系统中开发了出口退税管理新系统，实现了征税和退税在管理系统层面的融合。通过机构和系统的一体化，希望带动更高效率、更高效能的征退税一体化。

（二）征退税一体化的问题

无论是狭义还是广义上的征退税一体化，当前限于管理体制、系统设定、技术手段、政策口径这些客观因素，以及税务部门管理理念、财政部门调控方向、出口企业操作习惯等主观因素，都还存在一些问题：

在征退税衔接时代，由于管理部门和管理系统的相互独立带来了各类数据传递效率低下、传递后缺乏反馈而无法形成闭环等问题；更由于衔接工作的牵头部门往往是退税部门，管理成果也被狭隘地认为是更高效的管理出口退税企业，导致征管部门和稽查部门的积极性并不高；当时对于征退税衔接的内控和监督也还未健全，使征退税衔接往往停留在通知上和形式上。

进入整合时代的征退税一体化，技术和系统的不断完善提升解决了部分问题。但又诞生了更新的突出问题——技术和系统走到了政策口径前面。

出口退税相关的基本政策，目前是以《财政部 国家税务总局关于出口货物劳务增值税和消费税政策的通知》（财税〔2012〕39 号，以下简称“财税〔2012〕39 号”）为基础的退税政策体系，而其中的基础计算方法就是免抵退税和免退税。其中，免抵退税方法源自《财政部 国家税务总局关于印发〈出口货物退（免）税若干问题规定〉的通知》（财税字〔1995〕92 号）、定型推广是《财政部 国家税务总局关于进一步推进出口货物实行免抵退税办法的通知》（财税〔2002〕7 号）；免退税方法定型于《国家税务总局关于印发〈出口货物退（免）税管理办法〉的通知》（国税发〔1994〕31 号）、完善于财税〔2012〕39 号。可以发现，这些出口退税的基本政策，距当前的时间点已有较大的时间跨度，管理体系、技术条件都已发生了大跨度的变化。特别是，这两种割裂的退税计算方式，导致了退税申报方式的天然不一致，从而难以进行征退税一表申报。对于进一步实现真正意义上的增值税全链条管理，在政策角度上制约了征退税一体化，形成了技术和系统难以逾越的阻碍。但从发展的角度来看，几十年前造成割裂的时代背景和技术限制，很多已经不再存在，或者已经能够为当前的技术手段所控制和应对。随着现代税收制度建设进入新阶段、进一步优化增值税制度被写进“十四五”规划，推动建立税率单一、调节消费和体现中性的现代增值税制度将是未来实现征退税一体化的基础。

三、征退税一体化政策路径建议

（一）一个核心——一表申报

实现征退税一体化，将征税和退税归并在一张增值税申报表中申报是关键路径。一表申报同时完成征税和出口退税两大目的，无论是对于税务部门的管理还是对于出口企业的申报，均是事半功倍的操作，也是将全环节全数据链打通的捷径。

在当前税制改革发展的背景下，征退税一体化也是大势所趋。2019 年起，深化增值税改革就在这方面迈出了一大步。

从政策上看，《财政部 国家税务总局 海关总署关于深化增值税改革有关政策的公告》（财政部 国家税务总局 海关总署公告 2019 年第 39 号）明确了全行业满足条件的纳税人均可向主管税务机关申请退还增量留抵税额。其中，采用免抵退方式的生产型企业，因其内外销进项税额是合并混用计算的、出口退税和内销共用一个留抵，留抵退税办法从实际角度上实现了一表退税；当然，由于外贸企业采用的免退税办法，其出口对应的进项税额不纳入增值税申报表的留抵，故这部分进项税额无法参与留抵退税，未实现一表退税。

从征管上看，《国家税务总局关于办理增值税期末留抵税额退税有关事项的公告》（国家税务总局公告 2019 年第 20 号）又首次创新性地明确了出口退税免抵退与留抵退税的管理规则。从历年来的留抵退税政策来看，由最早的 2011 年起的集成电路企业留抵退税，到 2020 年的防疫物资留抵退税，这些非普适性的政策中均未提及与出口退税的关系。但唯独在深化增值税改革全面推开留抵退税的文件中，对此做了相关明确。因此可以看出，从实现衔接到最终融合应该是完善增值税制度的最终方向。

（二）主要模式——免抵退税

沿着深化增值税改革的路径，为了实现一表申报一表退税，本文建议从以下几个方面进行核心升级和配套政策的完善设计。

1. 统一退税计算方式

将原先外贸企业游离于增值税申报表及留抵税额之外的免退税方式，合并为与生产企业一致的免抵退税，使其计税依据由进货凭证上的金额变为出口离岸价，使退税更为充分，出口商品的价格在符合国际贸易通行规则的前提下更具竞争力；同时可以使其出口所对应的进项税额纳入增值税申报表，最终形成留抵税额（不足部分为免抵税额），构建完整链条。

2. 配套完善相关措施

统一计算方式后还需要解决几个问题：进一步提升出口退税申报的便利度，以便纳入一体化申报后不影响增值税申报的总体时间；解决原外贸企业出口退税中的风险问题，将关系明确可控的单票对应的免退法顺利过渡到内外销进项税额混合共用的免抵退离岸价计算法；

将部分特殊背景特殊原因遗留下来的特殊退税，明确操作方式；理顺出口免抵税额附加税机制，减轻企业负担。

（1）在进一步提升出口报关单传输效率的基础上，可以将出口报关单由申报式升级为类似进项发票在发票综合服务平台上的勾选模式，根据勾选情况，统计被勾选报关单的离岸价，并依据对应出口商品的退税率、监管方式等自动计算退税额；同时，自动清分存在不予退税监管方式、不予退税出口商品的报关单，将这部分报关单的信息自动计算至增值税申报表的销项及免税部分，从而完整实现出口退税申报及相关增值税申报的免填和预填，提升申报便利度。这也是短期内智慧电子税务局可以提前在免抵退纳税人申报中尝试和试点的内容。

（2）在建立健全以"信用+风险"为基础的新型监管机制的基础上，对出口企业及其供货企业（实际包含了所有出口企业及其供货企业）均实现精准性监管、全过程强智控。另外，结合目前双动支持和风险赋能等方面的研究成果和优势积累，可将其运用在出口退税管理上，体现风险管理的价值。当然，在彻底消除管理部门顾虑前，也可以设立过渡期，仍可以保留外贸企业采集进货明细表的功能，即充分利用增值税申报表的灵活性和可扩展性，以单独采集的方式，要求企业主动申报明确的进销关系。

（3）对于出口退税政策中规定的特殊退税及视同出口的部分，需以申请退税的主体为销售方（应税服务为提供方）还是购买方为标准进行区分。对于政策明确由销售方退税的，仍可以并入免抵退税，在增值税申报表一表实现。对其中无实际出口报关的视同出口部分，因无法勾选到真实信息的，可采取自行补录业务信息并标注特殊业务类型的方式申报。

但对于购买方退税的，由于这不是正常的销售行为引发的退税结果，而是针对特定购买行为的鼓励措施，无法按照销售额确定退税计算依据，其增值税链条在销售方销售并申报纳税后已经结束，只能按照购进的进项税额作为计税依据，因此需保留为免退税方法且不能纳入增值税申报表进行操作。特别是个别情形下，购买方凭增值税普通发票也可退税，更会对进项税额的规则造成破坏。因此，如研发机构采购国产设备（专票普票都有）、特殊区域水电气退税、横琴平潭退税、境外旅客离境退税（普通发票）等，可继续单独申报，不纳入体系。且由于这部分业务体量较小，且其实质不是出口，未来可直接作为增值税优惠事项管理。

（4）对于消费税退税，对外贸企业及生产企业视同自产部分购进的应税消费品，将消费税专用缴款书（后续为完税凭证）、消费税代扣代收税款凭证、海关进口消费税专用缴款书同样纳入勾选管理，当进行增值税一表申报时，自动关联预填消费税的退税申报附表（此表目前没有，仅在出口退税环节体现消费税退税情况），实现消费税退税回归消费税申报。

（5）对于免抵税额的附加部分，应积极争取不再征收。首先，根据《中华人民共和国城市维护建设税法》，文中并未明确需对免抵税征税，但各地已在测算免抵税额（包括零税率应税服务产生的免抵税额），如确定开征，则对原先不产生免抵税额的外贸企业转为免抵退税产生一定负面影响，建议尽快明确，积极争取不开征或给出一定幅度的优惠。其次，从留抵退税的相关规定来看，《关于增值税期末留抵退税有关城市维护建设税 教育费附加和地方教育附加政策的通知》（财税〔2018〕80号）就明确了："对实行增值税期末留抵退税的纳税人，允许其从城市维护建设税、教育费附加和地方教育附加的计税（征）依据中扣除退还的增值税税额。”即因退还留抵而造成后续多缴增值税部分的附加是免除的。那么，同样是退还留抵的出口退税政策去参照适用也是有政策理论依据的，是同理的。

（三）更进一步——机制梳理

1. 特殊退税机制问题

出口退税兑付的资金压力及异常增长一直以来都是困扰出口退税提质增速的绊脚石。其中，对于农产品及其后续加工物的退税历来是出口骗税的重灾区，特别是2020年3月再次提升出口退税率后，目前的出口退税率文库中已无征退税率差。即政策初衷是为弥补增值税链条缺陷、解决农产品销售企业税负问题而虚拟产生的农产品进项税额，根据现有的出口退税率文库已实现了全额退税。这些在全链条中未负担的增值税，在出口退税环节由国家负担而退税。这些使财政负担不断增加而实际形成的隐形补贴，在贸易摩擦和争端中易落人口实。

同时，近年来随着国家政策向扶持软件、芯片、资源综合利用、环境保护等产业的倾斜，利用软件产品、资源综合利用产品即征即退后续产品的增加退税额的现象也开始逐渐冒头，其中尤以软件产品更为突出。政策上来说，根据财税〔2012〕39号，适用增值税免税政策的出口货物劳务中包含了软件产品，但范围较为狭隘：“具体范围是指海关税则号前四位为‘9803’的货物。”逻辑上可以推导出，软件产品正是因其上游已享受即征即退，故出口不再退税。但实际操作中，往往将软件产品经过一番包装，从最初级的在报关环节包装成为光盘（海关商品码85234920）逐步演化为任何带有芯片和主板的物品（以嵌入式软件的名义成为了产品的一部分），但究其实质（先不论上游的即征即退软件产品是否真实），其出口商品的出口价格中包括了软件，其进货成本中包括了软件成本，唯独未足额负担增值税。因此，其实质类似于农产品，超税负后即征即退部分的增值税，最终由国家在出口环节再一次负担了退税。

此处采用简单预估的方式，对农产品的虚拟进项税额在出口退税环节的占比进行了最简略的估算：根据2020年海关总署公布的出口情况（按商品编码章节），将出口商品对应到国家统计局的行业大类中；再根据中国统计年鉴中的投入产出完全消耗系数表（2017年），可以计算出各行业产品对农产品的完全消耗情况，代入出口情况统计表，可推导出按完全耗用的投入产出情况。各行业产品对农产品的完全消耗情况如表7－1所示。

表7－1 各行业产品对农产品的完全消耗情况

类章	1～12月累计出口（万元）	对应行业	农产品完全消耗系数	估算耗用农产品（万元）
总值	1793263552			
第一类 活动物；动物产品	9989297	农林牧渔	22.40%	2237603
第二类 植物产品	19076151	农林牧渔	22.40%	4273058
第三类 动、植物油、脂及其分解产品；精制的食用油脂；动、植物蜡	1001542	农林牧渔	22.40%	224345
第四类 食品；饮料、酒及醋；烟草、烟草及烟草代用品的制品	21533125	食品和烟草	57.22%	12321254

续表

类章	1～12月累计出口（万元）	对应行业	农产品完全消耗系数	估算耗用农产品（万元）
第五类　矿产品	25810723	非金属矿物制品	3.33%	859497
第六类　化学工业及其相关工业的产品	95268062	炼油炼焦和化学产品	9.14%	8707501
第七类　塑料及其制品；橡胶及其制品	82323670	炼油炼焦和化学产品	9.14%	7524383
第八类　生皮、皮革、毛皮及其制品；鞍具及挽具；旅行用品、手提包及类似品；动物肠线（蚕胶丝除外）制品	18399666	纺织服装鞋及皮革羽绒制品	26.23%	4826232
第九类　木及木制品；木炭；软木及软木制品；稻草、秸秆、针茅或其他编结材料制品；篮筐及柳条编结品	10548062	木材加工家具造纸印刷及文教工美用品	16.24%	1713005
第十类　木浆及其他纤维状纤维素浆；纸及纸板的废碎品；纸、纸板及其制品	16979266	木材加工家具造纸印刷及文教工美用品	16.24%	2757433
第十一类　纺织原料及纺织制品	194908116	纺织服装鞋及皮革羽绒制品	26.23%	51124399
第十二类　鞋、帽、伞、杖、鞭及其零件；已加工的羽毛及其制品；人造花；人发制品	36737589	纺织服装鞋及皮革羽绒制品	26.23%	9636270
第十三类　石料、石膏、水泥、石棉、云母及类似材料的制品；陶瓷产品；玻璃及其制品	38790811	其他各类制造产品	5.28%	2048155
第十四类　天然或养殖珍珠、宝石或半宝石、贵金属、包贵金属及其制品；仿首饰；硬币	12683822	其他各类制造产品	5.28%	669706
第十五类　贱金属及其制品	122069330	金属冶炼加工及制品	3.15%	3845184
第十六类　机器、机械器具、电气设备及其零件；录音机及放声机、电视图像、声音的录制和重放设备及其零件、附件	795706942	机械设备交通运输设备电子电器及其他设备	3.53%	28088455
第十七类　车辆、航空器、船舶及有关运输设备	76263474	机械设备交通运输设备电子电器及其他设备	3.53%	2692101
第十八类　光学、照相、电影、计量、检验、医疗或外科用仪器及设备、精密仪器及设备；钟表；乐器；上述物品的零件、附件	59377481	机械设备交通运输设备电子电器及其他设备	3.53%	2096025

续表

类章	1~12 月累计出口（万元）	对应行业	农产品完全消耗系数	估算耗用农产品（万元）
第十九类　武器、弹药及其零件、附件	127951	其他各类制造产品	5.28%	6756
第二十类　杂项制品	137947360			
94 章 家具；寝具、褥垫、弹簧床垫、软坐垫及类似的填充制品；未列名灯具及照明装置；发光标志、发光名牌及类似品；活动房屋	75666276	木材加工家具造纸印刷及文教工美用品	16.24%	12288203
95 章 玩具、游戏品、运动用品及其零件、附件	49492676	其他各类制造产品	5.28%	2613213
96 章 杂项制品	12788408	其他各类制造产品	5.28%	675228
第二十一类　艺术品、收藏品及古物	475987	其他各类制造产品	5.28%	25132
第二十二类　特殊交易品及未分类商品	17245055	其他各类制造产品	5.28%	910539

具体情况为，2020 年全部出口商品约耗用了 16216 亿元农产品，占 179326 亿元出口总额的近 10%。因此，可粗略估算在 2020 年全国办理 14549 亿元（其中退税 1 万亿元，剩余为免抵）的出口退税中，农产品进项税额约占 10%，可能涉及的退税额达 1000 亿元（此方法未考虑零税率应税服务出口的退税，将全部退税额假定为商品货物带来的退税）。

由此可见，农产品虚拟进项税额对增值税抵扣退税正常链条的影响，实质上增加了财政支出的负担，在一定程度上突破了“以不含税价格参与国际竞争”的本意，形成了财政支出补贴外国消费者的局面。

因此，在现有的技术条件下，建议可以结合发票电子化，对发票开票理念和系统进一步创新升级，在设计时要求购入农产品及即征即退产品的企业，在后续内销时在开票环节进行标记：是否使用、使用了多少已勾选抵扣的农产品及即征即退进项税额，选中使用了多少则在增值税申报环节可以真实抵扣多少，如未标记的则在申报环节不予抵扣。如按此标记后，则全环节中的农产品、软件产品即征即退进销得以准确计量（不排除开票环节的纳税人对相应进项税额的使用标记分配的不准确，但总量已可知可控，并不断向下游传递。后续也可进一步通过对开票商品编码设定规则，缩小可使用相应进项发票的商品范围，提高标记和分配的准确率）。如此，通过技术手段的简单升级即可实现农产品和即征即退进项税额在开票内销的环节可以计算抵扣（同时也可以部分解决免税销售农产品时，对应进项税额转出的问题）并向下游传递，但在最终的出口环节免抵退税计算时，这部分进项税额原则上可控制其不允许不参与免抵退的计算（同样还可以应用到留抵退税对于进项税额构成比例的管理中）。

由于农产出口一直是大国博弈的重要砝码，虽从原则上对虚拟产生的进项税额应该不予退税，但对于需扶持的特定农业产品或确需增强出口竞争力的特定产品，仍可以通过出口退税率文库增加特殊标志的方式，允许特定商品在出口退税计算时，可使用农产品进项税额参与免抵退计算。将原先普适性的增值税链条漏洞，通过政策和征管手段的调整，形成更为科学和精准的支持方式。

2. 优化财政负担兑付

自 2015 年国务院印发《关于完善出口退税负担机制有关问题的通知》（国发〔2015〕10 号）起，出口退税由中央财政 100% 负担，但实际退付过程中，仍需财政部将退税计划拨付至各地，再由各地在计划指标内审核退税。指标分配的不及时、提前框定计划额度的方式，往往造成退税不及时、不充分。

建议在测算财政可负担的基础上，取消计划限制，实报实退；在远期决策难以落地实现前，也可以通过技术手段，根据留抵情况、出口情况实现计划指标的实时动态预测和计算，并自动动态调整各地区间的指标分配，提升指标管理的及时性和准确性。

四、征退税一体化技术路径建议

要保障征退税一体化政策目标和征管体制的实现，也离不开对技术实现路径的思考。依托于技术实现的执法规范性、征收成本、效率及公众的满意度，都是需要充分考虑的问题。尤其是要提高征管效率和质量，一方面需要通过技术手段降低征管难度，降低征管成本，提高征管效率；另一方面还要做到系统控制公平公正且方便易用，增加纳税人满意度和获得感。因此，快速完整地取得全链条数据、构建符合未来数字化管税需要的应用系统即为关键路径。

（一）数据角度

1. 数据传递：合适就好

基于出口退税申报频率有限（主要是因为增值税申报存在月结的特点）、准备时间较长较多的特点，当前海关部门 T+1（理论上）同步全量出口报关单信息、加工贸易进出口报关单信息、加工贸易手账册核销信息给税务部门的模式，在时效性上进行技术换代升级的必要性和迫切性不强，现实应用中基本没有小于 T+1 的使用需求；且近年来建立出口报关单传输对账和补偿机制后，数据完整性的问题也基本得到解决；数据是由海关完成进出口报关全流程后发送给税务部门，也基本没有数据安全性、被篡改伪造的风险（所谓的假出口、买单卖单是海关进出口报关过程中的风险）。当前数据传输的堵点和痛点，在于税务部门内部对报关单信息的清分下发机制和通道不畅，以及海关内部系统问题导致的加工贸易进出口报关单难以归集传递的问题。

因此，从改造的成本和时间角度出发，只要能够解决现有的堵点和难点，即可满足政策和征管的需求。但是如果从对未来场景、未来体系框架、技术平台提前预判的角度出发，采用更先进的云技术或区块链技术来完善数据交换传递的体制机制，也是值得进行考量的方案。未来的税务管理体系不再是各税种各部门的一亩三分地，在万物皆数据、行为皆关联的数字化税务时代，考虑与其他税种、其他业务、其他部门的互通互联和实时传递也很重要。比如《关于进一步深化税收征管改革的意见》明确提出，要探索区块链技术在社会保险费征收、房地产交易和不动产登记等方面的应用。因此，技术选型也需要综合考虑和规划，至少要预留升级的空间或接口。

2. 数据采集：越多越好

出口退税过程中，由于货物需要跨越关境国境，因此完整的过程链条比较长。按照现行文件要求，企业办理出口退税后需要备案的单证有：（1）外贸企业购货合同、生产企业收购非自产货物出口的购货合同，包括一笔购销合同下签订的补充合同等；（2）出口货物装货单（SHIPPING ORDER）；（3）出口货物运输单据（包括：海运提单、航空运单、铁路运单、货物承运单据、邮政收据等承运人出具的货物单据，以及出口企业承付运费的国内运输单证）。同时，根据海关无纸化通关的相关规定，企业在办理通关时，需要向海关提交委托报关协议、出口发票、装箱单（Packing List）、提运单、出口合同等。

但目前这些信息，有的保留在企业处备案（或没有按规定备案），有的提交在海关（或未提交真实的数据），还有委托货代合同、委托订舱协议、订舱单等货代环节相关单据并没有被采集。整个业务链条过程中的数据没有被一个部门完整掌握，甚至没有被完整采集，既缺乏相互印证和核实，也对了解行业运行情况、分析企业经营情况、防范和打击出口骗税、骗汇等工作带来了诸多不便。

因此，将各部门掌握的信息进行整合汇总，且越多越好，以使信息形成链路，既避免纳税人重复提交、简化出口通关和退税的手续，又可使数据相互校验印证，提升对业务真实性的把控。同时，探索多部门各行业建立行业数据规范，将订舱货代等信息格式化，弥补出口交易全链条数据的缺失环节。

（二）系统角度

1. 风险管理：越准越好

风险管理的精准性和及时性，是《关于进一步深化税收征管改革的意见》中“税务监管精准性上取得重要进展”的重要应用场景，更是将免退税计算方式合并为免抵退的重要前提。

因此，双动体系、风险赋能中心等产品和服务将成为税务部门在事前、事中、事后全环节应对风险的重要手段和工具。除了在“虚开风险动态识别”“虚开风险群治”“按需用票”等场景下的支撑作用外，针对出口退税及其上游供货的风险应对，也必将成为风险管理类产品的重点应用场景。除此之外，上文所述的对政策漏洞类风险的评估和测算，以及之后针对于此的风险补丁和系统优化，也是通过解决方案和数据服务来推动风险管理的重要组成部分；后续还包括政策执行到位情况、政策变化效应分析情况等内部执行风险监控。因此，需要完整构建从政策风险到征管风险到执行落地风险的全方位全链条风险监控体系，形成风控和内控的保障和基础，才能有效消除局方顾虑，推动决策层下定决心跨出政策变革的步伐。

2. 便捷程度：越快越好

根据优化营商环境和税费治理质效的要求，全面推进税收征管数字化升级和智能化改造，未来的申报模式需要实现信息系统自动提取数据、自动计算税额、自动预填申报，最后由纳税人缴费人确认或补正。因此，在最大限度地提升办理各涉税事项的便捷性、压缩税企双方的办理时间，也正是增值税征退税一体化的目标，同时也是其优势。为了更好发挥这种一表申报的天然优势，除了上文提到的进一步提升出口报关单传输效率、实现出口报关单勾选模式、完成增值税申报表预填外，还可以进一步升级配套“无疑点自动推送”“自动反馈税务事项通知书”“指标充足自动办结”“增值税申报表相关疑点自动更正”等功能，通过提升申报系统（电子税务局）的智慧性和便捷性，使出口退税申报真正融入增值税申报中。

（三）路径初探

由于完整的增值税征退税一体化方案需要政策和征管层面配合，进一步深化增值税改革且需较大幅度的调整和变革，改革的时间和路径均存在不确定性，因此近期可实践和探索的路径主要有以下两个。

1. 开展相关测算

对农产品和即征即退形成的进项税额在出口退税环节退税的测算是发挥数据优势、算法优势、算力优势的契机，既可以将测算作为经济分析和数据分析服务进行产品化，形成对某一税种、某一行业甚至某一特定行为的税收经济数据分析的特色服务，丰富数据指标体系和数据分析维度。同时，也可以将其中发现的涉嫌违法违规风险点纳入双动体系，但最重要的还是将测算结果中发现的风险和不合理因素进行客观展现，以数据作为推动改革的敲门砖。

2. 纳入智税建设

现行政策明确，生产企业出口自产货物和视同自产货物及对外提供加工修理修配劳务，以及列名生产企业出口非自产货物适用免抵退税计税方法。在未来以免抵退作为征退税一体化改革方向的情况下，意味着目前就可以将该部分出口退税事项与增值税申报表进行“合并”尝试。结合正在打造的“智慧电子税务局”项目，可以在个别试点的地区，尝试率先将出口退税免抵退申报与增值税申报（在形式上）纳入一体化申报，在实际免抵退申报表、增值税申报表以及出口退税申报方式没有改变的情况下，通过智慧电子税务局在纳税人端提供相应功能后，形成形式上的一体化申报，将原先纳税人的分别填报、分别申报，优化减并为一次申报完成两个事项，在营商环境涉税指标的纳税次数和纳税时间 2 个指标上实现提升。

具体思路和路径：一是准备数据。从核心征管出口退税模块中，取得未申报及未申报完毕的出口报关单数据、进料加工分配率数据、上期汇总表数据、前期解除风险数据。二是将申报时间变成申报准备时间。将取得的纳税人报关单数据通过电子税务局中新建的功能再提供给纳税人进行勾选和补充录入（此工作作为纳税准备），通过已勾选的报关单数据结合取得进料加工分配率数据直接生成新版的《生产企业出口货物免抵退税申报明细表》。三是完成征退一体化申报。当企业完成《增值税纳税申报表（一般纳税人适用）》的填报，提交发送时，采集其中期末留抵税额、不得免征和抵扣税额进项转出额、免抵退销售额等字段，结合上期汇总表数据即前期解除风险数据，直接生成新版《免抵退税申报汇总表》，在增值税申报表提交进入核心征管后，完整形成免抵退税申报数据，进入核心出口退税模块进项税额自检审核。四是处理阻断类疑点。对于阻断类自检审核结果的处理。由于出口报关单信息本身就是取自出口退税模块，纳税人勾选后再出现阻断类信息错误的概率非常小，若出现明细记录错误则直接更正删除该记录。对于较易出现的增值税申报表与免抵退税汇总表之间的校验错误，对此可直接撤回并更正增值税申报表，并交纳税人确认后重新报送（避免了以往 2 个申报时间差过大，导致种种因素下增值税申报表无法撤回的问题）。五是应对非阻断类疑点。对于疑点类非阻断的自检审核结果，维持原路径，将2个申报分离：完成增值税纳税申报；并向纳税人反馈这部分疑点，确认可申报可解释后，再次提交出口退税申报，由审核人员开展审核。同时，相关出口类风险疑点，在勾选环节已可提醒纳税人提前做好相关解释说明工作，在勾选完成后，可将解释说明一并提交，减少出现申报分离的情况，缩短等待时间和环节。六是力争实现部分流程全办结。对于申报企业的分类管理级别较高、自检审核无疑点且免抵退金额较小的流程，在现有出口退税电子税务局规范可自动受理、直达审核环节的基础上，继续向后自动办理，直接完成审批和核准——退税计划比较充足也是前提，岗责中税额核准的作用是就出口退（免）税计划内进行核准。流程办结后，结合目前智慧电子税务局正在推进的退抵税费自动办结项目，将应退税额完成自动退税；如试点地区为免抵额开征附加税费的地区，还需自动完成已核准免抵税额的城建税、教育费附加、地方教育费附加等附加税费的申报及征收扣款，实现及时办、全程办。通过形式上对免抵退业务实现征退税一体化申报，不仅是对智慧电子税务局的功能提升，也是提前对未来改革成果的一次预演和展示。

总而言之，增值税作为我国的第一大税种，在“十四五”期间势必将继续推进改革，目标就是推动建立税率单一、调节消费和体现中性的现代增值税制度。同时，深化税收征管制度改革、建设“智慧税务”、推动税收征管现代化，既是未来征管模式的方向，更是继续改善纳税服务的要求、优化营商环境的要求、进一步提高税收领域国家治理能力的内在要求。

第三部分

构建数智税费服务新体系

8. 构建以数据驱动的税务与政务一体化

数字化是大势所趋，政务服务一体化是数字政府的必由之路。税收业务作为政务服务的重要内容，其融入政务服务一体化是必然要求。

一、政务服务相关概念

（一）政务服务的概念

1. 行政权力事项

（1）一般概念。

行政权力事项，是指依据法律、法规、规章、规范性文件和部门职责分工的规定，由法定行政机关或者组织实施，对公民、法人或者其他组织的权利义务产生直接影响的具体行政行为。根据实施对象的不同，广义的行政权力事项包括外部权力事项和内部管理事项。

一般而言，行政权力包括：

行政立法权，行政机关制定和发布一般性行政法律规范的权力。

行政决策权，行政机关依法对重大行政管理事项制定计划、作出决定的权力。行政决策是行政活动的基本内容，贯穿于行政活动的整个过程。

行政决定权，行政机关依法对行政管理中的具体事项进行处理的权力，包括：行政许可权、行政征收权、行政确认权、行政奖励权、行政合同权等。

行政命令权，行政机关在行政管理过程中，通过作出行政决定，依法要求被管理对象作出某种行为或不作出某种行为的权力，主要包括：通告、通令、布告、规定、决定、命令等。

行政执行权，行政机关根据有关法律、法规的规定或者有关上级部门的决定、命令等，具体执行行政事务的权力。

行政处罚权（行政制裁权），行政机关在行政管理过程中，为了维护公共利益和社会秩序，保护社会公众的合法权益，对其所管辖范围内的被管理对象违反有关法律规范的行为，依法给予处罚等法律制裁的权力，包括：申诫罚、财产罚、行为罚、人身罚等。

行政强制执行权，行政机关在行政管理过程中，对不依法履行义务的被管理对象采取法定的强制措施，以促使其履行法定义务的权力，包括：强制划拨、强制拆除、强制检查、执行罚等。

行政司法权，行政机关作为第三方裁决争议、处理纠纷的权力。

行政监督检查权，为保证行政管理目标的实现，对其管辖范围内的被管理对象遵守及执行相关法律、法规，履行义务的情况进行监督和检查的权力，方式包括：检查、审查、审计、检验、查验、鉴定勘验等。

（2）特定概念。

《全国一体化政务服务平台政务服务事项基本目录及实施清单第 1 部分：编码要求》（GB-T-39554. 1-2020，以下简称《GB-T-39554. 1-2020》）对行政权力事项的定义是，由法定行政机关或组织实施的对自然人、法人和其他组织权力义务产生直接影响的具体行政行为，可分为依职权办理的行政权力事项和依申请办理的行政权力事项。

《国家政务服务平台政务服务事项基本目录及实施清单第 1 部分：编码要求》（C0109. 1-2018，以下简称《C0109. 1-2018》）对行政权力事项的定义是，依据法律、法规、规章、规范性文件和部门职责分工的规定，由法定行政机关或组织实施的对自然人、法人和其他组织权力义务产生直接影响的具体行政行为。

2. 公共服务事项

（1）一般概念。

公共服务事项，是由法律、法规、规章或者行政机关的规范性文件设定，是相关部门必须有效履行的义务。

（2）特定概念。

《GB-T-39554. 1-2020》对公共服务事项的定义是由政府各部门面向自然人、法人和其他组织，除行政权力事项之外办理的授益性事项。

授益性行政行为是指行政机关为行政相对人设定权利或者免除义务的行为，包括行政许可、行政给付等。

负担性行政行为，一般是要求行政相对人负担一定的义务或者对其权利进行限制，如命令、禁令和受益性行为的撤回或撤销。

《C0109. 1-2018》对公共服务事项的定义是由政府各部门面向自然人、法人和其他组织，除行政权力事项之外办理的授益性事项。

3. 政务服务事项

（1）一般概念。

政务服务（政府业务服务）是指各级政府、各相关部门及事业单位，根据法律法规，为社会团体、企事业单位和个人提供的许可、确认、裁决、奖励、处罚等行政服务。政务服务事项包括行政权力事项和公共服务事项。政务服务的对象主要是公民和组织。

（2）特定概念。

《GB-T-39554. 1-2020》对政务服务事项的定义是政府部门及其授权或委托的其他组织行使依申请办理的行政权力和公共服务事项过程中提供的服务事项。

范围是依申请办理的行政权力事项和公共服务事项。

《C0109. 1-2018》将行政权力事项与公共服务事项合称为政务服务事项。

范围是行政权力事项与公共服务事项的合集。

4. 总结

根据《GB-T-39554. 1-2020》，政务服务事项的范围局限于依申请办理的行政权力事项和公共服务事项，且公共服务事项仅指除行政权力事项之外办理的授益性事项，即：在编制全国一体化政务服务平台政务服务事项基本目录及实施清单中，仅限于依申请办理的行政权力事项和公共服务事项，且公共服务事项仅指除行政权力事项之外办理的授益性事项。

（二）政务服务基本目录

国家基本目录，国务院部门依据国家法律、行政法规、部门规章及政策编制的政务服务事项的基本目录。

地方基本目录，国家法律、行政法规、部门规章及政策未设定的，地方通过地方性法规、自治条例、单行条例或地方政府规章创设的政务服务事项的基本目录。

基本属性要素，包括事项名称、事项类型、基本编码、设定依据、行使层级等。

实施清单，由政务服务实施主体依据“三定”规定确定的职责分工，对基本目录中实施的政务服务事项进行细化完善形成的清单。

（三）事项分类①

1. 行政许可

概念：行政许可，是指行政机关根据公民、法人或者其他组织的申请，经依法审查，准予其从事特定活动的行为。

特征：在法律一般禁止的情况下，行政主体根据行政相对方的申请，通过颁发许可证或执照等形式，依法赋予特定的行政相对方从事某种活动或实施某种行为的权利或资格的行政行为。

《国务院关于加快推进政务服务标准化规范化便利化的指导意见》（国发〔2022〕5 号，以下简称“国发〔2022〕5 号”）列入政务服务事项范围。

2. 行政处罚

概念：行政处罚，是指行政机关依法对违反行政管理秩序的公民、法人或者其他组织，以减损权益或者增加义务的方式予以惩戒的行为。

包括：人身自由罚、声誉罚（申诫罚、精神罚）、财产罚、行为罚等。

国发〔2022〕5 号未列入政务服务事项范围。

3. 行政强制

概念：行政强制，是指行政机关为了实现行政目的，依据法定职权和程序做出的对相对人的人身、财产和行为采取的强制性措施。

包括：(1) 限制公民人身自由；(2) 查封场所、设施或者财物；(3) 扣押财物；(4) 冻结存款、汇款；(5) 其他行政强制措施。

国发〔2022〕5 号未列入政务服务事项范围。

4. 行政征收

概念：行政征收，是指行政主体凭借国家行政权，根据国家和社会公共利益的需要，依法向行政相对人强制性征集一定数额金钱和实物的行政行为。

包括：税和费。

国发〔2022〕5 号未列入政务服务事项范围。

---

① 全国一体化政务服务平台政务服务事项基本目录及实施清单第 1 部分：编码要求（GB-T-39554.1-2020）. 中国标准出版社 . 2020 年 11 月 .

5. 行政给付

概念：行政给付一般是指行政主体依照有关法律、法规，向符合条件的申请人提供物质利益或者赋予其与物质利益有关的权益的具体行政行为。

包括：抚恤金，特定人员离退休金，社会救济福利金，自然灾害救济金及救济物资。

国发〔2022〕5 号列入政务服务事项范围。

6. 行政检查

概念：行政检查，是指行政主体依法定职权，对行政管理相对人遵守法律、法规、规章，执行行政命令、决定的情况进行检查、了解、监督的行政行为。

包括：检查，如根据人民警察法可进行的当场盘问、检查；鉴定，如根据种子法可进行的种子质量优劣鉴定；登记，如按居民身份证管理条例的暂住登记；其他非行政许可的登记等。

国发〔2022〕5 号未列入政务服务事项范围。

7. 行政确认

概念：行政确认，是指行政主体依法对行政相对人的法律地位、法律关系或有关法律事实进行甄别，给予确定、认定、证明（或证伪）并予以宣告的具体行政行为。行政许可与行政确认通常是同一行政行为的两个步骤，一般是确认在前，许可在后；确认是许可的前提，许可是确认的结果。

包括：确定、认可、证明、登记、批准、鉴证、行政鉴定。

国发〔2022〕5 号列入政务服务事项范围。

8. 行政奖励

概念：行政奖励，是指行政主体为了表彰先进、激励后进，充分调动和激发人们的积极性和创造性，依照法定条件和程序，对为国家、人民和社会做出突出贡献或者模范地遵纪守法的行政相对人，给予物质的或精神的奖励的具体行政行为。

包括：物质奖励、精神奖励。

国发〔2022〕5 号列入政务服务事项范围。

9. 行政裁决

概念：行政裁决，是指行政主体依照法律授权和法定程序，对当事人之间发生的与行政管理活动密切相关的、与合同无关的特定民事、经济纠纷进行裁决的具体行政行为。行政裁决又称为行政司法。

包括：侵权纠纷、补偿纠纷、损害赔偿纠纷、权属纠纷。

国发〔2022〕5 号未列入政务服务事项范围。

10. 其他类别事项

其他行政权力事项。

国发〔2022〕5 号列入政务服务事项范围。

11. 公共服务

概念：由政府各部门面向自然人、法人和其他组织，除行政权力事项之外办理的授益性事项。

包括：基础公共服务、经济公共服务、公共安全服务、社会公共服务。

国发〔2022〕5 号列入政务服务事项范围。

（四）税务事项目录和清单

目前，尚没有见到全国统一的关于税务业务的政务服务事项清单版本，各地版本不尽一致，只能参考。差异主要表现在除了许可、强制等明确事项之外的公共服务等内容上。

说明纳入政务一体化最基本的工作尚未完全规范，有待于全国统一，1 标准 + N 特色的方式比较合理。

可以以征管法、征管规范、纳服规范为基础，梳理形成覆盖全国四级税务机关的政务服务事项清单。

对于具体流程事项的优化并无太大影响，只是一个定义的问题。

税收业务按照政务服务标准化进行梳理，是税收业务理论与实践归纳的重要内容。对照政务服务标准，主要类型划分为外部权力事项和内部管理事项。

与目前的业务实践关系不大，但属于基础性研究，对长远的业务规划和设计具有一定影响。

业务转型升级的基本顺序是“电子化 - 网络化 - 移动化 - 虚拟化”，其对应的原理是“手工替代 - 流程规范 - 定位到人 - 完整生态”，就是一个将线下业务持续向虚拟世界转换的过程。

税收业务的核心是征收，其有自身特点和要求。不同的业务类型，其虚拟化的方法和途径不一样，融入政务一体化的方法也就不一样。概念上还有许多争议和模糊。总体上是服务向前端，监管向后端发展；都更加注重精准与个性化、人性化。

二、政务一体化

（一）基本概念

政务一体化的基本概念主要来源于《国务院关于加快推进全国一体化在线政务服务平台建设的指导意见》（国发〔2018〕27 号）。

1. 目标

加快建设全国一体化在线政务服务平台，推进各地区各部门政务服务平台规范化、标准化、集约化建设和互联互通，形成全国政务服务“一张网”。政务服务流程不断优化，全过程留痕、全流程监管，政务服务数据资源有效汇聚、充分共享，大数据服务能力显著增强。政务服务线上线下融合互通，跨地区、跨部门、跨层级协同办理，全城通办、就近能办、异地可办，服务效能大幅提升，全面实现全国“一网通办”，为持续推进“放管服”改革、推动政府治理现代化提供强有力支撑。

2022 年年底前，以国家政务服务平台为总枢纽的全国一体化在线政务服务平台更加完善，全国范围内政务服务事项基本做到标准统一、整体联动、业务协同，除法律法规另有规定或涉及国家秘密等外，政务服务事项全部纳入平台办理，全面实现“一网通办”。

2. 架构

架构包括国家政务服务平台、国务院有关部门政务服务平台（业务办理系统）和各地区政务服务平台。

其中，国家政务服务平台，既是统一政务服务门户、统一政务服务事项管理、统一身份认证、统一电子印章、统一电子证照等公共支撑系统；又是电子监察、服务评估、咨询投诉、用户体验监测等应用系统；还是政务服务平台建设管理的标准规范体系、安全保障体系和运营管理体系。

3. 主要内容

推进政务服务一体化，推动实现政务服务事项全国标准统一、全流程网上办理方面：规范政务服务事项，优化政务服务流程，融合线上线下服务，推广移动政务服务。

推进公共支撑一体化，促进政务服务跨地区、跨部门、跨层级数据共享和业务协同方面：统一网络支撑，统一身份认证，统一电子印章，统一电子证照，统一数据共享。

推进综合保障一体化，确保平台运行安全平稳规范方面：健全标准规范，加强安全保障，完善运营管理，强化咨询投诉，加强评估评价。

（二）各地规划主要内容

在各地的规划中，主要内容包括：

1. 支撑

身份认证，电子印章，电子证照（清单），公共支付，电子档案。

2. 基础数据库

人口，法人，空间地理，电子证照，社会信用，宏观经济。

3. 业务流程的环节要素

咨询，申请，受理，审查，决定，制证，送达，收费。

4. 业务视角要素

服务对象，主题分类，受理条件，数量限制，审批结果类型，审批结果名称，法定办结时限，收费情况，特别程序，中介服务。

5. 空间视角特征

跨部门，跨系统，跨层级，跨区域。

6. 流程环节视角特征

受办分理：打破部门、层级、区域限制。

融合方式：串联，并联，集成。

7. 服务提供视角特征

政务服务整体联动，全程在线，线上线下一个办事指南，一套业务流程，一个办事标准，数据同源，服务同源，功能互补，无缝衔接。

（三）对国发〔2022〕5号的理解

国发〔2022〕5号是政务服务标准化规范化便利化的综合要求与方向。

1. 事项分类

政务服务事项包括依申请办理的行政权力事项和公共服务事项。

行政权力事项包括行政许可、行政确认（是要式行政行为和羁束行政行为）、行政裁决、行政给付、行政奖励、行政备案及其他行政权力事项。公共教育、劳动就业、社会保险、医疗卫生、养老服务、社会服务、住房保障、文化体育、残疾人服务等领域依申请办理的公共服务事项全部纳入政务服务事项范围。

行政权力事项包括行政备案和税务备案。

备案，是指向主管机关报告事由存案以备查考。

行政备案事项在《GB–T–39554.1–2020》中并未单独列入。

目前，在我国尚未形成关于行政备案明确统一的法律概念。实际工作中，由于种种原因造成行政备案过多过滥，与行政许可的关系不清，有关法律文件层级较低，程序不统一等诸多问题。

《电子税务局规范（2020）》中列举的税务备案事项主要有：货运小规模纳税人异地代开专票备案，免税品经营企业销售货物退税备案，电子发票服务平台初始备案，电子发票服务平台备案信息变更，财务会计制度备案，企业所得税汇总纳税总分机构信息备案，境内机构和个人发包工程作业或劳务项目备案，农产品增值税进项税额扣除标准备案，非居民企业股权转让适用特殊性税务处理的备案，税收减免备案，服务贸易等项目对外支付税务备案，作废服务贸易等项目对外支付税务备案，出口退（免）税备案，出口退（免）税备案变更，出口退（免）税备案撤回，生产企业委托代办退税情况备案及变更，生产企业委托代办退税情况备案撤回，外贸综合服务纳税人代办退税情况备案及变更，集团公司成员纳税人备案及变更，边贸代理出口备案，进料加工计划分配率备案共21项。

2. 事项清单

政务服务事项实施清单标准化。基本要素“四级四同”：名称、编码、依据、类型。

其他全国统一要素：受理条件、服务对象、办理流程、申请材料、法定办结时限、办理结果。

3. 窗口设置

规范政务服务窗口设置：综合办事窗口，帮办代办窗口，“跨省通办”“省内通办”窗口，“办不成事”反映窗口。

4. 网上办事

规范网上办事服务，统筹网上办事入口：“一次注册、多点互认、全网通行”，适老化、无障碍改造，统一的政务服务平台移动端。

规范网上办事指引：规范在线咨询、引导服务，创新在线导办帮办、智能客服，“一看就能懂、一点就能办”。

提升网上办事深度：全流程、全环节网上服务，由网上可办向全程网办、好办易办转变。

5. 线上线下融合

同源发布、同步更新，无差别受理、同标准办理。

6. 评估评价

政务服务实施“好差评”（差必回访），自愿自主评价原则，政务服务督查考核机制，规范政务服务社会第三方评估。

7. 便利化

集成化：“一次告知、一表申请、一套材料、一窗（端）受理、一网办理”，如企业从设立到注销、个人从出生到身后的全生命周期，推动关联性强、办事需求量大、企业和群众获得感强的多个跨部门、跨层级政务服务事项集成化办理，提供主题式、套餐式服务。

“免证办”：电子证照在政务服务领域应用和全国互通互认，政府部门核发的材料一律免于提交。

“就近办”：便民服务中心（站），24 小时自助服务，如整合公安、税务、社会保障、医疗保障等自助服务功能，推动更多事项全程自助办理，实现政务服务“就近办、家门口办”。

“网上办、掌上办”：“应上尽上”，身份证电子证照、电子社保卡、电子驾驶证、电子行驶证、电子营业执照等高频电子证照在政务服务平台移动端汇聚。

承诺制和容缺受理：明确承诺，完善容缺受理服务机制。

智慧化精准化个性化：专属服务空间，“一企一档”，“一人一档”，“免申即享”，政务服务地图，“一码办事”，智能审批等。

便利服务：老年人、残疾人，水电气热、电信、公证、法律援助，延时错时服务等。

（四）“一件事”①

“一件事一次办”是政务服务改革中比较典型并推广落地的创新。“一件事”的梳理不是一次性的，而是需要长期的不断完善优化和更新。

1. 概念

群众和企业全生命周期“一件事”，从群众和企业需求出发，围绕个人出生到死亡、企业准入到退出两个“全生命周期”，由关联性强、办事需求大、办事频率高的多个单一事项整合形成多方协同的关联事项。

群众全生命周期包括出生、上学、就业、婚育、置业、救助、就医、退休、养老、身后等。

企业全生命周期包括企业开办、场地获得、员工招聘、生产经营、权益保护、清算注销等。

2. 主要内涵

“一件事”既可以是单独的“一件事情”，也可以是需到多个部门办理或多件相关的“事”“一揽子事”，经过梳理整合、流程再造后，变成企业、群众眼中或窗口统一办理的“一件事”；“一次办”是指一次告知、一次表单、一次联办、一次办好，线上一次登录、一网通办，线下只进一扇门、最多跑一次。“一件事一次办”改革将政务服务供给与公众需求有效对接，有力推进“放管服”改革、“互联网＋政务服务”、营商环境优化。

“一件事”的合并，从具体的事项办理角度，也是从时间、地点、流程及资料等方面对事项的整合。应该遵循科学合理的规则，如“全、简、顺”，不是简单化地加总，是归纳和细化的有机结合。在网络化情形下，已经突破传统的时间和空间局限，将业务集中到一个界面了，只要遵循正常的习惯和顺序，合理地布局功能和提示，单一事项（合理简并）顺序办理的效率和整合到一起的相差无几，甚至更为清晰。除非对事项内容有本质性的精简，不一定非要把很多的事项合并到一起，反而有可能增加办理的复杂性。线上和线下的区别只是操作者的不同，内容和程序应该是完全一致的。

---

① 群众和企业全生命周期“一件事”工作指南（DB33/T 2304-2021）. 浙江省市场监督管理局. 2021 年 2 月 5 日.

“一件事”的核心目标：一是灵活性，二是简洁性，三是便利性。核心或关键：第一，明确的事项清单；第二，业务流程重构，做到“一次告知、一表申请、一号排队、一窗受理、分类审批、一次踏勘、一套流转、统一出件、统一监督、统一评价”；第三，便利的信息系统支撑，客户端和后台衔接流畅。

对于“一件事”的事项清单需要实行动态管理，及时更新调整清单内容。从 2019 开始试点到 2022 近三年时间，浙江省仅颁布了一项“一件事”的服务规范，即《出生“一件事”联办服务规范》（DB33T 2429-2022），从一个侧面反映了对“一件事”的梳理规范完善需要较长时间的实践和时间。

3. 梳理方法

按照群众和企业实际办事需求，“一件事”事项清单可分为主项、子项、情形项三个层级。

例如，少数民族考生高考优待“一件事”按照“主项 + 子项 + 情形项”方式梳理为“上学 + 高考优待 + 少数民族考生”。主项为上学“一件事”，子项为高考优待“一件事”，情形项为少数民族考生高考优待“一件事”。

换个从场景的角度，可以理解为宏观场景、分类场景和具体应用场景。

从这个方法可以看出，“一件事”不是对事项的简单合并，而是首先根据生命周期规律性，将需要办理的事情具体到单个的情形，然后在这个情形下若干个单个办事事项间的逻辑关系、数据间的关联关系，明确每种情形下“一件事”涉及的单个办事事项，以及所涉及的责任主体和办理期限。

在不考虑与其他事项整合的情况下，按照这种主项、子项、情形项的梳理方法，税务业务的“一件事”将会非常多，就会形成若干对象的底层业务组合。

（五）税务情况

1. 目前主要做法

一是外部联办。主要是企业开业或注销等“一件事”，以及不动产登记（交易）“一件事”、车辆上牌“一件事”等。这些业务以其他部门扎口为主，税务在其中完成相应的业务事项办理。

二是内部整合。包括对事项和资料的整合，事项方面如新办套餐、发票套餐，税源信息报告组合如房地产一体化、财行税税源管理对相关性较强的事项组合联办；资料方面如一体联动申报、多税费种合并或联合申报等。

实现方式上除了办税服务厅加强综合办理之外，主要通过电子税务局等系统基本做到一网通办。

总体而言，税务事项融入群众或企业生命周期的“一件事”项目不多，在信息共享应用等方面也未能借助业务开展形成合理机制。

2. 可以采取的方法

配合政务服务做法。“一件事”不一定仅仅是合并，也可能是细化加整合。细化的是主体和条件等因素，整合的是流程和环节、资料等内容。将底层业务元素按照主体细化，为政务服务的“一件事”提供对应的环节内容。

根据税收业务的特征，构建可持续更新的税务政务“一件事”。也需要对税务业务进行更加精细的“业务元”构建，或者说是对税收业务作更加细化的场景分析。

要素包括，人物、时间、地点、起因（条件、事件）、过程（流程）、结果。

各要素的组合形成不同的场景，场景主要通过政策定义、时间、地点、办理条件、流程和粒度来展示。

以主体+适用的政策定义场景，更加多元。主体类型上区分为法人、自然人、非法人组织。法人又根据其属性分为不同行业，大企业和小微，区域性特点，符合享受特定税收优惠的条件，居民非居民等标签。不同属性有不同的特点和需求，如大企业更关心政策和规则的确定性及效率，小企业更关注优惠和便利。自然人，又可以分为居民和非居民，存在任职受雇、房产车辆、投资等多种关系等。非法人组织，包括个人独资企业、合伙企业、不具有法人资格的专业服务机构、其他非法人组织等。个人独资企业，指依照法律规定在中国境内设立，由一个自然人投资，财产为投资人个人所有，投资人以其个人财产对企业债务承担无限责任的经营实体。合伙企业分为普通合伙企业和有限合伙企业。普通合伙企业，是由普通合伙人组成，合伙人对合伙企业债务承担无限连带责任的组织。有限合伙企业，是由普通合伙人和有限合伙人组成的合伙企业。不具有法人资格的专业服务机构，是以专门知识和专门技能为客户提供有偿服务，并依法承担责任的普通合伙企业，主要是指律师事务所、会计师事务所等提供专业服务的企业。其他非法人组织，如依法登记领取我国营业执照的中外合作经营企业、外资企业以及经依法登记领取营业执照的乡镇企业、街道企业，符合民法典总则编关于非法人组织条件要求的企业。主体中的角色区分（尤其是法人）直接决定其本质特征和需求。即利益驱动，导致对业务的理解和要求存在差异。

时间、地点及办理条件，均可根据政策规定划分细化的场景。

办理流程则应按照适用性进行调用。

粒度方面，场景的业务目标不应过细。过细的场景，在描述与应用上都会带来不便，应该适当归类，再提供要素化的选择，以引导下一步的操作。

三、基本思路与方法

（一）税收业务特性

税收的本质是国家为满足社会公共需要，凭借公共权力，按照法律所规定的标准和程序，参与国民收入分配，强制取得财政收入所形成的一种特殊分配关系。

税收的基本职能包括：组织财政收入、调节社会经济、监督经济活动。

行政征收是税收业务的最主要职责，其他行政行为为辅。所以，税收业务相对独立，自成体系。

行政征收方面，包括税和社保、非税收入等的申报和征收。

行政确认方面，包括登记、认定、证明、核定等。

行政许可方面，包括企业印制发票审批、对纳税人延期缴纳税款的核准、对纳税人延期申报的核准、对纳税人变更纳税定额的核准、增值税专用发票（增值税税控系统）最高开票限额审批、对采取实际利润额预缴以外的其他企业所得税预缴方式的核定等。

在行政备案、行政检查、行政强制、行政处罚、其他类别事项、公共服务等方面也或多或少存在相应的配套业务。

（二）税务生命周期

分为两部分考察，即组织类和自然人类。

1. 法人或个体工商户等组织类

按照普遍公认的税收管理基本流程，这类主体的税务生命周期包括：

登记，主体身份的确认。

服务，应税义务的支持。

评定或税额确认，应税义务的确定。

征收，应税义务的履行。

争议处理，应税义务的裁判。

检查，应税义务履行情况的检查。

注销，主体身份结束的确认。

2. 自然人

主体身份默认，其他环节按业务发生情况履行应税义务。

与企业生命周期相比，除了登记和注销是需要税务参与确认（尤其是注销清税），其他都是对其业务办理结果的应用。即这些行为或交易可能产生税收义务，但其过程并不受税务服务和管理要求限制或支持（税收优惠只是引导）。社保费是一种特定要求。

从生命周期的阶段而言，只有发生应税行为时才构成税收法律关系。

通常都是在行政确认、经济交易发生之后。

每一个生命周期的阶段或环节，都会根据发生的情况不同，适用不同的税收服务或管理行为。涉税（费）业务只是其中很少的一部分，仅有一些如涉及土地、不动产、车辆的确认或交易等共性的需要在过程中履行税收义务的特殊情形方可通过业务流程实现一体化；其他的一些比较个性的行为，与税收业务的处理结合在一个流程中还需要具体行为实现数字化，从经济和效率的角度目前尚不合适。

（三）税务事项属性

税务事项属性包括外部权力、内部管理和政务一体化三个角度。

1. 外部权力

外部权力的业务事项可分为单一事项和复合事项。

单一事项，根据传统的税收业务域可以划分为登记、发票、税收优惠、认定、证明、申报、征收、出口退税、票证、评估审计、稽查、法制、综合、涉税服务等，在这些业务域中的最基本的独立底层业务即为单一事项。

复合事项，根据业务间的关系形成不同事项的组合，包括业务域内和跨业务域的两个或两个以上底层业务的组合。如一并处理某一税种的申报和征收，同时完成某票证的缴销和领用等。

2. 内部管理

内部管理主要是税务部门内部业务的支持保障，如计划、核算、监督以及行政职能等事项。

3. 政务一体化

税务和政务一体化的方式，主要有对税务业务事项和其他政务事项的串联办理、并联办理、集成办理等。

从构成一体化的关系而言，对税收业务的分析可以分为两种类型：

一是税务需要其他部门信息，这就需要以税务业务为起点，分析数据来源。

二是税务提供其他部门信息，就是要以外部事项为起点，分析税务数据的应用。

比如，政务服务内容中有一项“主体空间”，其实质与税务数字账户具有极为密切的关系。在基本属性方面涵盖了纳税人识别号，涉税业务属性特征，包括生物和证照等；业务属性方面包括历史涉税信息和现状，以及其物权和关系等。

（四）场景分析

场景分析主要包括主体、时间、地点、条件、过程、内容等要素。

1. 主体

（1）类型与角色。

主体分为自然人和法人、非法人组织。

法人，根据岗位角色的不同，常见的有投资人、法定代表人、总经理（高级管理层）、财务人员、办税人员等，不同的角色，其对业务的敏感性和态度不一样。

非法人组织，也具有岗位角色的区别，不同的角色，其对业务的敏感性和态度不一样。

在不同的条件和模式下，业务的触达是不同的。传统手工模式下，对于自然人是到人，对于法人只是到组织层面；数字化条件下，法人在业务的具体执行人是可以直接触达的，这为场景的深化和细化提供更大的可能性与准确性。

（2）主体属性。

主体属性的内容包括行业、规模、投资、资格资质、区域等。

主体属性的来源，主要包括行政确认、许可、公共服务等行政行为。

（3）对税收业务的影响。

不同属性的主体，其税收业务的关注点是不同的。对于不同行业在业务办理上的关注点是不同的，如成品油流通与农产品收购；大企业更加关注规则与适用的确定性，而小微企业更加关注事项办理的简单性和便利性等。

2. 时间

纳税义务发生时间。这是一个法定的义务概念，是指纳税人依照税法规定负有纳税义务的时间。通常有两种类型：其一，企业等持续经营的纳税人，按期纳税（包括申报及其配套行为）；其二，个人和不经常发生纳税义务的组织，按次纳税。

办税业务时间。这是主体根据法律要求和实际情况，按有关业务要求，实际办理的时间。传统手工模式下需要到税务部门办理，受时间局限较大；信息化条件下，多数涉税业务基本已经消除了工作时间的限制，可以随时在网络或终端办理。

3. 地点

关于纳（办）税地点的区分，本质上是在基于属地管理原则下对于税源管辖权的确认。传统模式下，由于信息传递的限制，需要在机构所在地、应税项目所在地或发生地之间建立适当的确定机制，正是此因。信息化条件下，纳税地点与办税地点是可以分离的，这是对传统模式下空间束缚的消除，税源管辖权这一业务的内涵要求并不会受到影响。

因此可以采取跨区域办理，线下线上联办等方式，由办税主体自主选择，方便办理。

在应税项目的服务和监管上，也可以通过地理信息系统（GIS）的获得与应用，拓展税源管辖的深度和广度。

4. 条件（起因）

符合或触发业务办理的条件。

传统模式是通过申请、备案等流程，向税务部门提交有关资料。

数字化条件下，通过确认或许可等信息的传递与应用，即达成对条件的符合，如部门信息共享条件下，税收优惠直接享受。

5. 过程（流程）

也即业务的办理过程，传统模式是单一的线下办理，以完成某份文书标志结束。

数字化条件下，可以通过渠道的接续性、体验的一致性、选择的灵活性实现全在线服务交互与沟通；还可以根据需要搭建供纳税人自行选择的中介机构服务参与通道。

6. 内容（结果）

具体的办理内容和结果。

传统模式下由于多种因素干预（环境、人等），可能造成结果的不确定性；数字化条件下，数据和规则的应用，达到结果的一致性和反馈的及时性。

7. 影响或选择

影响或选择，本身并不是场景要素之一，只是反映在不同条件下（数据的管理和应用能力）的税务融入政务一体化的主要策略可能。

最基本的融入方式是数据共享，通过对涉税信息的获取或提供，实现税收业务与政务服务的关联。

稍高一层的是业务联办，即通过涉税业务和其他政务服务之间的关联，达成如接入外部流程或接收外部流程的流程性合作的效果。

最高层次即为集成办理，在统一的政务服务平台上，实现根据主体需要的若干业务事项的组合式集成化办理。

（五）场景组合

1. 单一税务场景

顺序组合。某一时点，应该且可以顺序完成或办结的事项组合，业务存在内部联系（数据的连续加工）。

效率组合（集成）。某一时点，可完成或办结事项的组合，不考虑业务关联，只看数据准备的完成情况（分散的数据）。

主题组合。某一时点，依据某一主题的事项组合，主题通常为日常社会生活的内容，事项间内在联系紧密，但各事项不必同步完成或办结。

2. 部门合作场景

顺序组合。某一时点，应该且可以顺序完成或办结的跨部门事项组合，业务存在内部联系（数据的连续加工）。

主题组合。某一时点，依据某一主题的跨部门事项组合，主题通常为日常社会生活的内容，事项间内在联系紧密，但各事项不必同步完成或办结。

（六）税务事项与政务服务事项结合的梳理点

1. 条件

首先，根据税务事项对外部数据（或资料）的需要，分析其关联的主体和条件等要素，如表 8－1 所示。

表 8－1　税务事项外部数据需求表

类型	名称
（1）证件	身份证
	机动车行驶证
	过户、迁入、注销变更
	房屋所有权证
	变更房屋、土地、车船
	土地使用权证
	变更房屋、土地、车船
	其他核准执业证件
	组织机构代码证
	再就业优惠证
	高校毕业证
	残疾人证
	外国企业所在国有关当局出具的法人证书
	开户许可证明
	护照
	港、澳、台同胞基础信息登记表
	社会保险缴费信息登记表
	软件产品登记证书
	动漫企业证书
	转业证
	再就业优惠证
	居民户口簿
	港澳居民来往内地通行证
	外国人居留证
	护照
	台湾居民入境、停留、暂住、定居许可
	国家新闻出版总署批准的出版许可证
	省级财政监察专员办事处商同级新闻出版主管部门核准文件
	医疗机构执业许可证
	县级以上人民政府环境保护行政主管部门颁发的危险废物经营许可证

续表

类型	名称
(1) 证件	孤老证明
	烈士家属证书
	非营利性科研机构执业登记证书
	拖拉机登记证明
	非机动车船（不包括非机动驳船）登记证明
	捕捞、养殖渔船登记证明
	军队、武警专用车船登记证明
	警用车船登记证明
	船舶吨税执照
	各国驻华使馆、领事馆的外交代表、领事官员和其他人员任职证明
	公共交通车船登记证明
	外国专家证
	母亲健康快车专用车证
	道路运输经营许可证
	车辆（船舶）营运许可
(2) 证明	报案证明
	遗失声明
	整车出厂合格证明
	上海钻石交易所会员资格证明
	省级以上科技部门出具的技术合同登记证明
	热法海水淡化项目的物能消耗指标为吨水耗电量小于1.8千瓦时/吨、造水比大于8，膜法海水淡化项目的能耗指标为吨水耗电量小于4.0千瓦时/吨的证明材料
	个人无偿赠与不动产登记表
	婚姻状态证明文件
	自用五年以上家庭唯一生活用房证明文件
	见义勇为奖证明文件
	公安机关出具的相关报案、立案、破案、结案证明材料
	国有粮食购销企业资格认定表
(3) 合同、批文、资格资质等	商务部门批复设立证书
	土地增值税清算资料要求
	房地产开发项目清算说明
	项目竣工决算报表原件
	取得土地使用权所支付的地价款凭证原件
	国有土地使用权出让合同
	银行贷款利息结算通知单原件
	项目工程合同结算单原件

续表

类型	名称
（3）合同、批文、资格资质等	商品房购销合同统计表
	房地产销售明细表
	预售许可证等与转让房地产的收入、成本和费用有关的证明资料
	相关记账凭证复印件
	土地增值税清算税款鉴证报告原件
	项目合同或协议
	主管部门批文或董事会（职代会）的决议
	工商等有关部门出具的注销、吊销执业证照的证明
	工商机关发放的地址变更文书
	非独立个人劳务应提供境内单位任职证明
	境内工资证明
	派遣公司委托在中国注册的会计师出具的证明
	境外工资证明
	劳务合同
	建筑业工程项目情况登记表
	建筑业项目情况变更
	建设工程施工许可证
	建筑业工程施工合同
	中标通知书
	不动产项目情况登记表
	变更不动产项目
	商品房销售（预售）许可证
	不动产销售合同
	建设工程规划许可证
	船籍证明
	纳税人存款账户账号报告表
	汇总（合并）纳税相关批文
	出口合同
	劳动合同
	资源综合利用认定证书
	退役士兵自谋职业协议书
	城镇退役士兵自谋职业证
	生产线宽小于0.8微米（含）集成电路产品的生产企业证书或文件原件；投资额超过80亿元人民币或集成电路线宽小于0.25um的集成电路生产企业证书或文件原件
	集成电路企业认定证书

续表

类型	名称
(3) 合同、批文、资格资质等	国家发改委、信息产业部、商务部、国家税务总局每年发布的国家规划布局内重点软件企业名单
	由省、自治区、直辖市人民政府确定为困难企业的相关资料原件
	医疗机构执业许可证
	相关部门批准确认亏损的相关资料原件
	国务院科技和教育行政管理部门认定证件
	财政拨付的文化事业单位整体转为企业的批复文件
	广播电影电视行政主管部门（包括中央、省、地市及县级）批准从事电影制片、发行、放映的电影集团公司（含成员企业）、电影制片厂及其他电影企业的批文
	财政部、国家税务总局、国家机械工业局、国家环境保护总局共同认定的汽车质量检验机构出具的汽车样品达到低污染排放检验报告
	国家汽车行业主管部门会同国家环境保护总局认定的汽车企业达到低污染排放限值生产一致性合格报告
	高新技术企业证书
	省级以上商务部门出具的技术出口合同登记证书或技术出口许可证
	垃圾处理特许经营权或符合环境保护行政主管部门规定的生活垃圾类污染治理设施运营资质条件的证明文件
	符合环境保护行政主管部门规定的工业固体废物类污染治理设施运营资质条件的证明文件
	建筑能效测评机构检测既有高能耗建筑节能改造达到现行节能强制性标准的证明文件
	建筑能效测评机构检测既有建筑太阳能光热、光电建筑一体化技术或浅层地能热泵技术改造后达到现行国家有关标准要求的证明文件
	房屋买卖合同
	被撤销金融机构文件
	政府部门有关撤销、责令停业、关闭等的行政决定文件
(4) 发票、凭证	机动车销售统一发票
	海关关税专用缴款书
	中华人民共和国海关货物进口证明书
	中华人民共和国出入境检验检疫进口机动车辆随车检验单

这些数据或资料通常一是制式文书，可以结构化数据，二是公开可查，三是具有业务共性。要做到存量数据和新增数据的管理。

也可以引申出对提交资料（包括数据）等的规范化管理，如代码化管理、标签化应用等。

其次，梳理外部门公开的证件、证书、许可等情况并对比，确认可联动的业务和内容。

2. 范围

一是税务需要的外部信息。如税收优惠，对应的资格或证书、文件等；税源项目，房屋、建筑业、土地、车船、合同等。

二是税务对外提供的数据。如信息、信用、证明等。

3. 方式

包括单一税务事项结合，税务事项组合，税务政务事项组合。

4. 视角

（1）主体（人），着重看岗位、角色。

（2）对象（物），着重看项目和财产。

（3）事项（事），即业务活动，主要是产品和服务。

（4）关系，包括自然人与自然人、自然人与法人、法人与法人等关系。主要有社会属性方面的任职受雇，人际交往，提供、接受产品或服务等；亲属属性方面的血缘，或法律意义上的关系等。

5. 配套

一是所需制度支持。

二是线上线下体验一致。如通过政务服务地图建立线上线下业务的全环节无缝衔接。可参考指南和标准《全国一体化政务服务平台线上线下融合工作指南》（GB-T-40756-2021）。

6. 可参考选择的点

一是用户专属服务空间。集中汇聚展示用户电子证照、办件、投诉建议等数据，紧贴不同用户需求特点和关注重点，推动各项利企便民政策和办事服务直达直享、一站办理，实现精准化匹配和个性化推送，不断提升用户体验。

二是联动。包括一件事联动，一张表单、一套材料、一网申报、联网运行；行政许可联动，网上办、集中批、联合审、区域评、不见面；工程建设项目联动，全流程网上办、全要素电子化、全数据实时共享；“证照分离”联动；“互联网＋监管”联动，监管事项全覆盖、监管行为全记录、监管数据全汇聚，等等。

三是集成套餐。集成套餐的实质是多部门联办或跨地区通办。既需要其他部门信息的业务清单梳理，也需要税务信息的其他部门业务清单梳理。需要解决信息提供、数据标准化、信息平台等基础问题，才能实现业务办理信息共享接入和输出，让业务数据自动流转。

四、税务与政务一体化的分析框架

（一）业务层面主要分析的点

主体确认的一体化，主要是主体的信息归集与服务。

征收职能的拓展，主要关注政府行政收费项目的征收服务。

交易过程的一体化，重点是在交易过程之中，税收义务履行是前提。

税收服务自身优化，一是主体的精准性；二是业务的一致性，包括多渠道无缝衔接和体验一致；三是手段的有效性和多样性，包括服务套餐的灵活性，监管方法的多样性等。

政务服务信息共享方面，一是充分利用外部信息，不断拓展来源渠道；二是主动提供税务信息，融入政务服务业务；三是促进公开、共治的理念与应用，尤其是结合社会治理层面上的应用。

（二）内容层面主要分析的点

范围上的拓展：将监管流程的纳入，通过职责驱动服务和权力事项的执行。

标准和规范：突出渠道等衔接组合、融合，体验一致；尤其是服务一致性。

内部业务组合：

关系场景方面，一是紧密顺序场景的组合（串联）。如登记－税种认定－管户分配等。线上线下，都可以合并入“一件事”，自动化规则实现免操作或少操作。二是多个场景的组合，主要是并联或集成。如发票缴销，勾选认证，税款申报等。线下是“一趟办”，线上已经不存在时间与空间的限制。根据数据的产生，要素化推送确认？按时间要求顺序展示（业务顺序，紧急程度），并不一定需要组合在一起，更需要灵活性。

在整个内部业务的展示方面，做好对高频场景的展示与推送。

外部协作：交易业务、系统打通则联动，系统不能打通则共享信息。

业务联动，重点是业务流程的连续性，依靠规范化的数据和自动化的规则驱动。

信息共享，输入方面表现为其他部门业务办理结束，信息推送税务部门；输出方面表现为税务业务办理结束，信息推送其他有关部门。

一体化（专属空间或数字账户）：主要是主体信息和事项、内容等的归集展示与应用。

监管的数字化优化：交易的介入，充分识别数据，政务的以许可等条件符合，经营的以交易支付结算等信息流为基础，拓展获取渠道和内容；服务的优化，综合体现要素化、自动化、个性化、一体化；监管的优化，重点是实现智能化。

（三）框架的主要结构

一是基本场景结构。包括业务目标、实现方式和要素。其中，实现方式又包括自身优化、信息共享和业务联办。要素则包括主体、时间、地点、条件、过程和结果。

二是细化场景的组合。可以按税收业务域分类，也可以按税收基本流程分类，也可以按征管规范目录等方法分类，只要体现一定的规律即可。

五、注意事项

（一）主体定位细化

1. 原因

不同类型主体的关注点不同；同一主体中，不同角色的关注点不同；主体定位到自然人，业务的触达更加准确。

2. 业务范围

外部事项，服务和监管定位到纳税人缴费人的角色层面（即个人），服务才能更加细化，监管更加精准；不同渠道间的业务衔接，必须能够无缝流转，体验一致。

内部管理，内部管理的定位到具体税务人员，角色定位，业务流程和任务推送。

3. 场景实现与持续优化

实现方法，一是通过角色将事项展示和推送，如根据角色对业务信息的敏感性将信息推送到个人所得税 App，区分投资方法定代表人、总经理或总裁、财务负责人、办税人员等；二是展示在个性化登录页面。

尤其是符合税收优惠政策条件的对象，推送告知、办理信息（推送到个人所得税 App）。

个性页面和高频场景的展示，以及个性角色信息的推送，是一个持续优化迭代的过程。

（二）主体专属空间

登记、认定、证明等资格资质的确认，并入纳税人专属空间，是其不可或缺的组成部分。

行政许可、行政确认、行政备案等信息都应该在专属空间中有记录，可以直接应用于后续税收业务办理。土地、项目、财产等信息是其必然构成。

税收义务的履行情况将会影响其他业务的办理，如自然人税收和信用、积分、户籍、教育、社保医疗等社会属性，企业税收和社会信用、形象等。

税费账户及核算，包括账户设置、科目规则、报告展示、提示服务等。

可以根据信息健全度、税收遵从度或信息与义务履行间的关系，计算各种主体的健康度等数据加工和应用服务。

（三）时间效率优化

时间效率优化的重点是线上线下无缝衔接，如通过预约、扫码等方式，快速接续前道程序办理。

（四）服务内容扩展

目前，税务部门的征收职责，包含税与社保、非税等收入的征收，线上线下服务征收对象的报缴，完成征收入库的功能线比较完备。

是否存在其他可为政府代收费用的情形，在服务内容上扩展。

目前，税务机关负责征收的政府非税收入项目有 27 项：

2018 年前已由税务部门征收的非税收入共有 6 项，包括教育费附加、地方教育附加、文化事业建设费、废弃电器电子产品处理基金、残疾人就业保障金、水利建设基金。

2019 年 1 月 1 日起，原由财政部驻地方财政监察专员办事处（以下简称“专员办”）负责征收的国家重大水利工程建设基金、农网还贷资金、可再生能源发展基金、中央水库移民扶持基金（含大中型水库移民后期扶持基金、三峡水库库区基金、跨省际大中型水库库区基金）、三峡电站水资源费、核电站乏燃料处理处置基金、免税商品特许经营费、油价调控风险准备金、核事故应急准备专项收入，以及国家留成油收入、石油特别收益金，划转至税务部门征收，共计 11 项。①

2021 年 1 月 1 日起，水土保持补偿费、地方水库移民扶持基金、排污权出让收入、防空地下室易地建设费，共计 4 项。2021 年 7 月 1 日起，土地闲置费、城镇垃圾处理费，共计

---

① 国家税务总局关于国家重大水利工程建设基金等政府非税收入项目征管职责划转有关事项的公告（国家税务总局公告 2018 年第 63 号）. 2018 年 12 月 25 日.

2项。2022年1月1日起，土地使用权出让收入、矿产资源专项收入、海域使用金、无居民海岛使用金，共计4项。[①]

根据《政府非税收入管理办法》（财税〔2016〕33号），非税收入包括行政事业性收费收入、政府性基金收入、罚没收入、国有资源（资产）有偿使用收入、国有资本收益、彩票公益金收入、特许经营收入、中央银行收入、以政府名义接受的捐赠收入、主管部门集中收入、政府收入的利息收入、其他非税收入12类，不包括社会保险费、住房公积金。

行政事业性收费按照国务院和省、自治区、直辖市（以下简称省级）人民政府及其财政、价格主管部门的规定设立和征收。

政府性基金按照国务院和财政部的规定设立和征收。

国有资源有偿使用收入、特许经营收入按照国务院和省级人民政府及其财政部门的规定设立和征收。

国有资产有偿使用收入、国有资本收益由拥有国有资产（资本）产权的人民政府及其财政部门按照国有资产（资本）收益管理规定征收。

彩票公益金按照国务院和财政部的规定筹集。

中央银行收入按照相关法律法规征收。

罚没收入按照法律、法规和规章的规定征收。

主管部门集中收入、以政府名义接受的捐赠收入、政府收入的利息收入及其他非税收入按照同级人民政府及其财政部门的管理规定征收或者收取。

方法上可以：一是帮助对口部门建立数据采集标准，二是服务对应部门就收费的调节职能的实现（用户、流程），三是拓展办理方式和渠道（线下转线上）。

（五）外部“一件事”

纳税义务的产生是发生应税行为，包括占有财产、发生交易、作出特定行为等情形。

按次纳税的事项，天然可以将纳税和开票作为“一件事”的构成部分。如，我要转让、出售、提供××交易。

特定交易的发票数字化与业务一体化，比如土增税旧房转让扣除，将可免于纳税人提供，并供纳税人选择节税方案。依赖于发票信息要件的存储，可以由纳税人选择在重置成本价乘以成新度折扣率，还是按发票所载金额并从购买年度起至转让年度止每年加计5%。

（六）内部“一件事”

主要体现在税收优惠享受上。税收优惠的享受，是资格、资质确认，应税业务发生，纳税人申请享受，三项条件共同符合的结果。

传统的资格、资质确认依靠税收优惠备案（确认）和纳税申报等信息报告内容。数字化条件下，完全可以通过从资格确认部门获取信息，实现精准推送和确认服务。

一是梳理各项资质对应部门，形成动态的信息源清单；

二是直接对纳税人作优惠确认，在申报时在线提示并给出选项，由纳税人自选。在自然

---

① 国家税务总局关于水土保持补偿费等政府非税收入项目征管职责划转有关事项的公告（国家税务总局公告2020年第21号）.2020年12月11日.

人和法人方面，根据优惠的类型，采取不同的享受方式；

三是先向纳税人推送相应税收优惠信息及办理流程，由纳税人根据提示办理。向企业的相关角色均推送，但流程略有不同。

（七）监管业务优化

优惠的信息同样应该应用于监管。在涉及需要鉴证的资格资质等信息时，建立鉴证协作流程和机制，如企业研究开发项目费用税前加计扣除鉴定，就应该和科技部门建立合作流程与机制。

信用信息的共享与联合。如申请停歇业期间的视频监控信息，可以用于监管其是否真实；执法过程及其相关资料的记录与公开，强化执法监督和保护。案例：珠海市金湾区餐饮单位执法。

风险提示，主动衔接，提供支持（可到系统层面）。对特定服务事项的风险提示，如财政贴息等政府补助或行政给付的发放要求与恰当的税务处理。案例：佛山禅城推出的企业奖补“免申即享”。

风险应对、行政检查、行政处罚、行政强制等。通过线上办案、移动办案，从流程到文书，约谈、举证等程序数字化在线化。

移动执法。税务工作任务流转也需要丰富渠道和方式，尤其是要增加对移动办公的支持。如现场调查等过程和内容的接入，多种形式的记录佐证，工作程序及电子底稿等。

9. 大企业税收遵从评价框架与指标设计

税收服务和管理的最根本目的，是保证税法的实施，促进纳税遵从。税收遵从评价意在从多个角度建立起衡量纳税人遵从税法的标准，以区分纳税人税法遵从的程度，为实施分类分级的差别化服务和管理提供依据或参考，是贯穿大企业税收服务和管理工作体系的主线。

大企业的特点决定了大企业税收服务和管理的主要内容，大企业个性化服务和专业化管理，需要大企业税收遵从评价作为主要依据或支撑。大企业集团的税收遵从评价是对整个企业集团税收遵从情况的总体评价，是针对大企业集团在税收遵从方面全方位的考察和评估，对整个集团的税收服务和管理起到导向性作用。影响企业税收遵从的因素很多，本文从企业集团层面分析主、客观的共性影响出发，设计基本框架和指标，尽量做到全面合理。

一、概念

（一）税收遵从评价

中办、国办《关于进一步深化税收征管改革的意见》提出，要建设高集成功能、高安全性能、高应用效能的智慧税务，深入推进精确执法、精细服务、精准监管、精诚共治，大幅提高税法遵从度和社会满意度，明显降低征纳成本，充分发挥税收在国家治理中的基础性、支柱性、保障性作用。

税法遵从度，简单地说就是税收主体依法履行义务程度。广义上讲包括征税主体和纳税主体，实际中主要指纳税主体对税法规定义务的履行程度。对于税法遵从度的衡量，可以通过税收遵从评价来实现。

税法遵从度的衡量，由于缺少完整信息支持，尤其是遵从的实际质量或结果，难以对纳税人的实际遵从情况作出准确判断。因为对所有纳税人全面审计不现实，而以抽样审计及其他方法推断也往往只能用于分析相对宏观的纳税人群体。

故而在理论研究上，注重于运用一些如预期效用理论和前景理论等经济学和犯罪学、心理学等其他学科理论分析一些因素与纳税人遵从行为间的联系，得出为了提高税收遵从应该在哪些方面加以重视和改善，如稽查率、罚款率与纳税行为之间存在着正相关关系，高税款预缴可以提高人们的纳税遵从度，等等。应用范围总体上偏重于宏观分析，对于纳税人个体和在实际中应用，还没有形成可靠的成果和方法。

在实际工作中，对于税法遵从度衡量的探索也受限于信息的获取与加工，难以取得能够普遍适用的实质性效果。有些做法或指标偏向于纳税人日常办税行为的分析，有些做法或指标偏向于涉税风险的识别和管理，有些做法和指标偏重于纳税人对于调查问卷的回答，等等。在全面性、普遍性、准确性、适用性等方面，还存在很多问题。

虽然精确衡量税法遵从度不够现实，但参考理论研究和工作实践以及社会信用体系建设等成果，以忠诚性、自觉性遵从为最高标准，建立具有指导性的评价和分析框架，对纳税人的税收遵从意愿、能力和行为等方面全面分析，通过利用相对性指标实施差异化服务和管理，引导纳税人和全社会形成税收共治局面，还是能够发挥一定的积极作用的。

纳税信用等级评定，也属于税收遵从评价的一部分。

（二）纳税信用等级

《纳税信用管理办法（试行）》（国家税务总局 2014 年第 40 号公告）没有对纳税信用本身作出明确定义。从其规定的“纳税信用信息”可知，纳税信用信息包括纳税人信用历史信息、税务内部信息、外部信息。

其一，纳税人信用历史信息包括基本信息和评价年度之前的纳税信用记录，以及相关部门评定的优良信用记录和不良信用记录。

其二，税务内部信息包括经常性指标信息和非经常性指标信息。经常性指标信息是指涉税申报信息、税（费）款缴纳信息、发票与税控器具信息、登记与账簿信息等纳税人在评价年度内经常产生的指标信息；非经常性指标信息是指税务检查信息等纳税人在评价年度内不经常产生的指标信息。

其三，外部信息包括外部参考信息和外部评价信息。外部参考信息包括评价年度相关部门评定的优良信用记录和不良信用记录；外部评价信息是指从相关部门取得的影响纳税人纳税信用评价的指标信息。

纳税信用评价，是根据一定周期内上述纳税信用信息按照评价指标和直接判级的方法，给纳税人确定纳税信用级别的过程。目的是规范纳税信用管理，促进纳税人诚信自律，提高税法遵从度，推进社会信用体系建设，以褒扬诚信、惩戒失信，更好地服务于纳税人。

从信息来源而言，信用等级评价的依据主要是纳税人申报、纳税、登记与账簿等日常事项，基本反映了纳税人在行为方面的税法遵从程度；税务检查等非经常信息，则一定程度上反映纳税人在质量（或结果）方面的税法遵从程度。

信用含有信任和借贷两层含义，纳税信用作为社会信用体系的重要组成部分，侧重在信任关系，即纳税人在遵守税法方面是否能够信任，进而在纳税服务和其他社会行为中受到相应待遇。

如果说完整的税收遵从评价要从纳税人的意愿、能力、行为和结果等全方位考虑；那么显然，从纳税信用信息范围来看，纳税信用评价的税收遵从范围，主要是纳税人办税行为；而税收遵从的质量或实际结果，即对于非经常信息（税务检查）不足的部分，采用回避式的降低起评分标准来解决（90 分）。

纳税信用评价的局限性，以及与遵从评价的关系：

（1）尽管过程中是采用量化打分的方法，但结果是等级式的，导致在结果的再次加工应用上有一定不便。

（2）仅针对单个纳税人行为统计，缺少对关联纳税人之间影响的因素。

（3）绝大部分指标根据纳税人客观的办税行为，缺少对于纳税人主观因素方面的考察；在客观因素方面，对于纳税人的遵从或履行义务的能力，如资产情况、运营能力等也没有纳入评价范围。

（4）虽然二者都具有社会服务属性，但信用的应用主要是从属于纳税人角度的，遵从评价的应用主要是从行使职权角度，在范围上有一定区别。

当然，遵从评价的结果也可以作为纳税信用评定的依据。

（三）大企业税收遵从评价

国家税务总局《关于开展2022年“我为纳税人缴费人办实事暨便民办税春风行动”的意见》（税总纳服发〔2022〕5号）明确提出，“助力大型企业。提供大企业税收确定性服务，建立健全相关制度，提升大企业纳税人满意度。试点开展大企业集团遵从评价，根据企业集团遵从度，提供差异性服务和管理措施”。

大企业税收遵从评价是针对特定对象的税收遵从评价，即遵从评价是基础，大企业集团是范围和特色，也就是根据大企业集团的特点开展的税收遵从评价。目的是根据企业集团遵从度，提供差异性服务和管理措施。

在纳税人范围、评价内容和适用情形等方面，与通常所说的税收遵从评价有明显区别，更聚焦于大企业集团的特殊性。

税收遵从评价内容的细化，往往导致与税收风险分析的边界很难区分，因为其本身就应用了风险管理的思想。因而，大企业集团的税收遵从评价，换个角度也可以说，就是在基本税收遵从行为的基础上（如按照规定要求报告、申报、缴税等的情况，可以引用纳税信用评价关于经常性指标信息的结果），以大企业集团在税收遵从方面的风险分析为起点，考察大企业集团对税收风险的态度、能力和处理行为情况，确定其税收遵从的程度。

二、大企业集团税收遵从分析

（一）大企业集团的特点

企业集团通常指一个或多个实力强大、具有投资中心功能的大型企业为核心，若干个在资产、资本、技术上有密切联系的企业、单位为外围，以产权安排、人事控制、商务协作等纽带形成稳定的多层次经济组织。

企业集团的特征主要有，市场结构的垄断性与兼容性，企业产权的连锁性与独立性，成员企业的趋利性与协同性，组织管理的开放性与层控性等。

大企业集团特指两种类型，一是国家税务总局确定的千户集团，二是各省确定的列名企业或重点税源企业。

国际上常用“创业的核心技术”“规模经济（成本优势）”“供应链的管理能力”“品牌价值”“资源垄断”5个指标来作为衡量大企业的标准，这也反映出大企业的部分特点。

千户集团和纳入大企业税收服务管理的列名企业或重点税源企业主要特点可以归纳为：企业规模大，往往占据区域经济体量的极大部分；业务多元化，跨行业、跨区域甚至跨国经营；股权和组织结构复杂，普遍实施集团化管理；业务创新的需求和能力比较强；等等。

从税收管理角度，大企业的特点主要是一般合规性做得较好，税收筹划（或称业务筹划）是企业更为关注的方面。多通过组织形式（包括股权结构）、业务流程、关联交易、优惠政策等方法，实现避税或节税的目的；大企业的涉税诉求主要还是政策确定性，以及涉税业务办理的集成化和自动化等方面。

（二）影响大企业集团税收遵从的因素

与其他企业一样，大企业集团税收遵从的影响因素是多方面的，包括外部社会环境、主观遵从的意愿、客观遵从的能力等。从大企业集团内部因素考虑，主要在以下方面对税收遵从产生较大影响。

主观因素方面：企业文化及价值观，企业的战略规划等。

客观因素方面：企业的组织架构，制度机制，以及实际的执行或运营能力等，包括数字化平台支撑等。

企业主观上是否具备税收遵从的意愿，从其理念、文化、价值观等方面就可以反映出来。企业价值观决定了企业的基本特性，对企业及员工行为起到导向和规范作用。健康的、富有社会责任意识的价值观，必然会导致税收遵从的意愿；冒险、片面追求短期经济利益等的观点和战略，对税收遵从的影响则是负面的。

税收遵从的意愿能否得以落实，需要相应的能力支撑。从企业集团而言，主要就是一方面体现税收遵从要求的制度机制是否健全和有效，不仅需要组织机构、业务流程、信息系统的全面协调，还对具体执行人的能力也提出要求；另一方面也需要在资产等方面能够满足履行税收义务的需要，包括经营能力和偿债能力等。

比如，对税收法律和政策的掌握、传递和执行等情况，客观上要求企业集团拥有强大、及时且准确的信息传导和执行能力。业务流程中按照税法规定固化有关要求，并通过内部控制、信息系统等加以落实，是必然的做法。但从集团整体角度，可能不是所有的业务都能够统一通过业务流程或信息系统实现控制的，尤其是跨行业经营、业务规则不能够合并等情形下，仍然需要通过额外的获取信息——监控分析等过程才能完成。另外，相关人员的观念、能力等也直接影响企业的税收遵从，如法人、财务负责人等的管理水平和能力，具体经办人员或办税人员的执行能力，等等。

（三）大企业集团税收遵从评价的维度

从大企业集团的特点和影响税收遵从的因素出发，大企业集团的税收遵从评价分为主观和客观两个方面考虑。

主观方面主要评价大企业集团的税收遵从意愿，客观方面主要评价大企业集团的遵从能力和行为，以及实际的遵从结果或质量。

1. 遵从意愿

遵从意愿主要评价企业集团在税收遵从方面的直接主观意愿，以及通过其他方面表现出来的情况推断其在税收遵从方面的间接主观意愿。如公司的愿景、战略规划、价值目标，股权、组织等架构设计的目的意图（特定架构的目的，如 VIE、海外信托、集团管控类型等），是否公开承诺含有严格遵从税法的意思，是否设计了符合税收遵从要求的内部制度和机制（健全性），等等。

2. 遵从能力

遵从能力主要评价企业集团是否具有税收遵从的实际能力，包括形式和实质等两方面的内容。形式上如相对独立的税务管理机构，独立的内部审计机构，以及相匹配的人员资源；实质上如相关税收遵从的内部制度和机制能够得以执行（有效性），持续稳定经营目标的实现，资产和运营、偿债能力合乎要求；等等。

3. 遵从行为

遵从能力主要评价企业集团在日常涉税业务办理等过程中，是否能够按照税法要求履行义务，包括登记、信息报告、发票、申报、纳税等各项业务的办理等普通企业的业务，和大企业集团的如成员单位信息核实、账套采集、内控制度报告等特定办税业务。

4. 质量和结果

税收遵从的质量和结果主要指大企业集团应税义务的完成程度，如应申报税款与实际申报税款，应缴纳税款和实际缴纳税款等的情况。通常申报和缴纳的税款是一致的，但也不排除资金周转的影响，导致申报与缴纳的不一致。一般该项评价依赖于税务检查或审计的实施，在不能实施检查或审计的情况下，评估只能依据相对的情况进行参考评价，比如同行业中的税负率排名，税收增长率与税基增长率的匹配性等指标。

而且需要考虑时间属性的影响，比如历史检查评价的可信度会逐期衰减，税负率的年度间均衡，等等。

（四）大企业集团税收遵从评价的方法

1. 评价程序

自评与他评相结合：不可公开的数据分析评价部分，由税务部门实施评价；其他部分企业可自我评价，并提供有关证据资料，经核实后综合评价。大企业集团税收遵从评价程序如图 9－1 所示。

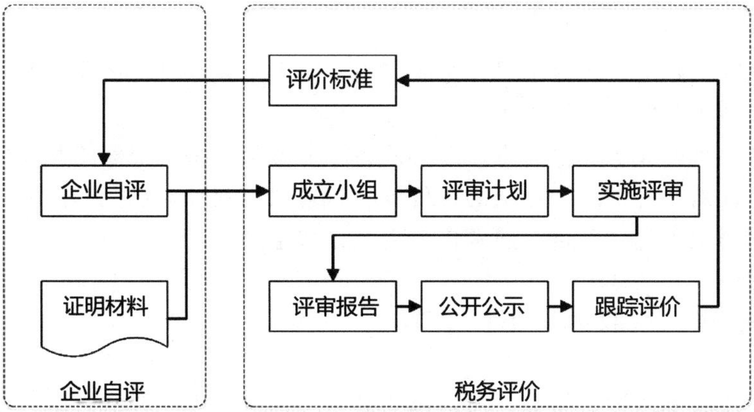

图 9－1　大企业集团税收遵从评价程序

自评（申报和证明）：以自评的方法，帮助大企业集团自我认识和反思在税收遵从方面的现状，引导企业建立正确的税收遵从意识，科学合理的制度机制和运行，持续检视和完善更新，促进企业集团税收遵从度的整体提高。遵从自评的过程，也是一个涉税风险自评和改进的过程，既有认识和水平、能力的提高，也包含对过往错误的纠正。

评审：通常采用系统内外资料查阅、数据分析和调查等方法，必要时也可以开展现场核实和审查。通常的流程为：成立评价组织→制订评审计划→实施评价→制作报告→作出决定→公开公示→跟踪评价。

2. 信息获取

相对于一般企业而言，大企业集团的数量并不多，其税收遵从评价的内容也具有特殊性，评价的内容和过程应该尽量做到全面细致。

大企业集团的税收遵从评价方法，根据需要可以采用问卷调查、查阅资料、数据分析、现场调查等方法。

大企业集团的成员单位数量往往较多，可能分布于多个省级行政区划，实际操作中信息集中可能需要采取合适的方法。

涉及成员单位的日常性指标数据或信息的，可以参考或直接使用成员单位纳税信用等级评定的数据；纳税信用等级评定中没有的数据或信息，通过跨区域数据共享和归集（需要系统或平台支持）获取。

企业集团的自评，可以由企业按要求的内容自行对照评价，可以在电子税务局增设有关功能模块，或者其他渠道发放资料、下载软件等工具供企业使用；企业也可以委托专业服务机构帮助开展自评。

3. 评价方法

对于各项具体指标的评价，以评价分值和权重组合确定。

为了便于操作，单个指标评价拟以分值评定法。

另外，根据指标的重要性等因素，为各个具体指标赋予一定权重，最终合计形成总体评价。

初始阶段，由于数据限制，权重设定拟运用层次分析法。后续运行一段时间，可以根据实际情况调整为更加合理量化的方法完善指标的作用。

4. 结果应用

大企业集团的税收遵从评价结果，主要应用于对大企业综合性的服务和管理策略，提供有针对性的差异性服务和管理措施。

对于大企业集团的成员单位，也可以参照集团的遵从评价情况实施相应的服务和管理策略。可根据综合性的评价结果和单项的评价情况，采取更具针对性的措施。

大企业集团的税收遵从评价，通常按年更新，特定指标可实时更新。

三、大企业集团税收遵从指标框架

大企业集团税收遵从评价指标，包括遵从意愿、遵从能力、遵从行为、遵从质量或结果四个一级指标。

（一）遵从意愿

遵从意愿方面包括核心理念、品牌形象、社会形象、行为规范、集团管控、税务管理个子类。

1. 理念与形象

核心理念，包括愿景目标、品牌建设和品牌价值 3 个子项。

愿景目标，是指企业集团一定时期内的企业愿景、战略目标、业务规划等与税收遵从要求的相关性。

来源于企业网站、媒体等公开宣传的资料信息分析。

企业愿景，是企业所有成员一致的共识和未来方向。战略目标是企业愿景的具体化和细化，业务规划则是战略目标的具体执行计划。从企业集团的愿景、战略目标和业务规划，能够看出企业的价值追求和现实举措。

品牌建设，是企业在品牌建设方面的目标和发展思路，包括品牌培育、建设和发展的规划等。

品牌价值，是企业的品牌价值，目前趋势和采取的措施。

企业品牌形象是企业或其某品牌在市场上、在社会公众心中所表现出的个性特征，它体现公众特别是消费者对品牌的评价与认知。打造一个好的品牌形象需要付出大量成本，要在奉公守法、诚实经营、维护消费者合法权益、保护环境、关注公益等各个方面做出表率，以维护其品牌形象。

2. 社会信用

社会责任包括企业信用和管理层信用两个子项。

企业信用，是指企业集团在合同履约、公益慈善、质量环保、劳动关系等方面的承诺与践诺情况，以及取得政府有关部门、行业组织的资质与表彰等。

管理层信用，企业领导层的历史信用记录等（包括董事长、法定代表人、主要负责人、财务负责人等）。

3. 集团管控

集团管控指企业采取的管控形式，包括管理风格、职能风险等子类。

管理风格，企业集团的管理风格大致可以分为财务管控型、战略管控型、操作（运营）管控型三种。财务管控型主要以财务指标对成员企业进行管理和考核，总部一般无业务管理部门，仅关注投资回报。战略管控型主要以战略规划为主，总部可以视情况设置具体业务部门。操作（运营）管控型主要通过总部业务管理部门对下属企业的日常经营运作进行管理，其关注重点包括成员企业经营行为的统一与优化、公司整体协调成长、对行业成功因素的集中控制与管理。集团的紧密和影响程度依次为操作（运营）管控型－战略管控型－财务管控型，逐次递减。

此处不评价风格的优劣，只评价集团整体遵从的一致性影响。

职能风险，企业各机构承担职能风险一致性情况。

4. 税企合作

税企合作包括参与合作和遵从协议两个子项。

参与合作，是指企业集团主动参与税企合作的活动、反馈有关税务部门工作的意见建议情况。

遵从协议，是指企业集团历史上签订税收遵从协议情况。

（二）遵从能力

遵从能力评价主要包括税务风险内部控制 1 个子类。

税务风险内部控制包括税务管理职责、制度健全、控制有效、数字化、数据直连 5 个子项。

税务管理职责，是指企业集团中负责税务管理的部门和岗位职责设置情况。

制度健全，是指企业的财务管理、风险管理、信用管理、危机管理、重大事项信息披露制度等规章制度建设，以及税务风险内控制度的建设情况。

控制有效，是指各项制度和税务风险内控执行情况是否有效。

数字化，是指企业集团内部业务、财务、税务、内部审计等的信息化、数字化建设情况，包括财务共享信息中心等。

数据直连，指税企数据直连及业务联结度，信息公开与透明情况。

企业税收遵从当然也需要其他能力支撑，比如经营能力、创新能力、财务能力等，此处从集团角度考虑仅仅针对税收风险内部控制方面进行评价。

（三）遵从行为

遵从行为方面的评价，包括纳税信用等级和特定行为等子类。

1. 纳税信用等级

企业集团的办税行为评价，以纳税信用等级评定的结果为基础，设整体等级和非经常性指标扣分 2 个子项。

整体等级，以企业集团中 ABMCD 各等级成员单位占比确定分值，可以资产、营收、员工等指标为参数。

非经常性指标扣分，以企业成员单位在纳税评估、税务审计、反避税以及税务稽查等扣分情况加总。对于企业集团的成员单位经税务检查需补税或调整情况，采取根据检查结果，推算应税已税总体情况（按占总体系数），综合确定此项评价。

2. 特定行为

特定行为，包括成员单位信息维护、账套采集、行业风险管理、特殊股权架构、关联交易及申报等子项。

成员单位信息维护，企业集团按期对成员单位信息进行核实和更新。

账套采集，企业集团按期采集成员单位财务账套数据并上报。

行业风险管理，根据行业特定的经营特征、规律，对行业常见的涉税风险业务企业是否专门作出处理和管理？如成品油、农产品收购（如烟叶等），扣除项目管理、税收优惠等。

特殊股权架构，是否存在特殊目的的股权架构设置，有来自于避税地的投资主体，在特殊经营或税收政策的地区设置的成员单位，特殊目的设立的成员单位，等等。

关联交易及申报，成员单位的关联交易及申报或报告情况，含国内关联交易。

其他：客户占比分析，内部交易分析；是否存在无经营实质机构？小企业成立频率与区域？

（四）遵从质量和结果

遵从质量和结果评价，包括整体税负 1 个子类。

整体税负，主要对增值税和企业所得税的水平进行评价。税基暂统一按营业收入。

增值税行业税负排名，成员单位在相应行业的增值税税负率排名，（三年平均）直接按税负率，顶格减分法。

企业所得税行业税负排名，成员单位在相应行业的企业所得税税负率排名，（三年平均）直接按税负率，顶格减分法。

增值税税负增长系数，增值税税负与营业收入增长的系数，以成员单位的总数计算。

企业所得税税负增长系数，企业所得税税负与营业收入增长的系数，以成员单位的总数计算。

四、指标权重

（一）层次结构模型

目标层：大企业集团税收遵从评价。

准则层：遵从意愿、遵从能力、遵从行为、遵从质量和结果。

方案层：二级指标、三级指标。

具体内容如表 9－1 所示。

表 9－1　　大企业集团税收遵从层次结构模型

一级指标	二级指标	层次	三级指标	层次
遵从意愿	理念与形象	B1	愿景目标	B11
			品牌建设	B12
			品牌价值	B13
	社会信用	B2	企业信用	B21
			管理层信用	B22
	集团管控	B3	管理风格	B31
			职能风险	B32
	税企合作	B4	参与合作	B41
			遵从协议	B42
遵从能力	税务风险内部控制	B5	税务管理职责	B51
			制度健全	B52
			控制有效	B53
			数字化	B54
			数据直连	B55
遵从行为	纳税信用等级	B6	整体等级	B61
			非经常性指标计算	B62
	特定行为	B7	成员单位信息更新	B71
			账套采集	B72
			行业风险管理	B73
			特殊股权架构	B74
			关联交易及申报率	B75

续表

一级指标	二级指标	层次	三级指标	层次
遵从质量和结果	整体税负	B8	增值税行业税负排名	B81
			企业所得税行业税负排名	B82
			增值税税负增长系数	B83
			企业所得税税负增长系数	B84

（二）评价体系指标权重

1. 二级指标权重

以经验判断，暂赋予各二级指标重要程度比较如表 9－2 所示。

表 9－2　　大企业集团税收遵从评价体系二级指标重要程度表

二级指标	理念与形象 B1	社会信用 B2	集团管控 B3	税企合作 B4	税务风险内部控制 B5	纳税信用等级 B6	特定行为 B7	整体税负 B8
理念与形象 B1	1	0.5	0.5	0.5	0.33	0.33	0.33	0.33
社会信用 B2	2	1	1	1	0.5	0.5	0.5	0.5
集团管控 B3	2	1	1	1	0.5	0.5	0.5	0.5
税企合作 B4	2	1	1	1	1	0.5	0.5	0.5
税务风险内部控制 B5	3	2	2	1	1	0.5	0.5	0.5
纳税信用等级 B6	3	2	2	2	2	1	1	1
特定行为 B7	3	2	2	2	2	1	1	1
整体税负 B8	3	2	2	2	2	1	1	1

经一致性检验通过，二级指标权重如表 9－3 所示。

表 9－3　　大企业集团税收遵从评价体系二级指标权重

理念与形象 B1	社会信用 B2	集团管控 B3	税企合作 B4	税务风险内部控制 B5	纳税信用等级 B6	特定行为 B7	整体税负 B8
0.050652	0.088174	0.088174	0.096155	0.120293	0.185517	0.185517	0.185517

2. 三级指标权重

（1）遵从意愿。

该二级指标项目下主要为定性指标，三级指标的权重基本相差不大，暂拟平均计算。遵从意愿项目下三级指标权重如表 9－4 所示。

表 9－4　　遵从意愿项目下三级指标权重表

理念与形象			社会信用		集团管控		税企合作	
愿景目标	品牌建设	品牌价值	企业信用	管理层信用	管理风格	职能风险	参与合作	遵从协议
40%	30%	30%	50%	50%	50%	50%	50%	50%

(2) 遵从能力。

遵从能力项目下三级指标重要程度如表9-5所示。

表9-5　遵从能力项目下三级指标重要程度表

遵从能力	税务管理职责	制度健全	控制有效	数字化	数据直连
税务管理职责	1	0.5	0.2	0.5	0.5
制度健全	2	1	0.33	1	1
控制有效	5	3	1	3	3
数字化	2	1	0.33	1	1
数据直连	2	1	0.33	1	1

经一致性检验通过，三级指标权重如表9-6所示。

表9-6　遵从能力项目下三级指标权重表

税务管理职责	制度健全	控制有效	数字化	数据直连
0.080961556	0.155812	0.451604	0.1558	0.155812

(3) 遵从行为。

遵从行为项目下三级指标重要程度如表9-7所示。

表9-7　遵从行为项目下三级指标重要程度

遵从行为	整体等级	非经常性指标计算	成员单位信息更新	账套采集	行业风险管理	特殊股权架构	关联交易及申报率
整体等级	1	0.33	1	1	1	0.5	0.5
非经常性指标计算	3	1	3	3	2	1	1
成员单位信息更新	1	0.33	1	1	1	0.5	0.5
账套采集	1	0.33	1	1	1	0.5	0.5
行业风险管理	1	0.5	1	1	1	0.5	0.5
特殊股权架构	2	1	2	2	2	1	1
关联交易及申报率	2	1	2	2	2	1	1

经一致性检验通过，三级指标权重如表9-8所示。

表9-8　遵从行为项目下三级指标权重

整体等级	非经常性指标计算	成员单位信息更新	账套采集	行业风险管理	特殊股权架构	关联交易及申报率
0.184657305	0.466276588	0.184657305	0.184657305	0.195950299	0.391900599	0.391900599

(4) 遵从质量和结果。

该项目下的三级指标均为税负计算，重要性程度基本一致，暂按平均权重，如表9-9所示。

表 9－9　　遵从质量和结果项目下三级指标权重

增值税行业税负排名	企业所得税行业税负排名	增值税税负增长系数	企业所得税税负增长系数
25%	25%	25%	25%

（5）三级指标总体权重。

三级指标总体权重如表 9－10 所示。

表 9－10　　三级指标总体权重

<table>
<tr><th>一级指标名称</th><th>二级指标名称</th><th>三级指标名称</th><th>权重</th></tr>
<tr><td rowspan="9">遵从意愿</td><td rowspan="3">理念与形象 5%</td><td>愿景目标</td><td>2%</td></tr>
<tr><td>品牌建设</td><td>1%</td></tr>
<tr><td>品牌价值</td><td>2%</td></tr>
<tr><td rowspan="2">社会信用 8%</td><td>企业信用</td><td>4%</td></tr>
<tr><td>管理层信用</td><td>4%</td></tr>
<tr><td rowspan="2">集团管控 8%</td><td>管理风格</td><td>4%</td></tr>
<tr><td>职能风险</td><td>4%</td></tr>
<tr><td rowspan="2">税企合作 10%</td><td>参与合作</td><td>5%</td></tr>
<tr><td>遵从协议</td><td>5%</td></tr>
<tr><td rowspan="5">遵从能力</td><td rowspan="5">税务风险内部控制 12%</td><td>税务管理职责</td><td>1%</td></tr>
<tr><td>制度健全</td><td>2%</td></tr>
<tr><td>控制有效</td><td>5%</td></tr>
<tr><td>数字化</td><td>2%</td></tr>
<tr><td>数据直连</td><td>2%</td></tr>
<tr><td rowspan="7">遵从行为</td><td rowspan="2">纳税信用等级 12%</td><td>整体等级</td><td>3%</td></tr>
<tr><td>非经常性指标扣分</td><td>9%</td></tr>
<tr><td rowspan="5">特定行为 25%</td><td>成员单位信息维护</td><td>3%</td></tr>
<tr><td>账套采集</td><td>3%</td></tr>
<tr><td>行业风险管理</td><td>4%</td></tr>
<tr><td>特殊股权架构</td><td>7%</td></tr>
<tr><td>关联交易及申报</td><td>7%</td></tr>
<tr><td rowspan="4">遵从质量和结果</td><td rowspan="4">整体税负 20%</td><td>增值税行业税负排名</td><td>5%</td></tr>
<tr><td>企业所得税行业税负排名</td><td>5%</td></tr>
<tr><td>增值税税负增长系数</td><td>5%</td></tr>
<tr><td>企业所得税税负增长系数</td><td>5%</td></tr>
</table>

说明：品牌建设和品牌价值分别为 1.5%，取整后调整为 1% 和 2%。

五、指标评价

根据各类指标的定义和权重，设计评价方式以扣分法为主。

(一) 遵从意愿

该项目下指标评价方法如表 9－11 所示。

表 9－11 遵从意愿项目下指标评价方法

二级	三级	分值	评价方法
理念与形象	愿景目标	2	分析企业的愿景、战略目标、业务规划等内容是否具有高度社会责任意识，守法经营导向明确的梯度给予分值
	品牌建设	1	分析企业品牌培育、建设和发展的规划等内容是否符合社会价值导向，是否重视品牌建设给予分值
	品牌价值	2	根据咨询机构公开的企业品牌价值方面信息，或者行业分析报告等信息给予分值
社会信用	企业信用	4	根据企业集团取得政府有关部门、行业组织的资质与表彰等信息，给予分值
	管理层信用	4	根据企业领导层的历史信用记录等（包括董事长、法定代表人、主要负责人、财务负责人等），给予分值
集团管控	管理风格	4	分析企业集团的管理风格，偏向财务管控型、战略管控型、操作（运营）管控型中的哪一种，由低至高给予分值
	职能风险	4	分析企业集团股权结构、组织结构设置情况，各机构承担职能风险是否一致情况，给予分值
税企合作	参与合作	5	根据企业集团是否主动参与税企合作的活动、反馈有关税务部门工作的意见建议，与税务机关交互的情况等，给予分值
	遵从协议	5	根据企业集团历史上签订税收遵从协议情况，给予分值

(二) 遵从能力

该项目下指标评价方法如表 9－12 所示。

表 9－12 遵从能力项目下指标评价方法

二级	三级	分值	评价方法
税务风险内部控制	税务管理职责	1	根据企业集团是否设置税务管理部门和岗位职责设置情况，给予分值
	制度健全	2	分析企业集团税务风险内控制度的建设情况，以及其与财务管理、风险管理、信用管理、危机管理、重大事项信息披露等制度的是否融合一致，给予分值
	控制有效	5	根据企业集团税务风险内控制度的执行情况，判断给予分值
	数字化	2	根据企业集团业务、财务、税务、内部审计等的信息化、数字化情况，给予分值
	数据直连	2	根据税企数据直连及业务联结度，信息公开与透明情况，给予分值

(三) 遵从行为

该项目下指标评价方法如表 9－13 所示。

表 9－13 遵从行为项目下指标评价方法

二级	三级	分值	评价方法
纳税信用等级	整体等级	3	按照企业集团成员单位中 ABMCD 各等级占比，也可结合资产、营收、员工等参数综合计算，给予分值
	非经常性指标扣分	9	根据企业集团成员单位在纳税评估、税务审计、反避税以及税务稽查情况加总；或根据检查结果，结合资产、营收等因素，推算应税已税总体情况（按占总体系数），给予分值
特定行为	成员单位信息维护	3	根据企业集团按期对成员单位信息进行核实和更新情况（时间、完成率、工作质量等），给予分值
	账套采集	3	根据企业集团按期采集成员单位财务账套数据并上报情况（时间、完成率、工作质量等），给予分值
	行业风险管理	4	根据企业集团是否清楚认识和总结行业的经营特征、规律，对行业常见的涉税风险业务专门作出处理和管理，如成品油，农产品收购（如烟叶等），扣除项目管理，税收优惠等，给予分值
	特殊股权架构	7	分析企业集团是否存在特殊目的的股权架构设置，是否有来自避税地的投资主体，是否在特殊经营或税收政策的地区设置的成员单位，是否有特殊目的设立的成员单位等，给予分值
	关联交易及申报	7	分析企业集团成员单位的关联交易及申报或报告情况，含国内关联交易，给予分值

（四）遵从质量和结果

该项目下指标评价方法如表 9－14 所示。

表 9－14 遵从质量和结果项目下指标评价方法

二级	三级	分值	评价方法
整体税负	增值税行业税负排名	5	根据企业集团成员单位在相应行业的增值税税负率排名，（三年平均）综合计算，给予分值
	企业所得税行业税负排名	5	根据企业集团成员单位在相应行业的企业所得税税负率排名，（三年平均）综合计算，给予分值
	增值税税负增长系数	5	根据企业集团成员单位增值税税负与营业收入增长的系数，综合计算，给予分值
	企业所得税税负增长系数	5	根据企业集团成员单位企业所得税税负与营业收入增长的系数，综合计算，给予分值

10. 自然人纳税信用管理的路径选择

在税收领域引入信用管理的目的是促进税收遵从。从税务视角看，首要的是“针对不遵从行为实施哪些惩戒措施强制其遵从”，进而需要考虑的是“税务机关主动实施哪些措施引导纳税人主动遵从”。这也就构成了自然人纳税信用建设的基线目标和升级目标。而从纳税信用管理的发展来看，存在两种可供选择的自然人纳税信用建设路径。但哪种选择更好？如何实现？如何进行信息化建设？

为了促进自然人纳税人依法诚信纳税，提升自然人纳税人的税收遵从度，创新纳税信用服务管理理念和方式，推进税收治理体系和治理能力现代化，探索更为有效的自然人纳税信用管理路径，我们带着上述问题进行了本文的研究。

一、问题的提出

“公务交通、通信补贴可抵扣17280”“填房贷抵扣不如填房租，我成功了”“使用异议申诉及收入删除功能可退税”……

新个税改革实施以来，经历了多个年度汇算后，各类个税退税“山寨”攻略充斥网络，甚至有的还形成了税收舆情。如何解决自然人纳税遵从的问题逐渐提上征管、纳服日程，并显得越来越迫切。

相较于稽查手段的刚性，信用手段虽然在惩戒上烈度不足但影响面更广，再加上其兼具奖惩功能，因而近年来被作为税务稽查的配套手段广泛应用于企业税收管理，发挥了重要作用。

正因为如此，借鉴企业纳税人信用管理的经验，构建税务系统内部体系相对独立的自然人纳税信用管理制度，就成为了自然人纳税信用管理可供选择的第一条路径，本文将之表述为“参照税务系统内部体系的自然人纳税信用管理”。

然而，对于自然人税费而言，同样的纳税信用管理手段能不能发挥同样的作用呢？怎样的信用管理才适用于自然人的税费管理？

跳出企业纳税信用管理的传统思维，站到社会信用管理体系这更高一层次视角，可以得出自然人纳税信用管理的第二条路径：直接用社会信用体系的理论框架来指导自然人纳税信用管理的建设，使之成为我国个人信用体系的重要组成部分。本文将之表述为“直接纳入社会信用管理体系的自然人纳税信用管理”。

二、两条路径简介

根据上文的分析，我国自然人纳税信用管理存在两种路径选择：参照税务系统内部体系和直接纳入社会信用管理体系的自然人纳税信用管理。

（一）路径一：参照税务系统内部体系

当前，我国企业纳税信用管理采取分类评价的方法，形成了较为成熟的管理体系，根据企业相关纳税数据信息对应的纳税信用评价指标进行评分，评分采取扣分制，根据不同的评分结果，共分为A级、B级、C级、D级及M级（新办企业）五个等级。与此同时，评价办法还规定了不能判A和直接判D的情形。数据显示，2020年共评出A级企业172万户，较上年增加46万户，增长37%，比重较上年提高0.96个百分点。B级和M级企业总量稳中有升，2020年B级和M级企业总量2489万户，占评价总户数的84.67%。其中，B级占比提升近2个百分点；M级占比下降0.84个百分点。C级和D级企业总量持续减少，C级和D级企业共计279万户，较上年减少近19万户，在评价总户数中占比9.48%，较上年下降超过2个百分点，连续2年保持下降。评价结果表明，我国企业整体纳税信用状况持续向好。①

分级评价的结果直接应用到税务系统对企业的税收征管相关业务当中，通过限制企业发票数量的领取、升版的核定，退税资质及便利程度，税收优惠资质，办税绿色通道及其他更多服务的分级享受等，直接渗透纳税人涉税业务日常，让纳税人既能比较敏感地尝到高信用等级的“甜头”，也能让纳税人感受到低信用等级的“难受”。

总而言之，企业纳税信用呈现如下特点：企业纳税人纳税数据易采集，数据之间逻辑性、关联性较强，评价指标较容易确定；评价结果在税务系统应用场景丰富，我国企业整体纳税信用状况持续向好。

（二）路径二：直接纳入社会信用体系

中共中央办公厅、国务院办公厅印发的《关于进一步深化税收征管改革的意见》指出，健全守信激励和失信惩戒制度，充分发挥纳税信用在社会信用体系中的基础性作用。税务机关梳理出相应的失信认定机制，借助“大数据”和互联网技术，形成可靠的纳税信用数据，对严重失信行为实行联合惩戒，将纳税信用评价结果的应用场景更多地应用到自然人社会经济活动的方方面面，而不是局限于涉税业务这一方面。

国务院印发的《社会信用体系建设规划纲要（2014—2020年）》从政务诚信、商务诚信、社会诚信和司法公信建设出发，提出了各方面明确的建设目标。其中，商务诚信建设涉及生产、流通、金融、税务、价格、工程建设、政府采购、招标投标、交通运输、电子商务、统计、中介服务业、会展广告14大领域；社会诚信建设涉及医药卫生和计划生育、社会保障、劳动用工、教育科研、文化体育与旅游、知识产权、环境保护和能源节约、社会组

---

① 2020年全国纳税信用评价结果显示——我国企业纳税信用持续向好．国家税务总局办公厅．2020年6月18日．

织、自然人、互联网应用及服务 10 大领域。

可以看出，自然人纳税信用既是商务诚信（税务领域）建设的基础，也是社会诚信（自然人）建设的基础。

在自然人信用建设方面，《社会信用体系建设规划纲要（2014—2020 年）》提出，突出自然人信用建设在社会信用体系建设中的基础性作用，依托国家人口信息资源库，建立完善自然人在经济社会活动中的信用记录，实现全国范围内自然人信用记录全覆盖。

直接纳入社会信用管理体系这一模式的优势在于：其一，严密的信用行为侦查机制将提高失信行为被发现概率的感知，对失信行为的行政性、市场性、行业性或社会性约束和惩戒，将成为制约市场主体（包括个人）行为选择的重要因素；其二，全覆盖的自然人信用记录也更容易将自然人的信息集中起来，增强失信行为被侦查的概率。

三、路径选择分析

本文从基础分析入手，比较企业和自然人的社会活动、征管模式和纳税数据，进而对两种可供选择的路径作出了比较分析，得出自然人纳税信用管理更适合选择整体纳入社会信用体系的路径，进一步在此基础上进行自然人纳税信用管理的目标分析。

（一）基础分析

1. 社会活动特征比较

研究信用，就是研究主体在社会活动中的契约精神、言而有信，离不开从经济、伦理（道德）、法律等角度来考量。

整体比较而言，企业社会活动的目的性、约束性（含自我约束和法律约束）较强，显得更为有序和明显，而自然人的社会活动则由于个体数量更为庞大，目的多元，呈现出随意性、分散性、隐蔽性的特点。

从经济活动角度来看，企业追求经济利益最大化。企业大致分为三类：一类是追求可持续发展的长期性企业，这类企业的目的性、自我约束性都比较强；一类是以追逐各类不当利益为目的而注册的企业，如暴力虚开发票、走逃失联企业；最多数的企业是介于两者之间，追求短期利益，大多数情况下守法经营，但会存在一些不规范甚至是违法的行为。

相较之下，个人难以据此加以分类。一般情况下，个人会有追求利益的驱动，但是情况要复杂得多，时间、地点、社会关系、自然条件等都会影响个人的临时决策。更为重要的是，个人有情感（精神）需求，注重名誉，很多情况下，情感（精神）需求会影响个人对经济利益的选择。

从道德活动角度来看，企业也要简单得多。追逐长期利益的企业更多会承担社会责任，而以不当得利为目的的企业则毫无社会责任可言，介于两者之间的企业往往会考虑承担社会责任对自身当下有什么好处。而个人的道德活动则受很多因素的影响，如受教育水平、个人的价值观、外部环境因素及人性弱点等。

从法律角度来看，企业不仅面临较为成熟的外部法律机制监督，也会受到内部博弈、控制机制的约束；而且这些内外部的监督、约束机制也会更容易对上述三类企业采取针对性的措施。反之，针对个人的法律体系要复杂得多，但即使这样，也难以约束到形形色色的人；

而个人的“内部约束”，主要靠自律，有强有力的自律能力的人是非常少数，大多数人都会跟风，形成“羊群效应”。

总而言之，对企业而言，形成了比较固定的税收经济活动，在税务系统内形成了较成熟的税收道德和法律约束体系，因此，企业纳税信用管理能够在税务系统更好的循环。而自然人既没有形成类似的税务系统内循环体系，更不受相似的因素制约，个人行为，不仅包括经济性的，也包括非经济性的，如公序良俗，也就更广泛地受到其他社会法律体系、道德体系的制约。因此，自然人纳税信用管理，在税务系统内的应用极其稀少，需要直接扩大到整个社会信用体系中去。

2. 税收征管模式比较

税收征管模式是在一定的政治、经济、技术、文化等背景条件下，税务机关采取的相对固定的工作格局。不同的历史时期，针对不同类型的纳税人有着相对不同的征管模式。

针对企业纳税人的税收征管模式是：以票控税、查账征收，以及在此基础上开展的税收稽查。大多数企业纳税人财务健全，实行自主纳税申报缴税。

传统的自然人税收征管模式：以所得支付者为扣缴义务人，实行源泉扣缴为主，自主申报为辅。实践中，绝大多数依靠源泉扣缴。

因此，传统的针对自然人的信用管理，也要依赖对企业纳税人的信用管理，已有的措施也仅限于企业法人、股东、财务负责人、办税员等俗称的“四员”。

而自然人纳税人不仅数量多得多，经济活动更加无序，并呈现出分散、随意、隐蔽等特点。传统的税收征管模式已经不适用，随着我国个税改革的推进，自主申报纳税制度在自然人纳税领域逐步推行，并在年度汇算中全面应用。新的自然人税收模式转变为：“源泉控税、预扣预缴”与“自主申报、汇算清缴”相结合，并呈现出向“自主申报”为主的发展趋势。特别是在未来，房产税改革、社保费改税成为现实后，自然人的自主申报义务范围更广，主体责任越发明显。

税收征管模式的变化，使得自然人的纳税义务更多归于自然人本身，针对自然人的纳税信用管理，也不再仅依靠企业纳税人（扣缴义务人），其税收责任也更加明确地指向自然人纳税义务人，自然人纳税信用管理从此有了更加明确的责任主体。正如“社会活动”部分分析的，主体责任更多地在于自然人以后，便不能仅在税务系统内部管理。

3. 纳税数据特征比较

由于企业与个人活动的本质不同，两者的纳税数据自然也会有较大区别。

目前，企业纳税数据主要包括以下方面：工商（市场监管）部门同步的企业注册相关数据、银行数据、发票数据、财务报表数据、涉税申报数据、税（费）款缴纳数据、纳税评估数据、税务审计数据、反避税调查数据、税收稽查数据、外部信用记录、其他各部门协同数据等。

个人纳税数据则除了上述数据以外，还包括个人的户籍、家庭关系（夫妻、父母、儿女、兄弟姐妹）、房贷、医疗、教育、收入情况、个人财产（动产、不动产、股权、专利权等）等。

因此，自然人纳税数据相比企业纳税数据覆盖范围更广，但也显得更加碎片化和分散，需要更多政府机关、金融机构、行业协会等的协助，自然人纳税信用管理需要置于视角更大的社会信用体系中去。

（二）路径分析

1. 企业信用离不开社会信用体系

首先，企业纳税信用体系的相对独立性是历史发展的结果。“摸着石头过河”是我国探索新事物发展的一条伟大经验。在信用体系建设方面也是如此。企业纳税信用体系与社会信用体系全面发展同步进行。2014 年 6 月 14 日，《社会信用体系建设规划纲要（2014—2020 年）》的颁布标志着我国社会信用体系进入全面发展阶段。不到一个月后的 2014 年 7 月 4 日，《纳税信用管理办法（试行）》和《重大税收违法案件信息公布办法（试行）》同时发布；2014 年 12 月 30 日，《关于对重大税收违法案件当事人实施联合惩戒措施的合作备忘录》（发改财金〔2014〕3062 号）发布。由此可见，企业纳税信用领域是社会信用体系建设比较早、比较系统的领域，它的建设既有其自身的相对独立性，又在一定程度上作为社会信用体系的基础内容与之互通共享。这种相对独立性，是“摸着石头过河”这一历史发展的结果。

其次，企业纳税信用需要社会信用体系来彰显威力。在企业纳税信用领域，《社会信用体系建设规划纲要（2014—2020 年）》明确提出的税务领域信用建设的目标，大部分内容已经建设落地。目前，相对成熟的企业纳税信用管理体系是社会信用体系中税务领域信用建设的主体。国家公共信用信息中心发布 2018 年失信黑名单年度分析报告显示，截至 2018 年年底，国家税务总局累计公布税收违法案件 16642 件，限制融资授信共 12920 户，阻止欠税人员出境 128 人次；开展联合惩戒以来，1417 户税务“黑名单”当事人主动缴清税款、滞纳金和罚款后从“黑名单”中撤出。① 这些信息，均是企业纳税信用领域的成果拓展到社会信用体系的共享应用。

2. 实践表明企业信用老路行不通

自然人纳税体系至今尚未真正建立，仍属于纸面上的“由国家税务总局另行规定”。从发展历程来看，企业纳税信用体系有着历史原因的相对独立性，而自然人纳税体系依靠后发优势，已不需要自身的“摸石头过河”。

实践中，也有一些地方曾参照企业纳税信用积分制的分类评价方式，制定了自然人纳税信用管理办法和自然人纳税信用评价指标，但难以推广和应用，以至于不了了之。

为什么行不通呢？从情感上来说，自然人无法接受通过评分划分为“三六九等”。从法律角度来说，自然人失信认定更应强调过往失信事实的存在，没有法律依据的不能认定为失信行为，非经法定程序不得认定为失信行为。上文也已分析，分散、随意、隐蔽的自然人纳税失信恰恰需要社会信用体系强大的威慑效应来治理。因此，在自然人纳税信用领域，直接应用成熟的社会信用体系的理论指导更加有效。

3. 社会信用体系更彰显惩戒威力

社会信用体系是社会主义市场经济体制和社会治理体制的重要组成部分。它以法律、法规、标准和契约为依据，以健全覆盖社会成员的信用记录和信用基础设施网络为基础，以信用信息合规应用和信用服务体系为支撑，以树立诚信文化理念、弘扬诚信传统美德为内在要

① 国家公共信用信息中心发布 2018 年失信黑名单年度分析报告．国家公共信用信息中心．2019 年 2 月 18 日．

求，以守信激励和失信约束为奖惩机制，目的是提高全社会的诚信意识和信用水平。

有学者研究认为，“感知到不诚信行为将受到巨大惩罚并不会有效地减少不诚信行为，但如果民众知觉到不诚信行为有非常高的被侦查出来（发现）的概率，则可以有效地减少不诚信行为”。[①] 这就是说，如果仅在税务系统内，自然人的不诚信行为传播范围非常窄，不容易被纳税人感知失信行为已经被发现；只有扩展到整个社会领域，才会起到“一处失信、处处受限”的效果。

社会信用体系进入良性运行的最基本标志是社会失信惩戒机制的形成。而社会信用体系就有着这样的优势，严密的信用行为侦查机制、多部门数据协同将提高失信行为被发现概率的感知，显著影响市场主体（包括个人）的“期望值”；完备的、以强制力为基础的法律制度有力保障相关行为被侦查后惩戒制度的实现；对失信行为的行政性、市场性、行业性或社会性约束和惩戒，将对市场主体（包括个人）的生产生活产生较大的实际影响，这些影响既包括经济性的，也包括荣誉性的，成为制约市场主体（包括个人）行为选择的重要因素。

我国现有 60 多个部门累计签署 51 个联合奖惩合作备忘录，推出联合奖惩措施 100 多项。[②] 截至 2019 年 6 月底，全国法院累计发布失信被执行人名单 1443 万例，累计限制乘坐飞机约 2682 万人次，限制乘坐列车高等级席次约 596 万人次，437 万法院失信被执行人慑于信用惩戒主动履行义务。[③]

4. 社会信用体系可带来巨大效用

首先，选择纳入社会信用体系，将使整个社会信用体系建成与央行征信体系相媲美的另一亿级信用主体的新的信用重点领域，将大大有利于营商环境、社会治理的改善。

其次，选择纳入社会信用体系扩展了智慧税务建设的眼界与视野。智慧税务与“信用中国”建设相融合，将叠加出更加广阔的天地，让智慧税务与“信用中国”建设更有作为。

5. 纳入社会信用体系是发展必然

综上所述，自然人纳税信用管理直接纳入社会信用管理体系是我国社会信用体系建设发展的必然；与此同时，自然人纳税信用管理体系与企业纳税信用管理体系一道，成为税收信用领域的两大体系。

针对自然人纳税信用管理体系的建设，税务机关梳理出相应的失信认定机制，借助“大数据”和互联网技术，形成可靠的纳税信用数据，对严重失信行为实行联合惩戒，将纳税信用评价结果的应用场景更多地应用到自然人社会经济活动的方方面面，并借助“大数据”和互联网技术，建设自然人纳税信用管理体系管理平台。与此同时，建设以纳税人为中心的系统自动触发的纳税信用修复机制，形成“进要缓、出要快”的自然人纳税信用管理机制。

综上所述，我们提出自然人纳税信用管理体系建设的阶段性目标：基线目标和升级目标。前者设计针对自然人纳税严重失信行为的可落地的惩戒措施。后者进一步设计引导自然人税收主动遵从的激励和惩戒措施。

---

① 陈丽君．中国社会信用监督体系构建研究．浙江大学出版社，2020 年 8 月：P8.

② 韩家平．关于加快社会信用立法的思考与建议．征信，2019（5）.

③ 全国法院已累计发布失信被执行人名单 1443 万人次．中国新闻网，2019 年 07 月 16 日 https：//www. chinanews. com. cn/gn/2019/07 – 16/8895902. shtml.

（三）目标分析

自然人税收遵从与否是纳税信用管理的直接内容。本研究课题中，自然人税收遵从，仅指自然人纳税遵从，也就是自然人纳税人依照税收法律规范的规定履行纳税义务。

1. 基线目标

基线目标围绕解决“针对不遵从行为实施哪些惩戒措施强制其遵从”这一首要问题，着重分析自私性不遵从与严重失信行为的关联关系，进而设计针对自然人纳税严重失信行为可落地的惩戒措施。

基线目标的具体内容：对严重失信当事人实行联合惩戒。

基线目标信息化建设的重点是建设自然人涉税严重失信主体公示平台。

2. 升级目标

升级目标围绕“主动实施哪些措施引导纳税人主动遵从”这一问题，在基线目标的基础上，建立一套以国家社会信用体系建设理论为指导，自成体系又与多部门协同共治的自然人纳税信用管理体系，实现税务领域信用体系建设迈上新台阶。

升级目标的信息化建设重点就是在总局层面建设两大基础平台：自然人纳税信用数据平台和自然人纳税信用管理平台。

可以看出，基线目标是局部目标，升级目标是整体目标；基线目标是关键性目标，升级目标是系统性目标；基线目标是先行性目标，升级目标是全局性目标。

四、失信行为认定机制

建立自然人纳税失信行为认定机制是自然人纳税信用建设的核心内容，已在国家发展改革委办公厅、国家税务总局办公厅联合发布的《关于加强个人所得税纳税信用建设的通知》（发改办财金规〔2019〕860 号）中明确提出。通知指出，对于违反《中华人民共和国税收征管法》《中华人民共和国个人所得税法》以及其他法律法规和规范性文件，违背诚实信用原则，存在偷税、骗税、骗抵、冒用他人身份信息、恶意举报、虚假申诉等失信行为的当事人，税务部门将其列入重点关注对象，依法依规采取行政性约束和惩戒措施；对于情节严重、达到重大税收违法失信案件标准的，税务部门将其列为严重失信当事人，依法对外公示，并与全国信用信息共享平台共享。

（一）失信行为认定基础

1. 失信行为基本定义

自然人纳税失信行为，是指自然人不履行或者违背法定纳税义务的行为。“法律是底线的道德”，是民众需要共同遵守且无须签订的最重要的“社会契约”，遵守税收法律、履行纳税义务是税收诚信的底线要求。

2. 认定机制基本原则

失信行为认定的基本原则是依法界定。即应当以违背法律法规的失信事实为依据，经法定程序认定的涉税行为，为纳税失信行为。没有法律依据的不能认定为失信行为，非经法定程序不得认定为失信行为。

《国务院办公厅关于进一步完善失信约束制度构建诚信建设长效机制的指导意见》（国办发〔2020〕49号）提出，行政机关认定失信行为必须以具有法律效力的文书为依据。可认定失信行为的依据包括：生效的司法裁判文书和仲裁文书、行政处罚和行政裁决等行政行为决定文书，以及法律、法规或者党中央、国务院政策文件规定可作为失信行为认定依据的其他文书。

3. 失信行为基本分类

综合现行法律规定、失信行为的性质及程度，自然人纳税失信行为可以划分为轻微、较重和严重三个级别。

轻微失信行为包括已经依照简易程序作出行政处罚的纳税失信行为，以及列入“首违不罚”涉税事项清单的纳税失信行为。简易程序又叫当场处罚程序，适用于事实清楚、情节简单、后果轻微的行政违法行为的行政处罚。

较重失信行为是指介于轻微与严重失信行为之间，既不适用“首违不罚”原则，也不适用简易程序作出行政处罚，又未达到严重失信行为标准的纳税失信行为。

严重失信行为是指达到重大税收违法失信案件标准的纳税失信行为。2018年，修订后的《个人所得税法》规定，有关部门依法将纳税人、扣缴义务人遵守本法的情况纳入信用信息系统，并实施联合激励或者惩戒。此举意味着纳税失信联合惩戒上升至国家法律层级，具有更高的法律效力和更大的震慑威力，纳税信用立法取得重大突破。

（二）失信行为认定标准

1. 轻微失信行为标准

轻微失信行为标准：根据《中华人民共和国行政处罚法》的规定，违法事实确凿并有法定依据，对公民处以五十元（含）以下、对法人或者其他组织处以一千元（含）以下罚款或者警告的行政处罚的，可以当场作出行政处罚决定。

责令限期改正的期限：税务机关实施行政处罚时，应当责令当事人改正或者限期改正违法行为，责令限期改正的期限一般不超过三十日。

首违不罚原则：当事人首次违反且情节轻微，并在税务机关发现前主动改正的或者在税务机关责令限期改正的期限内改正的，不予行政处罚。

2. 较重失信行为标准

较重失信行为应采用清单管理制度，实行适时更新的信用目录化动态管理。对于清单中的涉税行为，存在偷税、骗税、骗抵、冒用他人身份信息、恶意举报、虚假申诉等失信行为的当事人，税务部门将其列入重点关注对象，依法依规采取行政性约束和惩戒措施。当事人包括失信行为主体，也包括相关当事人。比如发生严重失信行为的企业的办税员，并不是失信行为主体，但应该被列入重点关注对象。

重点关注对象是指在税务领域发生较重失信行为或多次发生轻微失信行为但尚未达到“黑名单”认定标准的主体。相关主体列入重点关注名单，并依法实施与其失信程度相适应的失信联合惩戒。被列入重点关注名单的对象则可以通过主动到税务机关接受处理、协助办案作出立功表现等，撤出重点关注名单后作撤销监管处理。

重点关注名单信息共享至全国信用信息共享平台，有选择地对外公开。税务部门通过适当方式，向重点关注名单主体发出警示并提示重点关注有效期。根据目前各地、各领域的试点，重点关注有效期一般为自公布之日起 12 个月；情节严重的延长期限一般不超过 12 个月。

3. 严重失信行为标准

根据《重大税收违法失信主体信息公布管理办法》（国家税务总局令第 54 号）第六条，“重大税收违法失信主体”（以下简称失信主体）是指有下列情形之一的纳税人、扣缴义务人或者其他涉税当事人（以下简称当事人）：

（1）伪造、变造、隐匿、擅自销毁账簿、记账凭证，或者在账簿上多列支出或者不列、少列收入，或者经税务机关通知申报而拒不申报或者进行虚假的纳税申报，不缴或者少缴应纳税款 100 万元以上，且任一年度不缴或者少缴应纳税款占当年各税种应纳税总额 10% 以上的，或者采取前述手段，不缴或者少缴已扣、已收税款，数额在 100 万元以上的；

（2）欠缴应纳税款，采取转移或者隐匿财产的手段，妨碍税务机关追缴欠缴的税款，欠缴税款金额 100 万元以上的；

（3）骗取国家出口退税款的；

（4）以暴力、威胁方法拒不缴纳税款的；

（5）虚开增值税专用发票或者虚开用于骗取出口退税、抵扣税款的其他发票的；

（6）虚开增值税普通发票 100 份以上或者金额 400 万元以上的；

（7）私自印制、伪造、变造发票，非法制造发票防伪专用品，伪造发票监制章的；

（8）具有偷税、逃避追缴欠税、骗取出口退税、抗税、虚开发票等行为，在稽查案件执行完毕前，不履行税收义务并脱离税务机关监管，经税务机关检查确认走逃（失联）的；

（9）为纳税人、扣缴义务人非法提供银行账户、发票、证明或者其他方便，导致未缴、少缴税款 100 万元以上或者骗取国家出口退税款的；

（10）税务代理人违反税收法律、行政法规造成纳税人未缴或者少缴税款 100 万元以上的；

（11）其他性质恶劣、情节严重、社会危害性较大的税收违法行为。

根据《重大税收违法失信主体信息公布管理办法》，税务机关应当通过国家税务总局各省、自治区、直辖市、计划单列市税务局网站向社会公布失信主体信息，根据本地区实际情况，也可以通过税务机关公告栏、报纸、广播、电视、网络媒体等途径以及新闻发布会等形式向社会公布。

国家税务总局归集各地税务机关确定的失信主体信息，并提供至“信用中国”网站进行公开。

失信主体信息自公布之日起满 3 年的，税务机关在 5 日内停止信息公布。

对按规定向社会公布信息的失信主体，税务机关将失信信息提供给相关部门，由相关部门依法依规采取失信惩戒措施。

综上所述，较重失信行为和严重失信行为的监管惩戒主要有三个方面的区别：一是列入对象不同。通常情况下，严重失信行为只列入案件当事人及其法定代表人，而重点关注对象不仅会列入上述人员，还将符合标准的关联企业和自然人一并列入。二是应对方式不同。严重失信行为主体将受到人民银行、出入境管理部门等 32 个部门的严厉惩戒，包括限制出入境、融资受限、限制乘坐高铁、飞机等措施。而被列入重点关注名单的对象主要是受到税务机关的监管。三是撤出机制不同。被列入联合惩戒的对象无法撤出，但可以在缴清税款、罚款和滞纳金后解除联合惩戒措施。被列入重点关注名单的对象则可以通过主动到税务机关接受处理、协助办案作出立功表现等，撤出重点关注名单后作撤销监管处理。

五、基线目标分析

基线目标聚焦于自然人纳税人的税收不遵从行为，解决“针对不遵从行为实施哪些惩戒措施强制其遵从”这一首要问题。

（一）基线目标设计分析

1. 税收不遵从分析

税收不遵从包括无知性不遵从、情感性不遵从和自私性不遵从，不同的类型对应着不同的特点。

首先，无知性不遵从是指纳税人不懂税法，不清楚自己究竟申报哪些税种等而非故意地少报、漏报税款以及不缴或少缴税等行为。这就是通常所指的漏税。无知性不遵从是被动形成的，不以偷漏税来追逐自身利益为目标。因此，这类不遵从行为应该以教育、培训为主。这类行为往往补缴税款的遵从度比较高，补缴以后不需要纳入联合惩戒。

其次，情感性不遵从是指纳税人对与纳税相关的一些事物不满意，包括对政府不满意，对财政支出的使用方向不满意，对税收制度的某些不公平不满意，对税收执法粗暴的不满意，对自身权利缺乏保障不满意，为发泄各种不满情绪，有意识地逃避纳税。抗税是情感性不遵从的一种表现形式。情感性不遵从也不以追逐个人利益为目标，而是为了发泄情绪。要减少这类税收不遵从的发生，需要完善税制，减少税法漏洞，为纳税人遵从打造一个公平的制度环境；提高税务机关执法水平，优化税收执法环境；优化纳税服务，提升纳税人的获得感；完善用税监督机制，增强政府用税透明度等。

最后，自私性不遵从是指纳税人将自身利益与公共利益对立起来，且为自身利益千方百计逃避纳税义务。它以追逐个人利益为目标，偷税、骗税是自私性不遵从的主要表现形式，其社会危害程度也是显而易见的，这类行为如果不加以及时的惩戒，将对税收管理造成持续的危害。因此，自私性不遵从且程度严重的，是纳入社会信用体系的自然人纳税信用管理、实行联合惩戒的重点，也是本文基线目标关注的重点。

2. 提升遵从度分析

从提升纳税遵从的因素来看，包括税收威慑与社会契约。税收威慑是提升纳税遵从重要力量，但不论是稽查还是罚款，在自然人方面的应用比在企业要难得多。纳税人数量多，地区差异性大，人口流动性大……自然人社会活动的随意性、分散性、隐蔽性等特点，让税务机关如何找到被查的自然人违法对象是稽查或罚款的第一道难题，而企业则相对容易找得多。而第二道难题，就是在自然人分散、无序的经济活动中形成的量多而凌乱的原始数据基础上如何厘清自然人的纳税义务。显然，这些难题大大加大了稽查的成本。

因此，与企业税收征管的差异在于，自然人税收征管由于没有强有效的稽查手段保驾护航，需要基于社会契约理论的信用管理直接作为惩戒手段直面不遵从行为。

“人无信不立”。信用管理，讲的就是对契约的遵从：首先，不管是传统中华文化还是现代契约精神，都从道德层面对信用加以约束；其次，信用管理也必然建立起一套规则，来实现“让守信者一路畅通、让失信者寸步难行”。因此，信用管理是促进纳税人依法诚信纳税、提升税收遵从度，提升税收治理现代化的伟大创新实践。

（二）基线目标具体内容

从以上分析可以看出，基线目标即是通过信用手段来重点监管自然人纳税人的自私性税收不遵从行为。基线目标的具体内容：对严重失信当事人实行联合惩戒。失信联合惩戒机制是建立和维护良好信用秩序，保障社会信用体系正常运行的核心机制之一。

1. 联合惩戒基本原则

惩戒，意思是惩治过错，警戒未来。失信惩戒，就是惩罚失信，以示警醒、告诫，预防和制止失信行为的发生，或再次发生。失信联合惩戒，是指两个或两个以上行政机关和法律法规授权的具有管理社会公共事务职能的组织，依法对被列入失信联合惩戒对象名单的信用主体及其特定失信行为，协同实施失信惩戒措施的一种信用监管方式。它的实质是通过施加某种特殊措施，以减损被联合惩戒失信主体的权利或者增加被联合惩戒失信主体的义务。通过失信联合惩戒，将单一部门在单一领域的惩戒延伸扩展到多个部门、多个领域协同实施惩戒，实现失信主体“一处失信，处处受限”。

实施联合惩戒应该坚持“进要缓”，因此，应遵循以下基本原则：

（1）惩戒法定。凡涉及失信惩戒的重大事项，必须由法律、法规作出明确规定，包括实施主体法定、惩戒对象法定、惩戒措施法定、惩戒程序法定和救济方式法定等，实现制度合法性与管制有效性之间的平衡。

（2）标准统一。制定全国统一、科学合理、切实可行的失信惩戒相关标准，包括失信惩戒对象名单认定标准等。

（3）程序规范。应当严格规范失信惩戒对象名单的认定程序、失信惩戒措施清单制定程序、失信惩戒措施实施程序等。

（4）信息共享。联合惩戒，关键在于“协同”，而协同的纽带是信用信息的共享。信用信息共享是失信惩戒的前提条件和技术支撑，是保障失信惩戒机制协调有效运行的关键所在。

（5）公开透明。凡涉及失信惩戒对象、措施、实施主体等的法律依据、标准规范、程序规定、异议申诉等均应依法公开。有关失信惩戒的法律、法规、规章、规范性文件的制定，应当公开征求社会公众意见。

（6）范围可控。严格将失信联合惩戒当事人限制在失信联合惩戒对象名单以内，严格将失信联合惩戒措施实施主体限制在法律法规授权以内，严格将失信联合惩戒措施限制在失信联合惩戒措施清单以内，坚守“清单之外无失信联合惩戒”红线，防止失信联合惩戒措施被泛化和滥用。

（7）过惩相当。失信联合惩戒应当与信用主体失信行为的事实、性质、情节和社会危害程度相适应，避免畸轻畸重。

（8）期限明确。失信联合惩戒实施部门应该按照国家有关规定，明确告知当事失信主体对其实施失信联合惩戒措施的期限。

（9）依法退出。纳税信用应有合理的修复机制，联合惩戒应有合理的退出机制。失信联合惩戒期满，或者经法定程序进行信用修复，或者符合其他退出条件的情形，相关信用主体应该被移出失信联合惩戒对象名单，停止对其实施失信联合惩戒措施。

（10）法律救济。被实施失信联合惩戒的信用主体认为自己的人身权、财产权等因该措施受到侵害时，可以依法行使行政诉讼、申请国家赔偿等。而与被实施失信联合惩戒更为相关的是异议申诉。

2. 联合惩戒主要措施

国家发展改革委办公厅、国家税务总局办公厅联合发布的《关于加强个人所得税纳税信用建设的通知》（发改办财金规〔2019〕860 号）指出，对个人所得税严重失信当事人实施联合惩戒。税务部门与有关部门合作，建立个人所得税严重失信当事人联合惩戒机制，对经税务部门依法认定，在个人所得税自行申报、专项附加扣除和享受优惠等过程中存在严重违法失信行为的纳税人和扣缴义务人，向全国信用信息共享平台推送相关信息并建立信用信息数据动态更新机制，依法依规实施联合惩戒。

目前，自然人纳税信用联合惩戒措施主要依据有《最高人民法院关于公布失信被执行人名单信息的若干规定》及《关于对重大税收违法案件当事人实施联合惩戒措施的合作备忘录》（发改财金〔2016〕2798 号，以下简称税收联合惩戒备忘录）等。

根据《最高人民法院关于公布失信被执行人名单信息的若干规定》第一条的规定，被执行人未履行生效法律文书确定的义务，并具有下列情形之一的，人民法院应当将其纳入失信被执行人名单，依法对其进行信用惩戒：（一）有履行能力而拒不履行生效法律文书确定义务的；（二）以伪造证据、暴力、威胁等方法妨碍、抗拒执行的；（三）以虚假诉讼、虚假仲裁或者以隐匿、转移财产等方法规避执行的；（四）违反财产报告制度的；（五）违反限制消费令的；（六）无正当理由拒不履行执行和解协议的。

税收联合惩戒备忘录规定，联合惩戒对象为税务机关根据《国家税务总局关于修订〈重大税收违法案件信息公布办法（试行）〉的公告》（国家税务总局公告 2016 年第 24 号）[①] 等有关规定，公布的重大税收违法案件信息中所列明的当事人（以下简称当事人）。当事人为自然人的，惩戒的对象为当事人本人。合作备忘录公布了 28 项联合惩戒措施，其中涉及自然人纳税人的有 21 项：

（1）阻止出境：对欠缴查补税款的当事人，在出境前未按照规定结清应纳税款、滞纳金或者提供纳税担保的，税务机关可以通知出入境管理机关阻止其出境。

（2）限制担任相关职务：因税收违法行为，触犯刑事法律，被判处刑罚，执行期满未逾五年的当事人，由工商行政管理等部门限制其担任企业的法定代表人、董事、监事及经理。

（3）金融机构融资授信参考：对公布的重大税收违法案件信息，鼓励征信机构依法采集并向金融机构提供查询，引导商业银行、证券期货经营机构、保险公司等金融机构按照风险定价原则，将重大税收违法信息作为对当事人提供金融服务的重要参考。

（4）禁止部分高消费行为：对有履行能力但拒不履行的严重失信主体实施限制购买不动产、乘坐飞机、乘坐列车软卧、G 字头动车组全部座位和其他动车组一等以上座位、旅游度假、入住星级以上宾馆及其他高消费行为等措施。

---

① 该文件现已废止，新文件为《国家税务总局关于发布〈重大税收违法失信案件信息公布办法〉的公告》（国家税务总局公告 2018 年第 54 号）。

（5）向社会公示：通过“信用中国”网站和国家企业信用信息公示系统向社会公示重大税收违法案件信息。

（6）限制取得政府供应土地：由国土资源管理部门根据税务机关公布的重大税收违法案件信息，对当事人在确定土地出让、划拨对象时予以参考，进行必要限制。

（7）依法禁止参加政府采购活动：对公布的重大税收违法案件当事人，在一定期限内依法禁止参加政府采购活动。

（8）限制证券期货市场部分经营行为：证券监督管理部门在办理以下业务时，将重大税收违法案件信息作为进行限制的重要参考：发起设立或参股各类私募基金管理机构或私募基金等；证券公司、基金管理公司、期货公司设立及变更持有5%以上股权的股东、实际控制人审批。

（9）限制保险市场部分经营行为：在进行保险公司、保险资产管理公司股东资质审核时，将重大税收违法案件信息中所列明的当事人的失信状况作为重要参考依据；在审批保险公司董事、监事及高级管理人员任职资格时，将重大税收违法案件信息中所列明的当事人的失信状况作为重要参考依据。

（10）禁止受让收费公路权益：对公布的重大税收违法案件当事人，不得受让收费公路权益。

（11）依法依规限制政府性资金支持：对公布的重大税收违法案件当事人，依法依规限制政府性资金支持。

（12）通过主要新闻网站向社会公布：国家税务总局在门户网站公布重大税收违法案件信息的同时，通过主要新闻网站向社会公布。

（13）从严控制生产许可证发放：对公布的重大税收违法案件当事人，从严审核行政许可审批项目，从严控制生产许可证发放。

（14）限制从事互联网信息服务：对公布的重大税收违法案件当事人，限制从事互联网信息服务。

（15）依法限制参与有关公共资源交易活动：对公布的重大税收违法案件当事人，依法限制参与有关公共资源交易活动。

（16）依法限制参与基础设施和公用事业特许经营：对公布的重大税收违法案件当事人，依法限制参与基础设施和公用事业特许经营。

（17）对失信注册执业人员等实施市场和行业禁入：对公布的重大税收违法案件当事人失信行为负有直接责任的注册执业人员等实施市场和行业禁入措施。

（18）撤销荣誉称号，取消参加评先评优资格：及时撤销重大税收违法当事人及其法定代表人、负责人、高级管理人员和对税收违法行为负有直接责任的董事、股东等人员的荣誉称号，取消参加评先评优资格。

（19）支持行业协会商会对失信会员实行警告、行业内通报批评、公开谴责、不予接纳、劝退等：建立健全行业自律公约和职业道德准则，推动行业信用建设。引导行业协会商会完善行业内部信用信息采集、共享机制，将严重失信行为记入会员信用档案。鼓励行业协会商会与有资质的第三方信用服务机构合作，开展会员企业信用等级评价。支持行业协会商会按照行业标准、行规、行约等，视情节轻重对失信会员实行警告、行业内通报批评、公开谴责、不予接纳、劝退等惩戒措施。

（20）限制在认证行业执业：对公布的重大税收违法案件的相关人员，限制在认证行业执业。

（21）其他：对公布的重大税收违法案件当事人，相关部门和社会组织在行政许可、新增项目审批核准、强制性产品认证、授予荣誉等方面予以参考，进行必要的限制或者禁止。

六、升级目标分析

坚持系统观念是党的十九届五中全会提出的“十四五”时期经济社会发展必须遵循的原则之一。自然人纳税信用管理也要坚持系统观念，置身于社会信用体系的整体，系统、完整地看待发展的问题。因此，本文的升级目标就是要在基线目标的基础上，建立一套以国家社会信用体系建设理论为指导，自成体系又与多部门协同共治的自然人纳税信用管理体系，实现税务领域信用体系建设迈上新台阶。

（一）升级目标主要内容

自然人纳税信用管理体系建设升级目标的主要内容有：

（1）完善自然人纳税信用日常管理机制。主要包括建立统一的自然人社会信用代码；大力推广自主申报纳税制度；积极推广信用承诺制度；做好纳税信用目录管理，健全纳税信用记录。

（2）建立并不断完善联合激励与联合惩戒机制。对守信的涉税自然人给予联合激励，提供更多便利和机会；对失信的行为列入重点关注对象或者进行联合惩戒。

（3）建立健全自然人纳税信用保护救济机制。强化信息安全，依法保护自然人纳税信用信息、合法权益和个人隐私；建立健全纳税信用修复机制。

本节主要讨论除基线目标已经讨论过的其他内容。

（二）完善日常管理机制

1. 统一社会信用代码

没有统一的社会信用代码，信用信息结果表示不一且无法实现信用信息的交换共享，信用监管协同将难度巨大，联合激励与惩戒机制将难以高效运行。目前，我国已经对法人和其他组织建立了统一的全国社会信用代码，截至 2018 年年底，统一社会信用代码已经覆盖所有法人和非法人组织，总赋码数超 1 亿，存量代码转换率达到 100%，[①] 为全面实现社会信用体系建设信息化、智慧化、现代化打下了基础。不过，在自然人社会信用领域，尚没有建立统一的自然人社会信用代码。从现状来看，得益于个人所得税改革的推进，目前在税务系统已经基本建立起了自然人纳税人识别号，以此为基础建立统一的自然人社会信用代码是比较现实的选择，以统一社会信用代码为标识，整合形成完整的自然人信用记录。

自然人纳税人识别号，是自然人纳税人办理各类涉税事项的唯一代码标识。自然人纳税人办理纳税申报、税款缴纳、申请退税、开具完税凭证、纳税查询等涉税事项时应当向税务

① 韩家平．关于加快社会信用立法的思考与建议．征信，2019（5）．

机关或扣缴义务人提供纳税人识别号。

有中国公民身份号码的，以其中国公民身份号码作为纳税人识别号；没有中国公民身份号码的，由税务机关赋予其纳税人识别号。纳税人首次办理涉税事项时，应当向税务机关或者扣缴义务人出示有效身份证件，并报送相关基础信息。税务机关应当在赋予自然人纳税人识别号后告知或者通过扣缴义务人告知纳税人其纳税人识别号，并为自然人纳税人查询本人纳税人识别号提供便利。

2. 大力推广自主申报

信用主体是信用关系的参与者、信用权利的享有者、信用义务的履行者和信用责任的承担者。社会信用主体既是社会信用管理相对人，也是社会信用体系的建设者。而作为最为基本的信用主体，自然人在社会信用体系中的作用尤为重要。信用关系的本质是人与人之间的关系。诚信问题，归根结底是人的问题。个人诚信体系建设是社会信用体系建设的基石。因此，强化信用主体责任也是社会信用体系建设的基础。

强化自然人纳税信用主体责任，要先大力推广自主申报纳税制度。新一轮个税改革以来，自然人自行申报有了法定情形，以取得综合所得年度汇算为代表的自然人自行申报已经普及。截至 2020 年 6 月 30 日，第一个综合所得年度汇算实际参加人数为 1.3 亿。截至 2021 年 5 月中旬，个人所得税 App 用户近 2 亿，安卓系统累计下载安装量达 31 亿次。让更多的人接触税收、了解税收，是提高税收遵从度的有力保障。因此，应该在现行基础上，进一步推广自主申报纳税制度。

一是在个人所得税范畴内，要进一步强化除综合所得以外的其他分类所得的自主申报纳税义务，建立“源泉控税、预扣预缴”与“自主申报、汇算清缴”相结合的税制体系。

二是在其他涉及自然人纳税义务的税种范畴内，强化自然人纳税人的自主申报纳税义务。

三是推广预填申报制度，优化技术手段，让自然人自主申报纳税更加直接明了，简捷方便。

3. 积极推广信用承诺

强化自然人纳税信用主体责任，还要积极推广信用承诺制度，营造“人人讲信用，事事守信用”的诚实、自律、守信、互信的社会信用环境。

《国务院办公厅关于加快推进社会信用体系建设 构建以信用为基础的新型监管机制的指导意见》（国办发〔2019〕35 号）提出，在办理适用信用承诺制的行政许可事项时，申请人承诺符合审批条件并提交有关材料的，应予即时办理。申请人信用状况较好、部分申报材料不齐备但书面承诺在规定期限内提供的，应先行受理，加快办理进度。书面承诺履约情况记入信用记录，作为事中、事后监管的重要依据，对不履约的申请人，视情节实施惩戒。要加快梳理可开展信用承诺的行政许可事项，制定格式规范的信用承诺书，并依托各级信用门户网站向社会公开。鼓励市场主体主动向社会作出信用承诺。支持行业协会商会建立健全行业内信用承诺制度，加强行业自律。

目前，我国信用承诺广泛应用，截至 2020 年 1 月，全国归集各类信用承诺记录超过 600 万条，其中，深圳在市场准入负面清单中明确信用承诺备案制，使行政审批的时间缩短了 50%~90%。截至 2020 年 10 月 20 日，全国有 27 个省份都建立了“信用承诺”专栏，其中

9省份有详细分类，分别是河南、天津、福建、上海、湖南、吉林、山东、江西、重庆。[①] 从内容和签署上来看，承诺内容一般包括承诺遵纪守法、陈述信用状况、承诺材料真实以及违反后责任，信用承诺本身则一般都是由相应的行政机关提供格式文本。信用承诺的签署和履行情况都会被当作信用信息予以记录。

在税务领域，纳税人在税务机关办理税务登记、行政确认、税收减免等依申请的税务事项要求提供证明材料时实行证明事项告知承诺制，以税务机关清楚告知、纳税人诚信守诺为重点，推动形成标准公开、规则公平、预期明确、各负其责、信用监管的税收治理模式，在办理适用信用承诺制的税务行政许可事项时，申请人承诺符合审批条件并提交有关材料的，应予即时办理。

积极推广信用承诺制度，既可从制度层面进一步解决纳税人办事繁、办税难等问题，持续优化税收营商环境，又可以创新纳税信用服务管理理念和方式，推进税收治理体系和治理能力现代化。《税务总局等十三部门关于推进纳税缴费便利化改革优化税收营商环境若干措施的通知》提出，压减纳税缴费时间和纳税次数。对标国际先进水平，进一步优化纳税缴费流程、精简申报资料，试行税务证明事项告知承诺制，进一步减少证明材料。

积极推广信用承诺制度，核心是加强事后监管。书面承诺履约情况记入信用记录，作为事中、事后监管的重要依据，对不履约的申请人，根据虚假承诺认定处理文书确定为失信信息，并视情节实施联合惩戒。

4. 健全纳税信用记录

我国对社会信用信息实行目录管理。全面实行信用信息目录化管理是推进社会信用体系建设的一项重大制度创新。信用信息目录的编制是社会信用体系建设的一项先导性工程和基础性工作。有了信用信息目录，明确信用信息的来源、事项、范围、属性、类别、关系、格式等，也就能够保障信用信息来源和质量。信用信息目录既是信用信息采集、记录、存储、加工、传递、共享、公开、查询、应用、修复、安全管理和权益维护等动态信息流机制的指引，也是信用信息库这一静态信息池建设的指引。

编制信用信息目录是一项系统工程。税务机关应该充分发挥自身优势，开创性地建立起自然人纳税信用信息目录：以自然人纳税人识别号为唯一标识，以个人所得税纳税申报记录、专项附加扣除信息报送记录、违反信用承诺和违法违规行为记录为重点，明确自然人纳税信用信息的来源、事项、范围、属性、类别、关系、格式等，全面建立自然人纳税信用信息采集、记录、存储、加工、传递、共享、公开、查询、应用、修复、安全管理和权益维护等动态信息流机制，在此基础上形成静态信息池的自然人纳税信用信息库，反哺动态信息流机制，相辅相成健全纳税信用记录，为全国社会信用体系建设打造税务系统的信用信息目录样板工程。

（三）完善联合奖惩机制

社会信用体系具有协同性，各部门、各地方之间的信用建设相互联系、相互作用，共同影响社会信用的整体建设和高效运行。联合奖惩机制既得益于协同共治的数据支撑，也得益

---

① 秦欢．信用中国网站视角下的各省信用承诺建设．微信公众号：源点 credit. 2020 年 10 月 21 日．

于协同共治的结果应用。

1. 协同共治信息共享

《个人所得税法》明确，公安、人民银行、金融监督管理等相关部门应当协助税务机关确认纳税人的身份、金融账户信息。教育、卫生、医疗保障、民政、人力资源社会保障、住房城乡建设、公安、人民银行、金融监督管理等相关部门应当向税务机关提供纳税人子女教育、继续教育、大病医疗、住房贷款利息、住房租金、赡养老人等专项附加扣除信息。

《关于加强个人所得税纳税信用建设的通知》（发改办财金规〔2019〕860号）提出，各地区、各部门要统筹实施个人所得税纳税信用管理工作，完善配套制度建设，建立联动机制，实现跨部门信用信息共享，构建税收共治管理、信用协同监管格局。

可见，信用信息共享是协同共治的有力抓手，也是信息时代的要求。其最基本的功能在于能够有效改善社会信用信息不对称的问题，进而保障“守信联合激励、失信联合惩戒”机制的有效运行，保障以信用为基础的新型市场监管体系的高效运行，形成一种无形的新型信用约束机制规范，增强信用体系对人们的约束力，对失信行为产生威慑力。信用信息共享的领域越宽、范围越广、程度越深、数据越流通，其效果就愈加明显。

在自然人纳税信用管理体系的建设当中，税务机关应积极主动通过信用信息公开和共享，以税务系统内部信息共享为基础，不断推动信用信息跨地区、跨部门、跨系统、跨层级、跨业务的横向联通和纵向贯通，在当前建立的跨地区、跨部门、跨领域的联合激励与惩戒机制的基础上，进一步强化形成政府部门协同联动、行业组织自律管理、信用服务机构积极参与、社会舆论广泛监督的税收共治管理、信用协同监管格局，为建设国家治理大数据中心贡献税务力量。

2. 联合激励优良信用

联合惩戒机制的运行在基线目标中已经讨论，这里主要讨论联合激励。

事实上，联合激励与联合惩戒是一体的，它们就像一对孪生儿，总是同时出现在“守信者一路绿灯、失信者寸步难行”这类表述中。因此，从联合惩戒的相对面来看，联合激励就是要为优良信用的信用主体提供更多服务便利。

《关于加强个人所得税纳税信用建设的通知》（发改办财金规〔2019〕860号）提出，探索将个人所得税守信情况纳入自然人诚信积分体系管理机制。对个人所得税纳税信用记录持续优良的纳税人，相关部门应提供更多服务便利，依法实施绿色通道、容缺受理等激励措施；鼓励行政管理部门在颁发荣誉证书、嘉奖和表彰时将其作为参考因素予以考虑。

除此以外，税务部门还可以为纳税信用优良的自然人提供更多便利：

一是创业扶持。包括给予创业税收优惠政策辅导、利用税务大数据提供产业链信息、与金融机构协同支持纳税人获得“银税互动”贷款、依法在政府购买服务上给予倾斜等。

二是多部门协同支持。推行自然人纳税人红名单制度，协同其他部门在财政、教育、就业、公共资源交易、公共服务等领域给予纳税信用优良的自然人更多的重点支持。

三是多渠道选树诚信纳税典型。挖掘全国诚信纳税典型，在媒体上予以充分报道宣传，开展诚信纳税典型表彰活动和学习活动，将诚信纳税典型选树宣传纳入“全国税收宣传月”活动。

（四）健全保护救济机制

违法使用信用信息会侵犯信用信息主体的合法权益，给信用信息主体造成损害。使用信用信息必须以保护信用信息主体的合法权益为前提。在使用信用信息的过程中，必须依法保护国家秘密、商业秘密和个人隐私；建立健全纳税信用修复机制。

1. 强化信息安全保护

根据《民法典》的规定，处理自然人信息应当遵循合法、正当、必要原则，不得过度处理，并且符合以下条件：（一）征得该自然人或者其监护人同意，但是法律、行政法规另有规定的除外；（二）公开处理信息的规则；（三）明示处理信息的目的、方式和范围；（四）不违反法律、行政法规的规定和双方的约定。

《民法典》还规定，信息处理者应当采取技术措施和其他必要措施，确保其收集、存储的个人信息安全，防止信息泄露、篡改、丢失；发生或者可能发生个人信息泄露、篡改、丢失的，应当及时采取补救措施，按照规定告知自然人并向有关主管部门报告。

《关于加强个人所得税纳税信用建设的通知》（发改办财金规〔2019〕860号）提出，税务部门依法保护自然人纳税信用信息，积极引导社会各方依法依规使用自然人纳税信用信息。各地区、各部门要按最小授权原则设定自然人纳税信用信息管理人员权限。加大对信用信息系统、信用服务机构数据库的监管力度，保护纳税人合法权益和个人隐私，确保国家信息安全。

与此同时，要加强自然人信息安全教育。提高个人信息安全防护意识，一旦发现个人合法权益受到侵犯，须果断拿起法律武器，坚决维护自己的正当权益。

2. 健全纳税信用修复

信用主体的不良记录和负面信用信息并非是一成不变、伴随终生的。失信惩戒是手段，而不是目的。在完善的社会信用体系框架下，除了建立失信惩戒机制以外，还应当高度重视不良信用记录和负面信用信息产生的原因，针对性提出恰当的应对策略，并在法律制度的保障下，为信用主体提供一个纠正错误、重塑信用的机会与途径。

信用修复是指国家机关以及法律法规授权的失信惩戒措施实施主体依照法定条件、内容、形式和程序，改善信用主体的不良信用记录、负面信用信息，维护信用主体合法权益的法律救济措施及相关行为。依据修复方式的不同，在纳税信用领域中常用的信用修复可以划分为期限届满型修复、异议投诉型修复和履行义务型修复。

期限届满型修复。是指依据信用信息保存期限规定，当不良信用信息保存期限届满，应当予以删除，不再予以展示或者披露。

《最高人民法院关于公布失信被执行人名单信息的若干规定》明确，被执行人具有本规定第一条第二项至第六项规定情形的，纳入失信被执行人名单的期限为二年。被执行人以暴力、威胁方法妨碍、抗拒执行情节严重或具有多项失信行为的，可以延长一至三年。

《重大税收违法失信案件信息公布办法》规定，重大税收违法失信案件信息自公布之日起满3年的，停止公布并从公告栏中撤出。

异议投诉型修复。信用主体认为其信用信息存在虚假、错误、遗漏等问题，可通过异议投诉方式进行纠正。

《最高人民法院关于公布失信被执行人名单信息的若干规定》明确，不应纳入失信被执行人名单的公民、法人或其他组织被纳入失信被执行人名单的，人民法院应当在三个工作日内撤销失信信息。记载和公布的失信信息不准确的，人民法院应当在三个工作日内更正失信信息。

《国务院办公厅关于加快推进社会信用体系建设 构建以信用为基础的新型监管机制的指导意见》（国办发〔2019〕35号）提出，建立健全信用信息异议投诉制度，对市场主体提出异议的信息，信息提供和采集单位要尽快核实并反馈结果，经核实有误的信息要及时予以更正或撤销。因错误认定失信联合惩戒对象名单、错误采取失信联合惩戒措施损害市场主体合法权益的，有关部门和单位要积极采取措施消除不良影响。

《关于加强个人所得税纳税信用建设的通知》（发改办财金规〔2019〕860号）指出，对个人所得税纳税信用记录存在异议的，纳税人可向税务机关提出异议申请，税务机关应及时回复并反馈结果。

履行义务型修复。失信主体通过履行相应义务对已发生的信用损害进行修补，或者认知到失信行为的危害性，或者通过其他义务的履行承担一定的社会责任，履行相应义务后可以屏蔽或删除不良信用信息。

《最高人民法院关于公布失信被执行人名单信息的若干规定》明确，失信被执行人积极履行生效法律文书确定义务或主动纠正失信行为的，人民法院可以决定提前删除失信信息。

《国务院办公厅关于加快推进社会信用体系建设 构建以信用为基础的新型监管机制的指导意见》（国办发〔2019〕35号）提出，失信市场主体在规定期限内纠正失信行为、消除不良影响的，可通过作出信用承诺、完成信用整改、通过信用核查、接受专题培训、提交信用报告、参加公益慈善活动等方式开展信用修复。修复完成后，各地区各部门要按程序及时停止公示其失信记录，终止实施联合惩戒措施。

《关于加强个人所得税纳税信用建设的通知》（发改办财金规〔2019〕860号）指出，自然人在规定期限内纠正失信行为、消除不良影响的，可以通过主动做出信用承诺、参与信用知识学习、税收公益活动或信用体系建设公益活动等方式开展信用修复，对完成信用修复的自然人，税务部门按照规定修复其纳税信用。对因政策理解偏差或办税系统操作失误导致轻微失信，且能够按照规定履行涉税义务的自然人，税务部门将简化修复程序，及时对其纳税信用进行修复。

信用修复的原则。一是要以纳税人为中心，坚持“撤要快”。信用修复要由系统自动触发，实现第一时间修复，让“改过自新”纳税人得到应有的尊重和保护。二是信用修复需要红线。信用修复并非来着不拒，一律修复，而是明确设置排除性条款，严格执行信用修复的“红线”。其目的在于加大失信成本，提高联合惩戒的威慑力。三是信用修复需监督。一来是对信用主体的监管。失信信息认定单位应该严格审核信用修复申请，对在申请过程中未真实反映情况，弄虚作假，造成信用修复失当的，应依法加重惩戒力度。二来是对信用管理实施单位的监督。严厉打击涉及信用修复的贪赃枉法、徇私舞弊、伪造篡改等违法违规行为，严防利用非法手段帮助失信主体“洗白记录”“删除公示”“退出惩戒”等。

七、信息化建设

基于社会信用体系理论指导的自然人纳税信用管理，其信息化也离不开社会信用体系的国家平台框架。本文在了解国家信用信息共享平台总体架构及其建设基本情况的基础上提出自然人纳税信用管理的基线目标和升级目标建设思路，从而以信息化手段促进自然人纳税信用管理建设的实现。

（一）国家平台总体架构

国家信用信息共享平台的总体架构主要包括“两站、一库、一平台”，如图 10－1 所示。

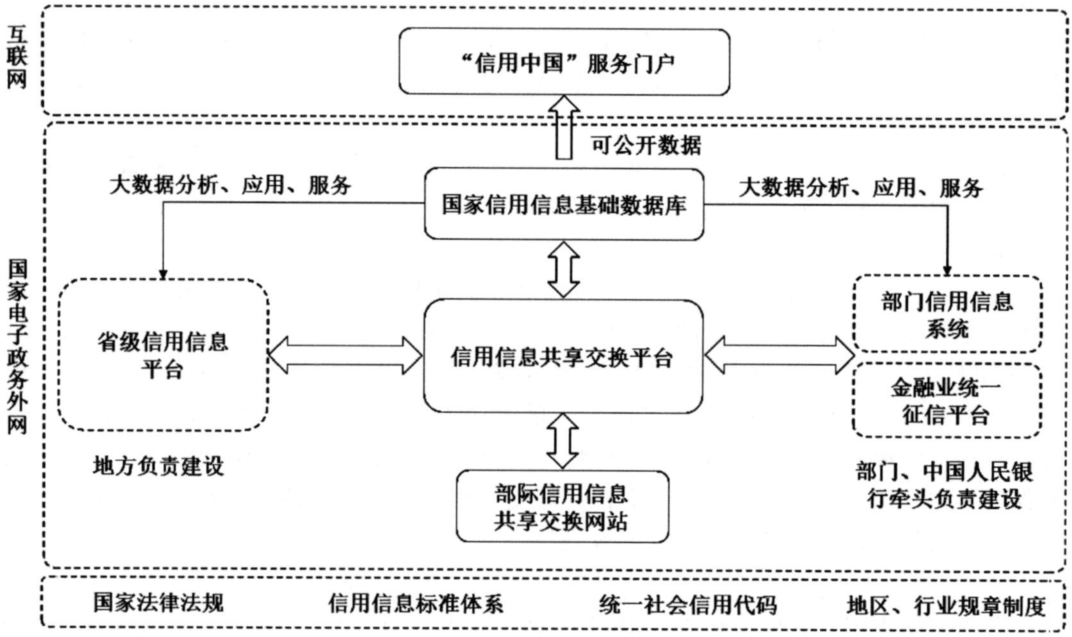

图 10－1 国家信用信息共享平台总体架构

“两站”是指部际信用信息交换网站及“信用中国”网站；部际信用信息交换网站与信用信息共享交换平台对接，主要用于政务部门之间的信用信息互换共享和信用信息服务。可向各级政府部门提供相关服务（包括信用目录、信用检索、资源共享等）。支撑不同部门、不同地区实行协同监管、联合惩戒。“信用中国”网站是部署在互联网上面向社会大众的服务网站，用于将国家信用基础数据库中可公开的数据依照相关法律法规向公众开放，向社会提供“一站式”信用查询服务。也是发布政策、推动信用文化宣传、跟进各级地方行业信用体系建设的最新进展和最新成果的重要平台。

“一库”指的是国家信用信息基础数据库。数据库用于归集整合来自中央及地方管理部门，各个行业、银行及社会各类信用信息。同时，借助于大数据技术对信用信息资源进行统计分析和数据挖掘，度量信用主体的风险水平并提出信用风险预警，提高信用信息数据的利用效率和面向社会的服务水平。

“一平台”指的是信用信息共享交换平台。该平台是社会信用信息共享交换体系的核心，提供了基础支撑、体系支撑、交换枢纽等重要功能，能够实现各级部门、各级数据平台的数据交换共享，支持多来源信用信息的清洗、分类、对比交换和共享，支撑并带动国家、地方、行业信用信息交换体系的发展建设。

（二）国家平台基本情况

2015年底，为了落实党的十六届三中全会提出的建立健全社会信用体系，以及《国务院关于印发社会信用体系建设规划纲要（2014—2020年）的通知》，由国家发展和改革委员会牵头建设，国家信息中心承建的国家信用信息共享平台建成并上线运行，平台网站名称为：信用中国，网址：https：//www. creditchina. gov. cn。

截至2021年5月底，国家信用信息共享平台已连接46个社会信用体系建设部际联席会议成员单位、全国32个省级信用平台（包括31个省、自治区、直辖市及新疆生产建设兵团）、信用中国（浙江杭州）等28个示范城市信用平台和1个区域性信用平台（信用长三角）；建设了29个领域信息公示栏目，向社会公示公开基础信息、守信激励信息、失信惩戒信息、行政许可信息、行政处罚信息、重点关注信息、风险提示信息、资质/资格信息等8大类信息，以及全国4.9万家各级行业协会商会收费行为信息，共归集各类信用信息超过500亿条，其中，人民银行国家金融信用信息基础数据库收入了5亿自然人信用信息。“信用中国”网站累计全口径访问量超过520亿次，日均查询量稳定在亿次以上。

2020年12月9日，信用中国App和小程序上线，初步实现企业法人、事业单位和自然人的实名实人认证功能，打造信息查询、异议处理、信用修复业务功能移动化，首推信用名片，引领信用“指尖服务”。

在个人信用方面，信用中国网站个人信用频道建设有“重点人群信用信息查询”“个人信用关联信息查询”等专栏。“重点人群信用信息查询”专栏的内容包括：涉金融领域非法集资名单查询、涉金融领域其他严重违法名单查询、限飞限乘名单查询、拖欠农民工工资黑名单查询、失信被执行人名单查询、违法失信上市公司相关责任主体查询及严重违法超限超载运输失信当事人查询。“个人信用关联信息查询”专栏的内容包括央行征信信息查询、信用服务机构信用分查询、电信运营商信用分查询。

涉税领域，信用中国网站在“信用服务”频道的“信用分类查询”中加入了“重大税收违法案件当事人”的查询，可以通过主体名称或者统一社会信用代码进行查询。各省级信用平台建设程度不一，有的开通了“重大税收违法案件”的查询，有的没有。

在税务系统，国家税务总局网站首页设立了“重大税收违法失信案件信息公布栏”的入口，重大税收违法失信案件信息按36个省（自治区、直辖市、计划单列市）级单位进行排列，链接到各省级“重大税收违法失信案件信息公布栏”。各省级网站公布了所在地区的重大税收违法失信案件信息，基本上为企业失信信息；部分省份保留了“自然人”这一子类栏目，但没有具体信息，如江苏省。①

从以上情况可以看出，目前的信用公示中，重大税收违法案件当事人主要为企业纳税人，全国信用信息共享平台及税务系统均没有专门的自然人纳税信用失信公布栏。这也是与当前企业纳税信用管理相对成熟，而自然人纳税信用管理还未全面建立有关。

---

① 统计时间：2021年5月底。

（三）基线目标建设思路

1. 基本思路

基线目标是建立自然人纳税失信行为认定机制，对严重失信当事人实行联合惩戒。其信息化建设的重点是建设自然人涉税严重失信主体公示平台。基本原则是纵向互联、横向共享。

纵向互联：税务总局搭建自然人涉税严重失信主体公示平台的基础架构，在税务总局网站专门设立查询入口。基础平台下联各省（直辖市、自治区、计划单列市）级共享平台，各省级平台下联市（县、区）级共享平台；各省级、市级平台相应建立“自然人涉税严重失信主体”栏目。

横向共享：税务总局平台对接国家信用信息共享平台，既在个人信用频道建设“涉税严重失信主体查询”栏目，也在“信用服务”频道的“信用分类查询”栏目下建立“自然人涉税严重失信主体查询”栏目。各省级平台的相应栏目共享至各省级信用信息共享平台，建设有信用平台的示范城市税务系统将相应栏目共享至该城市信用平台。

总体要求：税务总局统一建设自然人涉税严重失信主体公示平台，利用好数据集中优势，着重做好与国家信用信息共享平台及中央其他部门的共享交换；省级平台集中市县区级数据，着重做好与总局、当地省级信用平台的共享交换；市县区级平台做好日常数据的归集整合上传和部门应用工作，有信用平台建设的示范城市，也需做好与当地信用平台的共享交换。

建设方式：统分方式。税务总局统一建设自然人纳税信用数据库、自然人纳税信用管理基础平台，统一建设对外展示公示平台；省级、市级根据当地公共信用体系建设情况，建设与当地公共信用体系的数据共享平台，建设当地个性化的其他内容。

2. 总局平台

搭建联动各部门、支撑各省级的自然人纳税严重失信主体公示平台：该平台应具有联合惩戒的发起响应、信息推送、执行反馈、跟踪监测、分析评估等协同功能，向国家信用信息共享平台及中央各部门提供数据接口服务，验证服务，满足自然人纳税严重失信主体监管的需要。建设内容包括业务库和应用系统两大部分，业务库及联合惩戒业务库，应用系统包括惩戒对象子系统、协同执行子系统、惩戒结果反馈子系统、分析评估子系统和系统管理子系统等。

建设对外展示的公示平台：连接信用中国的入口、连接36个省级平台的入口、按自然人姓名或社会信用代码进行查询的功能入口，设置信用承诺、信用修复和异议处理等功能，并可提供访问授权、自定义控制、内容分享等功能。

对外公示终端既要有网页版，又要有App版。因此，除了在税务总局网站上开辟专门的版块外，还要借用个人所得税App，扩大自然人使用的便捷性。中国互联网络信息中心（CNNIC）发布的第47次《中国互联网络发展状况统计报告》显示，截至2020年12月，我国网民规模为9.89亿，其中，我国手机网民规模达9.86亿，网民使用手机上网的比例达99.7%；此外，我国互联网政务服务用户规模达8.43亿，全国一体化政务服务平台实名用户总量达8.09亿。

3. 省市平台

与当地公共信用体系的数据共享平台：在总局自然人纳税严重失信主体公示平台建设的

基础上，结合当地公共信用体系的建设情况，建设与当地公共信用体系的数据共享平台，实现纵向互联，横向共享。

当地个性化的其他内容：一是当地自然人纳税严重失信主体联合惩戒本身的创新，包括管理模式的创新、应用的创新；二是对外展示的公示平台及业务办理的个性化创新，使得业务办理更精准、便捷、协同；三是与当地公共信用体系的创新融合。

（四）升级目标建设思路

1. 总体思路

以国家社会信用体系建设理论为指导的自然人纳税信用管理体系，其信息化建设的重点就是在总局层面建设两大基础平台：自然人纳税信用数据平台和自然人纳税信用管理平台。

自然人纳税信用数据平台，也就是自然人纳税信用信息库，主要做好数据存储，以及在此基础上的数据分析。

自然人纳税信用管理平台主要为各省级平台提供基础支撑、体系支撑、交换枢纽等重要功能，实现与各级信用信息平台的数据交换共享，以及实现信用服务和信息安全管理功能。

2. 数据平台

自然人纳税信用信息库主要归集自然人涉税信用有关的下列信息：

（1）基本信息。包括自然人纳税识别号、姓名性别、学历学位、职业状况、居住地址、联系电话，是否个体工商户主，是否残疾、孤老人员与烈属等。

（2）社会保障信息。记录与个人所得税专项抵扣相关的自然人社会保障信息，包括职工养老保险、职工医疗保险、失业保险和城乡社保等的个人缴纳情况。

（3）住房公积金信息。记录自然人缴纳住房公积金的信息。

（4）综合所得专项附加扣除相关信息。包括配偶信息、子女教育信息、继续教育信息、房屋租赁信息或房贷信息、赡养老人信息及大病医疗信息等。

（5）综合所得其他扣除项信息。包括个人缴纳的企业年金、职业年金信息，个人购买的商业健康保险信息，个人购买的个人税收递延型商业养老保险信息等。

（6）荣誉表彰信息。记录自然人获得的荣誉表彰信息。

（7）捐赠信息。记录自然人对教育、扶贫、济困等慈善事业进行捐赠的信息，对公益性青少年活动场所、福利性或非营利性老年服务机构的捐赠，捐赠住房作为公租房的捐赠，对防控新冠疫情相关的捐赠等信息。

（8）财产信息。记录自然人不动产、动产、股权等财产性相关信息。

（9）涉金融领域类信息。记录自然人相关的银行、证券等账户信息，金融类交易信息等。

（10）财政性资金信息。记录自然人收到的财政性资金信息，包括按照国家统一规定发给的补贴、津贴，福利费、抚恤金、救济金等，记录自然人退税资金信息等。

（11）商事活动信息。记录自然人从事商事活动的信息。

（12）涉税承诺信息。记录自然人在办理涉税事宜中提交的承诺信息，如专项附加扣除填报的承诺信息，个人所得税自行纳税申报表填报的承诺信息等。

（13）履行涉税义务信息。记录自然人履行纳税义务状况的信息，包括对涉税承诺的履行，偷税、骗税、骗抵、冒用他人身份信息、恶意举报、虚假申诉等失信行为的信息等。

（14）涉税行政处罚信息。记录自然人违反税收行政管理秩序而被行政处罚的信息。

（15）涉税法院裁定书、判决书信息。记录针对自然人已生效的涉税的法院裁定书信息，针对自然人的已生效的涉税法院判决书信息。

（16）涉税法院执行案件信息。记录自然人因涉税原因被法院纳入或删除失信被执行人名单的信息。

（17）涉税信用监管信息。记录各信用监管实施主体对自然人实施涉税信用监管过程中产生的信息。

（18）涉税信用修复信息。记录自然人涉税信用异议及其他形式的信用修复信息。

（19）其他涉税信息。记录与自然人相关的除上述信息以外的其他涉税信息。

自然人纳税信用信息库主要实现以下功能：

（1）数据归集。接受并处理各渠道来源的自然人涉税信用数据，主要具备数据归集渠道管理和原始库加载与管理功能。

（2）数据加工。根据业务流程和规范，对各数据源的自然人原始涉税信用数据按照一定的规则、流程和方法进行统一的校验、清洗、整理、分类、加工，完成数据的标准化转换、融合，实现数据与信用主体的关联。具体功能主要包括数据加工规则管理、数据加工任务管理、结构化数据加工、非结构化数据加工、数据抽取、数据处理、数据同步、结果反馈及统计分析等。

（3）数据存储。将经过精细加工、分类整理的涉税信用数据进行加载存储，建设相应的基础数据库、主题数据库，如企业相关责任人员数据库、涉税专业服务人员数据库，双高人员数据库、灵活用工平台数据库、股权交易数据库等。

（4）数据治理。以数据质量提升为核心，建立面向数据全生命周期的综合数据治理体系。实现从数据收集、数据加工、数据存储、数据应用整个全生命周期的数据管理，加大全流程标准化执行力度，赋予数据全生命过程的任务调度和监控能力，赋予配置化的度量规则和校验方法生成能力，赋予全方位脱敏的数据应用安全能力，赋予统一数据追溯能力，赋予数据资产的统计分析能力等。

主要功能包括目录管理、标准管理、元数据管理、数据资源管理、数据质量管理、数据对账管理、问题数据反馈与跟踪、数据安全管理、数据加密脱敏管理、数据分析管理等。

（5）信用大数据分析。利用大数据、分布式计算等先进技术，构建大数据分析系统，通过数据归集、整合建模、挖掘分析等，探索跨部门、跨行业、跨地域的自然人纳税信用大数据专题分析应用。

主要功能包括自然人纳税信用大数据资源整合功能、大数据管理与分析功能、大数据专题分析应用功能。

3. 管理平台

自然人纳税信用管理平台主要实现以下功能：

（1）数据交换与加载。实现横向、纵向不同数据源的数据交换、装载。

（2）信用公示。作为与用户进行交互的操作界面，提供实名注册、访问授权、信息查询、内容收藏与共享、消息提醒和自定义控制等功能。税务系统用户通过专网访问，纳税人则通过外网，门户登录来获得相关信息和服务。

（3）信息服务。一是为政府部门提供管理决策和信用应用共享服务，二是为金融机构、第三方信用服务机构等提供多样化的共享服务，三是为信用主体提供包括信用报告、信用核查、异议投诉、信用修复等方面的服务。

（4）联合奖惩。应具有联合奖惩的发起响应、信息推送、执行反馈、跟踪监测、分析评估等协同功能，向国家信用信息共享平台及中央各部门提供数据接口服务，验证服务，为参与构建政府、社会共同参与的跨地区、跨部门、跨领域的联合奖惩贡献税务部门的信息化支撑。建设内容包括奖惩对象子系统、协同执行子系统、奖惩结果反馈子系统、分析评估子系统和系统管理子系统等。

（5）信息安全管理。信用管理是一个以技术为重要支撑的事业，信息技术可以满足信息采集、汇集、传递、分析和应用，使整个社会体系中的信用信息得以快速运转、流通，为生产者、决策者等提供便捷服务。但信用信息并不是全部可以公开共享的，自然人纳税信用信息基本上涉及个人隐私，甚至商业机密。因此，必须采用高端科技强化网络安全和数据保密工作，充分利用“防火墙”、信息脱敏、多重加密等技术，采取严密的安全保护措施，保证信息安全。具体而言包括三个方面的规范：安全管理、安全技术和业务运作。安全管理主要有系统建设管理、系统运维管理；安全技术要从客户端、通信网络、服务器端等方面提要求；业务运作包括系统接入、系统注销、用户管理、信息采集和处理、信息加工、信息保存、信息查询、信息应用、异议处理、安全检查与评估等方面。

下篇　实践·探索·创新

第四部分

创新可落地的税收经济分析路径

11. 基于税收大数据的“创业”透视分析

推进大众创业、万众创新，是发展的动力之源，也是富民之道、公平之计、强国之策，对于推动经济结构调整、打造发展新引擎、增强发展新动力、走创新驱动发展道路具有重要意义，是稳增长、扩就业、激发亿万群众智慧和创造力，促进社会纵向流动、公平正义的重大举措。自党中央国务院提出“大众创业、万众创新”以来，国务院及相关部门出具多部政策文件，以引导、支持大众创业。

税收大数据囊括了全量创业企业与创业者群体，掌握了企业从开办到注销的详尽经营数据信息、创业者个人的自然属性与明细收入等信息，无论是从样本的全量性、数据的颗粒度，还是从信息的及时性上来看，都具备经济分析的天然资源优势。

本文以税务大数据为基础，以相关经济学理论为依托，构建一套针对创业企业和创业者群体的分析方法论，对创业企业和创业者群体进行识别和透视分析，以完整揭示创业企业生存发展情况和创业人群概貌。为相关部门了解创业企业和创业者现状，评估创业扶持政策效果、制定相关政策措施提供参考和建议。

一、创业企业透视与分析

根据 MBA 百科定义，“创业”是指发现、创造和利用适当的创业机会，借助有效的商业模式组合生产要素，来创立新的事业，以获得商业成功的过程和活动。

创业企业是创业者进行创业活动的主要组织形式。基于税收数据基础和本篇的研究目的，本文对“创业企业”进行如下定义：以创业者个人资金投入为主要资金来源、从事具体生产经营活动的初创型企业和个体工商户。对于从事投资业务的企业（包括投资基金、持股平台等），因其不从事实体型的生产经营业务，不属于大众创业的政策导向范围，暂不纳入此次分析。

（一）创业企业分布情况

根据税收大数据和一定筛选条件，得到每月度的创业企业名单。根据创业企业的税务登记信息、申报信息、报送的财务信息等，结合相关外部数据，对创业企业进行透视分析。

1. 创业企业规模分析

企业数量和投资金额是衡量创业企业整体规模的重要指标。企业数量变化反映了企业最基本的生存状态，资金投入则是保障企业开展正常生产经营活动的必要前提。在一定期间内，创业企业数量增长、投资金额扩大，是社会创业活跃度高、创业环境向好的重要指征。

数量规模分析。根据创业企业筛选条件，分析创业企业数量在月度间的变化趋势，分析当月度新办及注销的创业企业数量，观察创业企业整体数量规模，如表 11－1 所示。

表 11－1　　数量规模分析示意表

月度	创业企业总数量	其中：当月度新办创业企业数量	当月度注销创业企业数量	当月度创业企业数量同比增长率
2022 年 1 月				
2022 年 2 月				
2022 年 3 月				
……				

投资规模分析。创业企业的投资规模，以企业税务登记信息中的“投资总额”项为准。在分析月度内，因接受其他个人或机构投资而使税收登记信息“投资总额”发生变更的创业企业，以变更后的税务登记信息为准；对于统计月度内注销的创业企业，以其注销前最终的税务登记信息为准。

分析某月度创业企业的投资金额总量和平均值，分析各月度间创业企业投资规模上的变化趋势，投资规模分析示意如表 11－2 所示。

表 11－2　　投资规模分析示意表

月度	创业企业总数量	创业企业总投资金额	创业企业平均投资金额	本月度新增创业企业总投资金额	本月度新增创业企业平均投资金额
2022 年 1 月					
2022 年 2 月					
2022 年 3 月					
……					

分析每一月度创业企业投资金额的分布情况，观察投资规模分布的变化趋势，如表 11－3 所示。

表 11－3　　投资规模分布分析示意表

创业企业投资金额	创业企业数量	创业企业数量占比	本月度新增创业企业数量	本月度新增创业企业占比
1 万元以下				
1 万～10 万元				
10 万～20 万元				
20 万～50 万元				
50 万～100 万元				
100 万～500 万元				
500 万～1000 万元				
1000 万元以上				
……				

2. 登记注册类型分析

企业的登记注册类型是企业的重要信息，不同的登记注册类型，如有限责任公司、个人独资企业、合伙企业、个体工商户等，对股东人数、承担债务责任、运营规范等的规定有所不同。此外，部分类型企业会享受特定的税费优惠政策、扶持政策等。因此，创业者会根据经营业务、创业资源、相关政策等选择合适的登记注册类型。创业企业的登记注册类型的分布结构，是一定时期内的创业环境、扶持政策的综合反映。

根据企业税务登记信息中登记注册类型，分析某月度的各类型创业企业数量及占比，分析月度间的变化趋势。创业企业登记注册类型分析如表 11－4 和图 11－1 所示。

表 11－4　　创业企业登记注册类型分析示意表

创业企业登记注册类型	创业企业数量	创业企业数量占比
私营独资企业		
私营合伙企业		
私营有限责任公司		
港澳台商投资企业		
外商投资企业		
个体经营		
……		

注：港澳台商投资企业，包括合资经营企业（港或澳、台资）、合作经营企业（港或澳、台资）、港澳台独资经营企业等，不包括港澳台商投资股份有限公司。

外商投资企业，包括中外合资经营企业、中外合作经营企业、外资企业等，不包括外商投资股份有限公司。

个体经营，包括个体工商户、个体合伙、个人等类型。

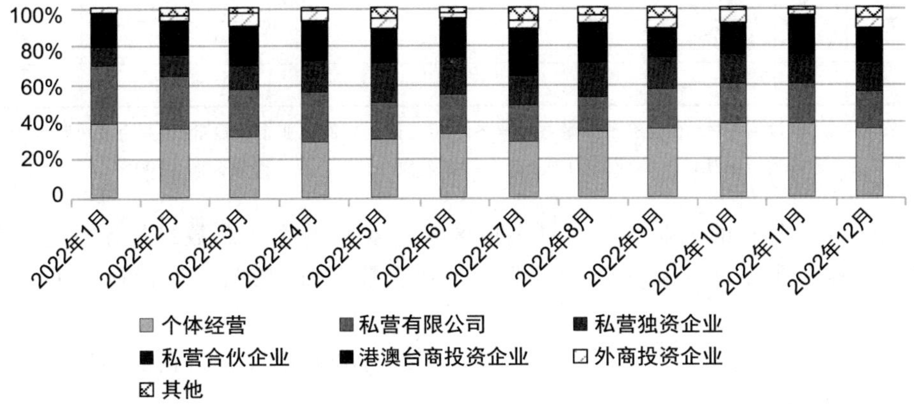

图 11－1　创业企业登记注册类型分析示意图

注：本文图表均为示意图表，图表中数据均为随机假设数据，非真实统计数据。

3. 地区/行业分布

创业企业的地区（行业）分布，和地区（行业）的营商环境、创业氛围、经济水平等因素较为相关。分析创业企业的地区（行业）分布，可了解各地区（行业）的创业态势、分析地区或行业间的差异。

根据创业企业的注册地址、所属国标行业，分析某月度，各地区或各行业的创业企业数量及占比；根据创业企业的投资总额，分析各地区或各行业的创业企业投资总额及占比。依企业数量或投资总额，对地区或行业排名。

地区以省份、直辖市和自治区为主，也可就重点区域，如京津冀地区、长三角地区、粤港澳大湾区等进行统计分析，或就北上广深等重点城市进行统计分析（下文中涉及地区分布的，只列举出省/自治区/直辖市，对区域级和重点城市级不再赘述），如表 11－5 所示。

表 11－5　　创业企业地区分析示意表

排名	地区	创业企业数量	创业企业数量占比	创业企业总投资金额	创业企业投资金额占比
1	北京				
2	上海				
3	广东				
……	……	……	……	……	……

根据国民经济行业分类标准，将行业划分为门类、大类、中类、小类四级行业，如表 11－6 所示。

表 11－6　　创业企业行业分析示意表

排名	行业	创业企业数量	创业企业数量占比	创业企业总投资金额	创业企业投资金额占比
1	制造业				
2	批发与零售业				
3	建筑业				
……	……	……	……	……	……

注：在表 11－5、表 11－6 中，创业企业数量占比＝各地区（行业）的创业企业数量/创业企业总数×100%
创业企业投资金额占比＝各地区（行业）的创业企业投资金额/创业企业总投资金额×100%

对各地区（行业）的创业企业数量占地区（行业）的企业总数量的比重进行分析：地区（行业）创业企业占比＝某地区（行业）创业企业数量/某地区（行业）的企业总数量×100%

依创业企业占比对地区（行业）进行排名，识别出创业较为活跃的地区或行业，如表 11－7、表 11－8 所示。

表 11－7　　创业活跃地区分析示意表

排名	地区	创业企业数量	企业总数量	创业企业占比
1	北京			
2	上海			
3	广东			
……	……	……	……	……

表 11－8　　创业活跃行业分析示意表

排名	行业	创业企业数量	企业总数量	创业企业占比
1	制造业			
2	金融业			
3	批发和零售业			
……	……	……	……	……

注：在表 11－7、表 11－8 中，某地区（行业）的企业总数量＝本地区（行业）该年度内新增的企业数量＋本年度初（本年 1 月 1 日）状态为存续的企业的数量

依据创业企业的地区和行业分布，计算地区集中度和行业集中度。计算公式分别为：

创业企业集中度（地区）＝排名前 N 名的地区的创业企业数量之和/创业企业总数量×100%

创业企业集中度（行业）＝排名前 N 名的行业的创业企业数量之和/创业企业总数量×100%

4. 生存时间分布

创业是风险较高的经济活动，一般调查显示多数创业企业生存时间较短，存活率低。税收大数据囊括了企业的全生命周期，可对创业企业的生存状况做出较为完整的展示和分析，了解创业企业的存活情况。

根据各月度的创业企业名单，统计每月度的创业企业当前的生存时间①，分析创业企业生存变化趋势。

对于分析月度末存续企业，以开立时间至分析月度末之间时长为生存时间；对于已注销企业，以开立时间至注销时间之间的时长为生存时间。如表 11－9 所示，创业企业平均生存时间为分析月度的创业企业平均生存时间。

表 11－9　　创业企业生存时间分析示意表

创业企业生存时间	创业企业数量	创业企业数量占比	本月度注销的创业企业数量	本月度注销的创业企业数量占比
12 个月以下				
12－24 个月				
24－36 个月				
36－48 个月				
48－60 个月				
数量合计		100%		100%
整体平均生存时间				

创业企业整体平均生存时间＝创业企业总生存时间/创业企业总数量

以本月度注销的创业企业为对象，可以分析创业企业的实际生存时间：

本月度注销的创业企业整体平均生存时间＝本月度注销的创业企业总生存时间/本月度注销的创业企业总数量

① 创业企业筛选过程中，将存续时间高于 5 年的企业不认定为创业企业。故统计创业企业的生存时间，最高值为 5 年。

可就分析期内，各月度的创业企业平均生存时间，绘制分布图，如图 11－2 所示。观察创业企业生存时间变化情况，评估创业企业生存环境变化趋势。

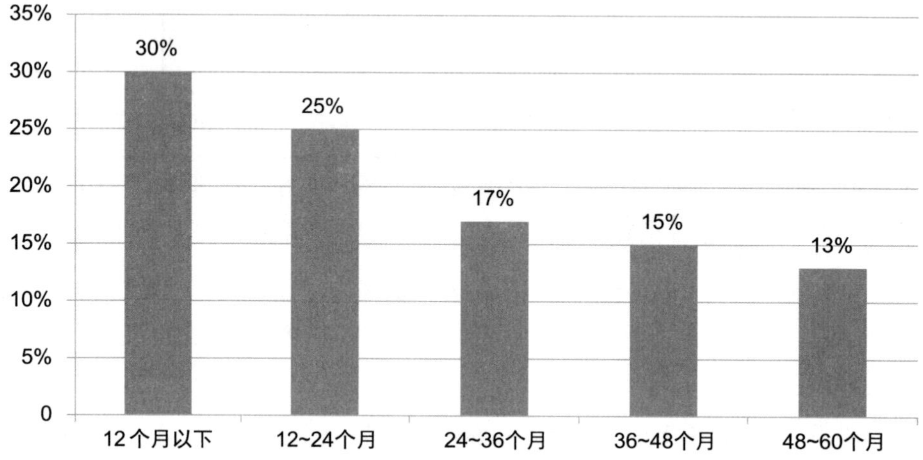

图 11－2 创业企业生存时间分布示意图

5. 多维度透视

根据创业企业信息，将多个维度结合，从更深层面对创业企业进行透视。

比如，将地区和行业两个维度结合，透视某一地区中创业企业主要集中在什么行业？某一行业的创业企业主要集中在哪些地区？

例如选取 A 省，统计 A 省的创业企业在各行业的数量及投资金额。依照创业企业数量或投资金额进行排名，如表 11－10 所示。

表 11－10 创业企业行业规模分析示意表

排名	行业	创业企业数量	创业企业数量占比	创业企业总投资金额	创业企业投资金额占比
1	制造业				
2	批发与零售业				
3	金融业				
……	……	……	……	……	……

或者，选取某行业，如医药制造业，统计医药制造业的创业企业，在全国各个地区的数量和投资金额。依照创业企业数量或投资金额进行排名，如表 11－11 所示。

表 11－11 创业企业地区规模分析示意表

排名	地区	创业企业数量	创业企业数量占比	创业企业总投资金额	创业企业投资金额占比
1	北京				
2	上海				
3	广东				
……	……	……	……	……	……

又如，可根据1

生存时间，反映地区

创业生存指数（行

指数高于100，说明行业

值越高，生存能力越强。指数低于

业生存指数如表11－12和图11－3所示。

表11－12 创业生存指数（行业）示意表

排名	行业	创业
1	制造业	
2	批发和零售业	
3	租赁和商务服务业	
……	……	……

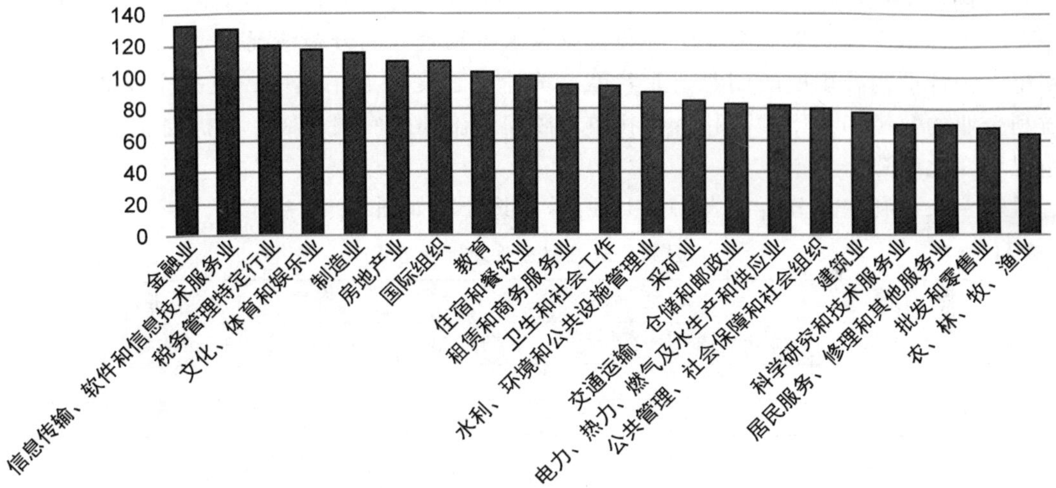

图11－3 创业生存指数（行业）示意图

创业生存指数（地区）＝某地区的创业企业平均生存时间/创业企业整体平均生存时间×100。指数高于100，说明该地区的创业企业生存能力较强，高于整体水平。指数低于100，说明地区的创业企业生存能力较弱。也可就某一省份，分析省内各地市的创业企业生存指数，进行省内的排名和评估。创业生存指数（地区）如表11－13所示。

表11－13 创业生存指数（地区）示意表

排名	地区	创业生存指数（地区）
1	北京	
2	上海	
3	广东	
……	……	……

（二）创业企业经……

创业企业生产……。根据创业企业报送的财务数据，通过相关财务指标评估创业企……企业的整体经营状况，把脉创业发展态势，为精准实施帮扶政策提……

创业企……以企业报送的财务数据为基础。因企业财务数据多为季度、年度为单……以季度或年度进行分析。各季度、年度的创业企业名单为季度或年度中各……名单加和去重。

……以季度分析进行示意，实务中也可以按照年度进行。

……盈利－未盈利企业分布

实现盈利，是创业企业得以立足的重要一步。分析创业企业群体中，盈利企业和未盈利企业的分布状况及变化趋势，识别盈利分布产生较大波动的阶段，剖析创业环境、相关扶持政策等因素的影响。

根据创业企业本季度利润，若利润大于0，则为盈利企业；若小于或等于0，则为未盈利企业。统计本季度的创业企业中盈利企业和未盈利企业的分布情况。

根据统计期内各季度的创业企业名单，统计各季度创业企业中，盈利企业数量和占比、未盈利企业的数量和占比、盈利企业利润总额和未盈利的亏损总额，分析创业企业整体的盈利情况和变化趋势。

盈利－未盈利企业分析如表11－14所示，其分布如图11－14所示。

表11－14　　盈利－未盈利企业分析示意表

季度	创业企业总量	其中：盈利创业企业			未盈利创业企业		
		企业数量	企业占比	利润总额	企业数量	企业占比	亏损总额
2022年1季度							
2022年2季度							
2022年3季度							
2022年4季度							

说明：盈利创业企业占比＝盈利创业企业数量/创业企业总数量×100%

未盈利创业企业占比＝未盈利创业企业数量/创业企业总数量×100%

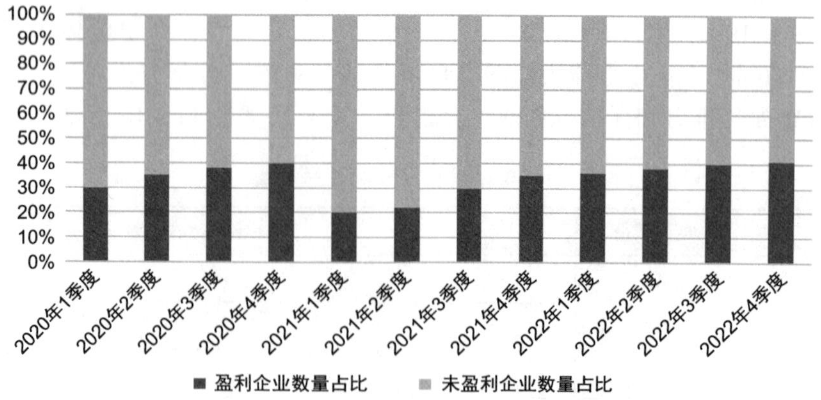

图11－4　盈利－未盈利企业分布示意图

又如，可根据企业所处地区、行业，分别计算每月度，各地区、各行业的创业企业平均生存时间，反映地区间、行业间的创业企业生存差异。设计地区（行业）的创业生存指数：

创业生存指数（行业）=某行业的创业企业平均生存时间/创业企业整体平均生存时间×100

指数高于100，说明行业的创业企业平均生存时间高于创业企业整体平均生存时间，数值越高，生存能力越强。指数低于100，说明行业的创业企业生存能力较平均水平为弱。创业生存指数如表11－12和图11－3所示。

表11－12　　创业生存指数（行业）示意表

排名	行业	创业生存指数（行业）
1	制造业	
2	批发和零售业	
3	租赁和商务服务业	
……	……	……

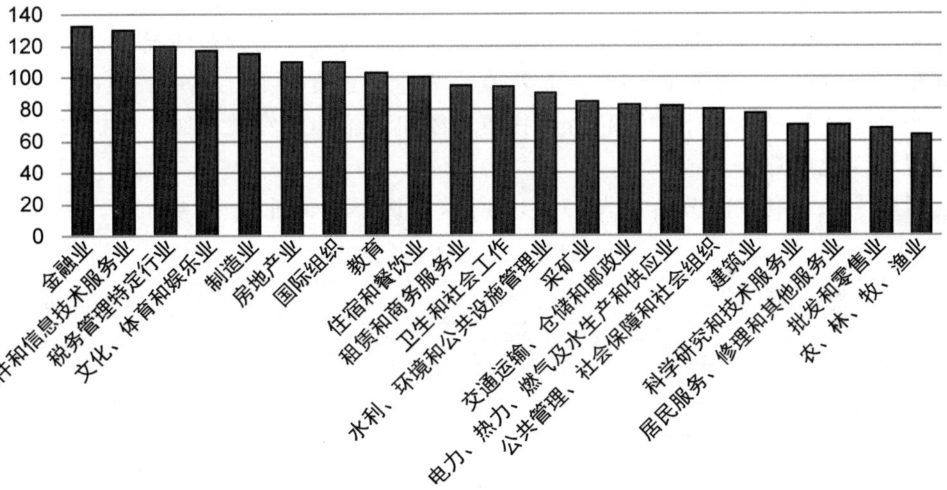

图11－3　创业生存指数（行业）示意图

创业生存指数（地区）=某地区的创业企业平均生存时间/创业企业整体平均生存时间×100。指数高于100，说明该地区的创业企业生存能力较强，高于整体水平。指数低于100，说明地区的创业企业生存能力较弱。也可就某一省份，分析省内各地市的创业企业生存指数，进行省内的排名和评估。创业生存指数（地区）如表11－13所示。

表11－13　　创业生存指数（地区）示意表

排名	地区	创业生存指数（地区）
1	北京	
2	上海	
3	广东	
……	……	……

（二）创业企业经营情况

创业企业生产经营面临很大的不确定性。根据创业企业报送的财务数据，通过相关财务指标评估创业企业经营情况，利于掌握企业的整体经营状况，把脉创业发展态势，为精准实施帮扶政策提供数据支持。

创业企业经营情况分析，以企业报送的财务数据为基础。因企业财务数据多为季度、年度为单位进行报送，故以季度或年度进行分析。各季度、年度的创业企业名单为季度或年度中各月的创业企业名单加和去重。

以下部分以季度分析进行示意，实务中也可以按照年度进行。

1. 盈利－未盈利企业分布

实现盈利，是创业企业得以立足的重要一步。分析创业企业群体中，盈利企业和未盈利企业的分布状况及变化趋势，识别盈利分布产生较大波动的阶段，剖析创业环境、相关扶持政策等因素的影响。

根据创业企业本季度利润，若利润大于 0，则为盈利企业；若小于或等于 0，则为未盈利企业。统计本季度的创业企业中盈利企业和未盈利企业的分布情况。

根据统计期内各季度的创业企业名单，统计各季度创业企业中，盈利企业数量和占比、未盈利企业的数量和占比、盈利企业利润总额和未盈利的亏损总额，分析创业企业整体的盈利情况和变化趋势。

盈利－未盈利企业分析如表 11－14 所示，其分布如图 11－14 所示。

表 11－14　　盈利－未盈利企业分析示意表

季度	创业企业总量	其中：盈利创业企业			未盈利创业企业		
		企业数量	企业占比	利润总额	企业数量	企业占比	亏损总额
2022 年 1 季度							
2022 年 2 季度							
2022 年 3 季度							
2022 年 4 季度							

说明：盈利创业企业占比＝盈利创业企业数量/创业企业总数量×100%

未盈利创业企业占比＝未盈利创业企业数量/创业企业总数量×100%

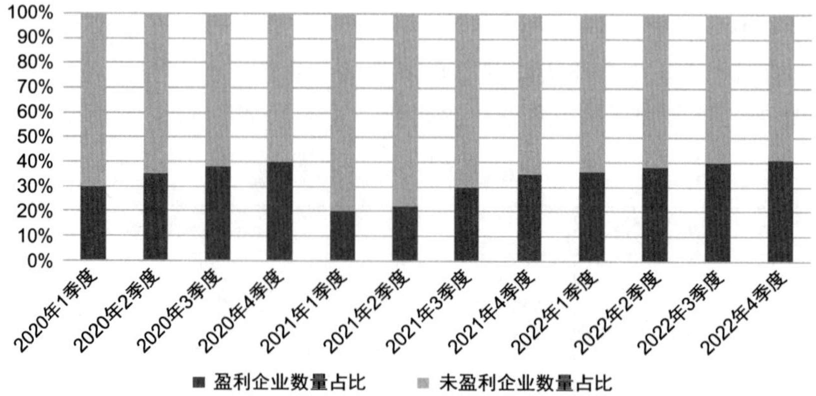

图 11－4　盈利－未盈利企业分布示意图

分析各季度，创业企业中盈利企业的占比变化情况，以及与全量企业盈利情况进行比较，如表 11－15 所示。

表 11－15　　创业企业盈利情况占比分析示意表

季度	创业企业盈利情况			全量企业盈利情况			盈利创业企业占比－全量盈利企业占比
	创业企业总量	盈利创业企业数量	盈利创业企业占比	全量企业数量	全量盈利企业数量	全量盈利企业占比	
2022 年 1 季度							
2022 年 2 季度							
2022 年 3 季度							
2022 年 4 季度							

首次盈利时间分析。对每一季度，创业企业中属于该季度首次盈利企业的，对其生存时间以及数量占比进行分析。可以洞察创业企业首次盈利的时间分布以及获得盈利的整体机会概率，如表 11－16 所示。

表 11－16　　首次盈利时间分析示意表

生存时间	首次盈利创业企业数量	盈利创业企业数量	创业企业数量
12 个月以下			
12～24 个月			
24～36 个月			
36～48 个月			
48～60 个月			

举例：生存时间为 24～36 个月，首次盈利创业企业数量/创业企业数量，反映了创业第 3 年中，首次盈利企业占存活企业的数量比例；生存时间 12～24 个月，盈利创业企业数量/创业企业数量，反映了创业第 2 年中，盈利企业占存活企业的比例。

地区（行业）间比较。选取某一统计季度，根据该季度中创业企业的注册地址、所处行业，统计该季度创业企业在地区和行业上的盈利－未盈利分布。识别出盈利情况较为突出的地区或行业。

以地区为例，分析该季度中，各地区的盈利－未盈利创业企业分布，如表 11－17 所示。

表 11－17　　盈利－未盈利创业企业地区分布示意表

地区	创业企业总量	其中：盈利创业企业			未盈利创业企业		
		企业数量	企业占比	利润总额	企业数量	企业占比	亏损总额
北京							
上海							
深圳							
……							

分析各地区（行业）中，创业企业中盈利企业的占比变化情况，以及与该地区（行业）全量企业盈利情况进行比较。以地区为例，如表 11－18 所示。

表 11－18　　创业企业盈利情况占比地区分布示意表

地区	创业企业盈利情况			全量企业盈利情况			盈利创业企业占比－全量盈利企业占比
	创业企业总量	盈利创业企业数量	盈利创业企业占比	全量企业数量	全量盈利企业数量	全量盈利企业占比	
北京							
上海							
深圳							
……							

可就某一地区（行业），统计其各季度的盈利－未盈利企业分布情况，分析地区（行业）的盈利情况变化趋势。

如制造业，分析制造业在统计期内各季度的盈利－未盈利企业分布情况和变化趋势，如图 11－5 所示。

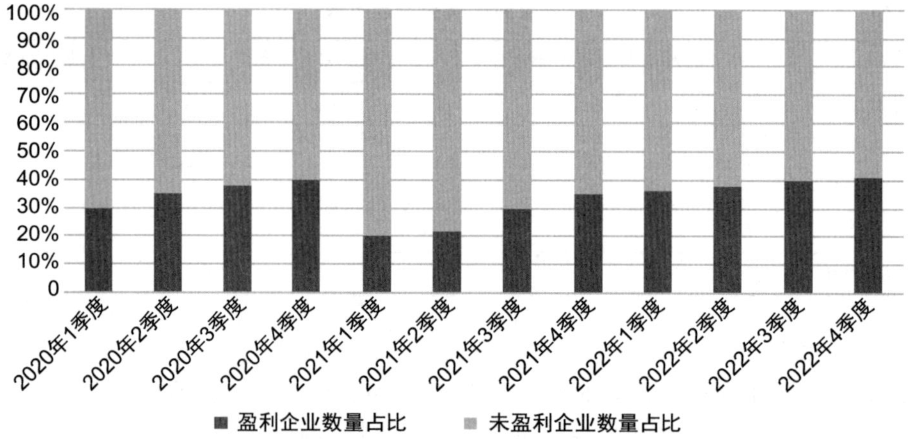

图 11－5　制造业创业企业各季度盈利情况示意图

2. 创业企业经营表现

根据企业报送的财务信息，分析各季度中创业企业的财务指标，评估创业企业的经营表现水平，如表 11－19 所示。

表 11－19　　创业企业经营表现分析示意表

季度	创业企业数量	营业收入		利润总额		资产规模	
		总额	平均值	总额	平均值	总额	平均值
2022 年 1 季度							
2022 年 2 季度							
2022 年 3 季度							
2022 年 4 季度							

分析平均营业收入、平均营业收入、利润总额、平均利润总额、资产规模、平均资产规模在各季度的同比增长率，反映创业企业经营表现的变化趋势，如表 11 - 20 所示。

表 11 - 20　　　　创业企业经营表现变化趋势分析示意表

	同比增长率			
	2022 年 1 季度	2022 年 2 季度	2022 年 3 季度	2022 年 4 季度
营业收入				
平均营业收入				
利润总额				
平均利润总额				
资产规模				
平均资产规模				

使用杜邦分析法，来深入分析创业企业的经营表现。杜邦分析法从企业的净资产收益率入手，逐层拆解，得到反映企业的盈利能力、运营能力和偿债能力的三个指标。具体公式如下：

$$净资产收益率 = 净利润/总权益 = \frac{净利润}{销售收入} \times \frac{销售收入}{总资产} \times \frac{总资产}{总权益} = 利润率 \times 资产周转率 \times 权益乘数$$

杜邦分析法中，利润率衡量企业的盈利能力、资产周转率衡量企业的运营能力，权益乘数衡量企业的偿债能力。利润率越高，企业的盈利能力越强；资产周转率越高，企业的运营能力越强；权益乘数越高，企业负债率越高，企业的偿债能力越弱。

以企业的净资产收益率作为企业经营表现的主要评价指标，设置净资产收益率分布区间，统计各个净资产收益率区间内的企业数量，反映企业经营表现的分布情况。再根据各个净资产收益率区间的企业名单，计算其平均利润率、平均资产周转率和平均权益乘数，根据此三项指标的高低，可分析企业净资产收益率领先或落后的原因，分析企业在盈利能力、运营能力和偿债能力三方面的优势或不足，创业企业经营表现杜邦分析法如表 11 - 21 所示。

表 11 - 21　　　　创业企业经营表现杜邦分析法示意表

净资产收益率	创业企业数量	创业企业数量占比	平均利润率（盈利能力）	平均资产周转率（运营能力）	平均权益乘数（偿债能力）
高于 15%					
（10%，15%）					
（0，10%）					
（ - 10%，0）					
低于 - 10%					

根据创业企业的地区和行业分布，计算各地区或行业的创业企业的平均净资产收益率，进行排名和比较。同时看该地区（行业）创业企业的平均利润率、平均资产周转率、平均权益乘数三项指标表现，分析排名靠前的地区或行业哪方面能力较强，排名靠后的地区或企

业哪方面能力较弱。

例如：排名显示 A 省份排名靠前，主要因为其平均资产周转率、平均权益乘数较高，但平均利润率排名并不靠前。说明 A 省创业企业以轻资产、低负债为主，但盈利能力较弱。需要结合创业企业实际情况，制定相关策略，引导 A 省创业企业持续发展。创业企业经营表现（分地区）杜邦分析法如表 11－22、表 11－23 所示。

表 11－22　　创业企业经营表现（分地区）杜邦分析法示意表

排名	地区	平均净资产收益率	平均利润率（盈利能力）	平均资产周转率（运营能力）	平均权益乘数（偿债能力）
1	地区 1				
2	地区 2				
3	地区 3				
……	……	……	……	……	……

表 11－23　　创业企业经营表现（分行业）杜邦分析法示意表

排名	行业门类	平均净资产收益率	平均利润率（盈利能力）	平均资产周转（运营能力）	平均权益乘数（偿债能力）
1	制造业				
2	租赁和商务服务业				
3	批发和零售业				
……	……	……	……	……	……

3. 创业企业融资能力

创业企业在创立时，面临的首要问题就是资金。根据创业企业的现金流量表，统计创业企业在每季度的筹资活动收到的累计金额，计算企业平均值、统计期内平均增长率，反映创业企业的融资能力及变化情况如表 11－24 所示。

表 11－24　　创业企业融资能力分析示意表

融资能力项目	2022 年 1 季度	2022 年 2 季度	2022 年 3 季度	2022 年 4 季度
吸收投资收到的资金（平均值）				
取得借款收到的资金（平均值）				
收到其他与筹资活动有关的现金（平均值）				
筹资活动现金流入合计（平均值）				

（三）创业企业社会贡献

企业不仅仅是经济组织，同时也是存在于社会系统下的社会组织。因此，企业的价值主要由企业经济价值和社会价值组成。企业的经济价值，主要表现在企业对于投资人的价值，即谋求股东利益最大化；企业的社会价值，主要表现为企业的社会贡献。

根据相关文献，企业的社会贡献主要表现在以下几方面：企业向市场供应优质的商品和服务；企业为社区创造就业岗位，并为职工提供合理的薪酬和保障；企业为社会贡献税收；企业合理开发和利用资源，保护生态环境并维持可持续发展；企业承担扶贫济困、发展慈善事业、进行公益捐赠等倡导正义、平等和互助的行为等。

企业向市场提供商品和服务，可体现为企业的营业收入，该部分在“创业企业经营表现”部分已做分析。另外考虑到税收数据的可得性、可支持度，暂不分析企业利用资源和生态保护的贡献，从企业的就业贡献、员工收入贡献、税收贡献、其他贡献（如社保、公益捐赠）四个方面来评估创业企业的社会贡献。

1. 就业贡献

创业企业雇佣员工，增加了就业岗位，对于扩大就业、稳定就业具有积极意义。就业贡献分析以自然人税收大数据为基础，分析创业企业对社会就业的贡献度。

就业贡献分析以月度为单位。根据每月度的创业企业名单，统计创业企业各月度的个人所得税工资薪金和连续性劳务报酬申报人数（去重），为各月度的创业企业就业规模。以全量企业各月度的个人所得税工资薪金和连续性劳务报酬申报人数（去重），为各月度的总就业规模。以各月度的创业企业就业规模占总就业规模的比例，分析创业企业就业贡献度以及变化趋势如表 11－25 所示。

表 11－25　　创业企业就业贡献分析示意表

月度	创业企业就业规模	总就业规模	创业企业就业贡献度
2022 年 1 月			
2022 年 2 月			
2022 年 3 月			
……			

注：创业企业就业贡献度＝某月度创业企业就业规模／某月度总就业规模×100%

根据各月度的创业企业就业规模、创业企业就业贡献度，分析创业企业就业贡献变化趋势。可识别贡献波动较大的时段，分析就业贡献波动原因，及时实行相关的对策和措施。创业企业就业贡献分析（2022 年）如图 11－6 所示。

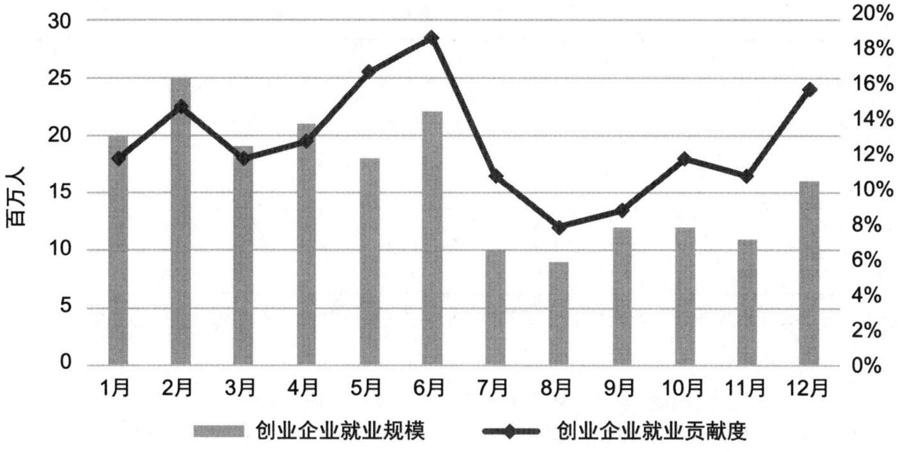

图 11－6　2022 年创业企业就业规模和就业贡献

从地区的维度，看统计期各月度中，各地区的创业企业对地区总就业规模的贡献度，以就业贡献度进行排名。分析地区间差异，剖析差异产生原因，挖掘影响因素，制定相应对策，以全面提升创业企业的就业贡献度，如表 11 –26 所示。

表 11 –26　创业企业就业贡献地区分布示意表

排名	地区	创业企业就业规模	地区总就业规模	创业企业就业贡献度
1	地区 1			
2	地区 2			
3	地区 3			
……				

与地区类似，从行业的维度，分析各行业的创业企业就业贡献度，了解行业间差异，如表 11 –27 所示。

表 11 –27　创业企业就业贡献行业分布示意表

排名	行业	创业企业就业规模	行业总就业规模	创业企业就业贡献度
1	制造业			
2	金融业			
3	批发和零售业			
……				

2. 员工收入贡献

员工收入是企业财富分配的重要形式之一，也是企业社会价值的重要展现形式，因此对创业企业员工的工薪收入进行分析。

根据创业企业员工的个人所得税申报记录，计算员工的月度平均工资薪金，与统计部门发布的私营单位就业人员社会平均工资（月度）① 进行比较，以创业企业员工收入指数，分析创业企业员工收入水平。创业企业员工收入贡献分析如表 11 –28 所示，创业企业员工收入指数（2022 年）如图 11 –7 所示。

表 11 –28　创业企业员工收入贡献分析示意表

月度	创业企业员工月度平均工资薪金	私营单位就业人员社会平均工资（月度）	创业企业员工收入指数
2022 年 1 月			
2022 年 2 月			
2022 年 3 月			
……	……	……	……

注：创业企业员工收入指数 = 创业企业员工月度平均工资薪金/私营单位就业人员社会平均工资（月度）×100

① 根据本课题对创业企业的定义，创业企业多为私营单位，故与创业企业员工收入做比较的“社会平均工资”可用“城镇私营单位就业人员平均工资”替代。城镇私营单位就业人员平均工资，参考各年《中国统计年鉴》中“按行业分城镇私营单位就业人员平均工资”表，并除以 12 折算为月度数。

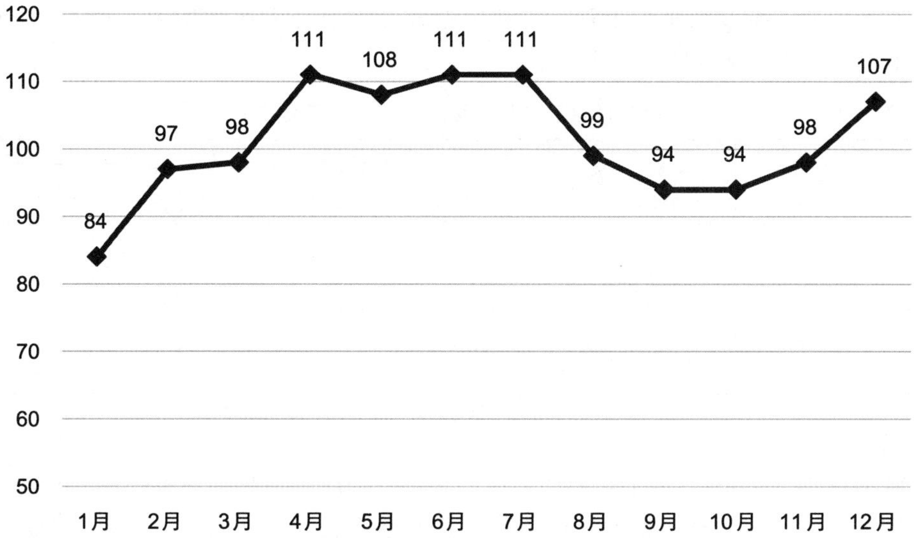

图 11－7　2022 年创业企业员工收入指数

可比较各地区的创业企业的员工月度平均工资薪金，反映地区间差异。设计员工收入指数（地区）。

创业企业员工收入指数（地区）＝某地区的创业企业员工月平均工资薪金/某地区私营单位就业人员社会平均工资（月度）×100

地区间经济发展不平衡，在地区的社会平均工资差异上有所反映。除以各地区的社会平均工资，可有效地剔除掉地区经济发展不平衡因素，较为准确地反映各地区的创业企业为员工创造的财富水平。各地区的社会平均工资，可从各地的统计局公开发布数据中获取[①]。创业企业员工收入贡献地区分布如表 11－29 所示。

表 11－29　创业企业员工收入贡献地区分布示意表

排名	地区	创业企业员工月平均工资薪金	地区私营单位就业人员社会平均工资（月度）	创业企业员工收入指数（地区）
1	地区 1			
2	地区 2			
3	地区 3			
……	……	……	……	……

比较各行业间的创业企业员工月度平均收入，反映行业间差异。与地区类似，设计员工收入指数（行业）。

创业企业员工收入指数（行业）＝某行业的创业企业员工月平均工资薪金/某行业私营单位就业人员社会平均工资（月度）×100

该指数同样提出行业间发展不平衡的因素影响下，较为准确地反映了各行业的创业企业

① 各地区的私营单位就业人员平均工资，可从各年度《中国统计年鉴》中“按行业分城镇私营单位就业人员平均工资”表中获取，并除以 12 折算为月度数。

员工的收入水平。各行业的平均工资，可从国家统计局公开发布数据中获取[①]。创业企业员工收入贡献地区分布如表 11－30 所示。

表 11－30　　创业企业员工收入贡献地区分布示意表

排名	行业	创业企业员工月平均工资薪金	行业私营单位就业人员社会平均工资（月度）	创业企业员工收入指数（行业）
1	制造业			
2	金融业			
3	批发和零售业			
……	……	……	……	……

3. 税收贡献

企业缴纳税收，是企业应当履行的义务，也是企业社会贡献的重要部分。以企业的税收规模来衡量企业的社会贡献，根据统计期内各月度创业企业缴纳的各项税收金额及占比，分析创业企业的税收贡献度及变化趋势。

税收贡献分析以季度为单位。创业企业税收贡献分析如表 11－31 所示。

表 11－31　　创业企业税收贡献分析示意表

季度	增值税		企业所得税		个人所得税		……
	创业企业缴纳金额	创业企业贡献度	创业企业缴纳金额	创业企业贡献度	创业企业缴纳金额	创业企业贡献度	……
2022 年 1 季度							
2022 年 2 季度							
2022 年 3 季度							
2022 年 4 季度							

注：创业企业税收贡献度 = 某税种创业企业纳税金额/某税种总税收金额 × 100%

依地区维度划分，分析某季度中，各地区创业企业对各项税收的贡献度，了解哪些地区的创业企业对地方税收贡献较高。创业企业税收贡献地区分布如表 11－32 所示。

表 11－32　　创业企业税收贡献地区分布示意表

地区	增值税		企业所得税		个人所得税		……
	创业企业缴纳金额	创业企业贡献度	创业企业缴纳金额	创业企业贡献度	创业企业缴纳金额	创业企业贡献度	……
地区 1							
地区 2							
地区 3							
……							

---

① 各行业的私营单位就业人员平均工资，可从各年度《中国统计年鉴》中“按行业分城镇私营单位就业人员平均工资”表中获取，并除以 12 折算为月度数。

依行业维度划分，分析某季度中，各地区创业企业对各项税收的贡献度，了解各行业间的创业企业税收贡献差异。创业企业税收贡献行业分布如表 11－33 所示。

表 11－33　　创业企业税收贡献行业分布示意表

行业	增值税		企业所得税		个人所得税		……
	创业企业缴纳金额	创业企业贡献度	创业企业缴纳金额	创业企业贡献度	创业企业缴纳金额	创业企业贡献度	……
制造业							
金融业							
批发和零售业							
……							

4. 其他贡献

其他贡献包括企业社会保险费支出、住房公积金、企业年金、公益捐赠、补充公积金、补充保险等。

以企业社会保险费为例，统计各月度中创业企业为企业员工缴纳的各项社会保险费总金额、各月度中全量企业缴纳的社会保险费总金额，衡量创业企业的社会保险费贡献度。创业企业社会保险费贡献分析如表 11－34 所示。

表 11－34　　创业企业社会保险费贡献分析示意表

时间	创业企业社会保险费缴纳金额	全量企业社会保险费总缴纳金额	创业企业社会保险费贡献度
2022 年 1 月			
2022 年 2 月			
2022 年 3 月			
……	……	……	……

注：创业企业社会保险费贡献度＝某月度创业企业缴纳社会保险费金额/某月度全量企业社会保险费总缴纳金额×100%

以某月度中，某地区创业企业缴纳的社会保险费总金额占某地区全量企业缴纳的社会保险费金额的比例，衡量该地区创业企业的社会保险费贡献度。进行地区间比较，了解地区间差异。创业企业社会保险费贡献地区分布如表 11－35 所示。

表 11－35　　创业企业社会保险费贡献地区分布示意表

排名	地区	创业企业社会保险费缴纳金额	创业企业社会保险费贡献度
1	地区 1		
2	地区 2		
3	地区 3		
……	……	……	……

与地区类似，从行业维度，分析某月度中，各行业的创业企业社会保险费贡献度。创业企业社会保险费贡献行业分布如表 11－36 所示。

表 11－36 创业企业社会保险费贡献行业分布示意表

排名	行业	创业企业社会保险费缴纳金额	创业企业社会保险费贡献度
1	制造业		
2	金融业		
3	批发和零售业		
……	……	……	……

（四）创业企业科技创新

创新是引领发展的动力，也是推动大众创业万众创新向更大范围、更高层次和更深程度的动力。关注创业企业的科技创新能力，分析创新创业的发展趋势，助力创新创业高质量发展。

创业企业科技创新分析，以企业报送的财务数据为基础。因企业财务数据多以季度、年度为统计期，故本节以季度或年度进行分析。各季度、年度的创业企业名单为季度或年度中各月创业企业名单加和去重。

本课题以季度分析作为展示，实务中可视数据情况做年度分析。

1. 创业企业研发投入

企业的研发投入规模，直接体现了企业对于科技创新的重视程度和投入力度，也与企业的科创能力密切相关。根据创业企业每季度的研发费用，分析创业企业总研发费用、平均研发费用、研发强度和研发费用增长情况，以洞察创业企业的研发投入变化趋势。

从创业企业中，筛选出本季度发生研发费用的创业企业，分析其数量、占比的增长情况。创业企业研发投入分析如表 11－37 所示。

表 11－37 创业企业研发投入分析示意表

季度	发生研发费用的创业企业数量	创业企业总数量	发生研发费用的创业企业数量占比	发生研发费用的创业企业数量增长率
2022 年 1 季度				
2022 年 2 季度				
2022 年 3 季度				
2022 年 4 季度				

统计发生研发费用的创业企业，在各季度的研发费用、平均研发费用、营业收入、研发强度等，反映其科创投入的变化趋势。创业企业科创投入变化趋势分析如表 11－38 所示。

表 11－38 创业企业科创投入变化趋势分析示意表

季度	发生研发费用的创业企业数量	研发费用	研发费用增长率	平均研发费用	平均研发费用增长率	营业收入	研发强度
2022 年 1 季度							
2022 年 2 季度							

续表

季度	发生研发费用的创业企业数量	研发费用	研发费用增长率	平均研发费用	平均研发费用增长率	营业收入	研发强度
2022 年 3 季度							
2022 年 4 季度							

注：平均研发费用 = 研发费用/发生研发费用的创业企业数量

研发强度 = 研发费用/营业收入 ×100

与全量企业的研发投入情况对比，对比创业企业和全量企业的研发费用、研发费用增长率、研发强度等。分析创业企业在研发投入上的位势。可结合创业企业的行业分布、享受相关扶持政策等，对创业企业研发投入做进一步分析。创业企业研发投入上位势分析如表 11－39 所示。

表 11－39　　创业企业研发投入上位势分析示意表

季度	创业企业			全量企业		
	研发费用	研发费用增长率	研发强度	研发费用	研发费用增长率	研发强度
2022 年 1 季度						
2022 年 2 季度						
2022 年 3 季度						
2022 年 4 季度						

2. 高新技术企业

高新技术企业，是持续进行研究开发和技术成果转化，形成企业核心自主知识产权，并以此为基础展开经营活动的企业。创业企业中高新技术企业的数量、发展状况，是反映创业企业整体科创能力的重要指标。

分析统计期内，各年度的创业企业中的高新技术企业数量及当年占比，剖析创业企业中高新技术企业的增长趋势。创业企业中高新技术企业占比分析如表 11－40 所示。

表 11－40　　创业企业中高新技术企业占比分析示意表

年份	高新技术企业数量	创业企业总数量	高新技术企业数量占比	高新技术企业数量同比增长率
2020				
2021				
2022				

与全量企业中的高新技术企业进行比较，分析创业期的高新技术企业数量和占比、年度间变化趋势。创业期高新技术企业变化趋势分析如表 11－41 所示。

表 11－41　　创业期高新技术企业变化趋势分析示意表

年份	高新技术企业数量	全量高新技术企业数量	高新技术企业数量占比
2020			
2021			
2022			

根据每年度创业企业中高新技术企业名单，统计高新技术企业每季度的研发费用、营业收入、资产规模，计算研发强度，分析高新技术企业的经营发展情况，了解其发展趋势。创业期高新技术企业发展趋势分析如表 11－42 所示。

表 11－42　　创业期高新技术企业发展趋势分析示意表

季度	企业数量	营业收入		利润总额		资产规模		研发费用	
		总额	平均值	总额	平均值	总额	平均值	总额	平均值
2022 年 1 季度									
2022 年 2 季度									
2022 年 3 季度									
2022 年 4 季度									

分析各季度的户均指标的增长情况，了解创业企业中高新技术企业的发展趋势。创业期高新技术企业增长情况分析如表 11－43 所示。

表 11－43　　创业期高新技术企业增长情况分析示意表

	同比增长率			
	2022 年 1 季度	2022 年 2 季度	2022 年 3 季度	2022 年 4 季度
营业收入				
平均营业收入				
利润总额				
平均利润总额				
资产规模				
平均资产规模				
研发费用				
平均研发费用				

3. 初创科技型企业

初创科技型企业，为市场带来了创新性的科技产品和服务，也受到了相关政策的支持，是创业企业进行科技创新的重要力量。众多的科技公司是从初创科技型企业逐渐发展壮大而来的。因此分析初创科技型企业的分布和经营状况，了解其发展趋势，反映创业企业科技创新的发展潜力。

统计每年度的创业企业中，初创科技型企业①的数量、数量占比、新增数量、同比增长率，分析初创科技型企业的增长趋势。初创科技型企业增长趋势分析如表 11－44 所示。

表 11－44　　初创科技型企业增长趋势分析示意表

年份	初创科技型企业数量	创业企业数量	初创科技型企业数量占比	初创科技型企业数量同比增长率
2020				
2021				
2022				

与全量企业中的初创科技型企业进行比较，分析创业期的高新技术企业数量和占比、年度间变化趋势。初创科技型企业变化趋势分析如表 11－45 所示。

表 11－45　　初创科技型企业变化趋势分析示意表

年份	初创科技型企业数量	全量初创科技型企业数量	初创科技型企业数量占比
2020			
2021			
2022			

分析各年度初创科技型企业的各季度营业收入、利润总额、资产规模、研发费用的总额及平均值，反映初创科技型企业的经营发展趋势。初创科技型企业发展趋势分析如表 11－46 所示。

表 11－46　　初创科技型企业发展趋势分析示意表

季度	企业数量	营业收入		利润总额		资产规模		研发费用	
		总额	平均值	总额	平均值	总额	平均值	总额	平均值
2022 年 1 季度									
2022 年 2 季度									
2022 年 3 季度									
2022 年 4 季度									

分析户均指标的统计期间各年度的增长情况，了解创业企业中初创科技型企业的发展趋势。初创科技型企业增长情况分析如表 11－47 所示。

表 11－47　　初创科技型企业增长情况分析示意表

	同比增长率			
	2022 年 1 季度	2022 年 2 季度	2022 年 3 季度	2022 年 4 季度
营业收入				

① 初创科技型企业的划分方法参照《财政部 税务总局关于创业投资企业和天使投资个人有关税收政策的通知》（财税〔2018〕55 号）中对于初创科技型企业的定义。

续表

	同比增长率			
	2022 年 1 季度	2022 年 2 季度	2022 年 3 季度	2022 年 4 季度
平均营业收入				
利润总额				
平均利润总额				
资产规模				
平均资产规模				
研发费用				
平均研发费用				

（五）个体工商户

个体工商户是重要的市场主体，占我国市场主体的近三分之二①，在繁荣经济、增加就业、推动创业创新、方便群众生活等方面发挥着重要作用。个体工商户分析聚焦初创期的分布情况、经营表现，剖析个体工商户在稳就业、促繁荣等方面发挥的影响和作用。本文所述“个体工商户”，除特殊说明外，指创业企业中的个体工商户。

1. 个体工商户数量规模

开办个体工商户是准入门槛较低的创业行为，是替代就业的重要形式。在新形势下，国家对于个体工商户给予了降税降费等诸多扶持措施，以促进个体经济的繁荣。同时，个体工商户也是受疫情因素影响最为显著的群体之一，其数量变化与经营表现是社会经济活跃度的重要风向标。本节对个体工商户的数量变化情况做出分析。

分析每月度的创业企业中，个体工商户的数量及占比，展示月度间变化趋势。个体工商户创业数量分析如表 11 - 48 所示。

表 11 - 48　　个体工商户创业数量分析示意表

时间	个体工商户数量	创业企业数量	个体工商户数量占比
2022 年 1 月			
2022 年 2 月			
2022 年 3 月			
……			

分析每月度新增创业企业中，新增个体工商户的数量及占比；每月度注销的创业企业中，注销个体工商户的数量和占比。揭示个体工商户的流动和增减趋势。个体工商户创业增减趋势分析如表 11 - 49 所示。

① 林丽鹂．全国个体工商户超 1 亿户 约占市场主体总量 2/3. 人民日报，2022 年 2 月 10 日．

表 11－49　　个体工商户创业增减趋势分析示意表

时间	新增情况			注销情况			个体工商户月度净增长数量
	新增个体工商户数量	新增创业企业数量	新增个体工商户数量占比	注销个体工商户业主数量	注销创业企业数量	注销个体工商户数量占比	
2022 年 1 月							
2022 年 2 月							
2022 年 3 月							
……							

2. 个体工商户行业分布变化

近年来，随着新技术、新产业、新业态、新模式的蓬勃发展，网络直播、微商电商等“新个体经济”层出不穷。传统的个体工商户主要集中在批发零售、餐饮和居民服务等行业，但随着“新个体经济”的发展，新加入创业群体的个体工商户是否会选择新兴行业？个体工商户的行业分布结构是否有所变化？

根据每月度新增的个体工商户信息，统计每月度的新增个体工商户行业分布情况，分析个体工商户分布结构的变化趋势。对于发生的较为显著的结构性变化，可做进一步原因的探究。

如：观察到进入信息业、文化体育娱乐业的个体工商户数量及占比显著增长，批发零售业和餐饮业的个体工商户数量及占比减少，是否代表个体工商户逐渐由传统型经营向“新个体经济”发展？可从行业环境、创业者素质、相关政策等方面剖析行业分布结构变化的原因。新增个体工商户行业分布变化分析如表 11－50 和图 11－8 所示。

表 11－50　　新增个体工商户行业分布变化分析示意表

排名	行业门类	本月度新增个体工商户数量	月度新增个体工商户占比
1	批发和零售业		
2	住宿和餐饮业		
3	信息传输、软件和信息技术服务业		
……			

注：月度新增个体工商户占比＝某行业本月度新增个体工商户数量/本月度新增个体工商户总数量×100%

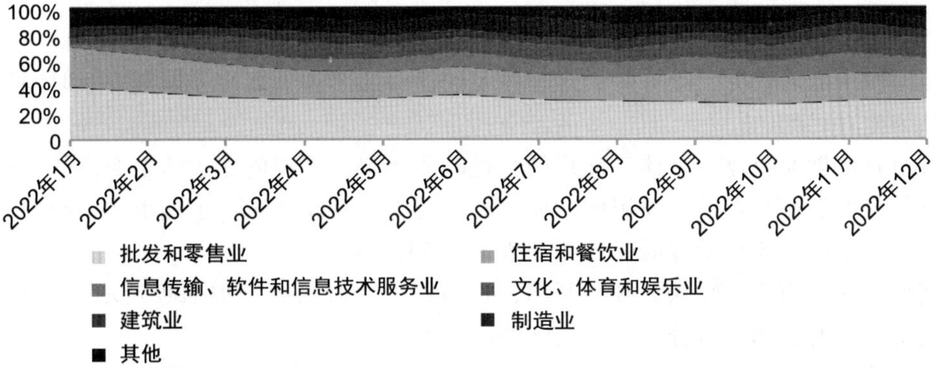

图 11－8　新增个体工商户行业分布变化分析示意图

3. 个体工商户经营情况和生存情况

个体工商户普遍规模较小，抗风险能力较差。外部环境直接影响着个体工商户的发展。特别对于初创期的个体工商户，生存压力是其面临的首要压力，更需要贷款融资、税费减免、招工用工等多方面的扶持。本节分析个体工商户的经营情况和生存情况，可为评估个体工商户扶持政策效果、制定相关扶持政策提供参考。

个体工商户的经营情况，可以个体工商户的营业收入和利润规模进行初步衡量。个体工商户分为定期定额申报户和经营所得申报户。对于定期定额申报户，仅做数量规模分析；对于经营所得申报户，以个体工商户的经营所得申报中的收入总额衡量其收入规模，以利润总额衡量其利润规模。以季度为分析单位。

分析统计期内每季度创业企业中个体工商户的平均收入总额、平均利润总额，分析季度间的变化趋势。创业个体工商户经营情况分析如表 11－51 所示，经营变化趋势分析如表 11－52 所示。

表 11－51　　创业个体工商户经营情况分析示意表

季度	申报经营所得的个体工商户数量	收入总额		利润总额	
		总额	平均值	总额	平均值
2022 年 1 季度					
2022 年 2 季度					
2022 年 3 季度					
2022 年 4 季度					

表 11－52　　创业个体工商户经营变化趋势分析示意表

季度	收入总额		利润总额	
	总额增长率	平均值增长率	总额增长率	平均值增长率
2022 年 1 季度				
2022 年 2 季度				
2022 年 3 季度				
2022 年 4 季度				

分析个体工商户的生存状况。以月度为分析期，对于月度内存续的个体工商户，以其开业时间至月度末的时长为生存时间；对于月度内注销的个体工商户，以其开业时间至注销时间的时长为生存时间。

分析每月度创业企业中个体工商户的生存时间分布，了解创业个体工商户的平均生存时间；分析每月度创业企业中，注销的个体工商户的生存时间分布，了解个体工商户的实际生存时间。创业个体工商户生存时间分布如表 11－53 所示。

初创期个体工商户的收入总额和利润，是随着生存时间的增加而稳定增长或趋于稳定，还是呈现出较大的波动？可分析两者之间的相关性。

根据每季度中个体工商户的生存时间，以创业时间长短划分成不同群体，计算各群体的平均收入总额和平均利润总额，分析创业时长与收入总额或利润总额之间的相关关系。个体

表 11－53　　创业个体工商户生存时间分布示意表

生存时间	个体工商户数量	个体工商户数量占比	本月度注销的个体工商户数量	本月度注销的个体工商户数量占比
12 个月以下				
12～24 个月				
24～36 个月				
36～48 个月				
48～60 个月				
数量合计		100%		100%
整体平均生存时间				

工商户创业时长与收入和利润相关性如表 11－54 和图 11－9 所示。

表 11－54　　个体工商户创业时长与收入和利润相关性示意表

生存时间	个体工商户数量	平均收入总额	平均利润总额
12 个月以下			
12～24 个月			
24～36 个月			
36～48 个月			
48～60 个月			
数量合计		100%	

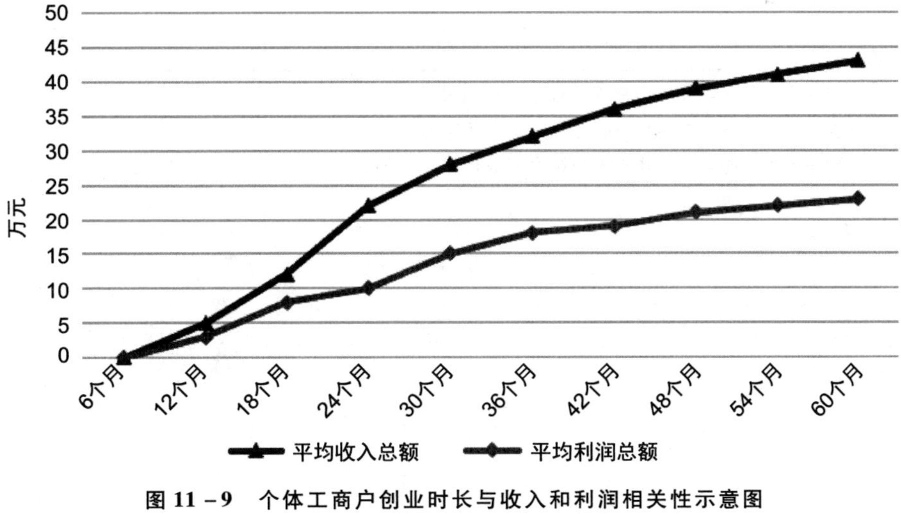

图 11－9　个体工商户创业时长与收入和利润相关性示意图

可绘制生存时间－收入总额、生存时间－利润总额的相关关系图，较为直观地呈现两者之间的相关关系。

4. 个体工商户就业贡献情况

个体工商户对于稳就业、促就业方面发挥了重要的作用。本节分析创业企业中个体工商户对就业的带动作用。

根据个体工商户数量规模及其申报的个人所得税工资薪金或连续性劳务报酬信息，分析个体工商户所雇佣人员规模以及户均拉动就业的情况，并可分地区或行业进一步分析。创业个体工商户就业贡献情况如表 11 - 55 所示。

表 11 - 55　　创业个体工商户就业贡献情况示意表

时间	个体工商户总数	其中：有雇工的个体工商户数量①	雇工总人数	户均雇工人数
2022 年 1 月				
2022 年 2 月				
2022 年 3 月				
……				

开办个体工商户是创业行为，从社会就业的宏观视角来看，也是典型的自雇型就业模式。不仅解决了个体工商户业主（雇主）本人的就业问题，也对解决地区就业具有积极意义。下面，把个体工商户业主（雇主）与其雇工的数量规模进行整体分析，对个体工商户对于促进就业意义进行综合衡量。创业个体工商户就业贡献度如表 11 - 56 和图 11 - 10 所示。

表 11 - 56　　创业个体工商户就业贡献度示意表

时间	个体工商户业主数量	个体工商户雇工数量	个体工商户综合就业规模	当月度社会总就业总规模	个体工商户就业贡献度
2022 年 1 月					
2022 年 2 月					
2022 年 3 月					
……					

注：个体工商户业主数量、个体工商户雇工数量，均取去重后的数量。

个体工商户综合就业规模 = 个体工商户业主数量 + 个体工商户雇工数量

个体工商户就业贡献度 = 某月度个体工商户综合就业规模 / 当月度社会总就业规模 × 100%

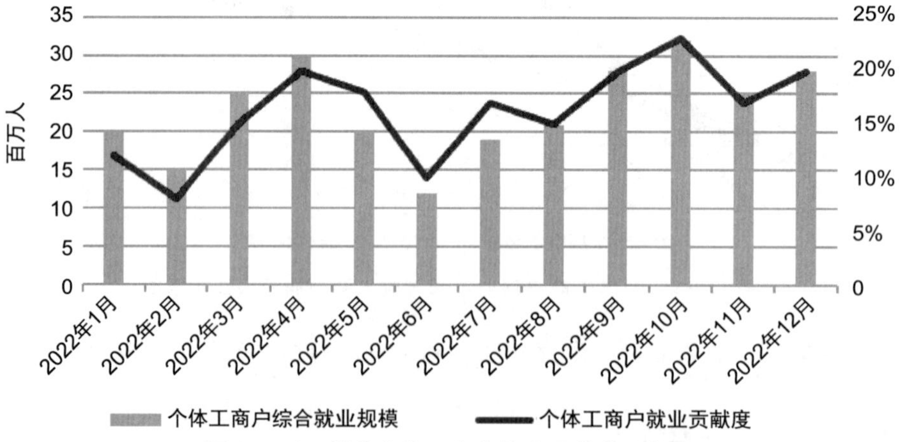

图 11 - 10　创业个体工商户就业贡献度示意图

① 个体工商户当月申报工资薪金或连续性报酬的人员，视为个体工商户的当月雇工。

5. 个体工商户税费优惠分析

近年来，为扶持个体工商户发展，国务院施行了多项税费优惠政策。如对符合条件的增值税小规模纳税人免征增值税、个体工商户应纳税所得不超过100万元部分个人所得税减半征收、个体工商户减征地方“六税两费”等。根据相关政策的实行时间，分析每年度的税费优惠政策的影响广度和影响力度，评估税费优惠政策效应。

税费优惠政策相关的税费申报频率不同，可能按照月度、季度或年度进行申报和缴纳。分析中可根据实际情况，选择按照月度、季度或年度进行分析。以下以年度为单位作为分析示例。

根据《财政部 税务总局关于实施小微企业和个体工商户所得税优惠政策的公告》（2021年第12号）和《国家税务总局关于落实支持小型微利企业和个体工商户发展所得税优惠政策有关事项的公告》（2021年第8号）：2021年1月1日至2022年12月31日，对个体工商户经营所得年应纳税所得额不超过100万元的部分，在现行优惠政策基础上，再减半征收个人所得税。现以“个体工商户应纳税所得不超过100万元部分个人所得税减半征收”政策为例，分析该项政策对2021年、2022年创业企业中的个体工商户的影响。创业个体工商户税费优惠分析如表11－57所示。

表11－57　　创业个体工商户税费优惠分析示意表

年份	个体工商户数量	优惠政策影响广度	优惠政策影响力度
2021			
2022			
……			

注：优惠政策影响广度＝某年度享受某项政策的个体工商户数量/某年度个体工商户数量×100%

优惠政策影响力度＝某年度个体工商户在某项政策下的减免税额/（个体工商户某项政策下相关的税种的实际纳税金额＋某年度个体工商户在某项政策下的减免税额）×100%

针对享受某项税费优惠政策的个体工商户，可以对比其在享受政策前和享受政策中的经营情况，分析政策出台前后个体工商户群体的数量规模与生存时间差异等，以评估税费优惠政策对于扶持个体经营、优化营商环境是否起到了预期的积极作用。

二、创业者透视与分析

根据MBA百科定义，“创业者”，指创业活动的推动者，是活跃在企业创立和新创企业成长阶段的企业经营者。

本文所分析的“创业者”，是指创业企业的经营者。基于税收数据基础和本篇的研究目的，包括新创立有限责任公司的法定代表人、个人独资企业投资人、合伙企业自然人普通合伙人以及个体工商户业主。

（一）全量创业者透视与分析

依托税收大数据，筛选创业者名单，对各月度的创业者群体进行透视。根据创业者个人信息，包括性别、年龄、学历水平、户籍地、创业地区、所处行业等维度，设计相关指数，对创业者人群进行透视和分析。

1. 年轻化指数

分析创业者的年龄分布结构，看创业者主要集中在哪些年龄段？创业者是否呈现年轻化的趋势？创业者年龄分布分析如表 11 - 58 和图 11 - 11 所示。

表 11 - 58 创业者年龄分布分析示意表

年龄（周岁）	创业人群数量	创业人群数量占比
18（含）~25（含）		
25（不含）~30（含）		
30（不含）~35（含）		
35（不含）~40（含）		
40（不含）~45（含）		
45（不含）~50（含）		
50（不含）以上		

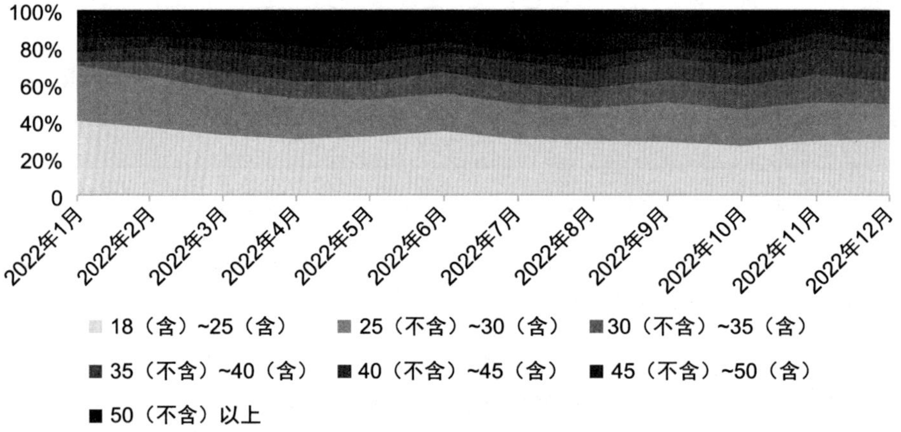

图 11 - 11 创业者年龄分布分析示意图

将 35 岁以下的创业者视为年轻创业者，计算年轻创业者在统计期间的平均增长率，反映年轻创业者的增长趋势。

创业者年轻化指数 = 年轻创业者增长率 / 创业者整体增长率 × 1000

年轻创业者增长率 = （本月度 35 周岁及以下创业者人数之和 - 上月度 35 周岁及以下创业者人数之和）/上月度 35 周岁及以下创业者人数之和 × 100%

创业者整体增长率 = （本月度创业者人数之和 - 上月度创业者人数之和）/上月度创业者人数之和 × 100%

若指数大于 100，说明年轻创业者增长高于整体增长趋势，创业者向年轻化发展趋势加强。创业者年轻化指数发展趋势如图 11 - 12 所示。

同创业者年轻化指数相同，也可将各年龄层段的创业者的增长率与创业者整体增长率进行比较，得到各年龄层段的创业者增长指数。

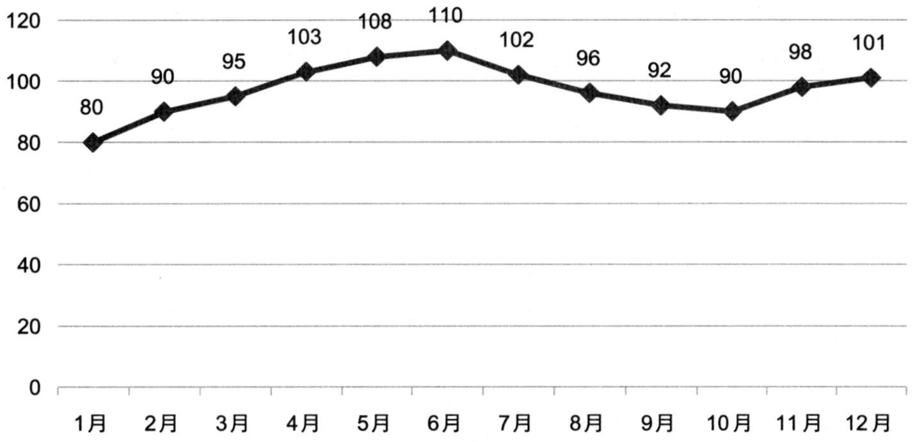

图 11－12　创业者年轻化指数发展趋势示意图

2. 地区集中度、活跃度

分析创业者倾向于在哪些地区进行创业活动，哪些地区的创业者活跃度较高，了解地区间差异。

根据创业企业注册地，识别每月度的创业者创业地区的分布情况。根据各地区的创业者数量、占比进行排名，识别出创业集中地区。

创业者地区集中度＝创业者规模排名前 N 名的地区的创业者数量之和/创业者总数量×100%

创业者地区集中度指数越高，证明创业者的地区分布越集中。创业者创业地区分析如表 11－59 所示。

表 11－59　创业者创业地区分析示意表

排名	省/自治区/直辖市	创业人群规模	创业人群比例（%）
1	北京		
2	上海		
3	广东		
……	……		

以每月度各地区创业者的数量，与该地区总就业规模相比，所占的比例，并标准化为每千人就业规模下的创业人数，衡量地区的创业者活跃度，识别出创业活跃地区。创业者地区活跃度分析如表 11－60 所示。

表 11－60　创业者地区活跃度分析示意表

排名	省/自治区/直辖市	创业人数	就业人数	创业者地区活跃度
1	北京			
2	上海			
3	广东			
……	……			

创业者地区活跃度（某地区）＝某地区创业人数/某地区就业人数×1000

某地计算创业者活跃度为5，即表示每千人就业人数对应5人创业人数。创业者活跃度较高的地区，为创业相对活跃地区。

3. 行业集中度

分析创业者集中在哪些行业进行创业，哪些行业的创业者活跃度较高，了解行业间差异。

根据创业者创办企业的国民经济行业，分析创业者人群的行业分布情况。依照国民经济行业分类标准，可就行业门类、大类、中类、小类等多个级别进行分析。创业人群行业分布如表11－61所示。

表11－61　　创业人群行业分布示意表

排名	行业门类	行业大类	行业中类	行业小类	创业者数量	创业者数量占比
1	制造业	食品制造业	方便食品制造	速冻食品制造		
2	租赁和商务服务业	商务服务业	组织管理服务	投资和资产管理		
3	批发和零售业	零售业	综合零售	百货零售		
……						

根据表11－61，计算创业者的行业集中度：

创业者行业集中度＝排名前N名的行业的创业者数量之和/创业者总数量×100%

指数越高，说明创业者行业分布越集中。

以各月度的新增创业者的行业分布，反映各月度的创业者在创业时的创业选择，通过月度间变化分析最新创业者的行业变化趋势。创业者行业分布变化趋势分析如表11－62所示。

表11－62　　创业者行业分布变化趋势分析示意表

排名	行业门类	新增创业者数量	新增创业者数量占比
1	制造业		
2	租赁和商务服务业		
3	批发和零售业		
……			

注：新增创业者数量占比＝某行业新增创业者数量/新增创业者总数量×100%

除了以国民经济行业分类标准进行行业统计外，对于国家重点扶持、重点关注的行业或产业，可依据相关行业（产业）定义标准，确定统计对象。分析重点行业（产业）中的创业者分布情况、该行业（产业）的新增创业者的分布情况及变化趋势。

4. 户籍分布及地区流动

根据创业者身份信息，分析创业的户籍地分布，了解创业者的主要来源地区。选取每月的创业者名单，统计各地区的创业者数量及占比，分析月度间的变化趋势。

对于大陆居民，依照身份证件信息，按省份进行统计；对于港澳台居民、外籍人士，依照相应的身份证件进行认证和统计。创业者户籍分布如表11－63所示。

表 11－63　　　　　　创业者户籍分布示意表

户籍地区	创业者数量	创业者数量占比
北京		
上海		
……		
港澳台		
外籍		

将创业者的创业地区分布与创业者户籍地区分布进行对比，识别创业者流入地区、创业者流出地区，反映出地区的创业氛围、营商环境、经济水平等。创业者地区流动分析如表 11－64 所示。

表 11－64　　　　　　创业者地区流动分析示意表

地区	创业者创业地区分布		创业者户籍地分布		净流入创业者人数
	人数	占比	人数	占比	
北京					
上海					
广东省					
……					
港澳台	/	/			
外籍	/	/			

在表 11－64 中，净流入创业者人数＝某地区创业者人数－某地区户籍的创业者人数。当净流入创业者人数大于 0 时，该地区为创业者流入地区，净流入创业者人数小于 0 时，该地区为创业者流出地区。

可就各地区每年度的净流入创业者人数，绘制统计图，直观展现各地区的创业者流入/流出状况，如图 11－13 所示。

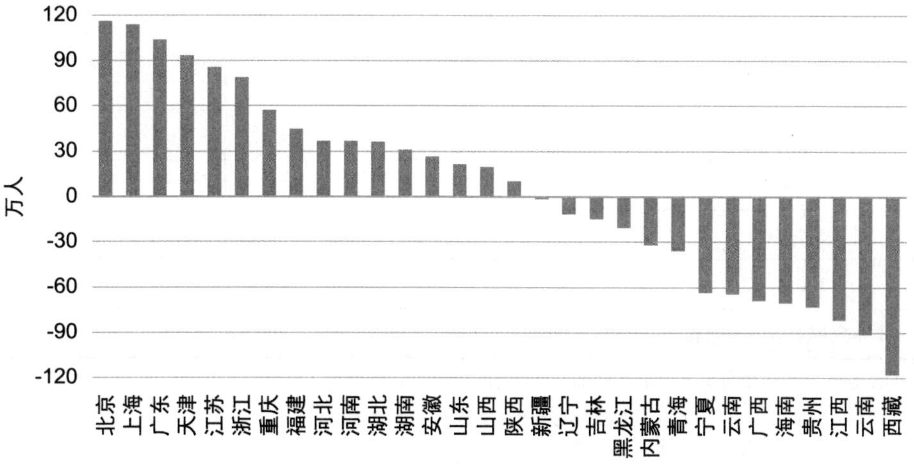

图 11－13　创业者地区流动分析示意图

5. 创业者回报

根据创业者的投资金额、获得的创业回报金额，衡量创业者的投资回报比，反映创业者的创业成果。

创业者的收入主要由经营所得、利息股息红利、财产转让、工资薪金等几项所得构成。其中，创业者来自于创业企业的工资薪金收入，对于衡量创业者的创业回报意义较小，同时也存在部分人员兼职创业的情况，故将工资薪金剔除，以经营所得、利息股息红利所得、财产转让所得三项所得额之和，来衡量创业者收入。经营所得、利息股息红利所得、财产转让所得三项所得额，以季度为统计期。

创业者的投资金额，从创业者创立的企业的税务登记信息中获取。以统计期期末的投资金额为准。

因为创业投资金额存在差异，故对创业者回报的衡量需要做标准化处理，以每100万元投资的季度回报额进行测算。

创业者回报 =（经营所得 + 利息股息红利所得 + 财产转让所得）/投资金额 ×100（万元）

当计算创业者回报为50时，代表该创业者本季度100万元投资的回报金额为50万元。

创业者的投资金额，根据企业税务登记信息，取创业者对创业企业的投资金额，当创业者创立多家创业企业时，各家创业企业取得的回报及投资金额均加总衡量。

分析每季度的创业者回报分布情况，计算各创业者回报区间的创业者人数及占比，反映创业者创业成果。创业者回报分析如表11－65所示。

表11－65　创业者回报分析示意表

创业者回报	创业者数量	创业者数量占比
0 ~ 1		
1 ~ 2		
2 ~ 4		
4 ~ 6		
6 ~ 8		
8 ~ 10		
10 ~ 20		
20 ~ 50		
50 ~ 100		
100 以上		
本季度创业者平均回报		

注：创业者数量占比 = 各创业者回报区间的创业者数量/创业者总人数 ×100%

本季度创业者平均回报 = 本季度创业者回报总和/本季度创业者总人数

根据创业者回报分布情况，绘制创业者回报分布示意图，如图11－14所示。

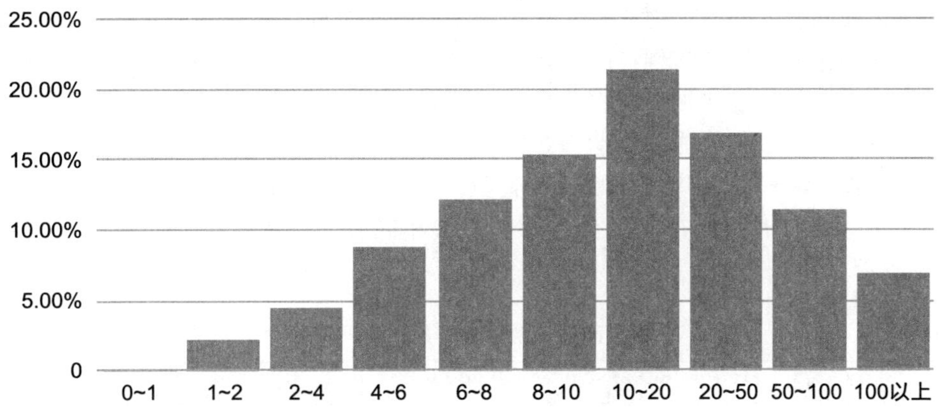

图 11－14　创业者回报分布示意图

6. 多维度透视

结合两至三个维度，对创业者群体进行更深入的透视与剖析。

地区和创业者回报。依据创业者创业地区、创业者回报，统计每季度各地区的创业者回报的平均数和中位数，对地区进行排名，了解创业者回报的地区差异。根据各季度各地区的创业者回报平均数，分析各地区的创业者的投资回报期，评估各地区中的创业回报水平。创业者回报地区差异分析如表 11－66 所示。

表 11－66　　创业者回报地区差异分析示意表

排名	地区	创业者数量	本季度创业者回报平均数	创业者回报中位数	投资回收期（季度数）
1	地区 1				
2	地区 2				
3	地区 3				
……					

表 11－66 中，投资回收期＝100/某地区的创业者回报。例如，A 省在某季度的创业者回报平均数为 20，代表创业者投资 100 万元平均可得到 20 万元回报，则创业者平均需要 100/20＝5 个季度才能够收回投资。

行业和创业者回报。和地区相仿，可根据创业者回报和创业所处行业，统计每季度各行业的创业者回报的平均数和中位数、投资回收期、衡量创业者回报的行业间差异。创业者回报行业差异分析如表 11－67 所示。

表 11－67　　创业者回报行业差异分析示意表

排名	行业	创业者数量	创业者回报平均数	创业者回报中位数	投资回收期（季度数）
1	金融业				
2	制造业				
3	批发与零售业				
……					

创业时长和创业者回报。创业者的回报和创业时长之间可能存在着正向的相关关系。选取某一季度的创业者，统计其创业时长。根据创业时长的长短将创业者划分为不同的群体，统计各群体的平均创业者回报。观察分析创业时长和创业者回报之间的相关性和相关程度。了解一般创业者需要多久才能够到达一定的回报水平。

创业者的创业时长，以其创办的创业企业的存续时间为准，计算方法与“创业企业透视与分析”中“生存时间分布”部分的计算方法相同。创业者回报与创业时长关系分析如表 11－68 所示。

表 11－68　　创业者回报与创业时长关系分析示意表

创业时长	创业者回报
12 个月以下	
12～24 个月	
24～36 个月	
36～48 个月	
48～60 个月	

7. 其他指数

除了年龄、地区、行业等维度外，还可从性别、学历水平等维度分析创业者分布情况。如统计创业者人群的男女比例，各性别人群数量增长率和整体创业者增长率之比；根据创业者的学历水平，统计学历水平在“本科以下”“本科”“本科以上”“其他”的人数、占比、增长率、增长率与整体增长率的比值等。

（二）大学生创业者

大学生创业者是“大众创业、万众创新”的生力军，支持大学生创新创业，对于稳就业促就业具有重要意义。国家和地方政府极为重视大学生创业，出台多项政策对大学生创业提供财税、金融、人力资源等方面的扶持。本节通过分析大学生创业者的地区及行业分布情况、流动情况、创业回报、存活时间等，展示大学生创业者的概貌和发展趋势，以辅助相关创业扶持政策的制定。

大学生创业广义上包括在校大学生创业、应届大学毕业生创业、毕业后创业三种情形。结合大学生城乡居民医疗保险参保信息来确定大学生创业者身份。根据创业者数据集、参保城乡居民医疗保险的大学生数据集，取交集综合分析，可以得到曾经参保大学生城乡医疗保险的创业者。参考深圳、杭州、武汉等地发布的创业扶持政策，将大学生创业者定义为：进行创业的在校生及毕业 5 年以内开始创业的大学毕业生。因此，设置创业者的企业开立时间与最近的缴纳城乡居民医疗保险时间间隔不超过五年，以剔除距离大学毕业时间间隔较久的创业者。

确定大学生创业者群体之后，从几个维度对大学生创业者进行分析。

1. 大学生创业者行业分布

分析大学生创业者主要集中在哪些行业，创业的行业分布结构是否均衡，为引导大学生创业提供参考。

根据本月度中大学生创业者名单，统计各行业的大学生创业者数量及占比，反映大学生创业者的行业分布情况如表 11－69 所示。

表 11－69　　大学生创业者行业分布示意表

排名	行业门类	大学生创业者数量	大学生创业者数量占比
1	制造业		
2	租赁和商务服务业		
3	批发和零售业		
4	……		

注：大学生创业者数量占比＝各行业大学生创业者数量/大学生创业者总数量×100%

可据此计算大学生创业者的行业集中度：大学生创业者行业集中度＝大学生创业者数量排名前 N 名的行业的大学生创业者数量之和/大学生创业者总数量×100%

根据统计期内各月度数据，观察某行业的大学生创业者变化趋势。例如选取制造业，统计该行业 2022 年各月度的大学生创业者的人数、同比增长率，反映行业的大学生创业者变化情况，如图 11－15 所示。

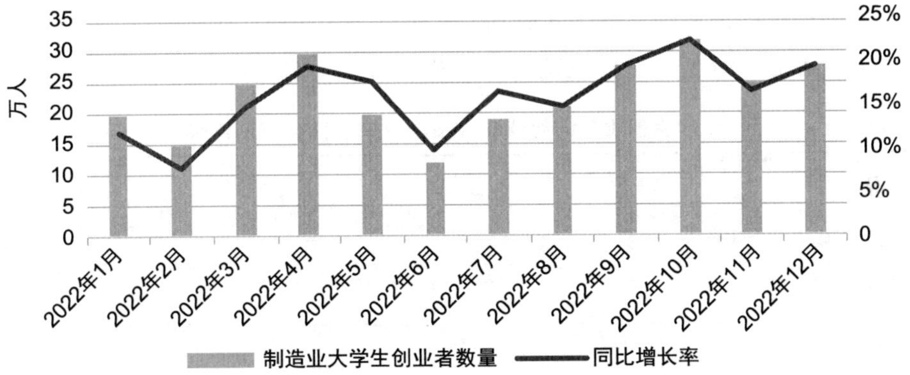

图 11－15　某行业大学生创业者变化趋势示意图

2. 大学生创业者地区分布及流动情况

根据大学生创业企业的注册地址，统计各月度中大学生创业者的地区分布，大学生创业者地区分布分析如表 11－70 所示。

表 11－70　　大学生创业者地区分布分析示意表

排名	地区	大学生创业者人数	大学生创业者人数占比
1	地区 1		
2	地区 2		
3	地区 3		
4	……		

计算地区集中度：大学生创业者人数占比＝某地区的大学生创业者人数/大学生创业者总数×100%

大学生创业者地区集中度 = 排名前 N 位地区的大学生创业者数量/大学生创业者总数量 ×100%

根据各地区的大学生创业者占地区每 1000 名就业人数的比例，衡量各行业的大学生创业者活跃度，按照活跃度进行排名，如表 11－71 所示。

表 11－71　　大学生创业者地区活跃度分析示意表

排名	地区	大学生创业者数量	地区总就业人数	大学生创业者活跃度
1	地区 1			
2	地区 2			
3	地区 3			
4	……			

注：大学生创业者地区活跃度 = 某地区的大学生创业者数量/某地区总就业人数 ×1000

大学生创业者的流动情况分析：根据大学生城乡医疗保险参保信息，确定大学生创业者的毕业院校所在地，统计毕业院校的地区分布，和大学生创业的地区分布进行比较，看两者的分布异同。了解大学生创业时是倾向于在毕业地区进行创业？还是集中到经济发达地区创业？某地区的大学生创业者为净流入还是净流出？

大学生创业者流动情况（按毕业院校）分析如表 11－72 所示。

表 11－72　　大学生创业者流动情况（按毕业院校）分析示意表

排名	地区	大学生创业者创业地区分布		大学生创业者毕业地区分布		大学生创业者净流入数量
		人数	占比	人数	占比	
1	北京					
2	上海					
3	广东					
……	……					

注：大学生创业者占比 = 某地区大学生创业者数量/大学生创业者总数 ×100%

毕业于本地区的大学生创业者数量，指从本地区的院校毕业的大学生创业者数量；

毕业于本地区的大学生创业者占比 = 毕业于本地区院校的大学生创业者数量 / 大学生创业者总数 ×100%

地区大学生创业者净流入数量 = 地区大学生创业者数量 － 毕业于本地区院校的大学生创业者数量

例如，统计得到 2022 年 1 月的大学生创业者共计 100 万人，其中位于 A 省的大学生创业者人数为 15 万人，占比 15%；毕业于 A 省院校的大学生创业者有 10 万人，占比 10%。A 省的大学生创业者净流入数量为 15 万 －10 万 =5 万人，为净流入状态，证明 A 省对外地大学生创业者吸引力较强。

以大学生创业者的户籍地和创业地的对比，来看其流动情况，大学生创业者流动情况

（按户籍）分析如表 11－73 所示。依据大学生创业者的身份证件信息，区分其户籍所在地，统计户籍地区分布，和创业地区分布进行比较，用于分析大学生创业者是趋向于返乡创业？还是集中到经济发达地区创业？

表 11－73　　大学生创业者流动情况（按户籍）分析示意表

排名	地区	大学生创业者创业地区分布		大学生创业者户籍地区分布		地区大学生创业者净流入人数
		人数	占比	人数	占比	
1	北京					
2	上海					
3	广东					
4	……					

注：本地区户籍的大学生创业者人数＝户籍地为本地区的大学生创业者数量

本地区户籍的大学生创业者占比＝户籍地为本地区的大学生创业者数量/大学生创业者总数量×100%

地区大学生创业者净流入人数＝地区大学生创业者数量－本地区户籍的大学生创业者人数

3. 大学生创业回报

分析各月度的大学生创业者回报分布情况，计算各月度中，各创业者回报区间的大学生创业者人群及占比，反映大学生创业者创业成效。

大学生创业回报，以大学生创业者的经营所得、利息股息红利所得、财产转让所得三项所得额之和、对创业企业的投资金额，计算每一百万投资可取得的回报金额。以每季度为统计期。

创业者回报 ＝（经营所得＋利息股息红利所得＋财产转让所得）/ 投资金额×100（万元）

当大学生创业者创立多家创业企业时，各家创业企业取得的回报及投资金额均加总衡量。大学生创业回报分析如表 11－74 所示。

表 11－74　　大学生创业回报分析示意表

大学生创业者回报	大学生创业者数量	大学生创业者数量占比
0～1		
1～2		
2～4		
4～6		
6～8		
8～10		
10～20		
20～50		
50～100		
100 以上		
本季度大学生创业者平均回报		

说明：本季度大学生创业者平均回报＝本季度大学生创业者回报总和/本季度大学生创业者总人数

根据统计期内各年度的大学生创业者平均回报，计算各季度增长率，反映大学生创业回报增长趋势。大学生创业回报分析如图 11－16 所示。

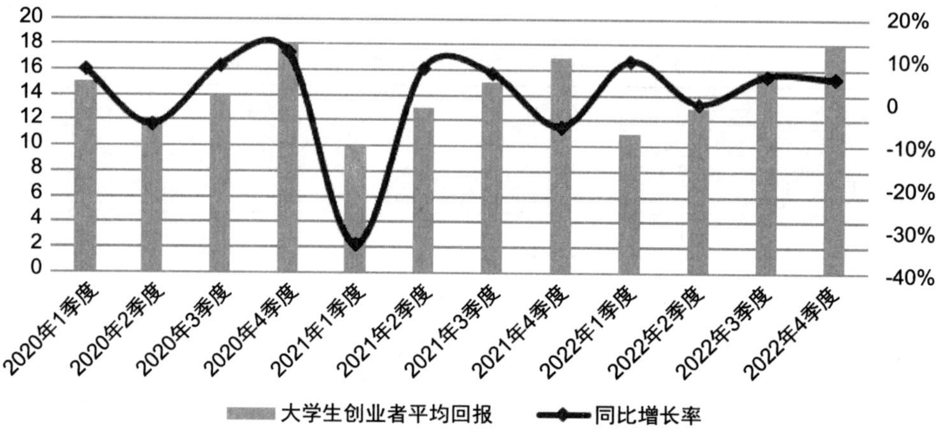

图 11－16 大学生创业回报分析示意图

4. 大学生创业企业生存情况

根据大学生创业企业的生存时间分布，分析每月度的大学生创业企业的生存情况，如表 11－75 所示。对于本月度内注销企业，统计自企业开立日期至注销日期的时长；对于本月度末仍存续企业，统计其自开立日期至本月度末的时长。

表 11－75 大学生创业企业生存情况分析示意表

生存时间	大学生创业企业数量	大学生创业企业数量占比
12 个月以下		
12～24 个月		
24～36 个月		
36～48 个月		
48～60 个月		
本月度大学生创业者平均生存时间		

5. 应届大学生创业者

大学生创业者中，受到政策鼓励支持、社会关注度较高的是应届毕业的大学生创业者，即在毕业当年开始创业的大学生。应届毕业生进行创业，对于提升大学生就业率、创造就业岗位、鼓励创新具有重要作用。因此对应届大学生创业者进行分析，展示应届大学生创业者创业概貌。

根据大学生城乡居民医疗保险参保信息，筛选上年以大学生身份参保，2022 年未以大学生身份参保的人员，作为上年应届毕业人员。举例：2021 年度以大学生身份参保，2022 年度未以大学生身份参保的人员视为 2021 年度应届毕业大学生。

因为大学生在毕业一年内作为应届生，且存在春季毕业或夏季毕业的情况，为便于分析，我们将毕业年度和毕业次年间创业的大学生视为应届大学生创业者。即对于 2021 年度应届毕业大学生，在 2021～2022 年度内创业视为应届大学生创业。

根据每年度创业者名单，与应届大学生信息进行对照，取重合人员，作为应届大学生创业者。即 2021 年度应届大学生创业者，在 2021 年度创业名单中，取 2020 年度应届毕业生和 2021 年度应届毕业生。

看应届大学生中创业者占比：统计每年的应届大学生创业者数量、占本年度大学应届毕业生总数的比例，了解应届大学生进行创业的变化趋势，如表 11－76 所示。

表 11－76　　应届大学生创业分析示意表

年份	应届大学生创业者数量	应届大学毕业生数量	应届大学生创业者占比
2020			
2021			
2022			

12. 以自然人税收大数据揭示行业就业效应

本文借鉴经济学分析方法，提出依托自然人税收大数据进行行业就业效应分析的方法论体系，为自然人税收大数据的经济分析价值挖掘提供新的思路。本文以行业就业为分析对象，依据自然人就业税收数据对行业就业状况进行定量评估，完整揭示行业就业概貌及就业效应。

人力资源（劳动力）是经济发展的核心生产要素之一，就业是劳动力生产要素的主要表现形态。就业问题事关国计民生，也是各级政府的关切所在。通过数据分析支撑行业发展，形成对就业的带动效应，将有助于相关部门把握行业经济发展动向和就业发展趋势，为促进产业结构调整、引导人力资源配置提供精准施政策的参考依据。

一、行业就业效应分析

行业就业效应分析以自然人在各行业中的就业规模分布及变化情况为主要参数，对行业就业吸引力、人才吸引力、就业景气度、就业弹性等指标进行量化评估。

在进行行业就业效应分析之前，首先来对“行业就业人员”及“行业”进行定义说明。

行业就业人员，是指同时满足以下三个条件的人员：

（1）男性年龄在 16~60 周岁，女性年龄在 16~55 周岁。

（2）税款统计期往前推三个月，再加上税款统计期，有过劳动性申报收入的自然人。劳动性申报收入为：正常工资薪金、全年一次性奖金收入、个人股权激励收入、央企负责人绩效薪金延期兑现收入和任期奖励、单位低价向职工售房、劳务报酬所得。

（3）统计月份及之前连续 3 个月内，有任一劳动性申报收入记录大于 0 的自然人。

行业标准参照 2017 年发布的《国民经济行业分类》。《国民经济行业分类》将国民经济行业分为 20 个门类、97 个大类、473 个中类、1382 个小类。为了便于统计，建议按照门类口径进行统计，但对于较重要、范围较广、涵盖大类较多的门类，或有特殊统计需要的行业，可提取门类下面更细致的口径做独立统计分析。

（一）行业就业规模

统计各行业在统计时点的就业规模。可比较各个行业的就业规模，计算各行业占就业总盘子的规模比重，并进行排名，如表 12-1 所示。

表 12－1　　行业就业规模统计（示意表）

统计时点：××××年××月

排名	行业门类	就业规模（万人）	就业规模占比	排名
1	制造业			
2	租赁和商务服务业			
3	批发和零售业			
4	建筑业			
5	教育			
6	金融业			
7	公共管理、社会保障和社会组织			
8	信息传输、软件和信息技术服务业			
9	科学研究和技术服务业			
10	交通运输、仓储和邮政业			
11	房地产业			
12	卫生和社会工作			
13	居民服务、修理和其他服务业			
14	住宿和餐饮业			
15	采矿业			
16	电力、热力、燃气及水生产和供应业			
17	农、林、牧、渔业			
18	文化、体育和娱乐业			
19	水利、环境和公共设施管理业			
20	税务管理特定行业			
21	国际组织			

也可以从单一行业视角，分析某行业在一段时间内的就业规模及变动率趋势。当行业的就业变动率为负数时，为就业流出行业；当就业规模变动率为正数时，为就业流入行业如制造业 2015～2019 年就业规模变动趋势如图 12－1 所示。

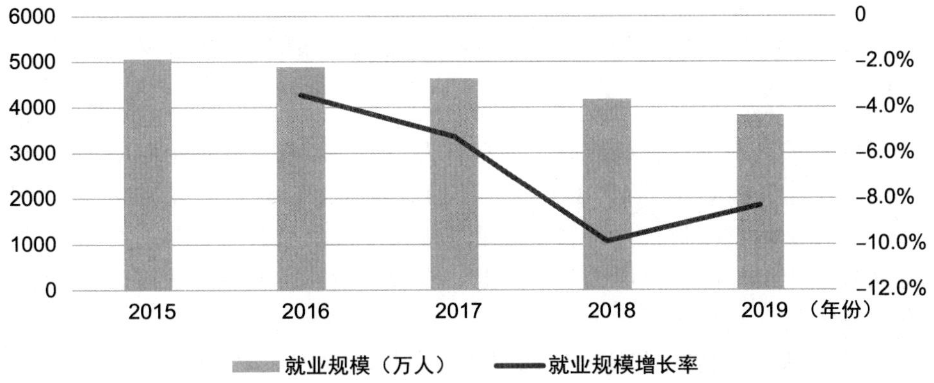

图 12－1　制造业 2015～2019 年就业规模变动趋势示意图

说明：本文示意图中数据均为随机假设数据，非真实统计数据。

对某行业就业规模，可进一步进行分析，按照行业内各企业的职工人数对就业规模进行划分，统计行业内部的就业规模结构特征（见表 12－2）。

表 12－2　××行业企业就业规模分布示意表

统计时点：××××年××月

企业就业规模（职工人数）	企业户数	占行业总户数的比例
20 以下		
21～50		
51～100		
101～500		
501～1000		
1001～2000		
2001～5000		
5001～10000		
10001～20000		
20000 以上		
总计		

此外，针对有特殊统计需求的产业，如为了观察新兴产业、受政策扶持产业等就业情况，可以按照需求设计统计口径，筛选出目标企业进行统计分析。例如，对于大数据产业，可根据行业中小类及经营范围筛选互联网数据服务、信息技术咨询服务等类型进行统计分析。

（二）行业就业吸引力

行业就业吸引力指数计算公式为：$P_{i,j} = R_{i,j}/R_i$

其中，$R_{i,j}$ 为第 j 个行业在第 i 期（统计时点）的就业规模 $N_{i,j}$ 的变动率，$R_{i,j} = (N_{i,j} - N_{(i-1),j})/N_{(i-1),j}$

R_i 为全行业在第 i 期（统计时点）的总体就业规模 N_i 的变动率，$R_i = (N_i - N_{(i-1)})/N_{(i-1)} = (\sum_j N_{i,j} - \sum_j N_{(i-1),j})/\sum_j N_{(i-1),j}$

当全国就业规模呈现正增长趋势时，该指数大于 1，意味着该行业的就业规模增长势头高于全国平均水平；该指数小于 1，甚至小于零时，意味着该行业就业规模增长势头低于全国平均水平，甚至呈现负增长趋势；当全国就业规模呈现负增长趋势时，指数小于零则代表该行业就业规模处于增长趋势。可选某一行业，观察该指标中长期的表现，来评估、预测该行业的中长期就业发展趋势。

另外，也可以独立绘制 R_i 和 $R_{i,j}$ 的趋势图，判断二者之间的相关性大小。若相关性较小，说明该行业受国家整体就业形势影响较小，独立性较强，如图 12－2 所示；反之说明该行业与国家整体就业形势联系紧密，如图 12－3 所示。

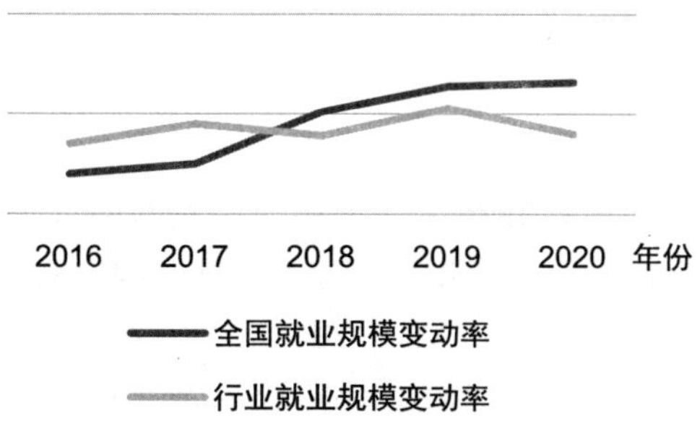

图 12－2　行业较独立示意图

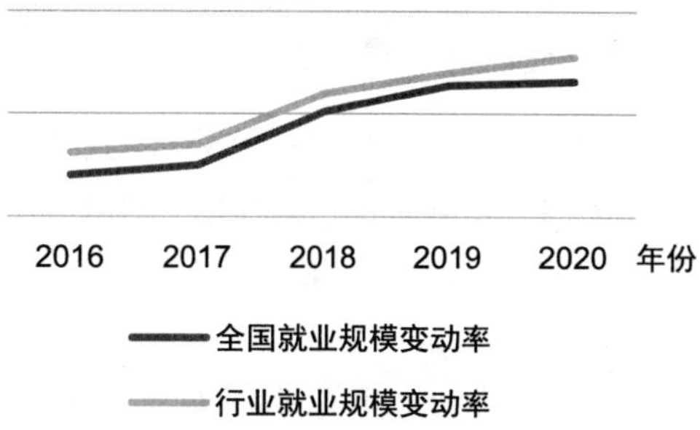

图 12－3　行业和全国联系较紧密示意图

（三）行业人才吸引力

自然人数据库中，自然人的学历水平分为三个类别：“研究生”“大学本科”“大学本科以下”。

用 $E_{i,j}$ 代表第 j 个行业在第 i 期的就业人员学历水平指数。

$E_{i,j}$ = 研究生学历人员比例 × 系数$_1$ + 本科学历人员比例 × 系数$_2$ + 本科以下学历人员比例 × 系数$_3$

基于学历的三个类别，统计行业就业人员中各学历水平的人员占行业总就业人员的比例，并乘以不同的权重系数（按照“研究生 > 大学本科 > 大学本科以下”的级别赋予由高至低的权重系数），最终加总得到该行业就业人员学历水平。权重系数可分别取 3、2、1，则 $E_{i,j}$ 值域为［1，3］，数值越大，则高学历人才占比越高。

在探讨行业人才吸引力指数时，把“人才”定义为拥有本科及本科以上学历的就业人员（定义可视实际需求进行调整）。

行业人才吸引力指数 $L_{i,j} = R_{i,j}^{人才} / R_i^{人才}$

$R_{i,j}^{人才}$ 为第 j 个行业在第 i 期具有本科及本科以上学历的就业人员增长率，即 $R_{i,j}^{人才} = (N_{i,j}^{人才} - N_{(i-1),j}^{人才}) / N_{(i-1)j}^{人才}$；

$R_i^{人才}$ 为所有行业在第 i 期具有本科及本科以上学历的就业人员增长率，即 $R_i^{人才} = (\sum_j N_{i,j}^{人才} - \sum_j N_{(i-1),j}^{人才}) / \sum_j N_{(i-1),j}^{人才}$。

当 $R_i^{人才}$ 为正值，即全国就业人才数量呈增长态势时，若该指数大于 1，代表该行业对高学历人才的吸引力高于全行业平均水平，且指数越大，吸引力越强；该指数小于 1，则该行业对高学历人才的吸引力低于全行业平均水平。当 $R_i^{人才}$ 为负值，即全国就业人才数量呈减少态势时，若该指数大于 1，代表该行业对高学历人才的流失程度高于全行业平均水平；指数小于 1，代表该行业对高学历人才的流失程度低于全行业平均水平；指数小于 0，则代表该行业对高学历人才的吸引力逆势增长。

可以从时间维度上关注某行业该指标变化，当指标呈现持续上升趋势时，一定程度上反映了行业在经历生产技术和人力资源的转型升级，从而吸纳了更多的高学历人才。该指标可以用来识别高端人才的就业动向，结合行业领域，识别技术密集型行业和新兴高技术行业，为相关政策制定提供参考依据。

（四）行业就业景气度

行业就业景气指数的计算公式为：$I_{i,j} = R_{i,j} + S_{i,j}$ ①

其中，$I_{i,j}$ 为第 j 个行业在第 i 期的就业景气指数，该指数越大，说明就业规模变动质量即景气程度越高；$R_{i,j}$ 为第 j 个行业在第 i 期的就业规模变动率；$S_{i,j}$ 为第 j 个行业在第 i 期的收入水平变动率。

行业收入水平，取行业内就业人员年度收入的中位数来代表。行业收入水平变动率即为：该行业本期与上期收入中位数的差值除以该行业上期的收入中位数（一般以年度为统计期间）。

该指数从就业的“量”——就业规模变动率，以及就业的“质”——就业人员的收入和学历水平两方面对就业规模变动的质量进行衡量，综合反映该行业的就业景气程度。

可以按照时间维度，对某行业的就业景气指数进行持续观测，了解其发展趋势，当指数持续处于较高水平时，反映该行业发展趋势良好；当指数由低至高变化时，反映该行业可能处在转型阶段，发展势头得到扭转；指数持续处于低位，反映该行业发展迟缓或处于停滞阶段。各行业就业景气指数如图 12－4 所示。

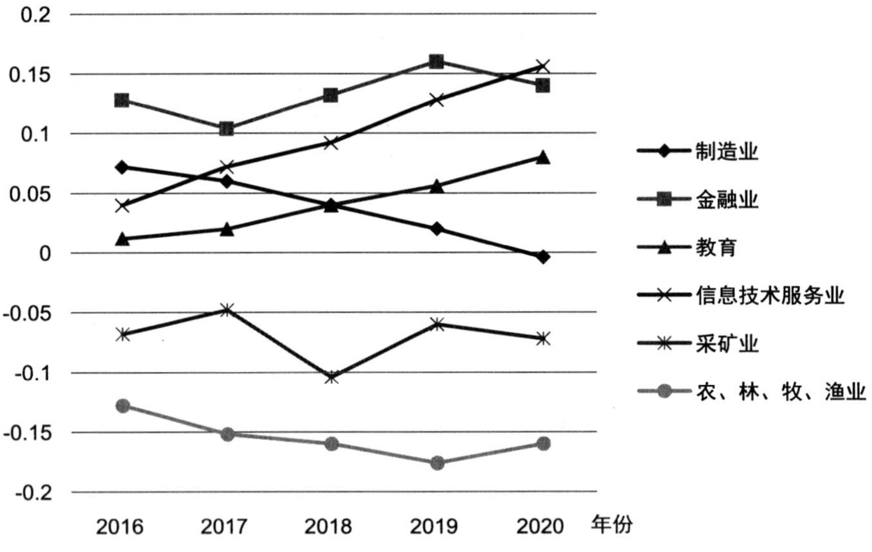

图 12－4 各行业就业景气指数示意图

也可以选取某时间节点，对不同行业的就业景气指数进行横向分析，利用排名、分布图等方法，了解行业间差异，筛选出就业景气指数较好、较差的行业。例如：设定指数的阈值下限为－0.05，阈值上限为 0.05，当某一行业的指数低于－0.05 时，认定为“就业较不景气行业”；指数高于 0.05 时，认定为“就业较景气行业”（具体阈值上下限视数据具体情况调整）。行业就业景气指数如图 12－5 所示。

① 公式中给予$R_{i,j}$、$S_{i,j}$相同的权重系数，都为 1。根据经验，得到的$I_{i,j}$一般在（－0.2，0.2）区间中。可根据实际数据情况，对$R_{i,j}$、$S_{i,j}$权重做适当调整。

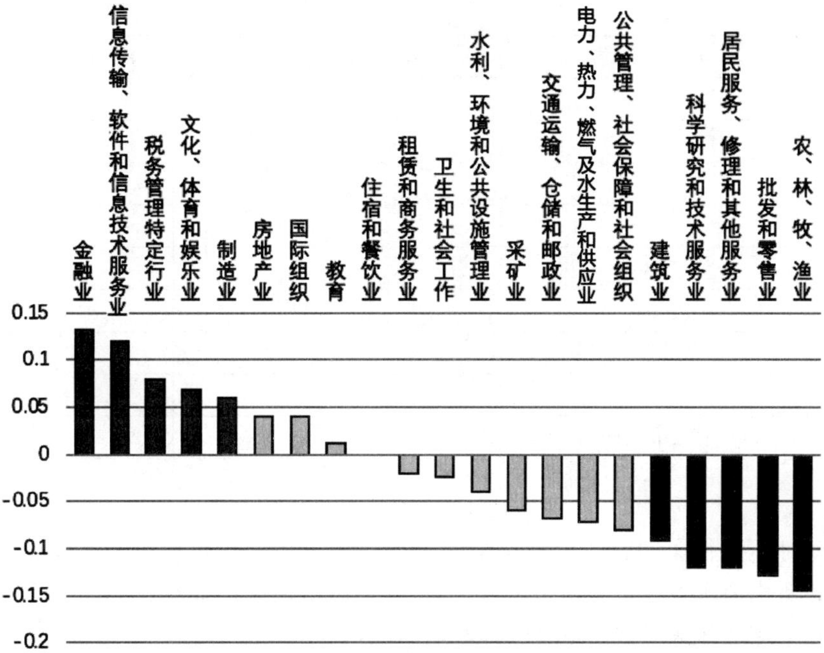

图 12－5　行业就业景气指数示意图

（五）行业就业集中度

分析行业就业人员的地域集中度。用该行业在前 n 个主要就业地的就业人员总数占该行业总就业规模的比例进行衡量。

就业地：依据自然人就业企业的实际经营地址所在的省/自治区/直辖市进行区分。

主要就业地：是指按就业人员规模占全国总就业人员规模的比例，在全国范围内居于前列的省/自治区/直辖市。

分析某行业 j 的就业集中度，假设该行业在全国一共有 m 个“就业地”，将就业规模比例排名前 n 名的就业地作为“主要就业地”。统计该行业在各个地区的就业规模 $Q_{i,j,m}$ ，即 j 行业第 i 期 在排名第 m 位地区的就业规模。

行业就业集中度指数：$K_{i,j} = \dfrac{\sum_{m=1}^{n} Q_{i,j,m}}{Q_{i,j}}$

$Q_{i,j}$ 为 j 行业在第 i 期 的总就业规模；

$\sum\limits_{m=1}^{n} Q_{i,j,m}$ 为 j 行业在第 i 期 ，在前 n 位主要就业地的就业规模之和。

如某行业全国就业分布分析如表 12－3 所示。

表 12－3　　××行业全国就业分布示意表

统计时点：××××年××月

排名	省/自治区/直辖市	就业规模（万人）	就业规模比例（%）
1	上海		

续表

排名	省/自治区/直辖市	就业规模（万人）	就业规模比例（%）
2	北京		
3	广东		
4	吉林		
5	四川		
6	天津		
7	宁夏		
8	山东		
9	山西		
10	云南		
……	……		

另外，可对不同行业的就业地域集中度进行比较分析，也可以就某行业分析在不同时期就业集中度的变化情况及主要就业地的变迁规律，揭示地区产业结构调整的动向。

如某行业就业地域集中度分析如表 12－4 所示。

表 12－4　　行业就业地域集中度示意表

统计时点：××××年××月

序号	行业门类	行业总就业规模（万人）	主要就业地及就业规模（取前 n 个省级地区）				就业集中度指数
			第 1 名	第 2 名	……	合计	
1	制造业						
2	租赁和商务服务业						
3	批发和零售业						
4	建筑业						
5	教育						
6	金融业						
	……						

在对某行业就业地域集中度的展示中，可按该行业在全国的就业地分布，绘制就业地分布热力图，以不同的颜色表示就业规模的不同数量级，直观展示就业集中情况，如图 12－6 所示。

（六）行业就业弹性

就业弹性为就业规模增长率与要素增长率的比值，代表了要素每增长 1%，就业规模的增长率变化。例如，就业－营收规模弹性指数为 1.5，代表着在其他要素不变的情况下，营收规模每增长 1%，会带动就业规模增长 1.5%。

行业的技术进步、资本投入增加和营收规模的增长，都会对就业规模产生一定的影响。在现代经济中，生产要素对就业规模的影响路径多样、机制复杂，短期和中长期的影响也存

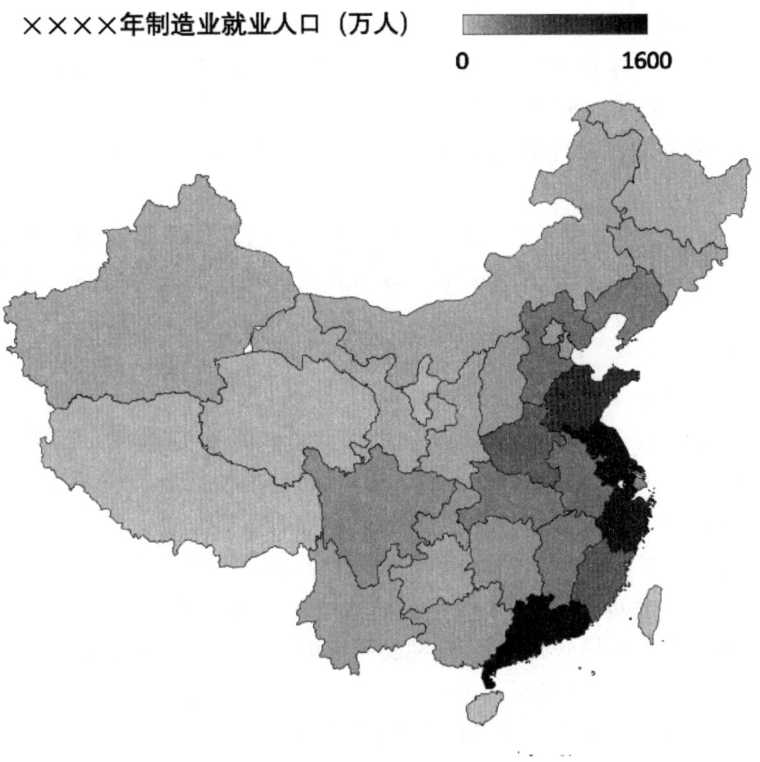

图 12-6　某行业全国就业分布热力图

在差异。宏观经济环境、政策环境等外部因素都会对要素—就业的作用过程产生影响。本文从税收大数据应用角度，建立了三种就业弹性系数，分别从营收、资本、技术三个维度来衡量其对就业规模增长的影响。从较为宏观的层面反映了各要素在短、中长期对就业规模的影响方向及影响程度，为辨析行业的就业吸纳力、制定就业引导政策等应用提供数据支撑。

"就业规模-营收规模"弹性系数：用行业总营业收入来代表该行业的营收规模。使用就业规模增长率，除以营收规模增长率，得到就业规模相对营收的弹性。

计算公式：$s_{i,j} = R_{i,j} / \frac{Sales_{i,j} - Sales_{(i-1),j}}{Sales_{(i-1),j}}$

其中，$R_{i,j}$ 为第 j 个行业在第 i 期的就业规模变动率，$Sales_{i,j}$ 为第 j 个行业在第 i 期的营收规模。

营收规模：取企业报送的利润表本期营业收入。

"就业规模-资产规模"弹性系数：使用行业总资产规模来代表行业的资本要素。使用就业规模增长率，除以资产规模增长率，得到就业规模对于资产规模的弹性系数。

计算公式：$a_{i,j} = R_{i,j} / \frac{A_{i,j} - A_{(i-1),j}}{A_{(i-1),j}}$

$A_{i,j}$ 为第 j 个行业在第 i 期的行业总资产规模。

资产规模：取企业财务报表资产负债表中"资产总计"期末数。

由于不同行业中，资本投入的领域也不尽相同。如对于制造业，当企业处于扩大生产规模阶段时，资本多用于购买设备、厂房、工程物资等，在财务报表上体现为"固定资产"

“工程物资”等属“非流动资产”科目的增加。而对于批发与零售业，资本增加多用于采购囤积商品，在财务报表上体现为“存货”等属于“流动资产”科目的增加。因此，为了更加精确地了解资本要素对就业规模的影响，可根据不同行业中资本的主要投资方向，选用一个或多个、更加细化的报表科目数据来计算“就业规模－资产规模”弹性系数，对原系数提供补充。

“就业规模－技术”弹性系数：选用行业总研发费用，代表行业的技术要素。使用就业规模增长率，除以行业总研发费用增长率，得到就业规模对于技术要素的弹性。

计算公式：$t_{i,j} = R_{i,j} / \frac{T_{i,j} - T_{(i-1),j}}{T_{(i-1),j}}$

$T_{i,j}$ 为第 j 个行业在第 i 期的行业总研发费用。

企业的研发费用，取企业报送利润表中“研发费用”科目数值。研发费用较高的行业多属于技术密集型、知识密集型企业。而传统的劳动密集型行业、资源密集型行业，该项指标较低。行业研发费用可用来判断技术要素在行业中的重要程度。

当就业弹性指数大于或等于 1 时，就业规模随着营收规模、资产规模或技术水平的增长而保持同步增长，即要素对就业规模具有拉动效应；当弹性指数小于 1 时，意味着营收规模、资产规模或技术水平的增长没有促进就业规模的增长，甚至导致了就业规模的减少，即以上要素对就业规模具有挤出效应。

2016～2020 年行业就业弹性指数如图 12－7 所示。

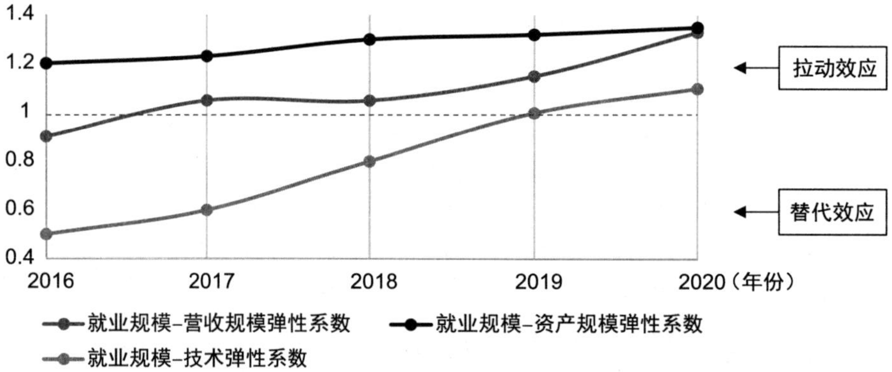

图 12－7　行业就业弹性指数

基于税收大数据，可计算各行业 2×16～2×20 年的就业弹性系数，得到各行业中要素的变动对就业规模变动的短中期影响，为预测长期的影响提供数据基础。

需要指出的是，资本、技术等要素对就业规模的影响路径和机制较为复杂，在短期、中长期中的影响效应也不尽相同。例如：技术的进步，一方面会开发出新的产品、服务领域等，从而创造出新的岗位，对就业形成拉动效应；另一方面会促使行业升级转型，以科技取代一部分劳动力，使就业规模下降，对就业形成替代效应。短期内，由于技术对于劳动力的替代效应，导致行业的就业规模的下降；但随着产业和劳动力的自我调整，以及伴随着技术进步创造出的新岗位，就业规模会逐渐恢复并增长。使用就业弹性系数，宜进行长期观测，通过系数变化分析要素对于就业规模的影响阶段，用以辅助决策。当行业发生技术迭代，或吸引大额资本进入时，可以观测该指数来评估新兴技术、新投入资本对就业的影响程度。

二、行业就业人员画像

本文依据自然人税收大数据，设计多维度展示各行业就业人员画像信息的方法。可为相关部门统计、评估劳动力就业信息，引导人力资源要素配置，制定相关政策等提供数据支持。

行业就业人员画像，除上文“行业就业规模”部分的内容外，还可以包含以下内容。

（一）就业人员结构分布

根据就业者的年龄、性别、学历水平、就业地等信息对各行业的就业人员进行统计，得到各维度下的分布。

例如，针对就业人员年龄，可绘制分行业就业人员年龄分布如表 12－5 所示，用以观察各行业在统计时点的年龄分布，也可观察某一行业在一定时间段内就业人员的年龄分布变化情况，如表 12－8 所示。

表 12－5　　　分行业就业人员年龄分布示意表

统计时点：××××年××月

行业门类	行业就业规模（万人）	16～21 岁（%）	22～29 岁（%）	30～35 岁（%）	36～45 岁（%）	46～60 岁（%）
制造业						
租赁和商务服务业						
批发和零售业						
建筑业						
教育						
金融业						
采矿业						
……						

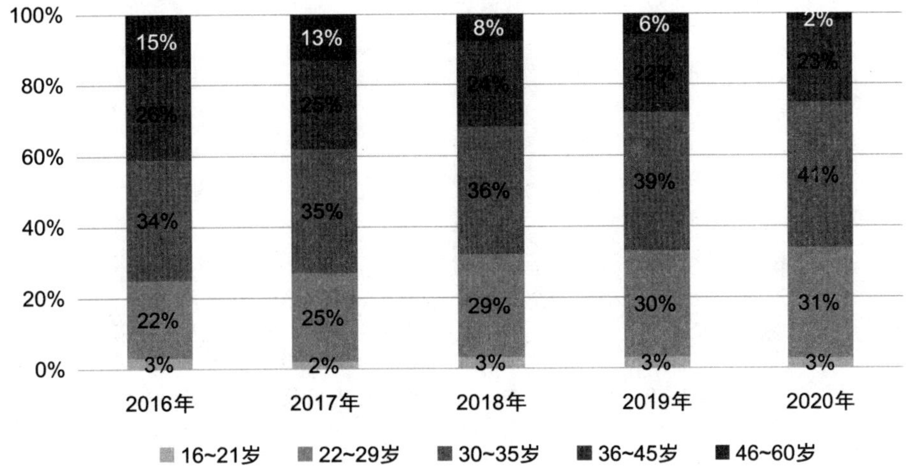

图 12－8　行业从业人员年龄结构示意图

性别、学历水平、就业地统计方法与年龄相同。学历水平按照“研究生”“大学本科”“大学本科以下”三种类别来统计。就业地依据自然人就业企业的实际经营地址所在的省/自治区/直辖市进行统计。

（二）行业就业收入水平

本文使用多个统计量，来探究各行业的收入水平结构。

就业人员收入水平：取一个纳税年度内，就业人员年度申报的工资薪金、连续性劳务报酬所得金额。

行业就业人员收入分布：统计各行业内就业人员年度收入的平均数、中位数，以及各收入区间的比例如表 12 - 6 所示。

表 12 - 6　　分行业就业人员收入分布①示意表

统计时点：××××年××月

行业门类	年收入平均数（元）	年收入中位数（元）	6 万元及以下（%）	6 万 ~ 12 万元（%）	12 万 ~ 20 万元（%）	20 万 ~ 30 万元（%）	30 万 ~ 40 万元（%）	40 万 ~ 50 万元（%）	50 万元以上（%）
制造业									
租赁和商务服务业									
批发和零售业									
建筑业									
教育									
金融业									
采矿业									
……									

对于某一行业，可将年度收入区间更加细化，根据各个区间的人数，绘制收入水平分布图（见图 12 - 9）、年度变化图（见图 12 - 10）。

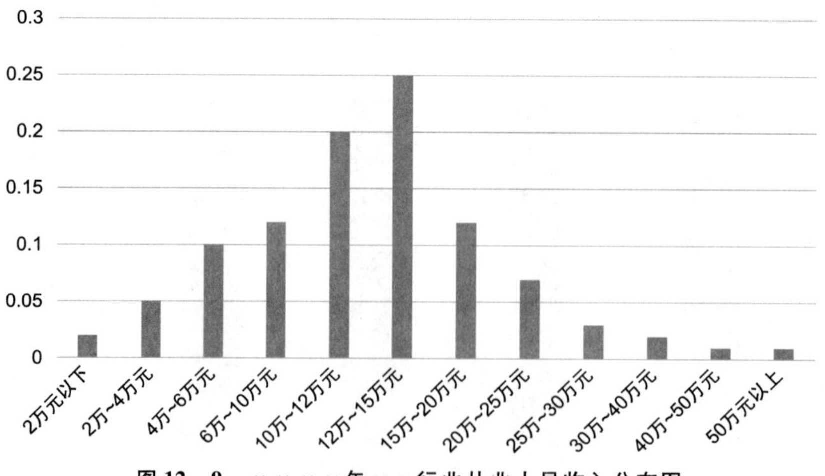

图 12 - 9　××××年××行业从业人员收入分布图

① 表格中各收入区间，不包含下限。如年收入为 12 万元的人，计入 6 万 ~ 12 万元区间，不计入 12 万 ~ 20 万元区间。

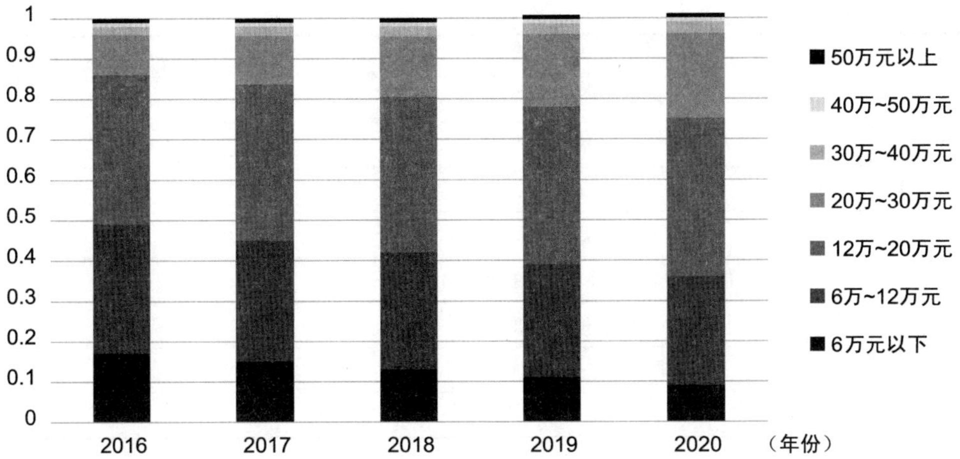

图 12－10　××行业从业人员收入结构图

行业收入变化趋势：对一个行业进行持续观测，可以得出该行业的收入水平变化趋势。用收入平均数或中位数代表行业收入水平，绘制观测期间的收入变化趋势图及收入变动率变化趋势图，可以体现不同行业的收入水平、收入变动率的变化程度，如图 12－11 所示。

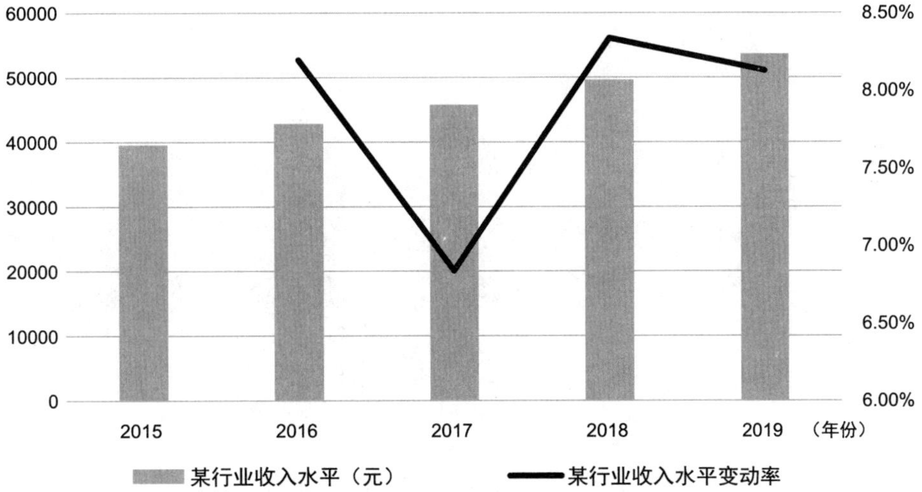

图 12－11　××行业收入水平及其变动率示意图

统计某段时期内某行业收入变动率 $S_{i,j}$，衡量该行业的收入水平变化程度，并依此对不同的行业进行排名，如表 12－7 所示。

表 12－7　　各行业收入水平变动率排名示意表

统计时间：××××年××月

排名	行业门类	收入水平变动率（%）
1	制造业	
2	租赁和商务服务业	
3	批发和零售业	

续表

排名	行业门类	收入水平变动率（%）
4	建筑业	
5	教育	
6	金融业	
7	公共管理、社会保障和社会组织	
8	信息传输、软件和信息技术服务业	
9	科学研究和技术服务业	
10	交通运输、仓储和邮政业	
	……	

各行业基尼系数：行业基尼系数，用来判断行业间收入差距程度。基尼系数最大为1，最小为0，基尼系数越大，代表该行业就业人员收入差距越大，即行业收入分配不平均程度较高。可统计各行业基尼系数，得到排名。行业收入基尼系数如图12－12所示。

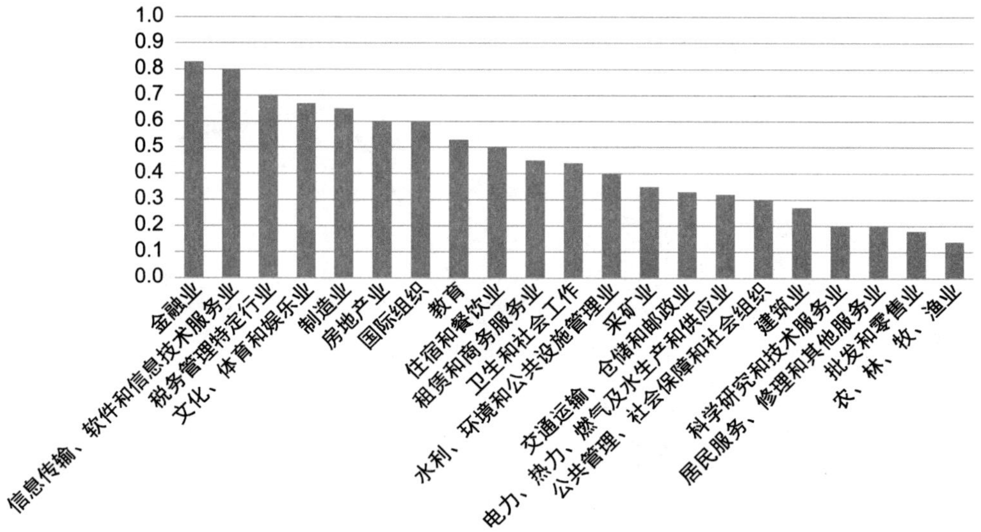

图12－12　行业收入基尼系数示意图

（三）行业就业稳定性

就业稳定性，从微观角度上，可以指员工在一家公司稳定工作的时间长度；从宏观角度上，可以指某行业的稳定工作人员在长时间内保持一定的比例。行业的就业稳定性，可用于评估行业的就业竞争力，也可为自然人择业提供参考依据。

利用自然人税收大数据，可以采用以下两个统计指数：

（1）离职人员平均任职时间：统计行业一个纳税年度内所有离职人员，在当前离职单位已工作月份数的平均数。平均任职月份数越长，说明行业就业稳定性越高。

（2）稳定就业人员占比：统计一个纳税年度内，连续12个月取得同一家单位工资薪金或连续性劳务报酬的人员占该行业全部员工的比例。该比例越高，说明行业就业稳定性越高。

可对各行业的就业稳定性进行统计比较；也可统计某一行业在期间内的就业稳定性变化，观察行业就业发展趋势。各行业就业稳定性指标分析如表12－8和图12－13所示。

表12－8　各行业就业稳定性指标示意表

统计时间：××××年××月

序号	行业门类	离职人员平均任职时间（月）	稳定就业人员比例（%）
1	制造业		
2	租赁和商务服务业		
3	批发和零售业		
4	建筑业		
5	教育		
6	金融业		
7	公共管理、社会保障和社会组织		
8	信息传输、软件和信息技术服务业		
9	科学研究和技术服务业		
10	交通运输、仓储和邮政业		
	……		

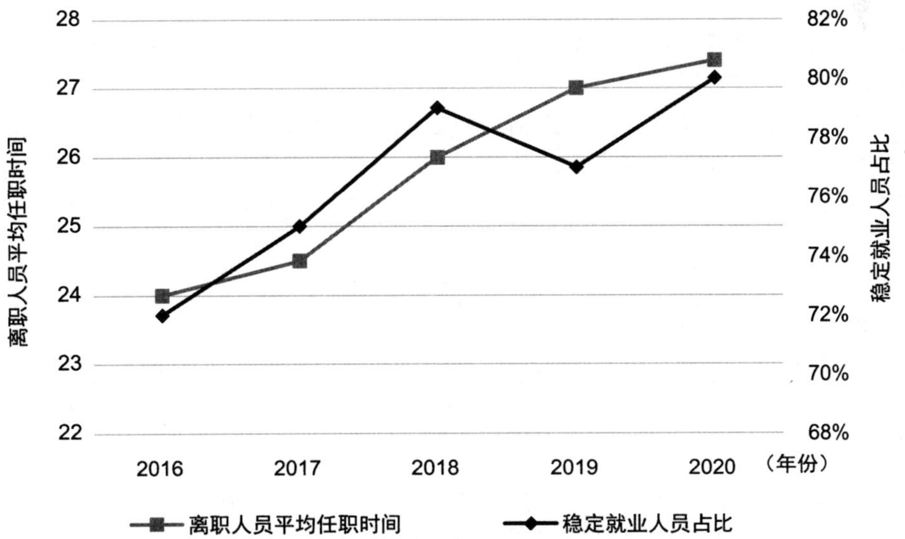

图12－13　行业就业稳定性指数示意图

就同一行业，对上述各个统计项目的结果进行归并，可以自动形成对某行业就业人员的特征画像报告，为识别行业就业人员的集群化特点提供信息化支撑。

13. 支撑高质量发展　税收大数据赋能产业链分析

产业链是数个国民经济部门之间形成的某种经济技术联系，是数个产业中的企业自发地基于最终产品需求或最终用户需求而向上下游或旁侧延伸的企业集合，是由不同产业领域中企业组成的包括原材料或零部件生产与供应、产成品生产和营销及服务、全过程物流和信息流及知识流在内的所有活动的链式集合。习近平总书记指出，要围绕产业链部署创新链、围绕创新链布局产业链，推动经济高质量发展迈出更大步伐。这为我国产业链的融合创新发展确立了原则、指明了方向。

税收大数据涵盖产业链上上下下、方方面面。以税务大数据为基础，透析产业链创新发展、集群效应，将为支撑经济高质量发展的政府决策提供有益参考。

一、产业链现代化水平分析

党的十九届五中全会通过的《中共中央关于制定国民经济和社会发展第十四个五年规划和二〇三五年远景目标的建议》明确提出，要提升产业链现代化水平。提升产业链现代化水平是加快发展建设现代产业体系的迫切需要，是推动实体经济特别是制造业高质量发展的关键途径，也是统筹发展和安全的重要举措。

产业链的现代化可被界定为一个包括产业基础能力提升、运行模式优化、产业链控制能力增强和治理能力提升等方面内容的现代化过程。从产业链现代化的概念及内容出发，本部分从多个方面设置指标来衡量产业链现代化的发展水平，为政府决策提供参考。

（一）产业链技术自主可控能力分析

产业链现代化，除了要求产业链技术创新能力能够达到世界先进水平，还要求其关键的核心技能能够做到自主可控，对外部的技术依赖性较低。当前在众多产业链中，还存在诸多“断点”“堵点”，部分核心环节和关键技术受制于人，存在被“卡脖子”的不良现象。因此需要产业链中相关企业加大研发投入，对关键核心技术进行攻关。

从税务大数据出发，可关注该产业链中相关产业在研发费用上的投入情况以及投入趋势。产业链相关企业研发投入及趋势如表 13－1 所示。

在一些产业链，尤其是制造业产业链中，基础零部件、基础工业软件、关键基础材料和工艺等，仍然需要从国外进口。可根据产业链上相关企业的对外支付数据，统计年度“服务贸易对外支付”中技术转让费总额，及其变化趋势。一般在外部因素较为稳定的情况下，该统计口径的下降，意味着该产业链对国外技术的依赖性下降，自主可控能力提升。产业链企业购买海外技术费用趋势如表 13－2 所示。

表 13 - 1 产业链相关企业研发投入及趋势表 单位：万元

企业名称	2018 年		2019 年		2020 年	
	研发投入	研发投入增长率	研发投入	研发投入增长率	研发投入	研发投入增长率
企业 1	100	/	120	20%	150	25%
企业 2	150	/	200	33%	300	50%
企业 3	200	/	250	25%	400	60%
总计	450	/	570	26%	850	45%

表 13 - 2 产业链企业购买海外技术费用趋势表 单位：万元

企业名称	2018 年		2019 年		2020 年	
	技术转让费	技术转让费增长率	技术转让费	技术转让费增长率	技术转让费	技术转让费增长率
企业 1	100	/	120	20%	150	25%
企业 2	150	/	200	33%	300	50%
企业 3	200	/	250	25%	400	60%
总计	450	/	570	26%	850	45%

（二）产业链基础能力分析

产业链的基础制造能力，如核心技术、关键部件、特殊材料等决定了一条产业链的加工装配制造能力和水平。夯实产业链基础能力，需要从培育一大批“专精特新”中小微企业开始做起。因实力较为雄厚的大型企业，适合去做那些需要连续不断、巨额投入的“累积型创新”事业。而大量从无到有的跳跃式、颠覆式的创新则需要众多经营灵活、创新能力强的“专精特新”的中小企业发挥作用。

根据国家工业与信息化部的规划，自 2020 年底起，要用 3 ~ 5 年的时间培育 10000 家左右“专精特新”企业，并推动其加快向单项冠军、领航企业发展。基于税务大数据，可重点关注产业链中属于“专精特新”的中小型企业的相关数据及指标，如“专精特新”企业数量、新增数量、资产规模、资产规模占比、营业收入、营业收入占比等，得到关于“专精特新”中小企业群体的画像，并在时间维度上观察各维度趋势，以此来判断产业链的基础能力水平及发展趋势。

按照《工业和信息化部关于促进中小企业“专精特新”发展的指导意见》中的分类条件，“专精特新”中小型企业的筛选条件如下：

（1）上年度营业收入在 1 亿元及以上，且近 2 年研发经费支出占营业收入比重不低于 3%。

（2）上年度营业收入 5000 万元（含）~1 亿元（不含），且近 2 年研发经费支出占营业收入比重不低于 6%。

（3）上年度营业收入不足 5000 万元，同时满足近 2 年内新增股权融资额（实缴）8000 万元（含）以上，且研发投入经费 3000 万元（含）以上，研发人员占企业职工总数比例 50%（含）以上，创新成果属于本通知“二、重点领域”细分行业关键技术，并有重大突破。

也可从各地区中小企业主管部门处获得该地区“专精特新”的企业名单，再统计其相关数据指标。“专精特新”中小企业画像如表 13－3 所示。

表 13－3　“专精特新”中小企业画像

年份	企业数量		资产规模		营业收入		研发支出	
	数量	增长率	规模	增长率	收入	增长率	支出	增长率
2018								
2019								
2020								
2021								

（三）产业链控制能力分析

产业链控制能力，包括了全产业链控制、关键环节控制、标准和核心技术控制三种基本形态。拥有产业链控制能力的企业，一般为产业链上的主导企业。它们掌握了产业链条上的市场、核心技术等资源，在产业链治理结构中，有权力来制定产品规则、市场规则、监督、奖惩等规则，甚至影响各环节的利益分配及协调。

在全球化的背景下，我国一些产业链已经作为全球产业链的一部分深度参与国际分工，但是其在全球产业链的地位较低，在产业链中从事组装、加工等工作，从价值链的结构来看，生产产品附加值较低，收益分配占比较少；从产业链治理来看，扮演被治理者的角色。

依照著名的“微笑曲线”，产品的生产过程大致分为研发设计、生产和营销三个环节。产品附加值更多地体现在左端的研发设计和营销环节中，而处于中间环节的加工制造的附加值最低。一些产业链正处于微笑曲线的底部位置。

因此，要增强产业链控制能力，需要重点关注产业链上“链主”地位的企业，支持其做大做强，使其在产业链上能够处于控制地位。

（四）产业链与各要素的协同发展水平分析

产业链现代化，也需要产业的发展能够与各要素实现协同发展，即实现产业经济和科技创新、经济金融、人力资源的高度协调，实现产业链和技术链、资金链等的有机融合和配合。

1. 科技要素协同发展水平分析

科技要素与产业链的协同发展，一般体现在创新链和产业链的双向融合上面。创新链与产业链的双向融合一般表现在：产业链外围的科研机构研究方向可以与企业的产品发展目标相结合，科研成果可以较好地服务企业的经济目标；企业与科技服务业、科技市场中介等联系密切，能主动及时地从技术、专利市场上购买所需的技术；企业自身可以对创新技术进行消化、转化，可以将创新的技术转化为具有市场价值的产品。

基于税收大数据，可从以下几个方面衡量产业链与科技因素的协同作用：产业研发投入方面，企业研发费用，研发费用增速，研发费用占销售收入的比率；产业科技人才方面，研发人员数量，研发人员数量增速，研发人员员工占比；与技术市场互动方面，企业购买技术、专利费用、增长率。

2. 金融要素协同发展水平分析

金融要素与产业链的协同发展，一方面体现在产业链中的企业，在各个发展阶段能够得到金融机构、投资者的资金支持，为企业的研发、生产、销售等提供资源；另一方面，企业在吸收了金融资源后，能够实现技术创新、扩大生产规模、产品升级转型等，从而使公司价值上升，创造出投资者满意的回报率，为市场投资者不断提供优质投资资产，也鼓励投资者继续为企业的发展提供金融支持。当能够实现这样一种良性循环时，金融要素和产业链就实现了良好的协同发展。

可重点关注产业链中的上市公司，上市公司一般为产业链中较为领先，起到主导作用的龙头企业，研究其资金数据，可以在一定程度上反映该产业链与金融要素的协同作用。上市公司金融要素协同发展水平分析如表 13－4 所示。

表 13－4　　上市公司金融要素协同发展水平分析表

一级指标	二级指标	取数口径
上市公司概况	上市公司数量	统计在国内外股票市场中上市企业
	上市公司数量占比	上市公司数量除以产业链企业总数量
	上市公司总市值	上市公司在统计期末的市值总和
	负债率	资产负债表中“负债总额”占“资产总额”的比例
融资情况	短期借款	资产负债表中“短期借款”项目
	长期借款	资产负债表中“长期借款”项目
	发债规模	资产负债表中“应付债券”项目
	债券利率	企业年报中“债券基本信息”部分
年度筹款现金流情况	吸收投资金额	现金流量表中“吸收投资取得的资金”项目
	借款金额	现金流量表中“取得借款收到的资金”项目
	发行债券的金额	现金流量表中“发行债券收到的现金”项目

二、针对新兴产业链的分析

（一）识别产业链结构

一条产业链往往涵盖了产品或服务生产的全过程，从原材料生产开始，到技术研发、产品设计、中间品制造、终端产品装配直至流通、消费和回收循环等环节。产业链上的企业，根据各自的生产经营内容，分别属于不同的环节，并与自身的上下游企业建立关联关系。

1. 产业链连接形态

从产业链中各个企业之间的联结形态来看，产业链结构一般可以分为单链式结构、多链式结构、网格式结构。

单链式结构中，供应商、制造商、分销商、销售商等环节都只由一家企业组成，产品、技术的流动呈现从供应商直至销售商的单向流动。该产业链结构一般出现在垄断性产业中，各个环节的市场均呈现寡头垄断的形态。

多链式结构中，某一环节市场呈现寡头垄断的形态，其他环节市场中存在多家企业进行竞争。例如，在供应商环节，存在多个企业互相竞争，向同一个制造商供应资源；制造商环节中，由一家掌握核心制造技术的企业垄断市场；销售商环节中存在多个企业，均通过同一制造商购买产品进行销售。

网格式结构中，在产业链的各个环节中都存在多个企业，且每个企业的上下游都有多个企业与其产生关联。各个环节的市场可能呈现充分竞争的形态，也可能呈现多寡头垄断的形态。

2. 产业链驱动结构

产业链的驱动模式，一定程度上决定了产业链结构。故从产业链驱动模式来看，可以将产业链结构分为以下四种结构。

（1）资源导向型产业链。

对于采购方来说，供应商的资源非常重要，即对供应商的资源有很大的依赖性。而供应商可以根据自己的资源，有选择性地选择自己的下游客户。在这种产业链中，供应商处于主导地位，且市场中的供应商只有一到几家，市场处于寡头垄断的状态。而采购方所在市场则存在大量相似的企业，市场竞争激烈。

（2）产品导向型产业链。

产品导向型产业链中，供应商对采购方的产品需求有很大的依赖性，即采购方是根据自己的产品去有选择性地选择供应商及供应资源。在这种产业链中，采购方处于主导地位，且采购方所在市场处于寡头垄断的状态，而供应商所在的市场处于激烈竞争的环境中，采购方相对于供应商处于控制地位。

（3）需求导向型产业链。

需求导向型产业链中，对于采购方来说，其对供应商的资源供应依赖性较大；对于供应商来说，其对采购方的依赖性也很大。供应商的产品只有供给采购方，才能实现价值最大化，同时采购方只有使用供应商的产品才能使自己的产品更具市场竞争潜力，它们都是以各自的需求为导向去选择对方。在这种产业链中，两者是互相依存的，处于一个共同利益体中。另外，一般供应商和采购方所在的市场均呈现垄断状态。谁掌握控制权，取决于在产业链中断后谁的损失更小。

（4）市场导向型产业链。

供应商和采购方均处于充分竞争的市场中，均通过市场为导向随机地选择合作对象，彼此相互独立。当一方从产业链中退出的时候，对另一方的影响很小，因另一方可以很快地在市场上找到替代者。两者处于平等的地位，相互独立存在。

（二）识别产业链组成环节

本文根据灰色聚类法来识别产业链的组成环节。

1. 灰色聚类法方法

假设产业链中有 n 家企业，m 个评价指标，p 个分类（如：核心企业、次核心企业、配套企业）。d_{ij}代表第 i 家企业在第 j 个指标上的数值。

对d_{ij}进行同一化处理，使各个指标都处于同一数量级上。

根据实际情况，设定参数λ_j^k，即第 j 个指标在第 p 个分类上的阈值。定义灰类白化函数

$$f_j^k(\cdot)=\begin{cases}1, & d_{ij}\leqslant\lambda_j^k\\ \dfrac{d_{ij}-\lambda_j^k}{\lambda_j^{k+1}-\lambda_j^k}, & \lambda_j^k<d_{ij}\leqslant\lambda_j^{k+1}\\ 0, & d_{ij}>\lambda_j^{k+1}\end{cases}$$

，可以将指标转化为白化值。得到每个企业的白化函数矩阵。

确定第 j 个指标属于第 k 个分类的权重：$\eta_j^k=\lambda_j^k/\sum_{j=1}^{m}\lambda_j^k$

确定灰色聚类系数：$\sigma_i^k=\sum_{j=1}^{m}(f_j^k(\cdot)*\eta_j^k)$

根据 $\sigma_i^*=\max\{\sigma_i^1,\sigma_i^2,\cdots\cdots,\sigma_i^p\}$，来确定企业 i 是属于那个分类。最终得到每个企业的分类。

2. 识别核心环节

在一条产业链中，存在某些头部企业及其所在的产业，对整条产业链的生产发展具有重要的影响力，在产业链治理结构中居于较高的主导地位。称这样的产业为产业链的“链主”，即产业链的核心环节。

产业链的核心环节一般具有以下特点：

控制力强。该产业环节对其他环节的控制力很强，即对其他环节具有最为显著、不可替代的带动作用。且这种带动作用是单向的，核心环节处于主导地位。

高盈利性。核心环节的利润率一般会相对高于产业链上的其他环节。

强增值性。核心环节往往是创造价值量最大的环节，是整个产业链的价值源泉所在。

强技术性。核心环节往往掌握了整个产业链中最为核心的技术、设计等，是生产最终产品所需最重要的技术。产业链相关高等技术人才往往聚集在核心环节中。

可变性。在一定时间内，产业链上的核心环节是固定不变的。但是随着产业分工的细化，产业链的构成环节会发生变化，核心环节也会随之变化。

不唯一性。一般来讲，在产业链上核心环节只有一个。但在较为复杂的产业链中，可能存在两个或两个以上的产业，对整个产业链的发展都有很强的带动作用，其都为该产业链上的核心环节。

根据产业链核心环节的特点，选取了以下的指标。可选取产业链各环节中的代表企业的相关指标，汇总后进行比较，选择出核心环节，如表 13－5 所示。

表 13－5　识别核心环节相关指标表

一级指标	二级指标
控制力指标	市场规模占比、产值比重、
盈利能力指标	资产报酬率、净资产收益率、毛利率、净利润率
技术能力指标	研发投入率、研发投入增长率、高等技术人才比率
发展能力指标	总资产增长率、营收增长率、资产保值增值率

产业链各环节相关指标画像如图 13－1 所示。

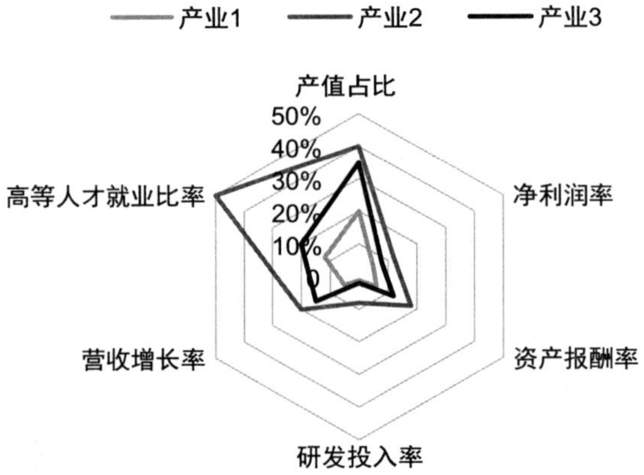

图 13－1　产业链××××年各环节相关指标画像

3. 识别薄弱环节与潜力环节

产业链中存在着一些企业，一种为已经存在于产业链之中，但自身的竞争能力或生产能力较弱；另一种为有潜力成长为核心企业并能够填补产业链上的缺失环节的企业。这两种企业对应的是产业链上较为薄弱或有所缺失的环节，在这里将前者称为“薄弱环节”，后者可称为“潜力环节”。

薄弱环节上的企业，一般从事产业链中较为低端的生产分工，规模较小，分布较为分散，技术创新能力较差，面临的竞争激烈，生存发展较为艰难。潜力环节中的企业，一般掌握自主核心技术，或能够提供独特的服务，其产品在产业链上的可替代性较低。在企业刚起步时，规模较小，但因其有能力填补产业链上的缺失、薄弱环节，企业会随着产业链的完善而有良好的发展，有潜力成长为产业链中的核心企业。

找出产业链上的隐性环节，一方面可以识别薄弱型企业堆积现象，即弱质性隐性环节中的企业占比较多，使产业链出现竞争力下降，生产过剩，产业升级困难等状况；另一方面，识别出潜力型企业，可以预测产业链发展趋势，及时提供政策、资金扶持，完善产业链条、促进产业升级。实现“固链、延链、补链”的目标。

识别方法：首先，根据企业财务数据，企业资产规模、营收、净利润、市场规模等指标占比较小，但各增速居于产业链前列的企业，为潜力型企业；企业资产规模、营收、净利润、市场规模等指标占比较小、各项目增速也较低的企业，每年企业退出率较高的环节属于薄弱型环节企业。

然后，根据灰色聚类评价最终得到的 σ_i^* ，若属于数值较低的区间，则判定为薄弱型隐性环节。

三、产业链集群效应分析

（一）产业链集群效应概念

产业链集群是指在某一产业链中，大量联系密切的上下游企业及相关的支撑机构在空间上集中的现象。产业链集群效应指由产业链集群现象而带来的产业竞争力增强、产业规模利润等持续增长、产业发展趋势向好的现象。

产业链集群，通常以一个主导产业为核心，其他配套产业为辅助，构成了集群的核心层次；另外科研机构、公共服务部门、基础设施、政府等组成了集群的辅助层次。产业链集群中的核心层次和辅助层次如表 13－6 所示。

表 13－6　　产业链集群中的核心层次和辅助层次

功能	构成要素
核心层次	供应商企业
	制造商企业
	销售商企业
辅助层次	科研机构
	基础设施
	公共服务单位
	政府

（二）产业链集群效应相关指标

衡量该地区中产业链集群程度，可使用以下指标：

密度指数。使用产业链上属于该地区的企业数量除以该地区的面积，得到企业分布密度。反映了每单位面积土地上，该地区拥有多少家产业链上企业，该指数越大，证明产业链集群程度越高。另外，可以按照产业链的环节，来计算各个环节的密度指数，如供应商密度指数、制造商密度指数、销售商密度指数等。

循环指数。使用较为简化的产业链模型，即供应商—制造商—销售商的结构。统计本地区的供应商销给本地区制造商的销售额占总销售额的比例，本地区的制造商销给本地区的销售商的销售额占总销售额的比例，将两个比例相加，得到循环指数。循环指数反映了产业链上的产品被本地区内企业内部消化的程度，指数越高，说明产品被本地区内企业采购的比例越高，一定程度上证明产业链上企业在本地区集群程度较高。

地区内若形成一定规模的产业集群，需要来衡量产业集群是否产生了促进生产、提高产业竞争力的效应，可使用以下指标来衡量产业集群效应：产业集群市场规模占比及增长率，统计该地区中产业链上企业的市场规模占全国此产业的市场规模比例。

第五部分

构建平台经济有效税收监管模式

14. 辨析税费管理　重构灵活就业税收监管模式

随着社会经济的快速发展变化，就业方式和就业形态早已不再局限于传统形式劳动用工关系，而是出现多种模式共存的局面，用人单位也具有了灵活用工的空间。《国务院办公厅关于支持多渠道灵活就业的意见》（国办发〔2020〕27号，以下简称《灵活就业27号意见》）要求“清理取消对灵活就业的不合理限制，强化政策服务供给”，鼓励、扶持“个体经营、非全日制以及新就业形态等灵活多样的就业方式”，“全力以赴稳定就业大局”。

本文拟从灵活就业的主要形态着手，通过分析不同灵活就业形态的法律关系来识别其税费业务关系和行业限制，进而分析灵活就业在税费业务方面的痛点、堵点，从而形成有针对性的解决路径和方案。

一、当前灵活就业的主要形态

关于灵活就业和灵活用工的说法，是用不同视角对同一关系的表述，即“灵活就业”基于被雇佣（以下称灵活就业者）视角，“灵活用工”基于雇佣（以下称用工/人单位）视角。

（一）传统灵活就业形态

1. 非全日制用工

非全日制用工，是指以小时计酬为主，劳动者在同一用人单位一般平均每日工作时间不超过四小时，每周工作时间累计不超过二十四小时的用工形式。

非全日制劳动是灵活就业的一种重要形式。近年来，我国非全日制劳动用工形式呈现迅速发展的趋势，特别是在餐饮、超市、社区服务等领域，用人单位使用的非全日制用工形式越来越多。

2. 劳务派遣

劳务派遣是一种特殊的用工方式，是指依法设立的劳务派遣机构（用人单位）与接收派遣的单位（用工单位）订立劳务派遣协议，约定用人单位根据用工单位的用工需求招聘劳动者，并把劳动者派到用工单位去劳动的一种用工方式。

中华全国总工会曾先后于2010年、2011年两年对全国25个城市、1000家企业、10000名职工进行问卷调查。其估算表明，全国企业中，劳务派遣工占企业职工总数13.1%，约3700万人。

3. 个体经营

个体经营是生产资料归个人所有，以个人劳动为基础，劳动所得归劳动者个人所有的一种经营形式。

个体经营是一种“自雇”的就业方式，其显著特点是就业门槛低。基于此，《灵活就业27号意见》要求“持续深化商事制度改革，提供便捷高效的咨询、注册服务。引导劳动者以市场为导向，依法自主选择经营范围”，以实现“拓宽就业新渠道”的目的。

4. 个人劳务

在用工或就业的语境下，个人劳务仅指雇佣和受雇行为，即指双方当事人约定，在确定或不确定期间内，一方（自然人）向他方（自然人或单位）提供劳务，他方给付报酬的就业方式。

当前我国个人劳务的主要形式包括家庭帮工、农民帮工、承包人用工等以完成特定劳动事项为限的雇佣形式、合作型雇工形式、人力资源代理形式等。另外，在建筑工地和家庭装修用工、装卸搬运工、企业帮工等临时用工中，个人劳务也大量存在。

5. 劳务外包

劳务外包通常是指用工单位将自身的部分或全部工作外包给一个外包单位或服务机构来完成，企业不参与实际对劳动者的具体管理，由外包单位或服务机构自行安排确定承包员工的工作组织形式和工作时间，企业主要负责接收外包单位的工作成果，并支付相应外包费用的用工形式。

（二）新型灵活就业形态——社会化用工

“支持发展新就业形态。实施包容审慎监管，促进数字经济、平台经济健康发展，加快推动网络零售、移动出行、线上教育培训、互联网医疗、在线娱乐等行业发展，为劳动者居家就业、远程办公、兼职就业创造条件。合理设定互联网平台经济及其他新业态新模式监管规则，鼓励互联网平台企业、中介服务机构等降低服务费、加盟管理费等费用，创造更多灵活就业岗位，吸纳更多劳动者就业。”

《灵活就业27号意见》的上述表述表明，国务院大力支持发展的新就业形态是以互联网平台为基础的各种灵活就业形态的组合，是一种基于合作关系的社会化用工形态。其特点一是合作关系，劳动提供者和需求者之间不建立劳动关系；二是对等关系，劳动提供者和需求者充分享有双向选择的权利；三是多方关系，一般地，社会化用工关系由劳动需求方、劳动提供方和劳动撮合平台组成。

二、灵活就业主要形态法律关系辨析

经过梳理，本文认为就灵活就业的几种形态而言，存在劳动关系、雇佣关系和商事关系三种法律关系。

（一）劳动关系

劳动关系是指用人单位依据《劳动法》和《劳动合同法》招用劳动者为其成员，劳动者在用人单位的管理下提供有报酬的劳动而产生的权利义务关系。劳动关系是一种相对稳定的社会关系。

除了《劳动法》和《劳动合同法》，劳动关系还受到《社会保险法》《工伤保险条例》《失业保险条例》《女职工劳动保护特别规定》等法律法规的约束。劳动关系具有以下特征：

一是主体的特定性。劳动关系主体包括劳动者和用人单位。劳动者的条件是达到法定劳动年龄，并具有劳动能力；用人单位的条件是依法核准登记的企业和个体经济组织、依法成立的事业单位、国家机关和社会团体。

二是主体之间的隶属性。劳动关系主体双方在法律面前享有平等的权利，劳动者向用人单位提供劳动或服务，用人单位向劳动者支付劳动报酬，双方在平等自愿的基础上建立劳动关系。同时，劳动者作为用人单位的成员，在实现劳动过程中理所当然地应当遵守用人单位的规章制度，服从用人单位的管理，双方形成领导与被领导的隶属关系。

三是劳动关系具有排他性。劳动关系只能产生于劳动者与用人单位之间，作为自然人的劳动者，在同一时间只能与一个用人单位签订劳动合同、建立劳动关系。任何劳动者都不能与两个用人单位同时签订劳动合同、建立劳动关系；任何两个用人单位也不得同时与一个劳动者签订劳动合同、建立劳动关系。

四是劳动关系具有强制干预性。我国劳动合同法对用人单位和劳动者的权利、义务作了明确的规定，体现了国家对劳动关系的强制干预性质。

本文研究认为，灵活就业主要形态中的非全日制用工和劳务派遣归属于劳动关系的类别。

1. 非全日制用工

与固定劳动合同相比，非全日制用工方式对就业者和用工单位而言，其特殊性在于以下几个方面。

（1）基本养老保险。从事非全日制工作的劳动者应当参加基本养老保险，原则上参照个体工商户的参保办法执行。对于已参加过基本养老保险和建立个人账户的人员，前后缴费年限合并计算，跨统筹地区转移的，应办理基本养老保险关系和个人账户的转移、接续手续。符合退休条件时，按国家规定计发基本养老金。

（2）基本医疗保险。从事非全日制工作的劳动者可以个人身份参加基本医疗保险，并按照待遇水平与缴费水平相挂钩的原则，享受相应的基本医疗保险待遇。

（3）工伤保险。用人单位应当按照国家有关规定为建立劳动关系的非全日制劳动者缴纳工伤保险费。从事非全日制工作的劳动者发生工伤，依法享受工伤保险待遇；被鉴定为伤残5～10级的，经劳动者与用人单位协商一致，可以一次性结算伤残待遇及有关费用。

（4）解除劳动合同。非全日制用工双方当事人任何一方都可以随时通知对方终止用工。终止用工，用人单位不向劳动者支付经济补偿。

非全日制用工法律关系如图14－1所示。

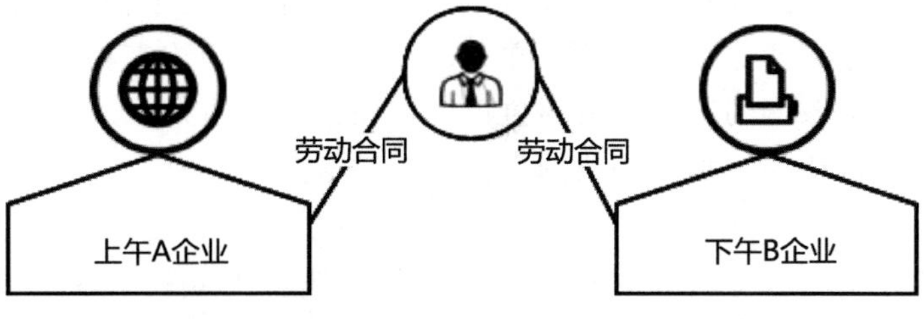

图14－1　非全日制用工法律关系示意图

2. 劳务派遣

与传统的劳动关系相比，劳务派遣涉及用人单位（即劳务派遣单位）、用工单位和被派遣的劳动者三方主体，形成三方法律关系，如图 14－2 所示。这个三方关系由两个合同共同建立，一个合同是用人单位与用工单位订立的劳务派遣协议，该协议要求确定用人单位为用工单位招聘和派遣劳动者的数量、岗位、派遣期限、劳动待遇、工资的支付和社会保险的缴纳、派遣费用等内容。另一个合同是用人单位与劳动者订立的劳动合同，该合同除了应当具备一般劳动合同的必备内容外，还应当载明劳动者的用工单位以及派遣期限、工作岗位等情况。

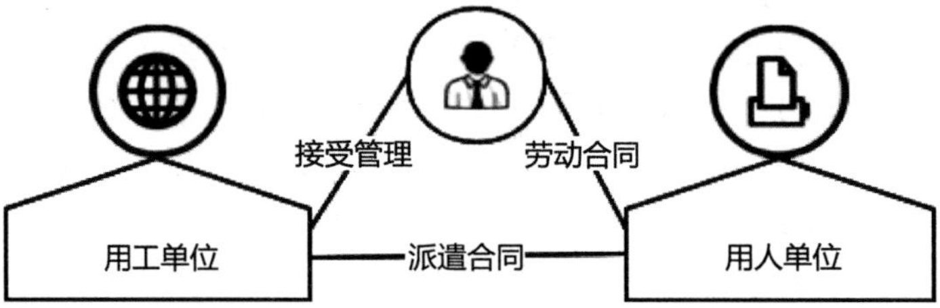

图 14－2　劳务派遣三方法律关系示意图

因此，劳务派遣从劳动者视角看属于固定就业，而从被派遣企业视角看才是灵活用工。劳务派遣的特殊性规定包括以下内容。

（1）对用人单位。《劳动合同法》第五十八条规定：劳务派遣单位应当与被派遣劳动者订立二年以上的固定期限劳动合同，按月支付劳动报酬。

从事劳务派遣业务，有一定的注册资本、经营场所等条件的限制，同时还需向劳动行政部门依法申请行政许可。

（2）对用工单位。《劳动合同法》第六十二条规定：支付加班费、绩效奖金，提供与工作岗位相关的福利待遇等义务由用工单位承担；用工单位应当执行国家劳动标准，提供相应的劳动条件和劳动保护。

用工岗位限制：劳务派遣性质的用工，只能在临时性、辅助性、替代性的工作岗位上实施。临时性工作岗位是指存续时间不超过 6 个月的岗位；辅助性工作岗位是指为主营业务岗位提供服务的非主营业务岗位；替代性工作岗位是指用工单位的劳动者因脱产学习、休假等原因无法工作的一定期间内，可以由其他劳动者替代工作的岗位。

用工比例限制：用工单位中被派遣的劳动者数量不得超过用工总量的 10%。

（3）用人和用工单位的连带责任。当被派遣劳动者发生工伤事故时，如果是由于用工单位没有为被派遣劳动者提供适当的劳动条件和劳动保护导致工伤事故的发生，根据《劳动合同法》第九十二条之规定，实际用工单位与用人单位承担连带赔偿责任。

劳务派遣期间，被派遣的工作人员因执行工作任务造成他人损害的，由用工单位承担侵权责任；用人单位有过错的，承担相应的责任。

3. 劳务外包

从法律关系主体权利义务的界定来看，劳务外包用工单位本身不直接招聘具体的个人，也不直接管理和指挥具体的个人，而是将某项具体业务外包给承包单位，承包单位履行合同法上的承包义务。因此严格来说，这不算是一种劳动法范畴内的直接用工模式，而是民事上的承揽关系。在目前的人力市场和用工实践中，为了解决劳务派遣在岗位要求及用工比例的法律局限性，很多派遣岗位逐步被专业化的劳务外包所取代。但如果操作不规范，也将构成

“假外包、真派遣”的情形。

因此，从严格意义上讲，劳务外包是两个商事主体之间对工作成果的交易，本质上是商事关系而非灵活就业的一种形态。而若属于实践中以劳务外包之名行劳务派遣之实的，则应当按照劳务派遣确定其法律关系。劳务外包的法律关系如图 14－3 所示。

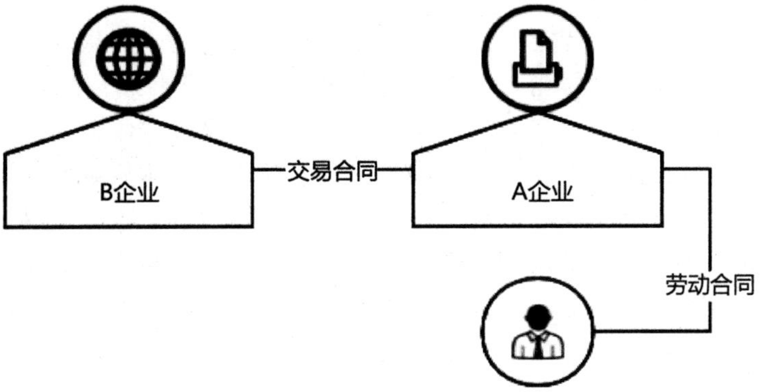

图 14－3　劳务外包的法律关系示意图

（二）商事关系

在灵活就业形态中，个体经营是一种典型的“自雇”形式。自雇之所以能够实现就业目标，在于个体业主从事了商事行为、形成了商事关系、交易了自雇劳动成果从而获取了劳动报酬。

商事关系是指一定社会中通过市场经营活动而形成的社会关系，如图 14－4 所示。商事关系产生的基础是商事行为，而商事行为具有以下特征。

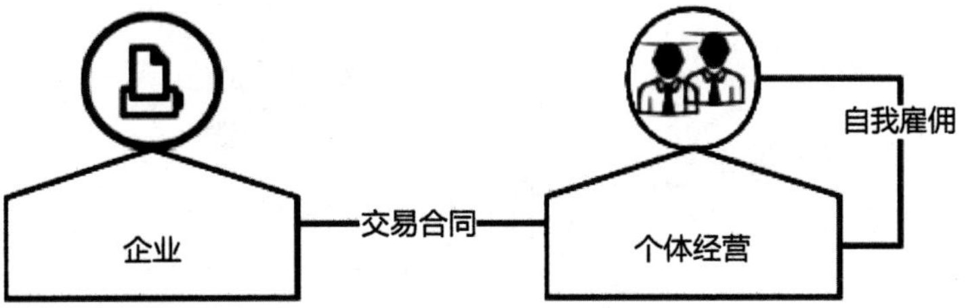

图 14－4　商事关系示意图

1. 商事行为是以营利为目的的行为

营利性是商法的基本特性，同时也是商事行为的基本特性之一。商事行为的营利性主要应从行为的目标来考察，而不在于行为的结果，行为结果是否盈利不能成为判断商事行为成立与否的依据。

在实践中，对营利性的判断一般采取推定原则。一是根据主体来推定。当行为主体为商事主体时，通常推定其行为具有营利性。二是根据行为来推定，即根据其行为的客观目的和商事习惯等来加以确定。

2. 商事行为是经营性行为

经营性是商事行为区别于一般民事行为的重要特征之一。经营性是指行为人的营利行为具有反复性、不间断性和计划性的特点，表明主体至少在一段时期内连续不断地从事某种性质相同的营利活动，具有职业性。一般民事主体偶尔从事营利活动，不属于商事行为。经营性活动是一种重复性的、经常性的活动，履行了商事登记的行为可以推定为商事行为，具有经营性特征。

3. 商事行为是商事主体所为的行为

商事行为是商事主体这一特定主体所从事的行为。某一主体要从事严格意义上的商事行为，就必须具有特定的商事行为能力，主体的行为能力对于行为的有效性起着决定性作用。这一特征在不同国家的商法中表现不同。有的国家规定，民事主体必须通过商事登记等合法手段获得商事行为能力；而在另外部分国家中，非经登记的主体从事的营业行为也应受到商法规则的支配。我国法律法规规定，商事行为能力必须由商事主体登记赋予。

通过上述分析可知，之所以将个体经营作为灵活就业的主要形态，基于以下考虑：从劳动者的视角是通过商事主体登记后成为了个体工商户，通过个体工商户的经营性行为达到了自雇就业的目的；而从雇佣方的视角，则是向个体工商户购买了劳动成果，通过商事关系达成了替代固定用工的目的。

（三）雇佣关系

雇佣关系是受雇人与雇佣人约定，由受雇人为雇佣人提供劳务，雇佣人支付报酬而发生的社会关系。雇佣关系的法律依据是《民法典》第一千一百九十二条和《最高人民法院关于审理人身损害赔偿案件适用法律若干问题的解释》（以下简称《解释》）第九条的规定。《解释》明确“从事雇佣活动”，是指从事雇主授权或者指示范围内的生产经营活动或者其他劳务活动。雇佣关系如图 14－5 所示。

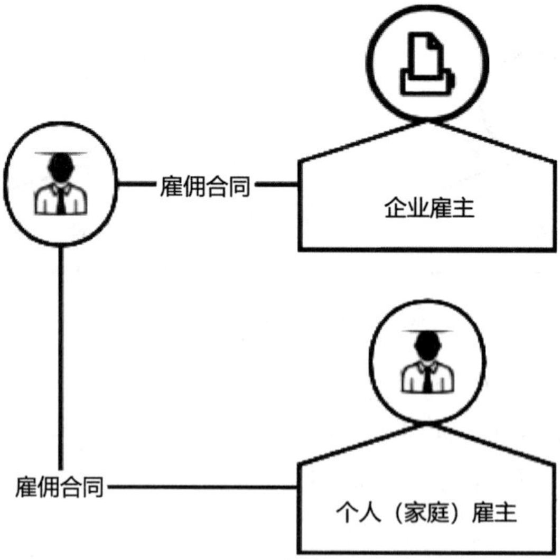

图 14－5 雇佣关系示意图

雇佣关系除了受《民法典》《解释》约束外，还应当遵循《合同法》的相关规定。

1. 雇佣关系与劳动关系的识别

民法上的雇佣关系和劳动法上的劳动关系外在形式上极为相似，但法律性质却截然不同，适用的法律以及争议解决程序也完全不同。理论上通常认为，民法上的雇佣关系是一种雇主与劳务提供者之间的一种平等主体之间的交换关系，雇主支付劳务报酬，而被雇佣者承担在确定或者不确定时间内完成双方特定工作的义务，双方不存在行政上的从属关系。

实践中，区分民法上的雇佣关系和劳动法上的劳动关系可以从以下几个方面把握。

第一，从用人单位的主体身份来辨识。即雇主是否属于《劳动法》或者《劳动合同法》所说的"用人单位"的范畴。按照有关规定的解释，家庭、农村承包经营户、未依法登记注册的企业都不具备签订劳动合同的主体资格，这意味着他们与雇员之间形成雇佣关系属于民法上的雇佣关系，而非劳动关系。

第二，从被雇佣者的主体身份来辨识。《劳动法》对"劳动者"作出的解释，明确排除了以下几类人员：一是公务员和参公人员；二是农村劳动者（乡镇企业职工和进城务工、经商的农民除外）；三是现役军人；四是家庭保姆；五是事业单位、社会团体未建立劳动关系的干部。这意味着他们与雇主之间形成雇佣关系属于民法上的雇佣关系，而非劳动关系。

第三，司法实践中的认定。以下几类人员与用人单位形成雇佣关系也被认定为民法上的雇佣关系而非劳动法上的劳动关系：

一是企事业离退休人员受本单位或其他单位返聘形成的雇佣关系；

二是已经与企事业单位签订劳动合同的在职员工到其他企事业兼职形成的劳动关系；

三是被人社部列为劳动关系疑难问题的几种特殊劳动关系，如出租车司机、保险代理人、农电工等。

2. 雇佣关系与劳动关系的法律责任差异

雇佣关系中，雇主与劳动者间的权利义务如劳动报酬、劳动时间、劳动内容等是通过双方的自由协商来确立的，贯彻的是私法中的"契约自由"精神，用人单位也非必须为劳动者办理工伤、养老等劳动保护。劳动者因工伤事故遭受人身损害，雇主应承担民事侵权赔偿责任；而在劳动关系中劳动者发生工伤事故遭受人身损害的，用人单位则适用工伤保险进行赔付。

关于个人之间形成雇佣关系，法律作出如下规定：

个人之间形成劳务关系，提供劳务一方因劳务造成他人损害的，由接受劳务一方承担侵权责任。接受劳务一方承担侵权责任后，可以向有故意或者重大过失的提供劳务一方追偿。提供劳务一方因劳务受到损害的，根据双方各自的过错承担相应的责任。

提供劳务期间，因第三人的行为造成提供劳务一方损害的，提供劳务一方有权请求第三人承担侵权责任，也有权请求接受劳务一方给予补偿。接受劳务一方补偿后，可以向第三人追偿。

从上述分析可见，灵活就业形态中，个人劳务形成的雇佣关系应当归属于民法上的雇佣关系。

三、个体经营的商事登记与税务登记

本文之所以将商事登记和税务登记单列出来讨论，是因为个体经营就业门槛低、总体税负低，是目前用工、就业市场最为重要的灵活形态和发展方向。

（一）商事登记

商事登记是指商主体或商主体的筹办人，为了设立、变更或者终止其主体资格，依照商事登记法规定的内容和程序，向登记机关提出申请，经登记主管机关审查核准，并将登记事项记载于登记簿的法律行为。

1. 商个人、登记及意义

商个人是指具有商事权利能力和商事行为能力，独立从事商行为，依法履行商法上的权利和承担商法上的义务的自然人。在我国，商个人又可以分为个体工商户、农村承包经营户及个人独资企业三种类型。

我国法律规定，商主体从事商事活动须办理商事登记手续，未经登记不得从事经营活动。商主体于设立登记时取得商事能力，其商事能力因营业性质或经营范围的变更登记而变更，因商主体的注销登记而消灭。对于商个人来说，只要具有完全的民事行为能力且不是与商人身份不兼容的自然人便取得了商事能力。登记只是对其营业资格的确认，作用在于排除由于身份等原因不得从事营业活动的人，向公众公示其经营信息，为社会公众提供最低限度的保护。

商事登记制度虽然保护了交易安全却降低了交易效率，限制了许多人从事商业活动的权利。如何兼顾交易安全和交易效率成为近年商事制度改革的重点。总的来看，改革的内容概括起来就是两条路，一条路是提升商事登记的效率；另一条路则是探索对商事登记的适度容缺或豁免。本文重点研究的是容缺或豁免。

2. 商个人登记的一般性规定

先来梳理一下关于个体工商户商事登记的有关法律法规，包括以下内容：

《民法典》第五十四条：自然人从事工商业经营，经依法登记，为个体工商户。

《民法通则》第二十六条：公民在法律允许的范围内，依法经核准登记，从事工商业经营的，为个体工商户。

《个体工商户条例》第二条：有经营能力的公民，依照本条例规定经工商行政管理部门登记，从事工商业经营的，为个体工商户。

《电子商务法》第十条：电子商务经营者应当依法办理市场主体登记；第十二条：电子商务经营者从事经营活动，依法需要取得相关行政许可的，应当依法取得行政许可。

《无证无照经营查处办法》（国务院令第 684 号）第二条：任何单位或者个人不得违反法律、法规、国务院决定的规定，从事无证无照经营。

可见，依据我国现行法律规定，自然人要从事经营活动，必须以取得商个人主体资格为前提：农村生产经营承包户采取合同的法律形式进行规定；个体工商户和个人独资企业都应当依法登记后，才能取得商个人的主体资格。

3. 商个人登记的豁免性规定

商个人登记的豁免性规定来源于《无证无照经营查处办法》第 3 条，阐述了“不必进行商事登记，但其经营活动必须符合法律或者行政法规的规定”的情形，具体内容如下。

“下列经营活动，不属于无证无照经营：

（一）在县级以上地方人民政府指定的场所和时间，销售农副产品、日常生活用品，或者个人利用自己的技能从事依法无须取得许可的便民劳务活动；

（二）依照法律、行政法规、国务院决定的规定，从事无须取得许可或者办理注册登记的经营活动”。

当前，几乎所有法律法规，上至国家层面的《电子商务法》，下至江苏、深圳等省市地方性法规规章，关于商事登记的豁免性规定均以《无证无照经营查处办法》第三条为依据，因此有必要对此条款重点研究。

现有研究认为，《无证无照经营查处办法》解决的是“小摊小贩”的问题。如《中国市场监管报》曾载文就《无证无照经营查处办法》第三条的理解与把握做出如下阐述：一是《无证无照经营查处办法》并未明确县以上人民政府指定的时间和场所，以及利用哪些个人技能开展的便民服务，是给地方一定的自主空间与权限，以利于充分考虑当地的实际情况。二是如何指定时间。一般从居民日常生活角度考虑，通常指定“早市”和“晚市”即早上、傍晚两个时间段，如居民卖（买）菜、早点等。三是如何指定场所。一般从既方便居民生活又不影响交通，不影响城市管理等方面考虑进行指定，如社区门口、菜场等。四是如何把握“技能”及“便民劳务服务”。一般为个人利用具有的某方面特殊专长，如修理、缝补等方面技能；为居民提供便捷的劳务服务活动，如修理自行车、修鞋、修拉链、补衣服、补袜子等。

那么，能不能将网上平台作为县以上人民政府指定的“场所”，从而豁免商事登记呢？

《电子商务法》第十条规定，“电子商务经营者应当依法办理市场主体登记。但是，个人销售自产农副产品、家庭手工业产品，个人利用自己的技能从事依法无须取得许可的便民劳务活动和零星小额交易活动，以及依照法律、行政法规不需要进行登记的除外”。看来从网上平台突破《无证无照经营查处办法》第 3 条的范围有所扩大，意味着此路不通。

仔细分析，可以发现上述解读都将重点放在了《无证无照经营查处办法》第三条第一款上，而对第二款“依照法律、行政法规、国务院决定的规定，从事无须取得许可或者办理注册登记的经营活动”，则很少有解读。随着国务院《灵活就业 27 号意见》的出台，在实践层面，已有一些地方开始出台规则，尝试明确第三条第二款的具体业务场景。

（二）税务登记

税务登记是指税务机关根据税法规定，对纳税人的生产经营活动进行登记管理的一项基本制度。

1. 税务登记的一般性规定

《税收征管法》规定，企业、企业在外地设立的分支机构和从事生产、经营的场所，个体工商户和从事生产、经营的事业单位应向税务机关申报办理税务登记。

《税务登记管理办法》规定，对于已经办理营业执照的需要办理税务登记，并已经纳入“多证合一”办理模式。对于从事生产、经营的纳税人未办理工商营业执照但经有关部门批准设立的，从事生产、经营的纳税人未办理工商营业执照也未经有关部门批准设立的，应当自纳税义务发生之日起 30 日内申报办理税务登记。

除上述之外的其他纳税人，除国家机关、个人和无固定生产、经营场所的流动性农村小商贩外，均应当自纳税义务发生之日起 30 日内，向纳税义务发生地税务机关申报办理税务登记。

因此，只要是从事生产、经营的纳税人，无论是否有证或经批准，均应办理税务登记，无证的自纳税义务发生之日起30日内申报办理税务登记。但从事生产、经营的纳税人是指“企业，企业在外地设立的分支机构和从事生产、经营的场所，个体工商户和从事生产、经营的事业单位”，并不包括个人。

由此可见，自然人在成为商个人之前并不必然具有办理税务登记的资格，税务机关拒绝为既未取得营业执照，也未取得许可的自然人办理税务登记是有依据的。

那么，临时税务登记是否适用于自然人呢？

2. 临时税务登记的规定

《税务登记管理办法》第十条规定：从事生产、经营的纳税人未办理工商营业执照也未经有关部门批准设立的，应当自纳税义务发生之日起30日内申报办理税务登记，税务机关发放临时税务登记证及副本；

有独立的生产经营权、在财务上独立核算并定期向发包人或者出租人上交承包费或租金的承包承租人，应当自承包承租合同签订之日起30日内，向其承包承租业务发生地税务机关申报办理税务登记，税务机关发放临时税务登记证及副本；

境外企业在中国境内承包建筑、安装、装配、勘探工程和提供劳务的，应当自项目合同或协议签订之日起30日内，向项目所在地税务机关申报办理税务登记，税务机关发放临时税务登记证及副本。

《国家税务总局关于税收征管若干事项的公告》（2019年第48号，以下简称48号公告）规定，从事生产、经营的个人应办而未办营业执照，但发生纳税义务的，可以按规定申请办理临时税务登记。

据此，有不少人认为，国家税务总局向未注册为商个人的自然人开放了临时税务登记。本文认为，这种理解是不准确的，理由如下。

其一，作为国家治理的重要部门之一，税务部门在出台政策时一定会考虑综合的社会效应的。当前的税收政策方面，商个人的税收待遇优于自然人。“应办而未办营业执照”是一种违法行为，税务机关向违法的自然人提供更优税收待遇的可能性不大。

其二，48号公告只是税收规范性文件，法律层级较低，不大可能突破上位法规定的业务边界。因此，最大的可能性是对已有规范的细化解读，即对“从事生产、经营的纳税人未办理工商营业执照也未经有关部门批准设立”中“纳税人”为“个人”情形的细化解读。

其三，关于什么是“从事生产、经营”，税收领域的任何法律、法规、规章和规范性文件均未作明确。因为这应当由商个人登记的一般性规定去明确。

根据《中华人民共和国商事主体登记管理条例（草案）》第二十条规定，“经营范围是商事主体所从事经营活动的业务范围。经营范围分为一般经营项目和特许经营项目。自登记机关签发营业执照之日起，商事主体即可以商事主体名义从事一般经营项目。自行政许可部门批准之日起，商事主体方可从事特许经营项目”。而特许经营项目又分为“前置许可项目”即在取得营业执照之前必须获得许可的经营项目，和“后置许可项目”即可在取得营业执照后获得许可的经营项目。

从商事监督部门的有关规定，结合48号公告的语境，可以作出严格意义上的解读：“从事生产、经营的个人应办而未办营业执照”是指且仅指已经获得前置许可但未办理营业执照的自然人。因此，48号文不能作为大范围办理临时税务登记的“尚方宝剑”。

（三）正确理解和运用商事登记和税务登记的关系

从商事登记和税务登记的概念和相关规范来看，一般地，税务登记以商事登记为前提，只有办理了商事登记的主体才有资格办理税务登记；反过来，办理了商事登记的主体有义务办理税务登记。特殊情况下，可以不办理商事登记而直接办理税务登记，税务登记同时具有商事主体资格的证明力。

1. 商个人豁免登记与税务登记的衔接

对于《无证无照经营查处办法》第三条对商个人的豁免登记规定，目前存在相去甚远的两种观点。

一种观点认为，对于豁免登记的情形不视为商事行为，因而不需要登记。豁免登记不视为商事行为自然也就没有办理税务登记的必要和可能了。

另一种观点则认为，豁免登记针对的是特定主体在特定范围内的商事行为，尽管免除了豁免登记，行为主体依然是商事主体。如深圳市第六届人民代表大会常务委员会第四十五次会议于 2020 年 10 月 29 日修订通过的《深圳经济特区商事登记若干规定》第十三条明确规定："自然人从事依法无需经有关部门批准的经营活动的，可以不办理个体工商户商事登记，直接办理税务登记。"

本文认为，在当前的经济社会环境下，将豁免登记的情形视为商事行为并给予直接办理税务登记的做法更为可取，更符合国务院《灵活就业 27 号意见》的精神。

2. 应办未办商事登记与税务登记的衔接

应办未办商事登记包括取得经营许可但未办理营业执照，和取得营业执照但未办理经营许可两种情形，即前置许可后或后置许可手续不齐全情形。按照规定，对于上述两种情形税务部门都应当容缺为其办理税务登记，两者的差异在于正式税务登记还是临时税务登记。

（1）未办理后置许可情形。在此情形下，尽管个人的特许经营项目未经批准，但由于已经办理了营业执照从而具备了从事一般经营项目的资格。从税务部门的职责视角，个人已经具备完整商事个人资格。因此，无论是否实际从事了生产、经营，也无论其从事的是一般经营项目还是特许经营项目，都应当为其办理税务登记，并认定其经营活动为税法上的"生产、经营"。

（2）已办前置许可未办营业执照情形。此情形即 48 号公告描述的情形。从市场监管的视角，该情形下的个人只是完成了特许经营项目资格的部分手续，有待其办理营业执照才能获得完整的特许经营项目和一般经营项目资格。但是从税务部门职责的角度，如果个人实际从事了特许经营项目范围内的活动，则相当于获得了市场监管部门对该人从事经营行为的证明。但是，由于个人并未取得营业执照，不能证明其有长期经营的意愿，因而应当视其为临时性经营活动给予办理临时税务登记。反过来说，如果个人的活动不在特许经营项目之内，或者根本未实际发生经营活动，则税务部门不能为其办理税务登记或者临时税务登记。也就是说，税务部门不能在发生经营行为的事实之前为个人办理临时税务登记。

3. 商事登记负面清单与税务登记的衔接

上文提到《无证无照经营查处办法》第三条第二款的规定："下列经营活动，不属于无证无照经营：……依照法律、行政法规、国务院决定的规定，从事无须取得许可或者办理注册登记的经营活动。"那么什么是"无须取得许可或者办理注册登记的经营活动"呢？

江苏省工商局依据江苏省政府办公厅《关于贯彻落实〈无证无照经营查处办法〉的实施意见》于2018年发布的《江苏省无证无照经营查处事项目录》以负面清单的形式列举了223项无证无照会被查处的事项，反过来说，在江苏的行政区范围内这223项以外的经营行为将不被视为无证无照经营。因此，目录的实质是江苏省政府对“无须取得许可或者办理注册登记的经营活动”的界定。

综上所述，可以得出以下总结：一般地，个人税务登记应当以商事登记为前提，为个人办理税务登记的主渠道是谋求商事登记的便捷度；例外地，在特许经营领域外，可以引导市场监督管理部门制定负面清单（江苏模式）；在此基础上，引导税务部门直接办理税务登记（深圳模式）。

四、灵活就业形态和税费关系

不同的灵活就业形态，雇主和雇工的税费待遇存在显著差异，税务管理的重点也各不相同。因而，研究税费关系对于就业形态的选择至关重要，本文将从雇主和雇工双方就实体性规定（包括雇主的企业所得税、增值税和福利费，雇工的个人所得税、社保费）、程序性规定（包括雇主的税前列支凭证管理和雇工的税务登记管理）以及税务管理的重点进行梳理。需要说明的是，税法和劳动法对于职工薪酬的规定并不完全一致，但这并不影响对就业形态和税费关系的总体判断。

（一）不同用工形态的税费关系

关于不同用工形态下的税费关系，如表14-1所示。

表14-1　　不同用工形态下的税费关系

	用工单位								雇工					
	所得税税前列支	三项经费列支	增值税抵扣	社保费承担					个税所得项目	社保费待遇				
				基本养老保险	基本医疗保险	工伤保险	生育保险	失业保险		基本养老保险	基本医疗保险	工伤保险	生育保险	失业保险
非全日制	是	是	否	否	否	是	是	否	工薪	自行缴纳	自行缴纳	有	有	无
劳务派遣	是	否	是	否	否	否	否	否	工薪	个人部分	个人部分	有	有	有
个体工商	是	否	是	否	否	否	否	否	经营所得	自行缴纳	自行缴纳	无	无	无
个人劳务	是	否	是	否	否	否	否	否	劳务报酬	自行缴纳	自行缴纳	无	无	无

（二）程序性规定和税务监管重点

基于不同灵活就业形态下不同税费关系，税务部门风险管理的重点也有所差异，具体如

表 14－2 所示。

表 14－2　程序性规定和税务监管重点

	用工单位		雇工	
	程序性规定	监管重点	程序性规定	监管重点
非全日制	自制凭证列支	身份冒用列支成本费用、个税扣缴义务	实名认证	社保参保
劳务派遣	发票列支	虚受发票	全额差额开票	明细申报、年度汇缴、社保参保
个体工商	发票列支	税前扣除三性原则	税务登记	所得项目、核定征收、年度汇缴、社保参保
个人劳务	发票列支	发票虚开、扣缴义务	代开发票	汇算清缴

五、影响灵活就业形态选择的因素

业态、税费、便捷性和工伤责任是影响灵活就业形态选择的最重要因素。

（一）业态因素

业态因素是指产业业态对用工形态的限制，包括产业规律性限制和行业规则性限制。

产业规律性限制是指某一产业业态对用工/就业形态的内在规律性的限制性要求。比如制造业，其工作一般需要员工集体在流水线上合作、协同完成，在工作前还需要进行较长时间的职业培训，因而要求固定用工；而网约车司机、外卖骑手、快递员则不同，入职门槛低且员工个人可独立完成某项工作，因而用工形态既可以是固定的也可以是灵活的。违反产业规律性限制，比如将汽车制造厂的员工改变为个体工商户，在这个产业中就会显得特别不合理。不合理就一定会成为监管部门的特别关注，比如会被怀疑伪造交易事实。

行业规则性限制主要是指行业主管部门制定的，对行业在用工方面具有普遍约束力的规则。如劳务派遣必须符合“临时性、辅助性、替代性”的规定，违反了这一规定就是违反了劳动合同法，会被定性为“不合法”；又比如，保险代理行业，要求“持有《保险代理从业人员资格证书》的员工人数在 2 人以上，并不得低于员工总数的二分之一”，违反了这一规定，会丧失保险代理资格。

将不同经济业态与灵活就业形态相容或者不相容的关系梳理出来非常重要，是灵活就业平台所有业务的合规性基础。违反了业态规则的业务必定是虚假业务或者不合法业务，即便一时得逞，但从长远看，终究是难逃监管部门追责的。

（二）税费因素

通过上文分析，不同的灵活用工形态产生不同的税费业务关系，这种税费关系不仅涉及征纳之间的权利义务，还涉及就业双方的利益分割，因此也是需要重点关注的。

一般来说，用工方会关注用工需要承担的成本费用支出，追求成本费用的最小化。税收方面，用工方会考虑用工费用是否可在企业所得税税前列支、列支多少；增值税进项税额是否可抵扣、抵扣多少；社保非税方面，是否要承担“五险一金”、承担多少。用工方倾向于税前扣除多、抵扣多、“五险一金”承担少或不承担的方案。

劳动提供者方面，除了税前报酬外，比较关心的是个人所得税缴纳的金额、是否还有其他税收、能否享受“三险一金”、享受水平如何。劳动提供者倾向于税前报酬高、个人所得税缴纳少、其他税收少缴或不缴、“五险一金”享受水平高、雇主承担多的方案。

所以总的来说，用工方和劳动提供者的诉求在税收方面通常是没有冲突的，但在社会保障方面，则往往是相反的。因此，一个双方都能接受的方案必定是纳方利益最大化基础上的劳资双方利益的平衡。

（三）便利性因素

便利性是指为了达成某一灵活就业形态，并持续维护双方权益、履行法定义务的便捷性和经济性。作为制度性交易成本，便利与否在某种程度上决定了灵活就业形态的选择。

决定灵活就业便利性的事项包括并不限于商事登记、纳税申报、参保缴费和发票开具。

广义的商事登记包括证照事项（特许经营审批、营业执照办理）和税务登记。劳动者能否以个体经营的形态就业完全取决于商事登记的便利性。

为了解决好海量就业人口的纳税申报问题，我国税法规定报酬支付方即用工单位具有扣缴义务，税收信息系统也向扣缴单位提供了集中申报的渠道，但该项征管政策的目标群体是固定就业的劳动者。相对而言，灵活就业劳动者的纳税意识和申报技能更弱，因此，能否为灵活就业劳动者提供集中纳税申报的渠道，是税务部门为灵活就业“降负”的重要表现之一。

此外，当前我国的社会保障统筹层次还很低，区域割据现象严重，劳动者在单位之间、统筹区之间的社保转移接续手续冗长而烦琐。对灵活就业的劳动者而言更是如此。由于就业单位的变化更加频繁，养老保险的转移接续和医疗保险的跨区域结算问题，成为了劳动者跨入灵活就业行列最主要的后顾之忧。因此，能否解决好劳动者跨区域参保缴费和跨区域医保结算，是影响灵活就业可持续发展的重要因素。

在灵活就业的几种形态中，劳务派遣需要用人单位向用工单位开具发票，个体经营和个人劳务都需要向用工单位开具发票。在社会化用工形态下，劳动者主要以个体经营者和个人劳务提供者的身份向用工单位提供劳动。因此税务部门能否向劳动者提供便捷的发票代开服务也在相当程度上制约着灵活就业的健康发展。

（四）工伤责任

工伤责任指劳动者一旦发生工伤事故遭受人身损害，用工单位应当承担的责任。虽然工伤责任具有或然性，但一旦发生，用工单位就不得不承担不小的支付责任。鉴于不同的灵活用工形态下用工单位应当承担的责任各不相同，因此工伤责任也是灵活就业形态选择需要考虑的重要因素。

如果双方是劳动关系，则劳动者发生工伤事故遭受人身损害的，用人单位则适用工伤保险进行赔付。如果用人单位为员工缴纳了社会保险，一次性伤残补助金和一次性医疗补助金由社保中心支付；一次性就业补助金由用人单位支付。若用人单位未为员工缴纳社会保险，上述三项费用均由用人单位承担。一次性就业补助金、一次性医疗补助金需劳动者与用人单位解除劳动关系，或者双方的劳动合同到期未续签为支付前提。

非全日制用工适用上述规定；但对于劳务派遣用工工伤应该由用人单位承担，用人单位可以和实际用工单位协商工伤赔偿事宜。

对于个人劳务，由于用工单位和劳动者之间不是劳动关系，用工单位应承担的是民事侵权赔偿责任；《民法典》第一千一百九十二条规定，“提供劳务一方因劳务受到损害的，根据双方各自的过错承担相应的责任”。

而以个体经营形态向用工单位提供服务，则是一种商事行为，商事主体应当各自承担工伤责任。即个体经营业主在向用工单位提供服务中的因工受伤责任，由个体经营业主自己承担。因此，有关规定明确，个体经营业主可以参加工伤保险。

六、助力灵活就业发展的策略

虽然国家层面非常支持并鼓励灵活就业的发展，但从当前的实际情况看，在多个方面都还存在着政策上的堵点和服务上的缺位。要全面贯彻落实国务院关于支持灵活就业的战略方针，就必须打通堵点、弥补缺位。

影响灵活就业形态选择的四要素中，业态因素、税费因素和便利性因素都与税务部门有着密切的关系。业态规则通常会被认为是涉税行为真实性判断的依据；决定便利性与否的商事登记、纳税申报、参保缴费和发票开具也都与税务部门有关；税费因素更是税务部门的主管事项。因此，政策堵点主要体现为税务部门对灵活就业的态度不够开放。

（一）灵活就业税收风险探因

经过分析，之所以税务部门对灵活就业的态度不够开放，在于“无动力”和“有阻力”。

1. 法无授权致使“无动力”

税务部门是行政执法机构，严格遵循“法无授权不可为”原则。而税务登记又是典型的依申请的行政确认行为，行政确认行为的特性决定了税务登记不具有变通的可行性。一是因为行政确认是要式行政行为。行政主体在作出行政确认行为时，必须以书面形式，并按照一定的技术规范要求作出；二是行政确认是羁束的行政行为。行政主体进行行政确认时，只能严格按照法律规定和技术规范进行操作，并尊重客观事实，做到以事实为根据，以法律为准绳，不能自由裁量。

上文对个体经营的商事登记与税务登记关系进行了分析，得出的结论是总体上法律并未授权税务机关绕过商事登记直接对自然人作税务登记的行政确认，也就是说商事登记是税务登记的法定前提。而例外的是，深圳人大和江苏省有关部门作出了相应的法律授权，但很可惜这种授权只是地方性的，只适用于本辖区内。因此，在没有上位法授权的前提下，即便有国务院相关文件的支持，作为行政执法部门的税务机关也依然会回避为灵活就业人员直接办理税务登记，这一点能够充分理解。

2. 风险迭起催生“有阻力”

近两年内，频频爆雷的灵活用工平台无时不刻刺激着税务部门本就紧绷的神经，之所以如此，是灵活用工行业始终未能解决的两大涉税顽疾——套取税收政策红利风险和虚开发票风险——失去了税务部门的信任。

其一，套取政策红利导致税款流失风险。

在市场红利的驱动下，一些用工单位或通过人力资源公司与灵活用工平台合作，或直接与灵活用工平台合作，将原来的劳务派遣工、正式员工，甚至是部分企业高管（以下统称“劳动者”）通过注册工作室、个体工商户、临时经营户等方式包装成“灵活用工”，再向税务机关申请经营所得核定征收。这样一来，原本应当按照综合所得 3% ~45% 超额累进税率征收个人所得税的工资薪金项目就被套改为按照 3.5% 核定征收的经营所得项目。

然而，假的总归是假的，假象经不起认真核实。虽然这些用工企业与灵活用工平台签有《灵活用工协议书》，但是这些劳动者的用工形式却与《劳动合同法》所规定标准工作制相符。一旦劳动者与用工单位发生纠纷引发诉讼，在司法实践上，法院多数情况下会根据事实证据判定劳动者与用工单位存在劳动关系。

因此，无论借助多少层假外包模式的包装，只要用工/人单位的用工管理沿用的是传统的劳动用工模式，而未真正切换为灵活用工模式，那么从税务监管的视角看，其实质就是编造事实套取政策红利以达到逃避税收义务的目的，是一种不折不扣的税收违法行为。

其二，业务不真实虚开发票风险。

近些年，广东、天津、海南、山东等多地税务机关开始清理违规开展委托代征的企业，多家灵活用工平台违规被查处。2020 年年底，公安部门对一起虚开增值税专用发票案进行全国集中收网。北京、天津、河北、山东等 10 省 15 市的公安部门实行部、省、市、县四级联动，出动警力 200 余名，传唤控制涉案人员 46 名。① 涉案企业北京布角科技有限公司（以下简称“布角科技”）浮出水面，成为了利用税收政策漏洞和地方招商引资优惠政策虚开发票的灵活用工平台反面典型。

通过布角科技的案例，可以一窥灵活用工平台野蛮生长态势戛然而止的背后原因：绝大多数灵活用工平台缺乏业务真实性管控机制。以布角科技为例，平台只是建立了需票方与开票方的联系，或者协助需票方与开票方之间签订协议，至于协议背后，需票方是否真实存在购买灵活用工服务，平台企业根本无从监控。

（二）化解涉税风险的策略

在当前的环境下，要改变税务部门对灵活用工平台的态度，首要的任务是“去阻力”，即管控好灵活用工平台的涉税风险。至于“加动力”的问题，相信在涉税风险可控的前提下，税务部门是愿意主动担当、主动作为、支持国务院灵活就业支持政策全面落地的。

1. 以重构税务直接监管模式为基本思路

通过上文的分析可知，灵活用工平台之所以出现问题，是因为采用了委托代征或者类似于委托代征的管理模式。这种模式相当于税务机关将部分税收管理权让渡给了灵活用工平台，割断了税务机关对灵活用工真实性、合规性监管所需的数据链。要排除这种模式的税收风险，平台方的自律和来自税务方的他律缺一不可。一旦灵活用工平台觊觎权力寻租，将

---

① 全国首例！烟台警方破获利用互联网共享经济服务平台虚开发票案件．烟台公安微信公众号，2020 年 11 月 28 日．

“开票”和“低税率”作为生意来做，则后果不堪设想。要改变这种状况，唯一可行的路径是重构税务监管模式，将原先的间接管理模式改为直接管理模式。即税务部门采集灵活用工平台原始交易数据，将开票和纳税申报行为与实际交易行为进行一一比对。也就是说，税务部门要将原来的只监控纳税申报行为的模式改造为既监控纳税申报行为又监控交易行为的直接监管模式。

除了重构监管模式外，还需要对个体经营税务登记流程进行再造。传统的观点认为，税务登记是整个税收征收管理的起点。这个观点在一般业务场景下并无不妥之处。但是，个体工商户即“商个人”，是商事化的自然人主体，自然人身份和商事身份必须结合具体的交易行为才能加以明确界定。因此，个体经营税收征收管理的理想起点是交易信息采集。其基本步骤是，先为自然人建档，再采集其交易行为，然后判断交易行为是否为非商事行为（任职受雇），随后根据判断结果作出是否给予办理税务登记的决定，最后才进入申报征收开票等日常征管流程。

2. 税务直接监管模式基本业务流程

重构税务直接监管模式的基本业务流程如图 14－6 所示。

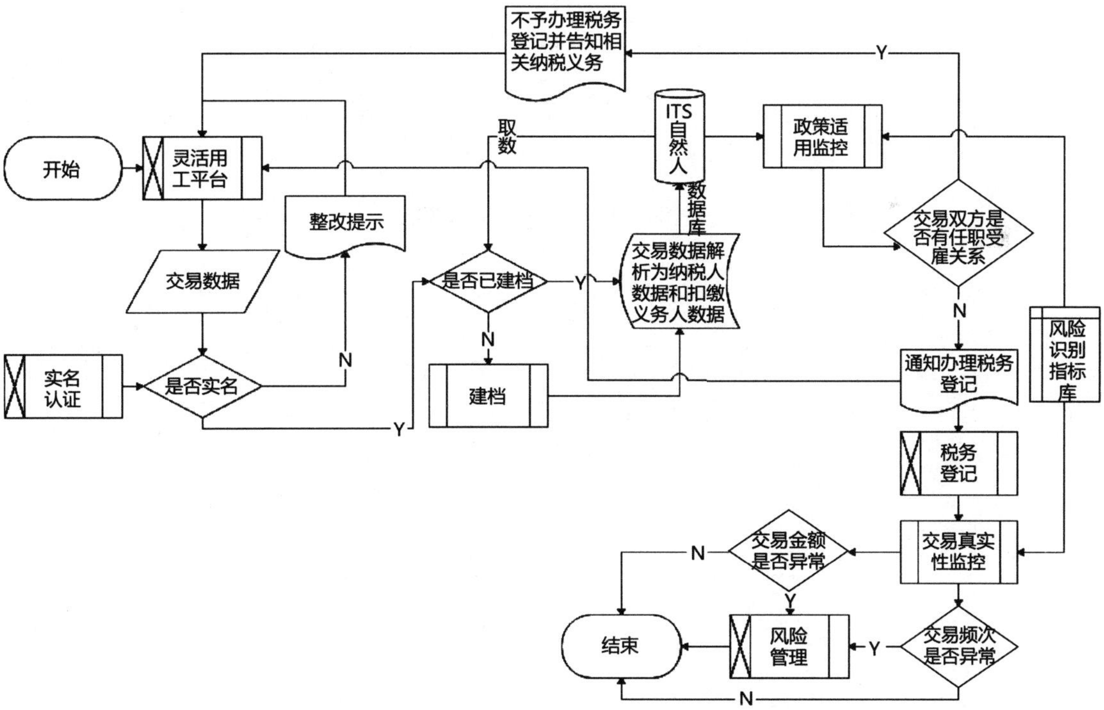

图 14－6　重构税务直接监管模式业务流程

本业务以灵活用工平台向税务信息系统提交交易数据为起点。税务信息系统对交易双方进行实名认证（这意味着税务部门需要制定相应制度要求纳入管理的灵活用工平台必须具备对交易双方进行实名认证的能力），经核实未经实名认证的交易数据退还平台。交易双方均实名的，则检索其在自然人电子税务局是否已经建档。若有任何一方尚未建档，均应按照建档规则予以建档。将交易数据拆分为纳税人数据和扣缴义务人数据并按主题仓库进行归集；调取风险识别指标扫描交易数据，识别交易双方是否存在直接或间接的任职受雇关系；若存在任职受雇关系，则不予办理税务登记并通知灵活用工平台并雇佣方按照规定办理纳税申报；否则通知灵活用工平台可办理税务登记。税务部门处理灵活用工平台代办提交的税务登记申请；对于灵活用工平台已经办理税务登记的个体经营者，税务信息系统对其日常交易行为开展虚开发票的风险监控。

15. 以数治税　强化电商类平台税收监管服务

新冠疫情发生以来，电商类平台愈加显示出发挥着保居民就业、保市场主体的重要作用。为推动平台经济规范健康持续发展，本文以“以数治税”理念为指引，以创新平台经济税收监管服务模式为主线，针对电商类平台税收监管的相关问题进行了一些研究和探索。本文中“电商平台”采用狭义概念，特指网络销售平台；“电商类平台”则指电商平台及为其提供导购服务的网络平台。

一、电商类平台商业模式分析

电商类平台可以分为三种类型：一是传统电商平台，以商品购销活动为主，为交易双方或者多方提供网络经营场所、交易撮合、信息发布等服务。二是电商平台＋一般营销平台（又叫“推广平台”），即：以电商平台为依托，一般由其专门构建推广平台撮合营销方（机构或个人）为卖家推广商品，买家接受该推广服务后完成购买，营销方可获得由卖家支付的佣金。三是电商平台＋直播营销平台，即由直播方在直播营销平台上，通过实时视频等方式向买家宣传、介绍、推广产品；买家接受其推广服务后完成购买，直播方可获得由卖家支付的佣金。

上述三种类型也代表了我国电商发展从起步到壮大的三个阶段。第一阶段伴随电子商务的产生而兴起。第二阶段兴起于2009年，其中推广平台以基于淘宝网的淘宝联盟等为代表，由于营销方（俗称“淘宝客”等）一般具有实用、丰富、专业的商品使用知识或经验，且往往价格实惠，颇受买家欢迎，所以能够带来较大的流量和成交额。第三阶段兴起于2016年，由于直播营销模式的用户体验更优、性价比更实惠、变现环节更短，因此消费人气更旺，直接引爆电商消费热潮。根据中商产业研究院发布的《2021年中国直播电商行业报告》，直播电商成交额从0到如今的万亿元仅花了不足4年时间。2017年中国直播电商成交额为268亿元，2020年上升为12881亿元，增长了47倍。而2021年上半年，我国直播电商成交额即达10941亿元。

（一）传统电商平台的商业模式

传统电商平台的商业模式如图15－1所示。

该模式下主要有卖方、电商平台、买方三类主体。电商平台负责提供网络经营场所、交易撮合、信息发布等服务，相应收取技术服务费，通常是成交额的一定比例。卖方在平台上发布货源，交易各方独立开展商品购销活动。

从资金流来看，买家下单购买后，款项通过第三方支付平台付至电商平台，买家确认收货后电商平台扣收相应技术服务费，余额转给卖家。

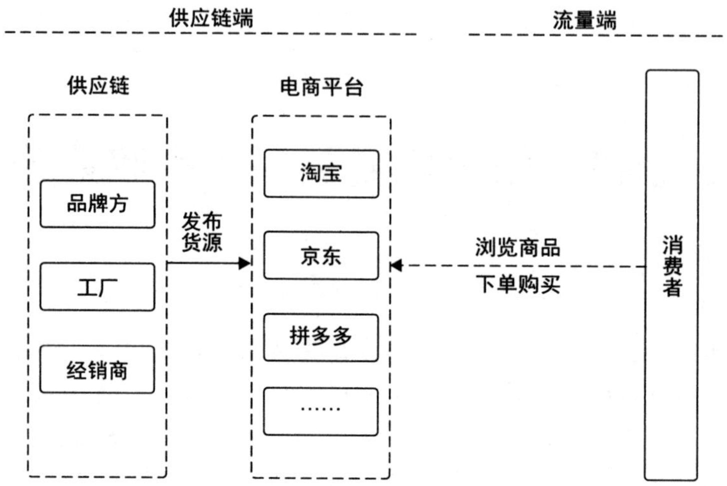

图 15－1　传统电商平台的商业模式

（二）电商平台＋一般营销平台（推广平台）的商业模式

电商平台＋一般营销平台（推广平台）的商业模式如图 15－2 所示。

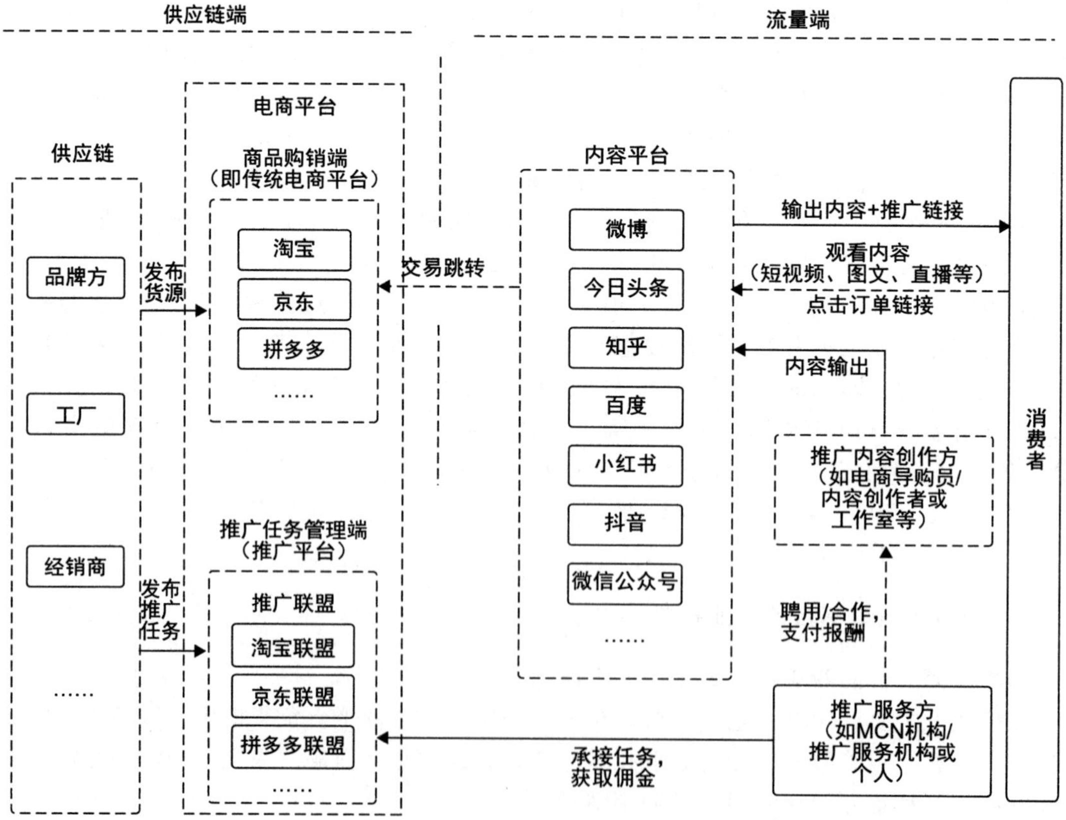

图 15－2　电商平台＋一般营销平台（推广平台）的商业模式

该模式下主要有卖方、电商平台、推广平台、内容平台、推广服务方、内容创作方、买方七类主体。其中：

(1) 电商平台负责提供网络经营场所等服务，卖方在该平台上发布货源。

(2) 推广平台依托电商平台建立，负责撮合商品推广服务。推广平台一般附属于电商平台，是电商平台的一个功能模块。卖方在该平台上发布推广任务，确定主推商品并设定佣金。佣金一般是按照成交额的一定比例计收（即 CPS 方式），也可约定采用其他方式计收。

(3) 内容平台负责提供图片、文字、视频、音频等内容发布服务，由推广服务方在该平台上发布推广内容。

(4) 推广服务方在推广平台上承接卖方发布的推广任务，一般在完成创作后以自己的名义发布，并按照合同约定获取推广佣金。推广服务方可以将其承接的推广任务交由其聘用或者合作的推广内容创作方完成创作；也可以自行独立完成创作。推广服务方可以是机构，也可以是个人或者个体经济组织（包括个体工商户、个人独资企业、合伙企业，如工作室）；甚至可以是推广平台自身，例如淘宝联盟推广平台推出的“如意投推广计划”，就是推广平台自身作为推广服务方，把推广内容投放在电商平台即淘宝网的“淘宝特卖”“橱窗推荐”以及“热卖单品”等展示位置，以有效吸引买家关注。

内容创作方受推广服务方聘用，或与推广服务方合作，具体负责推广内容的创作，同时获取相应报酬。内容创作方自身有注册账号的，推广服务方往往会委托其用自身注册账号直接发布创作内容。内容创作方可以是个人或者个体经济组织。为推广服务方完成内容创作工作的推广服务方自有员工，不属于独立的内容创作方；该情形下，属于推广服务方自行完成内容创作。

从用工视角来看，个人或者个体经济组织，无论是作为推广服务方直接从卖方承接任务，还是受聘或与推广服务方合作，其本质就是提供商品推广服务的灵活就业人员，该情形下，推广平台属于灵工平台的一种类型。

从资金流来看，买家接受推广服务后下单购买（即观看推广内容并点击购买链接），信息页面将从推广内容平台跳转至电商平台，买家通过第三方支付平台付款完成购买；相应款项将由电商平台分为四部分划转：

一部分作为佣金，按照卖方在推广平台上所设定佣金的一定比例，划转给推广服务方；推广服务方如果聘用或与内容创作方合作的，推广服务方还应向内容创作方支付相应报酬，或者委托电商平台向内容创作方支付报酬。

一部分作为商品推广技术服务费（指推广平台因撮合了商品推广服务而向卖家收取相应的技术服务费，通常是佣金的一定比例），划转给推广平台。但有时推广平台为了繁荣交易，可能会让利于推广服务方而免于收取该项服务费。

一部分作为技术服务费，由电商平台扣收。

剩下的余额划转给卖家，即商品销售净收入。

（三）电商平台 + 直播营销平台的商业模式

电商平台 + 直播营销平台的商业模式如图 15 - 3 所示。

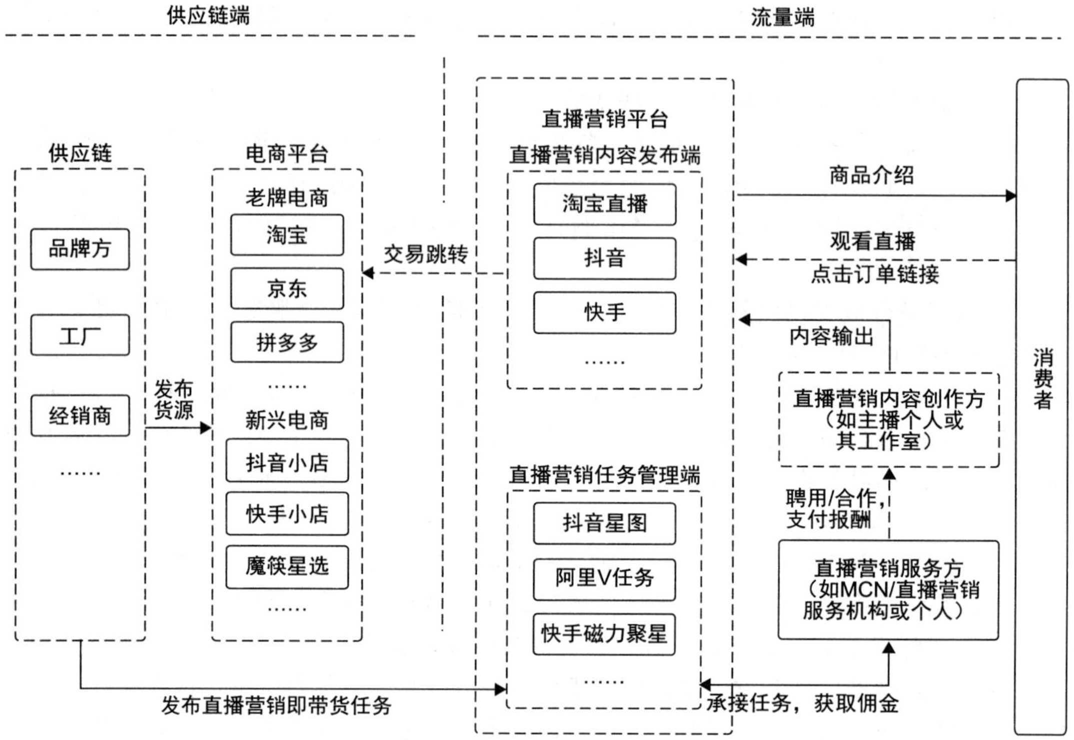

图 15－3 电商平台＋直播营销平台的商业模式

该模式下主要有卖方、电商平台、直播营销平台（任务管理端）、直播营销平台（内容发布端）、直播营销服务方、内容创作方、买方七类主体。其中：

电商平台负责提供网络经营场所等服务，卖方在该平台上发布货源。

直播营销平台（任务管理端）负责撮合直播服务。卖方可以在该平台上发布直播任务；同时开放直播主体（指直播营销服务方和内容创作方）入驻功能，允许直播主体在该平台上发布承接直播的意愿和报价。卖方确定主推商品并设定佣金。佣金一般是按照成交额的一定比例计收（即 CPS 方式），也可约定采用其他方式计收。

直播营销平台（内容发布端）负责为直播主体采用实时视频等方式宣传、介绍、推广商品提供技术服务，由直播主体在该平台上开展直播。

直播营销服务方在直播营销平台（任务管理端）上承接卖方发布的直播任务，按照合同约定开展直播并收取佣金。直播营销服务方可以将其承接的直播任务交由其聘用或者合作的内容创作方完成直播；也可以自行独立完成直播。直播营销服务方可以是机构（如 MCN、直播工会等），也可以是个人或者个体经济组织。直播营销服务方组织开展直播营销，可能利用自有直播间及平台注册账号，也有可能委托内容创作方自行提供直播间及平台注册账号。

内容创作方受直播营销服务方聘用，或与直播营销服务方合作，具体负责直播营销及其内容创作，同时获取相应报酬。内容创作方自身有直播间及平台注册账号的，直播营销服务方往往会委托其用自身直播间及平台注册账号直接开展直播并发布账号内容。直播营销内容创作方可以是个人或者个体经济组织。为直播营销服务方完成直播等内容创作工作的直播营销服务方自有员工，不属于独立的内容创作方；该情形下，属于直播营销服务方自行完成直播及账号内容创作。

从用工视角来看，个人或者个体经济组织，无论是作为直播营销服务方直接从卖方接单直播，还是受聘或与直播营销服务方合作，其本质就是提供直播服务的灵活就业人员，该情形下，直播营销平台（任务管理端）属于灵工平台的一种类型。

从资金流来看，分为两大步：

第一大步，电商平台结算。买家接受直播服务后下单购买（即观看直播内容并点击购买链接），信息页面将从直播营销平台（内容发布端）跳转至电商平台，买家通过第三方支付平台付款完成购买；相应款项将由电商平台分为三部分划转：一部分作为电商平台的技术服务费，由电商平台扣收。一部分作为直播服务相关费用，划转给直播营销平台，其中包括应由直播营销平台收取的技术服务费、应由直播营销服务方收取的佣金和坑位费（由于成交额可能不足支付坑位费，故坑位费往往在平台外支付）。剩下的余额划转给卖家，即商品销售净收入。

第二大步，直播营销平台结算。直播营销平台就其从电商平台收到的直播服务相关费用，扣下自身应得的技术服务费部分，一般是佣金的一定比例；针对剩余的佣金部分，由直播营销平台按照合同约定向直播营销服务方结转。如果直播营销服务方聘用了或与内容创作方合作的，直播营销服务方应向内容创作方支付相应报酬，或者委托直播营销平台向内容创作方支付报酬。

（四）直播营销模式与推广模式的异同比较

比对直播营销模式与推广模式，两者相同点是：

同为灵工平台的特殊类型，均是政府监管服务平台经济的重要领域。同样需要依托于电商平台完成商品购销交易，并为商品购销提供本质为广告的推广服务或直播服务；直播营销平台与推广平台是“叶”，电商平台是“根”，相互形成“根深则叶茂，叶茂根更深”的关系。

当然，两者不同之处也很明显：

直播营销模式强调通过实时视频进行双向互动，视觉冲击感、用户体验感、优惠可视感强烈，用户仿佛身临其境，容易激发冲动消费，所以营销效果好、效率高。而推广模式以图文和非实时视频方式为主，仅是对电商平台上卖家商品的辅助性或补充性介绍，互动感、可视感、体验感较弱，营销效果显然不如直播营销模式。

直播营销模式以直播营销平台为中心，直播营销平台独立于电商平台之外，从而形成一家直播营销平台可以为不同卖家位于不同电商平台上的店铺提供直播服务的格局，所以直播营销平台是“前台”、是“主角”，电商平台是“后台”、是“配角”。同时，直播营销平台为撮合直播服务提供了技术服务而参与利益分配。而推广模式以电商平台为中心，推广平台被包含于电商平台之内封闭运行，只是作为某一家电商平台为繁荣自身平台交易而拓展的一种宣传、介绍、推广服务功能，所以推广平台是“后勤”、是“配角”，电商平台是“核心”、是“主角”。推广平台并无为别家电商平台服务之意，其在激烈的市场竞争中也不会当“雷锋”，因此，其撮合推广服务往往归属于电商平台的技术服务。

（五）推广或直播营销服务方的收益类型分析

推广模式下，推广服务方获得的收益有三类：

推广服务费。推广服务方与卖家签订的合同类型属于中介合同，所提供的服务是中介服务，相应取得的是中介服务费（佣金），一般来说其与商品成交额挂钩，按照成交额的一定比例计收。

用户打赏费。用户在内容平台上浏览推广服务方发布的内容后，出于赞赏和共鸣之情等，对推广服务方予以打赏。其本质不应是赠与，而应视同是有偿交换更为合理，即：推广服务方因提供文艺创作、文艺表演等服务而得到的报酬。由于推广的商业目标在于营销而不是表演，不同于纯粹的直播表演平台，因此虽然可能也有用户打赏费，但是极其少量，几乎可以忽略不计。

平台奖励费。内容平台为激发用户创作热情，按照一定规则给予推广服务方创作奖励。与用户打赏费类似，其本质也不应是赠与，而是推广服务方因提供文艺创作、文艺表演等服务带来人气流量而得到的报酬。同样，相比于推广服务费，平台奖励费也是少量的。

直播营销模式下，直播营销服务方与推广模式下的推广服务方获得的收益相类似，包括直播服务费（佣金）、用户打赏费、平台奖励费，但还会多出一类"坑位费"，又叫直播间商品上架费。即无论商品是否成交，直播营销服务方均旱涝保收，由于坑位费不与商品成交额挂钩，因此不属于因提供中介服务而取得的佣金，而是属于业务宣传费或者广告费。坑位费一般根据内容创作方主播的粉丝量、商品类目等因素确定。由于坑位费较高而成交量较低的现象比较普遍，使得卖家利益得不到保障，往往"赔本赚吆喝"。因此近年来，淘宝直播营销平台发起"坑位费"改革，将其改造为与保底成交额进行挂钩，即：低于约定的最低成交额时卖家不用支付坑位费，高于约定的目标成交额时也不用追加支付。

（六）推广或直播营销内容创作方的收益类型分析

无论是推广模式还是直播营销模式，内容创作方获得的收益类似，分为三类：

一是从推广或直播营销服务方获得的报酬。这是最主要的部分。内容创作方受聘或与其上游（即推广或直播营销服务方）合作后，其与上游之间不是转分包的合同（例如卖家在直播营销平台上已经直接指定了主播，不允许其再转分包给其他人），因此内容创作方只是在具体执行上游的要求，其只对上游所承接任务的执行过程负责，不对执行结果直接负责（执行结果应由上游直接对卖家负责），即：内容创作方不属于独立承接开展中介服务、业务宣传服务或者广告服务，而是属于广告设计类服务，类似于按照上游要求完成广告设计。

至于上游支付给内容创作方的报酬的来源，可能是上游从卖家取得的中介服务费（佣金）、业务宣传费或者广告费，还有可能是上游取得的用户打赏费或者平台奖励费（当内容创作方与上游约定采用上游的注册账号进行推广或直播时）；上游计算支付给内容创作方报酬的方式，或者说内容创作方计算收取上游付款的方式，按照双方之间的合同，可以是佣金分成或其他的约定方式。

二是以自身名义获得的用户打赏费。当内容创作方与上游约定采用内容创作方自身的注册账号进行推广或直播时，有可能获得用户打赏费。

三是以自身名义获得的平台奖励费。当内容创作方与上游约定采用内容创作方自身的注册账号进行推广或直播时，还有可能获得平台奖励费。

二、电商类平台涉税主体及纳税义务分析

（一）传统电商平台

1. 电商平台

主要职能是提供网络经营场所，其次是撮合交易、发布信息，因此电商平台是提供信息技术服务为主并混合提供中介服务，其向入驻平台的卖家收取技术服务费后，应向卖家开具发票（包括专票和普票），应纳信息技术服务增值税、企业所得税和其他税费。实践中，鉴于平台经营者必须具备相应能力后方可获得经营许可，所以其往往规模大、财务核算规范，故常为增值税一般纳税人，采用一般计税方法，企业所得税实行查账征收。

2. 卖家

卖家，即《电子商务法》所述的平台内经营者。其销售商品，按照“线上线下一体化监管”原则，线上在合同签订方式、资金支付方式、商品交付方式等方面与线下不同，向电商平台支付技术服务费后应索取发票，其他与线下并无本质差异，故仍可按照对待非平台经济纳税人的税收监管服务模式开展。

其中，对于未办证（指营业执照或者临时税务登记，下同）的个人销售商品的，个税方面，应按照财产转让所得纳税，理论上应由买家按次扣缴；增值税方面，因难以证明其按期持续销售商品，简便征收起见，可适用按次500元起征点；发票方面，可以代开普票。

（二）推广模式

1. 电商平台

与传统电商平台模式下类似，其向入驻平台的卖家收取技术服务费后，应向卖家开具发票（包括专票和普票），应纳信息技术服务增值税、企业所得税和其他税费。

2. 卖家

按照“线上线下一体化监管”原则，可按照对待非平台经济纳税人的税收监管服务模式开展，其中对于未办证的个人销售商品的，纳税义务与传统电商平台模式下一致。由于增加了推广服务环节，本模式与传统模式差异之处在于：

（1）向电商平台支付网络交易技术服务费后应索取发票。

（2）向推广平台支付商品推广技术服务费后应索取发票。

（3）向推广服务方支付商品推广佣金后应索取发票。其中当推广服务方为自然人时，按照现行税收政策规定，卖家应扣缴劳务报酬个税。

3. 推广平台（电商平台推广任务管理端）

向卖家收取商品推广技术服务费后应开具发票，相应缴纳信息技术服务增值税，并纳入平台所属主体所得中缴纳所得税。

4. 内容平台

凡向入驻平台的用户收取技术服务费的（一般来说对商户收取，对个人或非商户不收取），应向用户开具发票，相应缴纳信息技术服务增值税，并纳入平台所属主体所得中缴纳

所得税。

从用户打赏费中获得分成，相应缴纳信息技术服务增值税，并纳入平台所属主体所得中缴纳所得税；并根据用户打赏对象注册账号类型的不同，将余额转付给注册账号所对应的推广服务方或内容创作方。其中当推广服务方或内容创作方为自然人时，理论上用户应扣缴劳务报酬个税（实操中可由内容平台代为扣缴）。

向推广服务方或内容创作方支付奖励时，按照《企业所得税税前扣除凭证管理办法》（国家税务总局公告2018年第28号）第九条规定，如对方已办证（包括应办证），则可向对方索取发票；如对方依法无须办证，则仅需对方收款凭证或证明对方收款的内部凭证即可。其中当推广服务方或内容创作方为自然人时，按照现行税收政策规定，内容平台应扣缴劳务报酬个税。

5. 推广服务方

向卖家收取商品推广佣金（由电商平台转付）后应开具发票，相应缴纳“经纪代理服务（中介佣金）”增值税、所得税和其他税费。其中：（1）推广服务方为自然人时，个税应按“劳务报酬（非连续性）”项目确定，按照现行税收政策规定，应由卖家按次预扣预缴。增值税方面，因其一般具有按期持续提供服务的特点，故适用按月2万元起征点。（2）推广服务方为个体经济组织时，个税应按经营所得项目确定，自行申报缴纳。增值税方面，2023年起，适用按月10万元免征额和其他相关优惠政策。

收取用户打赏费（由内容平台转付）时，应缴纳“文化服务”增值税、所得税和其他税费。其中：（1）直接营销服务方为自然人时，个税应按“劳务报酬（非连续性）”项目确定，可由内容平台按次预扣预缴。增值税随其主业（即提供内容创作劳务）适用按月2万元起征点，需将用户打赏费收入与主业收入合并计算确定是否达到起征点。（2）推广服务方为个体经济组织时，个税应按经营所得项目确定，需将用户打赏费收入计入经营所得中，自行申报缴纳。增值税方面，2023年起，适用按月10万元免征额和其他相关优惠政策，需将用户打赏费收入与主业收入合并计算确定是否达到免征额。

收取平台奖励费，纳税义务比照上述收取用户打赏费确定。

向内容创作方支付报酬后应索取发票，内容创作方为自然人时，应扣缴个人所得税。

6. 内容创作方

向推广服务方收取报酬后应开具发票，相应缴纳“广告设计”增值税、所得税和其他税费。其中：（1）内容创作方为自然人时，个税应按“劳务报酬（非连续性）”项目确定，按照现行税收政策规定，应由推广服务方按次预扣预缴。增值税方面，因其一般具有按期持续提供劳务的特点，故适用按月2万元起征点。（2）内容创作方为个体经济组织时，个税应按经营所得项目确定，自行申报缴纳。增值税方面，2023年起，适用按月10万元免征额和其他相关优惠政策。

收取用户打赏费（由内容平台转付）和平台奖励费时，纳税义务比照上述推广服务方确定。

（三）直播营销模式

与推广模式基本类似，不同之处在于：直播营销模式下的直播营销服务方比推广模式下的推广服务方多收取一项坑位费；直播佣金和坑位费资金流不由电商平台负责划转，而是由直播营销平台（直播任务管理端）负责划转。

1. 电商平台

向入驻平台的卖家收取技术服务费后，应向卖家开具发票（包括专票和普票），应纳信息技术服务增值税、企业所得税和其他税费。

2. 卖家

按照“线上线下一体化监管”原则，可按照对待非平台经济纳税人的税收监管服务模式开展，其中对于未办证的个人销售商品的，纳税义务与传统电商平台模式下一致。由于增加了直播营销服务环节，本模式与传统模式差异之处在于：

（1）向电商平台支付网络交易技术服务费后应索取发票。

（2）向直播营销平台支付直播营销技术服务费后应索取发票。

（3）向直播营销服务方支付直播营销佣金后应索取发票。其中当直播营销服务方为自然人时，按照现行税收政策规定，卖家应扣缴劳务报酬个税。

（4）向直播营销服务方支付直播营销坑位费后应索取发票。其中当直播营销服务方为自然人时，按照现行税收政策规定，卖家应扣缴劳务报酬个税。

3. 直播营销平台（任务管理端）

向卖家收取直播营销技术服务费后应开具发票，相应缴纳信息技术服务增值税，并纳入平台所属主体所得中缴纳所得税。

4. 直播营销平台（内容发布端）

凡向入驻平台的用户收取技术服务费的（一般来说对商户收取，对个人或非商户不收取），应向用户开具发票，相应缴纳信息技术服务增值税，并纳入平台所属主体所得中缴纳所得税。

5. 直播营销服务方

其向卖家收取直播营销佣金（由直播营销平台转付）后应开具发票，相应缴纳“经纪代理服务（中介佣金）”增值税；向卖家收取坑位费（由直播营销平台转付或平台外收取）后应开具发票，相应缴纳“广告服务”增值税；此外，还需要缴纳所得税和其他税费。其中：（1）直播营销服务方为自然人时，个税应按“劳务报酬（非连续性）”项目确定，按照现行税收政策规定，应由卖家按次预扣预缴。增值税方面，因其一般具有按期持续提供服务的特点，故适用按月2万元起征点。（2）直播营销服务方为个体经济组织时，个税应按经营所得项目确定，自行申报缴纳。增值税方面，2023年起，适用按月10万元免征额和其他相关优惠政策。

收取用户打赏费（由直播营销平台转付）时，应缴纳“文化服务”增值税、所得税和其他税费。其中：（1）直播营销服务方为自然人时，个税应按“劳务报酬（非连续性）”项目确定，可由直播营销平台按次预扣预缴。增值税随其主业（即提供内容创作劳务）适用按月2万元起征点，需将用户打赏费收入与主业收入合并计算确定是否达到起征点。（2）直播营销服务方为个体经济组织时，个税应按经营所得项目确定，需将用户打赏费收入计入经营所得中，自行申报缴纳。增值税方面，2023年起，适用按月10万元免征额和其他相关优惠政策，需将用户打赏费收入与主业收入合并计算确定是否达到免征额。

其收取平台奖励费，纳税义务比照上述收取用户打赏费确定。

向内容创作方支付报酬后应索取发票，内容创作方为自然人时，应扣缴个人所得税。

6. 内容创作方

其向直播营销服务方收取报酬后应开具发票，相应缴纳“广告设计”增值税、所得税和其他税费。其中：(1) 内容创作方为自然人时，个税应按“劳务报酬（非连续性）”项目确定，按照现行税收政策规定，应由直播营销服务方按次预扣预缴。增值税方面，因其一般具有按期持续提供劳务的特点，故适用按月2万元起征点。(2) 内容创作方为个体经济组织时，个税应按经营所得项目确定，自行申报缴纳。增值税方面，2023年起，适用按月10万元免征额和其他相关优惠政策。

收取用户打赏费（由直播营销平台转付）和平台奖励费时，纳税义务比照上述直播营销服务方确定。

三、电商类平台相关税收风险和解决思路

(一) 推广模式下

1. 推广服务方为自然人时的税收流失

(1) 问题描述。

从事推广服务的自然人完成了卖家的推广任务并收取佣金（通过电商平台划转）时，理应由卖家在支付佣金时预扣预缴劳务报酬个税，同时向卖家依法开具（税务代开）发票（起征点以上时）或其他凭证（起征点以下时）并缴纳增值税及附加税费。但实务中自然人极其零散，上述操作费时费力，征纳成本太高。于是，有的卖家既不卖票、也不扣税，而是以内部凭证（包括订单和付款证明等）代替发票等进行列支，并在所得税前扣除，从而造成了税收流失。此外，有的卖家自身也是个体经济组织或小微企业等，账务核算不健全，时常出现个税应扣未扣、发票应索未索等问题。

另外当内容平台向自然人转付用户打赏费（分成部分）时，由于支付打赏费的用户往往也是自然人，且是采用内容平台的代币而非现金支付，无能力履行扣缴个税义务。如果内容平台转付时不及时扣缴个税，就会造成税收流失。

(2) 解决思路。

如果按照现行政策规定要求卖家扣缴自然人佣金的个税，且要求自然人依法纳税、开票，由于自然人和卖家过于零散，显然征纳成本过高，且各方的纳税遵从意识并不一致，执行起来会五花八门，结果就是“老实人吃亏”。同理，如果要求用户扣缴打赏费的个税，显然更不现实。

鉴于电商平台掌握有转付给自然人的佣金信息和资金，如果出台税收征管制度指定其扣缴个税，并从简便征收角度出发，采用综合征收率方式扣缴增值税及附加，同时由自然人自主委托电商平台向税务机关申请代开发票给卖家作为财务支出和所得税前扣除凭证，这将是一个符合“以数治税”理念、极为高效且便民服务的做法。具体来说：

自然人佣金个税由电商平台在转付款时逐笔按照“劳务报酬（非连续性）”预扣预缴。后续纳入自然人“一人式”归集和年终综合所得个税汇缴清缴申报预填。

自然人佣金增值税及附加由电商平台在转付款时逐笔按照综合征收率预扣缴；例如增值税按3%，城建税按3%×7%，教育费按3%×3%，地方教育附加按3%×2%，综合起来是3.36%。这些都可以按业务实质进行配置，对于符合国家增值税率优惠政策和地方税费

减半政策的，在配置时一并考虑。

鉴于笔数海量，考虑到财税库银系统承受力，税款资金可暂存于专户；增值税由于涉及起征点，需要按月结算后多退少补、余额缴入国库；个税按月汇总缴入国库。对于暂存的预扣缴税款资金，为保障资金安全，税务部门需要会同人民银行等部门共同制定暂存账户资金管理办法。为便于增值税按月结算，需要各电商平台按月分人报送订单汇总数（无须订单明细）；税务部门在“一人式”归集、按月汇总“一人在多个平台”等情形的订单金额的基础上，如未达起征点，则从暂存账户上退还已预扣增值税及附加的资金，余额缴入国库。

对于用户打赏费，可以参照上述做法，出台税收征管制度指定内容平台扣缴个税、增值税及附加部分。发票方面，一般来说，用户打赏属于个人消费而无须发票。

对于平台奖励费，现行政策规定应由内容平台扣缴个税；其增值税及附加部分，可以参照上述做法，出台税收征管制度指定内容平台采用综合征收率方式扣缴增值税及附加。

当然，上述做法需要电商平台建设相关系统功能并与税务机关对接，相应地，需要税务机关提供建设指引和系统接口。

2. 推广服务方为个体经济组织时的税收流失

（1）问题描述。

从事推广服务的个体经济组织完成了卖家的推广任务并收取佣金时，应自行按期申报缴纳增值税及附加，并向卖家依法开具发票；其业主应自行按期申报缴纳经营所得个税。如果卖家不依法索票，而税务部门不掌握其网络交易额，即便是个体双定户超出了定额一定比例应申报也不申报；更何况是查账征收户，隐匿其取得的佣金、用户打赏费、平台奖励费等收入不申报或者少申报，比较普遍。

（2）解决思路。

税务机关可以要求推广平台按月报告个体经济组织的当月推广服务订单汇总金额，用于比对增值税申报的不含税销售额、业主个税申报的收入总额等。

年终经营所得个税汇缴申报时，税务机关要归集合并同一业主自然人在多家推广平台的订单金额，用于对个体经济组织进行申报提醒、预填或者比对审核。

3. 内容创作方为自然人时的税收流失

（1）问题描述。

从事内容创作的自然人受聘完成了推广服务方的任务并收取报酬时，应由推广服务方在支付报酬时预扣预缴劳务报酬个税，同时向推广服务方依法开具（税务代开）发票（起征点以上时）或其他凭证（起征点以下时）并缴纳增值税及附加，但实务中自然人极其零散，上述操作费时费力，征纳成本太高。有的推广服务方账务核算不健全，所得税采用核定征收方式，时常出现个税应扣未扣、发票应索未索等问题；有的推广服务方以内部凭证（包括订单和付款证明等）代替进行列支，并在所得税前扣除，从而造成了税收流失。

用户打赏费的应纳个税方面，与推广服务方为自然人时类似，当内容平台向自然人转付用户打赏费（分成部分）时，由于支付打赏费的用户往往也是自然人，且是采用内容平台的代币而非现金支付，无能力履行扣缴个税义务。如果内容平台转付时不及时扣缴个税，就会造成税收流失。

（2）解决思路。

按照现行政策规定，推广服务方应扣缴从事内容创作的自然人的劳务报酬个税，且要求自然人依法纳税、开票，由于自然人过于零散，显然征纳成本过高，且各方的纳税遵从意识并不一致，执行起来会五花八门，结果就是“老实人吃亏”。同理，如果要求用户扣缴打赏费的个税，显然更不现实。

为提高征管服务效率，本文建议：

首先，对于推广服务方直接支付报酬给从事内容创作的自然人的，推广服务方除依法预扣预缴自然人的劳务报酬个税以外，为更好服务于电商类平台经济发展，建议比照《国家税务总局关于个人保险代理人税收征管有关问题的公告》（国家税务总局公告 2016 年第 45 号，以下简称“45 号公告”）出台新政，由推广服务方按月代收自然人的增值税及附加（其适用按月 2 万元起征点），并代自然人向税务机关申请批量汇总代开发票给推广服务方作为财务支出和所得税前扣除凭证。当然这一做法需要电商平台建设相关系统功能并与税务机关对接后供推广服务方使用，相应地，需要税务机关提供建设指引和系统接口。

其次，对于推广服务方委托电商平台转付给从事内容创作的自然人的报酬，鉴于电商平台掌握有转付给自然人的报酬信息和资金，为更好服务于电商类平台经济发展，建议比照 45 号公告出台新政，由电商平台按月代收自然人的增值税及附加（其适用按月 2 万元起征点），并代自然人向税务机关申请批量汇总代开发票给推广服务方作为财务支出和所得税前扣除凭证。当然这一做法需要电商平台建设相关系统功能并与税务机关对接，相应地，需要税务机关提供建设指引和系统接口。

对于用户打赏费和平台奖励费，比照上述“推广服务方为自然人时税收流失”章节的做法执行。

4. 内容创作方为个体经济组织时的税收流失

（1）问题描述。

从事内容创作的个体经济组织完成了推广服务方的任务并收取报酬时，应自行按期申报缴纳增值税及附加，并向推广服务方依法开具发票；其业主应自行按期申报缴纳经营所得个税。如果卖家不依法索票，而税务部门不掌握其网络交易额，即便是个体双定户超出了定额一定比例应申报也不申报；更何况是查账征收户和核定应税所得率征收户，隐匿其取得的报酬、用户打赏费、平台奖励费等收入不申报或者少申报，比较普遍。

（2）解决思路。

如果推广平台掌握有推广服务方与从事内容创作的个体经济组织间的劳务订单信息的，则税务机关可以要求平台按月报告个体经济组织的当月订单汇总金额，用于比对增值税申报的不含税销售额、业主个税申报的收入总额等。

年终经营所得个税汇缴申报时，税务机关要归集合并同一业主自然人在多家平台的订单金额，用于对个体经济组织进行申报提醒、预填或者比对审核。

（二）直播营销模式下

总体来说，可以比照推广模式进行风险识别和监管服务。

1. 直播营销服务方为自然人时的税收流失

（1）问题描述。

从事直播营销服务的自然人完成了卖家的直播营销任务并收取佣金和坑位费（通过直播营销平台划转）时，理应由卖家在支付佣金和坑位费时预扣预缴劳务报酬个税，同时向卖家依法开具（税务代开）发票（起征点以上时开具，其中佣金部分开票项目为“经纪代理服务—中介佣金”，坑位费部分开票项目为“广告服务”）或其他凭证（起征点以下时），并缴纳增值税及附加税费。但实务中自然人极其零散，上述操作费时费力，征纳成本太高。于是，有的卖家以内部凭证（包括订单和付款证明等）代替发票等进行列支，并在所得税前扣除，从而造成了税收流失。此外，有的卖家自身也是个体经济组织或小微企业等，账务核算不健全，时常出现个税应扣未扣、发票应索未索等问题。

另外当内容平台向自然人转付用户打赏费（分成部分）时，由于支付打赏费的用户往往也是自然人，且是采用内容平台的代币而非现金支付，无能力履行扣缴个税义务。如果内容平台转付时不及时扣缴个税，就会造成税收流失。

（2）解决思路。

如果按照现行政策规定要求卖家扣缴自然人佣金和坑位费的个税，且要求自然人依法纳税、开票，由于自然人和卖家过于零散，显然征纳成本过高，且各方的纳税遵从意识并不一致，执行起来会五花八门，结果就是“老实人吃亏”。同理，如果要求用户扣缴打赏费的个税，显然更不现实。

鉴于直播营销平台掌握有转付给自然人的佣金和坑位费（平台内支付部分）信息和资金，如果出台税收征管制度指定其扣缴个税，并从简便征收角度出发，采用综合征收率方式扣缴增值税及附加，同时由自然人自主委托直播营销平台向税务机关申请代开发票给卖家作为财务支出和所得税前扣除凭证，这将是一个符合“以数治税”理念、极为高效且便民服务的做法。具体来说：

首先，自然人佣金和坑位费（平台内支付部分）个税由直播营销平台在转付款时逐笔按照“劳务报酬（非连续性）”预扣预缴。后续纳入自然人“一人式”归集和年终综合所得个税汇缴清缴申报预填。

其次，自然人佣金和坑位费（平台内支付部分）增值税及附加由直播营销平台在转付款时逐笔按照综合征收率预扣缴；例如增值税按3%，城建税按3%×7%，教育费按3%×3%，地方教育附加按3%×2%，综合起来是3.36%。这些都可以按业务实质进行配置，对于符合国家增值税率优惠政策和地方税费减半政策的，在配置时一并考虑。

同时，鉴于笔数海量，考虑到财税库银系统承受力，税款资金可暂存于专户；增值税由于涉及起征点，需要按月结算后多退少补、余额缴入国库；个税按月汇总缴入国库。对于暂存的预扣缴税款资金，为保障资金安全，税务部门需要会同人民银行等部门共同制定暂存账户资金管理办法。为便于增值税按月结算，需要各直播营销平台按月分人报送订单汇总数（无需订单明细）；税务部门在“一人式”归集、按月汇总“一人在多个平台或者一人在同一平台有多个注册账号”等情形的订单金额的基础上，如未达起征点，则从暂存账户上退还已预扣增值税及附加的资金，余额缴入国库。

对于用户打赏费，可以参照上述做法，出台税收征管制度指定内容平台扣缴个税、增值税及附加部分。发票方面，一般来说，用户打赏属于个人消费而无须发票。

对于平台奖励费，现行政策规定应由内容平台扣缴个税；其增值税及附加部分，可以参照上述做法，出台税收征管制度指定内容平台采用综合征收率方式扣缴增值税及附加。

当然，上述做法需要直播营销平台及内容平台建设相关系统功能并与税务机关对接，相应地，需要税务机关提供建设指引和系统接口。

2. 直播营销服务方为个体经济组织时的税收流失

（1）问题描述。

从事直播营销服务的个体经济组织（即主播工作室）完成了卖家的直播营销任务并收取佣金和坑位费时，应自行按期申报缴纳增值税及附加，并向卖家依法开具发票；其业主应自行按期申报缴纳经营所得个税。如果卖家不依法索票，而税务部门也不掌握其网络交易额，即便是个体双定户超出了定额一定比例应申报也不申报；更何况是查账征收户，隐匿其取得的佣金、坑位费、用户打赏费、平台奖励费等收入不申报或者少申报，比较普遍。

（2）解决思路。

税务机关可以要求直播营销平台按月报告个体经济组织的当月直播营销服务订单汇总金额，用于比对增值税申报的不含税销售额、业主个税申报的收入总额等。

个体经济组织在同一直播营销平台注册有多个账号时，直播营销平台要合并该多个注册账号对应的订单金额进行报告。

年终经营所得个税汇缴申报时，税务机关要归集合并同一业主自然人在多家直播营销平台的订单金额，用于对个体经济组织进行申报提醒、预填或者比对审核。

3. 内容创作方为自然人时的税收流失

前已述及，直播营销模式下的主播（代指直播营销模式下的内容创作方）与推广模式下的“淘宝客”们（代指推广模式下的内容创作方）相比，受益于模式更优、用户体验更优、性价比更优、变现环节更短，因此超高人气主播不断涌现。以 2021 年的天猫“双 11”为例，在预售首发日 10 月 20 日当天，淘宝主播预售额排行榜第一名李佳琦 106 亿元，第二名薇娅 82 亿元，第三名雪梨 9.3 亿元。3 名主播仅一天的销售额加起来近 200 亿元，超过了我国 A 股市场 4000 余家（数量占比 90%）上市公司一年的销售额。

然而与之形成巨大反差的是，部分网红主播们在享受巨额的时代、政策和人口红利的同时，本应依法纳税、回馈国家和社会，但却责任感缺失、偷逃税案发。在 2021 年 11 月 22 日曝光的雪梨、林珊珊案中，被依法追缴税款、加收滞纳金并处罚款 9300 余万元；在 12 月 20 日曝光的薇娅案中，被依法追缴税款、加收滞纳金并处罚款 13.41 亿元。据媒体报道，还有不少网红主播陆续案发，被补税罚款。

为有效遏制和系统性防范网红主播们的偷逃税风险，有必要将“薇娅们”作为典型案例剖析，详细拆解其作案手段，并举一反三，提出防控系统性风险的思路。

（1）典型案例回放。

根据税务机关发布的信息，薇娅在 2019 年至 2020 年期间，通过设立上海蔚贺企业管理咨询中心、上海独苏企业管理咨询合伙企业等多家个人独资企业、合伙企业虚构业务，将其个人从事直播带货取得的佣金、坑位费等劳务报酬所得转换为企业经营所得进行虚假申报[①]偷逃税款 1.16 亿元[②]；朱宸慧在 2019 年至 2020 年期间，通过设立北海宸汐营销策划中心、北海瑞宸营销策划中心、上海豆梓麻营销策划中心、上海皇桑营销策划中心、宜春市宜阳新

---

① 杭州市税务局稽查局有关负责人就黄薇偷逃税案件答记者问，国家税务总局，2021 年 11 月 20 日，http：//www.chinatax.gov.cn/chinatax/n810219/c102025/c5171503/content.html.

② 浙江省杭州市税务部门依法对黄薇偷逃税案件进行处理，国家税务总局，2021 年 11 月 20 日 .http：//www.chinatax.gov.cn/chinatax/n810219/c102025/c5171507/content.html.

区豆梓麻营销服务中心、宜春市宜阳新区黄桑营销服务中心等个人独资企业，虚构业务把从有关企业取得的个人工资薪金和劳务报酬所得8445.61万元，转换为个人独资企业的经营所得，偷逃个人所得税3036.95万元；林珊珊在2019年至2020年期间，通过设立北海灵珊营销策划中心、北海珊妮营销策划中心、宜春市宜阳新区玉珊企业管理中心、宜春市宜阳新区蓝珊营销服务中心等个人独资企业，虚构业务把从有关企业取得的个人工资薪金和劳务报酬所得4199.5万元，转换为个人独资企业的经营所得，偷逃个人所得税1311.94万元。①

（2）主要问题剖析。

首先从直播营销服务方应履行的扣缴个税和取得发票义务视角来看，从事内容创作的自然人（即主播个人）受聘完成了直播营销服务方的任务并收取报酬时，应由直播营销服务方在支付报酬时预扣预缴劳务报酬个税，同时向直播营销服务方依法开具（税务代开）发票（起征点以上时）或其他凭证（起征点以下时）并缴纳增值税及附加，但实务中自然人极其零散，上述操作费时费力，征纳成本太高。于是，有的直播营销服务方账务核算不健全，所得税采用核定征收方式，时常出现个税应扣未扣、发票应索未索等问题；有的直播营销服务方以内部凭证（包括订单和付款证明等）代替进行列支，并在所得税前扣除，从而造成了税收流失。

用户打赏费的应扣个税方面，与直播营销服务方为自然人时类似，当内容平台向自然人转付用户打赏费（分成部分）时，由于支付打赏费的用户往往也是自然人，且是采用内容平台的代币而非现金支付，无能力履行扣缴个税义务。如果内容平台转付时不及时扣缴个税，就会造成税收流失。

其次从内容创作方（网红主播）应履行的个税纳税义务视角来看，其最主要的偷逃税手段就是：将个人劳务报酬转换为个体经济组织（工作室）的经营所得进行虚假申报，即把从直播营销服务方（MCN机构）分得的归属于网红主播个人的、已经是扣除了相应成本费用后几乎是“纯利润”的收入（该收入有两种情形：一种是工薪所得，显然属于“纯利润”；另一种是“劳务报酬”，法定允许还可以再扣除收入总额的20%作为成本费用），转为网红主播所控制的个人独资企业的“毛收入”，谋求再次扣除经营成本费用（显然该成本费用会远远超过收入总额的20%）。更有甚者，以“开办多个个人独资企业以便在多处化整为零、拆解收入、套用核定征收经营所得个税的方式”，将偷逃税利益最大化到极致。

（3）风险防控思路。

首先要防住直播营销服务方应扣未扣个税和应索未索发票。按照现行政策规定，直播营销服务方应扣缴从事内容创作的自然人的劳务报酬个税，且要求自然人依法纳税、开票，由于自然人过于零散，显然征纳成本过高，且各方的纳税遵从意识并不一致，执行起来会五花八门，结果就是“老实人吃亏”。同理，如果要求用户扣缴打赏费的个税，显然更不现实。为提高征管服务效率，我们建议：

对于直播营销服务方直接支付报酬给从事内容创作的自然人的，直播营销服务方除依法预扣预缴自然人的劳务报酬个税以外，为更好服务于电商类平台经济发展，建议比照45号公告出台新政，由直播营销服务方按月代收自然人的增值税及附加（其适用按月2万元起征

---

① 杭州市税务局稽查局有关负责人就朱宸慧、林珊珊偷逃税案件答记者问，国家税务总局，2021年11月22日，http://www.chinatax.gov.cn/chinatax/n810219/c102025/c5170766/content.html.

点），并代自然人向税务机关申请批量汇总代开发票给直播营销服务方作为财务支出和所得税前扣除凭证。当然这一做法需要直播营销平台建设相关系统功能并与税务机关对接后供直播营销服务方使用，相应地，需要税务机关提供建设指引和系统接口。

对于直播营销服务方委托直播营销平台转付给从事内容创作的自然人的报酬，鉴于直播营销平台掌握有转付给自然人的报酬信息和资金，为更好服务于电商类平台经济发展，建议比照45号公告出台新政，由直播营销平台按月代收自然人的增值税及附加（其适用按月2万元起征点），并代自然人向税务机关申请批量汇总代开发票给直播营销服务方作为财务支出和所得税前扣除凭证。当然这一做法需要直播营销平台建设相关系统功能并与税务机关对接，相应地，需要税务机关提供建设指引和系统接口。

对于用户打赏费和平台奖励费，由内容平台比照上述“直播营销服务方为自然人时税收流失”章节的做法执行。

其次要防住内容创作方（网红主播们）将个人收入转换为企业经营所得进行虚假申报偷逃税款。关键在于：一是要按照合同相关法律精神来明确区分“个人劳务报酬”与“企业经营所得”的认定标准。二是要结合行业规律（通过调研得到），进一步准确界定两者的收入分成合理比例范围。

遵循合同原旨进行区分。如果合同是指定自然人本人提供直播营销相关劳务的，则应作为劳务报酬；如果合同指定由个体经济组织（工作室）提供劳务的，应作为该个体经济组织的业主的经营所得。当然，按照“实质课税”原则，合同旨在恶意避税时，税务机关有权进行反避税处理。

精准监控佣金等收入分成比例是否合理。通过监控分析合理性来识别将劳务报酬偷换为经营所得的逃税风险。

如果合同指定自然人本人提供劳务的，则与其提供劳务相配比的主要成本费用（如直播用的场地、服装、道具等）应由直播营销服务方（如MCN机构等）扣除；此时自然人本人不得再偷换为经营所得重复扣除上述成本费用。劳务报酬情形下，自然人从直播营销服务方获得的佣金和坑位费等分成比例会比较低，一般会低于由个体经济组织（工作室）提供劳务的情形。

如果合同指定个体经济组织（工作室）提供劳务的，则与其提供劳务相配比的主要成本费用（如直播用的场地、服装、道具等）应由个体经济组织扣除，不得在直播营销服务方（如MCN机构等）扣除上述成本费用；此时，个体经济组织从直播营销服务方获得的佣金和坑位费等分成比例会比较高（因为要用于补偿个体经济组织提供的主要成本费用），一般会高于由自然人本人提供劳务的情形。

为精准监控，有必要对网红主播们的收入分成进行“一订单式”分析，即：第一步，以直播营销服务方（如MCN机构等）与卖家签订的每一笔订单作为一个项目（类似于管理一个房地产项目那样），分清楚内容创作方（网红主播）与直播营销服务方是如何分成的，比例各占多少；第二步，通过调研掌握收入分成的行业规律，例如按网红主播粉丝数量、商品品类、是个人接单还是工作室团队接单等口径，分别列出坑位费和佣金分成比例合理范围等；第三步，将上述第一步所掌握的个案分成比例与第二步所掌握的行业规律分成比例进行比对，以评估收入类型（“个人劳务报酬”还是“企业经营所得”），据此结合个案实际识别税收风险。

4. 内容创作方为个体经济组织时的税收流失

（1）典型案例回放。

根据税务机关发布的信息：薇娅在2019年至2020年期间，隐匿收入偷税但主动补缴5亿元和主动报告少缴税款0.31亿元；隐匿收入偷税但未主动补缴0.27亿元。[①]

同时据媒体报道，薇娅成立的上海蔚贺企业管理咨询中心是个人独资企业，位于上海崇明区，其经营所得个税有可能采用过核定征收方式，税负较低；其成立的上海独苏企业管理咨询合伙企业位于上海奉贤区，其经营所得个税等有可能享受过地方财政奖励（补贴）。

而雪梨、林珊珊几乎与薇娅如出一辙。据媒体报道[②]，她们在北海、江西成立的个人独资企业，旨在将个人工资薪金和劳务报酬所得转为经营所得后，有可能套用了个税核定征收方式；并且注册多家企业，意在化整为零，将大额的个人准“纯利润”分解为多家企业所得，以规避税务机关所要求的“规模较大的个人独资企业、合伙企业和个体工商户的生产、经营所得，要实行建账管理，不得实行核定征收个人所得税”。

（2）主要问题剖析。

从事内容创作的个体经济组织完成了直播营销服务方的任务并收取报酬时，应自行按期申报缴纳增值税及附加，并向直播营销服务方依法开具发票；其业主应自行按期申报缴纳经营所得个税。如果卖家不依法索票，而税务部门不掌握其网络交易额，即便是个体双定户超出了定额一定比例应申报也不申报；更何况是查账征收户和核定应税所得率征收户，隐匿其取得的报酬、用户打赏费、平台奖励费等收入不申报或者少申报，比较普遍。

进一步分析，从事内容创作的个体经济组织不依法开具发票，而直播营销服务方不依法索要发票，是滋生“隐匿收入”的土壤。其中，不依法索要发票的直播营销服务方还有可能伴有虚开其他发票冲抵账务，或者因套用核定征收所得税方式因而不需索要发票的风险。

税务总局已高度重视并整治经营所得个税事前核定征收的问题。2021年9月，税务总局发布的《关于加强文娱领域从业人员税收管理的通知》要求：“进一步加强文娱领域从业人员日常税收管理，对明星艺人、网络主播成立的个人工作室和企业，要辅导其依法依规建账建制，并采用查账征收方式申报纳税。”2022年3月，国家互联网信息办公室、国家税务总局、国家市场监督管理总局印发《关于进一步规范网络直播营利行为促进行业健康发展的意见》（税总所得发〔2022〕25号）再次强调这一整治措施：“网络直播发布者开办的企业和个人工作室，应按照国家有关规定设置账簿，对其原则上采用查账征收方式计征所得税。”

（3）风险防控思路。

如果直播营销平台掌握有直播营销服务方与从事内容创作的个体经济组织间的劳务订单信息的，则税务机关可以要求平台按月报告个体经济组织的当月订单汇总金额，用于比对增值税申报的不含税销售额、业主个税申报的收入总额等。

个体经济组织在同一直播营销平台注册有多个账号时，直播营销平台要合并该多个注册账号对应的订单金额进行报告。

---

① 浙江省杭州市税务部门依法对黄薇偷逃税案件进行处理，国家税务总局，2021年11月20日；http://www.chinatax.gov.cn/chinatax/n810219/c102025/c5171507/content.html.

② 邵冰燕．网红主播逃税被罚释放哪些信号？专家：年底或迎来一波补税潮．澎湃新闻．2021-11-24.

年终经营所得个税汇缴申报时，税务机关要归集合并同一业主自然人在多家平台的订单金额，用于对个体经济组织进行申报提醒、预填或者比对审核。

各地税务机关需要严格落实税务总局关于“网络主播成立的个人工作室和企业，要采用查账征收方式申报纳税”的规定。

（三）通行税收风险和解决思路

无论是推广模式还是直播营销模式，自然人卖家税收流失、卖家和平台获票不畅问题都普遍存在。

1. 自然人卖家的税收流失

（1）问题描述。

个人销售商品的，理应向买家开具（税务代开）发票，按照财产转让所得由买家按次扣缴个税，适用按次500元起征点自行申报缴纳增值税。但个人量大且零散，征纳成本极高；并且卖家往往也是个人，要求其履行扣缴个税义务不太现实。

（2）解决思路。

鉴于电商平台掌握有自然人卖家的成交信息和资金，如果出台税收征管制度指定其扣缴个税，并从简便征收角度出发，采用综合征收率方式扣缴增值税及附加，具体操作可以参照“推广服务方为自然人时税收流失”章节的做法。但与之不同的是：个税所得项目是“财产转让所得”，属于分类所得，按次扣缴即可，无需年终汇算清缴。

同时，为便利买家获票，可以依托电子发票服务平台，建立起保障消费者便利获票的机制。即：由消费者发起获票申请，通过网络交易平台提交待开发票数据（即订单）给电子发票服务平台，电子发票服务平台通过接口返回开票结果电子数据给消费者（按照消费者指定的接受方式）。发票开具后应标识对应的订单已开票，避免重复或超额开具。本场景需要优先保障用户体验即便利获票，故需要假设网络交易平台订单可信，以降低电子发票开票服务的核验负担、提高开票效率，因此，原则上不校验订单数据是否已完税，不进行关联数据勾稽关系审核；但税务机关后续可以按需审计。对于订单可信度较低的网络交易平台，原则上不允许开放本场景。

在该机制中，如果受票方（即买家）经办人需要报销，为避免其随意、虚假填写报销单位，可以依托电子发票服务平台，增加防串票机制。即在经办人开票填写抬头时增加控制：电商平台根据明细订单成交时间，调用电子发票服务平台接口（该接口负责提供消费者当时所在任职单位基础信息作为发票抬头），自动为消费者预填发票抬头。允许经办人修改，但平台要以显著方式提醒，并要求备注留言说明修改原因后方可提交开票。税务部门可以根据修改原因进行事后抽查。

2. 卖家获票不畅的问题

（1）问题描述。

如前所述，卖家向自然人支付推广或直播营销佣金后以及平台向自然人支付奖励费后，自然人往往不缴税、不开票，造成卖家和平台获票不畅。其后果是：要么因缺票而企业所得税前扣除不足导致多缴企业所得税；要么到处找票虚受，从而引发更大范围的虚开。

（2）解决思路。

对于卖家向自然人支付推广或直播营销佣金后获票不畅的问题，可由自然人自主委托电商平台或直播营销平台（以下统称“平台”）向税务机关申请代开发票，用于给卖家作为财务支出和所得税前扣除凭证。

为防范虚开，一般来说，税务机关审核是否代开发票时必须同时满足 4 条规则：①对应增值税及附加已全部预扣缴；②需代开发票的订单数据应与其他关联审核数据（如资金流水信息等）比对相符，确保勾稽关系正确、合理；③严格按照订单交易双方抬头开具，不得串票即张冠李戴；④不得超额、重复开具。

关于审核环节与开具环节的顺序安排，有如下两种方式供选择：

一是先审后开模式。平台可以通过数据接口，将已预扣缴的增值税及附加数据、需代开发票的订单数据，以及其他关联审核数据（例如：资金流水信息等）报送至税务机关（电子税务局等），税务机关按照既定规则审核无误后开具发票，发票开具后应标识对应的订单已开票，避免重复或超额开具。

二是先开后查模式。由平台的内控功能先行审核订单业务的真实性无误后，再向税务机关报告待开具发票的自然人清册及待开票订单数据，免于报告关联审核所需数据。税务机关完成开具后，可以采用对平台直接联网审计等方式进行审核和风险应对处置。但该模式对平台内控功能和税务联网审计要求高，在条件不成熟时，不宜采用。

关于上述风控所需数据的来源，首先，平台具有涉税交易数据报告义务。《税收征管法》第六条第二款规定：“纳税人、扣缴义务人和其他有关单位应当按照国家有关规定如实向税务机关提供与纳税和代扣代缴、代收代缴税款有关的信息”，其中“其他有关单位”显然包括手握海量订单的平台经营者；《电子商务法》第二十八条第二款规定：“电子商务平台经营者应当依照税收征收管理法律、行政法规的规定，向税务部门报送平台内经营者的身份信息和与纳税有关的信息”；《发改委发布关于推动平台经济规范健康持续发展的若干意见》（发改高技〔2021〕1872 号）第二条第（四）款规定：“二、提升监管能力和水平（四）完善竞争监管执法。强化平台企业涉税信息报送等税收协助义务，加强平台企业税收监管，依法查处虚开发票、逃税等涉税违法行为”；据此，税务机关可以要求平台依法报告涉税交易的数据信息。

其次，平台具有保障涉税交易数据完整、可用的义务。《电子商务法》第三十一条规定：“电子商务平台经营者应当记录、保存平台上发布的商品和服务信息、交易信息，并确保信息的完整性、保密性、可用性。”

最后，平台具有保障涉税交易数据真实性义务。《电子商务法》第十七条规定：“电子商务经营者不得以虚构交易、编造用户评价等方式进行虚假或者引人误解的商业宣传，欺骗、误导消费者”；《网络交易监督管理办法》（国家市场监督管理总局令第 37 号）第十四条规定：“网络交易经营者不得以下列方式，作虚假或者引人误解的商业宣传，欺骗、误导消费者：（一）虚构交易、编造用户评价。”

对于平台向自然人支付奖励费后获票不畅的问题，可以参照上述“对于卖家向自然人支付推广或直播营销佣金后获票不畅的问题”的做法，由自然人自主委托内容平台或直播营销平台向税务机关申请代开发票，用于给平台作为财务支出和所得税前扣除凭证。包括税务机关审核是否代开的规则、审核环节与开具环节的顺序安排、风控所需数据的来源等，均可参照执行。

四、电商类平台税收监管服务措施和模式构想

（一）总体构想

为保障上述系统性风险防控思路落地可行，需要按照“数据驱动，以数治税，制度保障，信息化支撑，构建长效机制”的思路，来构建电商领域平台经济税收监管服务新模式，具体需要完善五项机制制度、三个系统和一项配套。

五项机制制度：一是指定平台源泉扣缴税款机制制度，二是指定平台报告信息（即数据采集）机制制度，三是税务部门与相关行业主管部门（如市场监管部门）信息共享机制制度，四是便利和规范的开票机制制度，五是集基础管理（包括税制和征管要素确定）、预警、预填、风控、联合惩戒于一体的监管服务机制制度。

三个系统：一是建设信息报告（数据采集）平台（用于对接平台经营者）；二是建设信息共享平台（用于对接相关行业主管部门，可以复用总局已建的外部信息交换系统）；三是建设包括集基础管理、预警、预填、风控、联合惩戒于一体的“电商领域平台经济税收监管服务系统”。

一项配套：是配套完善自然人“一人式”归集、法人“一户式”归集，电子发票服务平台及其他应用系统接口等。

（二）核心之一：建立指定平台报告信息机制制度

这是当前平台经济监管服务的最基础、最核心的制度。

1. 关于平台信息报告基本原则

（1）问题导向。要以疏通征管堵点、防控风险重点、破解服务痛点为导向，总体上要以防住系统性风险（如网红主播偷逃税）为主要目标，同时兼顾多方便利办税（如卖家便利获票、买家便利获票，推广或直播营销服务方规范获票）。

（2）源头采集。交易是税收的源头，合同是交易的载体，订单是合同的简版，抓住“订单”就抓住了平台信息报告的牛鼻子。要以采集订单信息为主线，辅之以采集其他信息，其他信息主要起辅助分类管理、佐证订单真实性的作用。

（3）适量可行。鉴于信息海量，如果全量采集明细订单，将是税务部门无法承受之重。因此，我们建议：原则上不采集明细订单，根据管理需要，原则上只报告月度汇总订单数据。

（4）一体化集约化。凡是行业主管部门（如市场监管部门）已经采集了的，能共享就共享，配套制定共享标准并技术支撑；行业主管部门未采集或难以共享的，制定《电商领域平台经济涉税信息报告标准和规则范本》，要求平台经营者按照标准接入税务系统进行报告。

2. 关于平台信息报告基本内容

主要是两大部分：涉税的交易主体身份信息和交易信息。包括：

（1）平台经营者基础信息。重点需要区分平台经营者主营业务类型、兼营业务类型，平台内经营者主营业务类型、兼营业务类型，是否跨境，平台间合作类型（撮合型，履约

型，例如：直播营销平台属于撮合型，电商平台属于履约型）等，这相当于给平台打标签，便于后续对平台经济实施分类管理。

（2）各类交易合同主体基础信息。包括上述“商业模式分析”章节中的各类主体的基础信息。

（3）交易主要信息。根据管理需要，报送订单按月汇总金额信息。

（4）交易辅助信息。必要时报送付款（资金流水等）信息、履行过程信息，用于辅助判断交易数据勾稽关系准确性。如果税务机关已实现对平台的直连审计，则平台不必报送。

（三）核心之二：建设电商平台税收监管服务系统

建设包括集基础管理、预警、预填、风控、联合惩戒于一体的“电商平台税收监管服务系统”。系统的重点功能包括：平台信息报告、平台扣缴税款和结算、防控自然人（包括网红主播）偷逃税、防控个体经济组织（包括主播工作室）偷逃税、支撑卖家便利获票、支撑买家便利获票、支撑推广或直播营销服务方规范获票、计税信息一人式归集、计税信息一户式归集、动态防控虚开发票风险等。

16. 数据规则双驱动　创新网络货运平台税收监管

近年来，随着数字经济崛起，网络货运平台迅速发展。据交通运输部统计，截至2022年年底，全国共有2537家网络货运企业（含分公司），整合社会零散运力594.3万辆，整合驾驶员522.4万人。全年共上传运单9401.2万单，同比增长36.0%。① 据麦肯锡研究报告，2019年我国公路货运市场总规模约5.5万亿元。② 另据有关数据显示，2020年我国网络货运市场规模仅3389亿元③，即线上交易额仅占公路货运市场的6%，行业发展空间巨大。

然而，在税收领域，与蓬勃发展的网络货运平台经济相悖的是：少数网络货运平台演变成了虚开的"过票平台"；少数地方出于招商引资而建设的物流园区，在带来经济和税收增长的同时，也带来了巨大的开票总额和大量的财政税收返还，成为了虚开发票高发区，扰乱了征管秩序和税收公平，影响了税收营商环境和公路货运领域全国统一大市场，制约了网络货运平台经济长期健康发展，同时也给税务部门带来了执法风险。

2019年以来，为规范网络平台道路货物运输经营，维护道路货物运输市场秩序和税收征管秩序，交通运输部、国家税务总局制定了《网络平台道路货物运输经营管理暂行办法》（交运规〔2019〕12号，以下简称《暂行办法》）。国家税务总局也先后出台了《货物运输业小规模纳税人申请代开增值税专用发票管理办法》（国家税务总局公告2017年第55号，以下简称"55号公告"）、《关于开展网络平台道路货物运输企业代开增值税专用发票试点工作的通知》（税总函〔2019〕405号，以下简称"405号文"），在一定程度上规范了发票开具。

但囿于覆盖业务范围和纳税人诉求响应程度有限，用于监控发票虚开及甄别交易真实性的信息数据获取不充分，办理证照（指营业执照或临时税务登记）、纳税申报和发票开具获取等不便利，税收政策特别是个税经营所得项目范围界定不明确，实务操作不规范，配套信息化支撑不全面、不精准等，使得风险可控、规范有序、便利高效的税收监管服务机制体系始终难以在网络货运平台领域建立。

为此，本文先从分析网络货运商业模式及其商事法律关系入手，辨识各方参与主体，厘清各方主体应负税费义务，针对虚开发票等突出问题进行重点剖析，针对个税经营所得项目范围界定等关键问题进行探讨，并遵循"以数治税"理念，提出以"数据驱动+规则驱动"

---

① 2022年网络货运行业运行基本情况发布，交通运输部，2023－02－14，https：//www.mot.gov.cn/fenxigongbao/yunlifenxi/202302/t20230216_3758417.html.

② 矫月．麦肯锡解读：中国公路货运市场2019年总规模约5.5万亿元 满帮、福佑卡车等新型物流企业不断涌现．证券日报网．2020－12－17.

③ 灼识咨询．2022中国公路网络货运行业蓝皮书．

方式构建网络货运平台经济税收监管服务新模式，以保障和促进网络货运平台经济长期健康发展。

一、网络货运商业模式分析

《电子商务法》明确，一般网络平台交易模式包括三方主体：消费者、电子商务平台经营者、平台内经营者。与之类似，网络货运领域中，同样包括此三方主体，结合网络货运业务特征，分别称为：托运人、网络货运经营者（即网络货运平台的经营主体）、实际承运人。网络货运主体如图 16－1 所示。

图 16－1　网络货运主体示意图

图 16－1 中，托运人是指通过网络货运平台购买道路货物运输服务的主体，一般是货主，也有可能是物流企业或货主所委托的经纪人；托运人包括法人、非法人组织或自然人。网络货运经营者是指基于互联网等信息网络建立网络货运交易平台的法人或者非法人组织，其提供信息发布、信息递送、数据处理等服务，快速有效地配置运力资源，以此促进物流业“降本增效”。实际承运人是指接受网络货运经营者委托，使用符合条件的载货汽车和驾驶员，实际从事道路货物运输的经营者。

（一）网络货运平台经营模式

实务中，网络货运平台经营模式分为两类：

第一类是平台经营者依托互联网平台整合配置运输资源，以承运人身份与托运人签订运输合同，委托实际承运人完成道路货物运输，并承担承运人责任，以下称为平台自营（总包后进行转包或分包）模式，简称“总分包自营模式”。在“总分包自营模式”中，由于平台自身直接经营，既是托运人所需货运服务的提供方（指直接与托运人签订合同提供承运服务），也是实际承运人所提供货运服务的需求方（指直接与实际承运人签订合同购买承运服务），处于承上启下的核心结点位置，因此，其往往是引发网络货运领域交易和税收违法行为的主要诱因，从而成为《暂行办法》的重点规范对象。

第二类是平台经营者不承担承运人责任，仅为托运人和实际承运人提供信息中介和交易撮合等服务，简称“撮合模式”。事实上，“撮合模式”就是《电子商务法》所规定的一般网络平台交易模式，与大家熟知的电商购物平台并无本质差别；货运服务的提供由实际承运人直接向托运人交付，平台经营者作为第三方并不直接参与交付，其地位相对独立，不是引发网络货运领域交易和税收违法行为的主要诱因。

1. 网络货运总分包自营模式

在该模式下，网络货运经营者必须具备一系列资质，如：《道路运输经营许可证》且经营范围为网络货运等；作为承运人（总包）承揽托运人所需的道路运输服务，其以自身名义与托运人签署运输合同，并承担运输过程中所有的责任与风险。同时，网络货运经营者以自身名义与实际承运人签署运输合同，将道路运输服务转包或分包给一位或多位实际承运人，并承担监管责任。《暂行办法》第十条规定："网络货运经营者应当对实际承运车辆及驾驶员资质进行审查，保证提供运输服务的车辆具备合法有效的营运证（从事普通货物运输经营的总质量 4.5 吨及以下普通货运车辆除外）、驾驶员具有合法有效的从业资格证（使用总质量 4.5 吨及以下普通货运车辆的驾驶人员除外）。"网络货运经营者的利润来源为托运人支付的运费与支付给实际承运人运费之间的价差，网络货运总分包自营模式如图 16－2 所示。

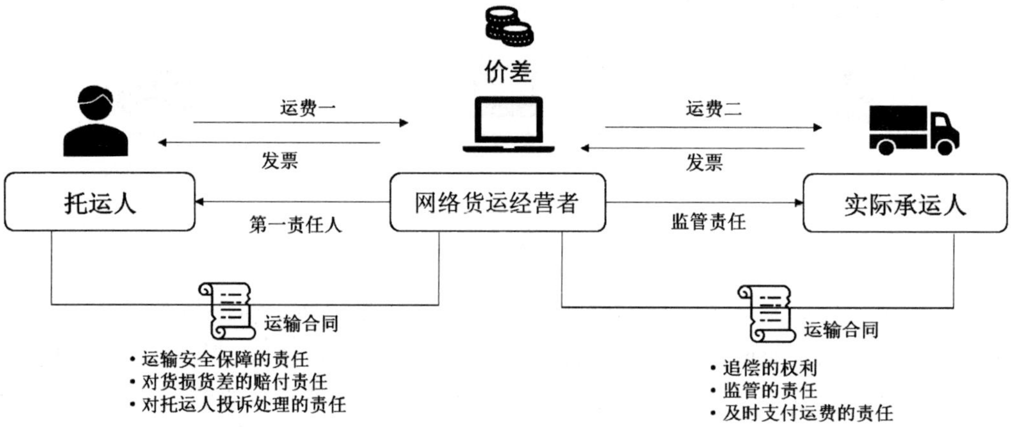

图 16－2　网络货运总分包自营模式

2. 网络货运撮合模式

在该模式下，网络货运经营者作为中介组织，分别与托运人、实际承运人签署居间合同（当托运人、实际承运人分别在平台进行用户实名注册时，一并采用格式合同方式签订），为双方提供信息中介和交易撮合服务，仅承担托运人与实际承运人之间的撮合责任，撮合成功后其主要责任义务即结束。网络货运经营者的利润来源为撮合成功后向交易双方（或一方）收取的撮合费用。网络货运摄合模式如图 16－3 所示。

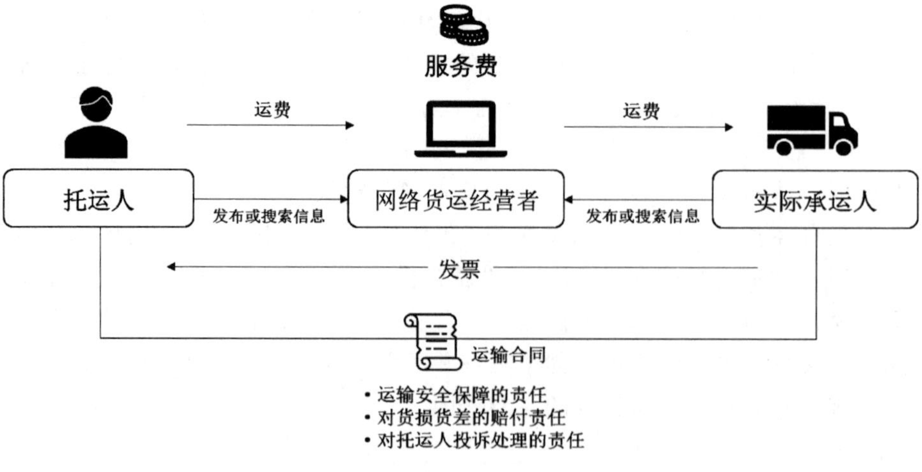

图 16－3　网络货运撮合模式

该模式不属于《暂行办法》的监管范围，只需符合《电子商务法》《网络交易监督管理办法》（国家市场监督管理总局令第37号）等对一般网络平台的监管要求即可。

（二）实际承运人法定资质要求

由于道路货物运输经营事关人民生命财产安全，国家对其准入资质管理比较严格。《道路货物运输及站场管理规定》（交通部令第6号，以下简称“交通部6号令”）第二条规定：“道路货物运输经营，是指为社会提供公共服务、具有商业性质的道路货物运输活动。道路货物运输包括道路普通货运、道路货物专用运输、道路大型物件运输和道路危险货物运输。”《暂行办法》要求实际承运人必须具备合法有效的营运证。即便是对货物运输业小规模纳税人，405号文和55号公告也要求必须取得《中华人民共和国道路运输经营许可证》和《中华人民共和国道路运输证》（总质量4.5吨及以下普通货运车辆除外）。上述规定决定了实际承运人的业务性质不只是普普通通的劳务服务，而是实实在在的生产经营。

1. 实际承运人必须具备市场主体资格并取得相关行政许可

交通部6号令规定，申请从事道路货物运输经营的，应当依法向市场监督管理机关办理有关登记手续后，向县级道路运输管理机构提出申请；道路运输管理机构对符合法定条件的道路货物运输经营申请作出准予行政许可决定的，应当出具《道路货物运输经营行政许可决定书》，明确许可事项。在10日内向被许可人颁发《道路运输经营许可证》，在《道路运输经营许可证》上注明经营范围。

由此可见，《道路运输经营许可证》的办理主体必须先行“向市场监督管理机关办理有关登记手续”。上述规定决定了实际承运人（总质量4.5吨及以下普通货运车辆除外）必须具备市场主体资格，即已办市场主体登记，否则属于非法经营。

交通部6号令还规定，被许可人应当按照承诺书的要求投入运输车辆。购置车辆或者已有车辆经道路运输管理机构核实并符合条件的，道路运输管理机构向投入运输的车辆配发《道路运输证》。由此可见，《道路运输经营许可证》还是车辆办理《道路运输证》的前提条件。

2. 投入车辆必须具备《道路运输证》

根据交通部6号令规定，申请人取得《道路运输经营许可证》后，主管部门还需要核实其投入运输的车辆是否符合条件，如符合则配发《道路运输证》。《道路运输证》旧称《车辆道路运输营运证》，是证明营运车辆合法经营的有效证件，也是记录营运车辆审验情况和对经营者奖惩的主要凭证，道路运输证必须随车携带，在有效期内全国通行。《道路运输证》实行分类管理，总质量4.5吨及以下普通货运车辆无须办理。

由于实际承运人办理了《道路运输经营许可证》后，才能为车辆办理《道路运输证》，因此，道路运输营运车辆的管理权必须归属于实际承运人。即不存在不归属于任一实际承运人的独立营运的车辆（总质量4.5吨及以下普通货运车辆除外）。一般来说，车辆的《道路运输证》上会注明《道路运输经营许可证》的经营许可证号。综上所述，实际承运人不能是“无车承运人”。

3. 驾驶人员必须具备从业资格证

交通部6号令还规定，道路货物运输经营者应当聘用按照规定要求持有从业资格证的驾驶人员；营运驾驶员应当按照规定驾驶与其从业资格类别相符的车辆。驾驶营运车辆时，应当随身携带按照规定要求取得的从业资格证。

《道路运输从业资格证》是驾驶员通过交通部门道路运输有关知识、技能考试合格后核发的一种证件，也是驾驶员个人受聘于实际承运人、从事营运车辆驾驶活动而获取劳务报酬的一种资质。

4. 特殊情形的实际承运人

交通部6号令规定，使用总质量4500千克及以下普通货运车辆从事普通货运经营的，无需按照本规定申请取得《道路运输经营许可证》及《道路运输证》。因此，对使用总质量4.5吨及以下普通货运车辆从事普通货运经营的，仅需要办理从事道路货物运输的营业执照即可。

（三）实际承运人分类

实际承运人可以按注册类型、车辆类型和驾驶员身份类型分类。

1. 按注册类型分类

根据实际承运人注册类型，可以分为法人类型和个体经济组织类型。

取得《道路运输经营许可证》既可以是法人，如：货运公司；也可以是从事货运经营的非法人组织，如：从事货运经营的个体工商户、个人独资企业、合伙企业（以下统称“个体经济组织”）。

对于使用总质量4.5吨及以下普通货运车辆从事道路货物运输，无需取得《道路运输经营许可证》与《道路运输证》的实际承运人，其可以是法人，也可以是个体经济组织，实务中以个体经济组织居多。

2. 按车辆类型分类

根据实际承运人车辆类型，可以分为自有车辆、租赁车辆、挂靠车辆。按规定，车辆由实际承运人投入，俗称“自有运力”。实务中，该投入的车辆可以是自购，即为自有车辆；也可以是向汽车出租公司融资租赁或经营租赁而来，即为租赁车辆。

实务中，因地域政策差异，有的地方办理《道路运输经营许可证》的条件比较严格，有一些自费购买了货车的驾驶员，因为难于获准《道路运输经营许可证》，不得不将自购车辆挂靠在拥有《道路运输经营许可证》的实际承运人名下，以获取《道路运输证》，车主定期向实际承运人缴纳一定的挂靠费用，此即为挂靠车辆，俗称“外包运力”。

对于使用总质量4.5吨及以下普通货运车辆的实际承运人，由于其无需取得《道路运输经营许可证》和《道路运输证》，因此无需挂靠，实际承运人可自行购买或租赁车辆。

3. 按驾驶员身份分类

为保障驾驶人员稳定，实际承运人可以与驾驶员签订劳动合同（包括劳动合同、劳务派遣协议、非全日制劳动合同等）；个体经济组织实际承运人的业主自身也可以作为自雇型驾驶员。

为便于拓展驾驶人员，实际承运人可以采用灵活用工方式与所挂靠车辆的车主（驾驶员）合作；也可以采用灵活用工方式聘用具备资质（具有《道路运输从业资格证》）但自身无车的驾驶员（车辆由实际承运人提供）。

二、网络货运主体税收义务分析

根据上述网络货运商业模式中各主体的交易类型与合同关系，将税收政策及计税规则叠加其上，即可知晓各主体应负的税收义务。

（一）网络货运经营者

按总分包自营模式、撮合模式分别讨论网络货运经营者在税务登记、纳税申报、发票开具及可选代办事项等应承担的义务。

1. 总分包自营模式

（1）税务登记。

《暂行办法》规定，网络货运经营者需要申领道路运输经营许可证的，可向所在地县级负有道路运输监督管理职责的机构提出申请，县级负有道路运输监督管理职责的机构应按照《中华人民共和国道路运输条例》《道路货物运输及站场管理规定》的要求，向符合条件的申请人颁发《道路运输经营许可证》，经营范围为网络货运。可以看出，网络货运平台活动属于经营行为，应依法办理市场主体登记暨税务登记。

（2）纳税申报。

网络货运经营者承担承运人（总包商）角色，为托运人提供货物运输服务，同时为平台用户（包括托运人、实际承运人等）提供信息技术服务。

增值税方面，属于混合销售行为，主要应缴纳“交通运输－陆路运输－公路运输－货物运输服务”增值税，由于必须具备相应资质与能力后方可获得网络货运经营许可，所以网络货运经营者往往规模较大、财务核算规范，故应为增值税一般纳税人，采用一般计税方法。

相应地，企业所得税方面，应实行查账征收。

（3）发票开具和获取。

需要向托运人就提供货物运输服务开具增值税发票。

同时作为承运人（总包商），需要向实际承运人支付运费，索取增值税发票，以其中不含税价格作为企业所得税的成本费用。

（4）可选代办事项。

代符合条件的货物运输业小规模纳税人（实际承运人）向网络货运经营者所在地的主管税务机关申请代开增值税专用发票。

政策依据：405 号文规定，试点企业（指网络货运经营者）接受会员（指符合条件的货物运输业小规模纳税人）提供的货物运输服务，不得为会员代开专用发票。试点企业可以按照《货物运输业小规模纳税人申请代开增值税专用发票管理办法》（国家税务总局公告 2017 年第 55 号）的相关规定，代会员向试点企业主管税务机关申请代开专用发票。

2. 撮合模式

（1）税务登记。

与总分包自营模式相同，需要依法办理市场主体登记暨税务登记。

(2) 纳税申报。

平台同时为交易双方提供信息技术服务与交易撮合服务。

增值税方面，属于混合销售行为，由于信息技术服务是撮合服务的基础，是平台的主业，故应缴纳“现代服务－信息技术服务－信息系统增值服务－电子商务平台服务”增值税。由于网络货运经营者往往规模较大、财务核算规范，故应为增值税一般纳税人，采用一般计税方法。

相应地，企业所得税方面，也应实行查账征收。

(3) 发票开具和获取。

向交易双方收取信息技术服务费，应开具相应增值税发票。由于不需要提供或购买货物运输服务，因此不需要开具相应增值税发票。

(4) 可选代办事项。

405 号文规定，网络货运经营者可以为会员通过本平台承揽的货物运输服务代开增值税专用发票，同时按照3%的征收率代收增值税（作为小规模纳税人的预缴税款），并代其按月向网络货运经营者主管税务机关申报所代收的增值税款等。

(二) 实际承运人

按总分包自营模式、撮合模式分别讨论实际承运人在税务登记、纳税申报、发票开具等方面应承担的义务。

1. 总分包自营模式

(1) 税务登记。

如上文所述，法人和非法人组织（总质量 4.5 吨及以下普通货运车辆除外）在申办《道路运输经营许可证》前必须先行“向市场监督管理机关办理有关登记手续”，该登记即市场主体登记暨税务登记。

对于实际承运人已取得《道路运输经营许可证》但未取得市场主体登记的，属于交通部门前置办照、后置行政许可把关不严，税务部门应责令该实际承运人补办税务登记。

(2) 纳税申报。

作为承运人（分包商）角色，实际承运人需要接受网络货运经营者委托，使用符合条件的载货汽车和驾驶员，实际从事道路货物运输，为网络货运经营者提供货物运输服务。

增值税方面，应缴纳“交通运输－陆路运输－公路运输－货物运输服务”增值税。如为一般纳税人，法定未允许货物运输服务选择适用简易计税方法，故应采用一般计税方法。如为小规模纳税人，则依法采用简易计税方法。

法人实际承运人的企业所得税方面，往往规模较大、财务核算规范，故应采用查账征收方式。但实务中部分法人实际承运人因自身运力不足或基于节约成本考虑，采用外包运力（挂靠车辆），或采用灵活用工方式聘用驾驶员等，往往因获票不畅而采用核定征收方式。

(3) 发票开具和获取。

向网络货运经营者收取货物运输服务费，开具相应增值税发票。

对于采用外包运力（挂靠车辆），或采用灵活用工方式聘用驾驶员等的，需要根据合同约定支付货物运输服务费、“代驾”服务费等，需要获取由挂靠车主、所聘用驾驶员开具的相应增值税发票；如自身所得税为查账征收，则据此税前扣除。

2. 撮合模式

（1）税务登记。

与总分包自营模式相同，需要依法办理市场主体登记暨税务登记。

对于实际承运人已取得《道路运输经营许可证》但未取得市场主体登记的，税务部门应责令该实际承运人补办税务登记。

（2）纳税申报。

实际承运人为托运人提供货物运输服务。

增值税、法人实际承运人的企业所得税、个体经济组织业主的个人所得税与总分包自营模式相同。

（3）发票开具和获取。

向托运人收取货物运输服务费，开具相应增值税发票。

对于采用外包运力（挂靠车辆），或采用灵活用工方式聘用驾驶员的，需要根据合同约定支付货物运输服务费、“代驾”服务费等，需要获取由挂靠车主、所聘用驾驶员开具的相应增值税发票；如自身所得税为查账征收，则据此税前扣除。

（三）驾驶员

根据前述实际承运人的驾驶员身份类别和车辆来源，可分为自有员工、个体经济组织、挂靠车主、灵工代驾人员、其他人员五类。

1. 实际承运人自有员工

实际承运人自有员工，是指法人或个体经济组织的劳动合同用工。

（1）税务登记。

由于与其签订劳动合同的法人实际承运人已依法办有市场主体登记暨税务登记，其仅作为员工，无须办理税务登记。

（2）纳税申报和发票开具。

无须缴纳增值税，也不需向所在单位（实际承运人或劳动派遣单位）开具发票。

应缴纳个人所得税，由所在单位按照“工薪所得”项目预扣预缴。

2. 个体经济组织实际承运人

（1）税务登记。

如上文所述，个体经济组织实际承运人已办有市场主体登记暨税务登记。

（2）纳税申报和发票开具。

如上文所述，个体经济组织实际承运人应缴纳增值税，并应向托运人开具发票（包括普通发票和专用发票）。

业主应缴纳个人所得税，由本人按照“经营所得”项目自行申报。一般来说，个体经济组织实际承运人为增值税一般纳税人时，业主的“经营所得”个税应查账征收；个体经济组织实际承运人为增值税小规模纳税人时，往往核算不规范，业主的“经营所得”个税多为核定征收。

3. 挂靠车主

（1）税务登记。

如上文所述，因其自身难于取得《道路运输经营许可证》，所以挂靠在某一实际承运人名下。因此，其自身并无市场主体登记暨税务登记。如其欲享受增值税小规模纳税人按月10万元（或按季30万元）的免征额优惠（2023年度，下同），则可依法申请办理临时税务登记。办理临时税务登记后，增值税按“生活服务－其他生活服务－代驾服务”缴纳，个税按“经营所得”项目缴纳。

（2）纳税申报和发票开具。

增值税方面，鉴于其带有专职属性，具有劳务连续性，按照现行增值税政策，适用于按月起征点（按月2万元）缴纳增值税，并应向所挂靠的实际承运人开具发票（只能开具普通发票）。办理临时税务登记后，增值税按“生活服务－其他生活服务－代驾服务”缴纳，并应向所挂靠的实际承运人开具发票（包括普通发票和专用发票）。为更好服务于网络货运平台经济发展，免于大规模的挂靠车主办理临时税务登记，建议出台新政，比照个人保险代理人，适用于免征额政策（按月10万元或按季30万元，为简便征收，建议适用按月免征额）缴纳增值税。

个人所得税方面，按照现行个人所得税政策，应由支付单位（如所挂靠的实际承运人等）按照“劳务报酬（非连续性）”项目预扣预缴。办理临时税务登记后，个税按“经营所得”项目缴纳。为更好服务于网络货运平台经济发展，免于大规模的挂靠车主办理临时税务登记，建议出台新政，比照个人保险代理人，由支付单位按照“劳务报酬（连续性）”项目适用累计预扣法进行预扣预缴。鉴于其在专职提供劳务的同时，还提供了主要工具设备即货车，仅按“劳务报酬”收入扣除20%的费用尚不足以弥补其合理支出（如油费、维修费等），故应加计扣除展业成本（例如可以按照收入额的40%计算，比例可配置，其中收入额是指收入扣除20%费用后的余额）。

4. 灵活用工驾驶员

灵活用工驾驶员，是指具备《道路运输从业资格证》但自身没有车辆而临时或短期受雇于实际承运人的驾驶员，类似于“代驾”。

（1）税务登记。

如上文所述，其受聘于某一实际承运人，而自身并无市场主体登记暨税务登记。

（2）纳税申报和发票开具。

其增值税义务类似于挂靠车辆的车主，即：带有专职属性，具有劳务连续性，按照现行增值税政策，适用于按月起征点（按月2万元）缴纳增值税，并应向聘用其的实际承运人开具发票（只能开具普通发票）。

个人所得税方面，按照现行个人所得税政策，应由支付单位（如聘用其的实际承运人等）按照“劳务报酬（非连续性）”项目预扣预缴。为更好服务于网络货运平台经济发展，建议总局出台新政，比照个人保险代理人，由支付单位按照“劳务报酬（连续性）”项目适用累计预扣法进行预扣预缴。

5. 其他人员

其他人员，主要是指有车但无实际承运人资质的独立货车司机。

除上述4类驾驶员以外，对于拥有驾驶总质量4.5吨以上货运车辆应办《道路运输经营许可证》等而未办理的货车司机，包括：无任职受雇单位，或所在任职受雇单位无实际承运人资质，未挂靠实际承运人，也未被实际承运人以灵活用工方式聘用的驾驶员及其车辆，属于非法经营，应由交通部门进行规范，督促其依法补办资质。在交通部门对其处置完毕之前，其税收征管措施可参照挂靠车主处理。

三、网络货运税收监管痛点、堵点和难点

网络货运平台的本质特征之一是货运领域的灵活用工。因此，具有一般灵工平台税收监管服务的痛点和堵点，即：虚开发票现象普遍，居于末端的灵工不缴税、不开票，造成税收流失和灵工上游的中间单位难于获票。鉴于货物运输具有跨区流动的特点，按规定可以在多地申请代开增值税专用发票①，如果当地税务机关疏于检验税务登记，则容易引发大量重复办证，进而导致税基碎片化和税收流失。

（一）税收监管痛点

1. 总分包自营模式下网络货运经营者虚开发票给托运人

在总分包自营模式下，网络货运经营者作为总包商直接承揽托运人（发包方）所需的道路运输服务，在这一过程中网络货运经营者应该根据订单交易金额为托运人开具发票。然而在实际情况中，部分托运人（如自然人货主，或者实行核定征收所得税的企业）因无获票需求，不会索要发票，从而导致网络货运经营者的实际开票总额总是会小于订单交易总额，中间便产生了“开票空额”（俗称“富余票”）；网络货运经营者便可利用此“开票空额”进行张冠李戴，将其变通开票给他人。更有甚者，平台无论是否存在“富余票”，直接为平台内某些需要获票的企业超交易订单总额虚开发票，或者为无实际业务往来（主要表现为平台内并无对应订单业务）的托运人直接虚开发票。

2. 网络货运经营者批量代办或代开实际承运人发票时虚开

405 号文开展网络货运试点的目的之一是解决道路运输行业真实业务获票难的问题。按照 405 号文规定，在总分包自营模式下，网络货运经营者接受符合条件的实际承运人提供的道路货运服务后，可以代其向税务机关申请办理代开专用发票（以下简称“代办”）；在撮合模式下，网络货运经营者可以使用自有增值税发票税控开票软件等，为符合条件的实际承运人代开增值税专用发票（以下简称“代开”）。

然而，一些貌似“托运人”和“实际承运人”的用户入驻平台的目的不单纯是为了便利交易，更是为了虚假获票和开票，因此网络货运平台被戏称为“过票平台”。其中，作为核心枢纽的网络货运经营者，在总分包自营模式中直接承担承运人（对托运人而言）和托运人（对实际承运人而言）的双重身份，相较于撮合模式，其自身对于开票和获票的需求更为迫切，受利益驱使，其虚开虚受的动机更强烈，因此总分包自营模式常常是网络货运中虚开发票的重灾区。

一是暴力虚开发票。在总分包自营模式中，网络货运经营者代平台内无订单业务的实际承运人向税务机关批量办理代开发票；在撮合模式下，网络货运经营者使用自有增值税发票

① 《货物运输业小规模纳税人申请代开增值税专用发票管理办法》（国家税务总局公告 2017 年第 55 号）规定，纳税人在境内提供公路或内河货物运输服务，需要开具增值税专用发票的，可在税务登记地、货物起运地、货物到达地或运输业务承揽地（含互联网物流平台所在地）中任何一地，就近向税务机关（以下称代开单位）申请代开增值税专用发票。

税控开票软件，代平台内无订单业务的实际承运人批量开具发票给托运人。

二是事后补单虚开。事后补单是指实际业务发生时间早于平台订单发生时间，即托运人在线下完成业务交易后，在网络货运平台中按规则重走一遍流程，从而获取发票。一些不法者常常利用事后补单的机会进行造假，例如，需票企业虚构“托运人”名义，在线下找一个实际承运人，伪造开票所需材料，通过“事后补单”让其配合在网货平台上走一遍流程，进而虚假获票。一些网络货运经营者因其内控能力有限，无法识别“事后补单”业务的真伪，为实际承运人代办开票（总分包自营模式）或代开发票（撮合模式）时虚开而不自知；更有甚者，网络货运经营者与不法者同流合污，滥用为实际承运人批量代办或代开发票的权限，虚开发票牟利。

三是整套刷单虚开。与“事后补单”相对应是“实时单”，即平台订单发生时间早于实际业务发生时间，网络货运经营者能够实时监控取得业务发生数据。在现有模式下，交通部门与税务部门对订单数据有一定的审核机制用以判断业务真伪，如托运人信息、实际承运人信息、货物信息、车辆信息、运输轨迹等，但这也只能在一定程度上保障“形式合规”，无法百分之百保障业务真实性。若不法者与网络货运经营者合作，根据“形式合规”的校验规则进行整套刷单进而虚假开（获）票，税务机关将难以发现。

3. 实际承运人或无资质货车司机重复办证

优化运力资源配置，实现“降本增效”是开展网络货运试点的主要目的之一，这也意味着网络货运平台内的经营者，即实际承运人可能来自于全国各地。如前文所述，按照405号文规定，符合条件的实际承运人通过网络货运平台承接运输业务后，可以委托网络货运经营者代办或代开增值税发票。

各地税务机关在税务办证环节，大多疏于审核，造成“一地一证”。即：实际承运人甚至是无资质货车司机，为了多头接单而入驻不同的网络货运平台（其中实际承运人入驻属于合规，而无资质货车司机入驻属于网络货运平台审核失职）；其入驻后，委托网络货运平台代办或代开增值税发票时，各平台所在地税务机关不去审核、也无条件审核该纳税人是否已经办理营业执照（无条件审核是指囿于权限，各平台所在地税务机关无权查询实际承运人已在异地办理的营业执照信息），皆为其办理临时税务登记，从而造成重复办证；其中导致重复办理临时税务登记的政策依据之一是《国家税务总局关于税收征管若干事项的公告》（国家税务总局公告2019年第48号）。该公告规定，从事生产、经营的个人应办而未办营业执照，但发生纳税义务的，可以按规定申请办理临时税务登记。

上述同一主体重复办证的危害，不仅大大增加了征纳成本和办税负担，而且导致了纳税主体碎片化、税基零散化，加大了增值税“一户式”归集、注册地结算申报和个人所得税“一人式”归集、多处所得汇总申报难度，造成税收流失。

（二）纳税服务堵点

“零散”的挂靠车主和无车驾驶员（以下统称“末端灵工”）是道路运输行业中“运力”的重要组成部分，但其不缴税、不开票的行为导致其上游运输企业即实际承运人无票可获，进而形成受票缺口，只好到处找票弥补；由此层层蔓延上溯，带动整个运输行业陷入“末端灵工不开票、不缴税——上游单位找票补成本费用支出的缺口——引发更大范围虚受虚开”的泥潭。

而开展网络货运试点的主要目的之一便是打破获票难的“肠阻梗”。然而，网络货运经营者虽然能通过“代办”向税务机关申请代开票的方式，获取实际承运人的发票作为进项成本，但末端灵工不开票的顽疾仍未得到解决，其上游单位——实际承运人仍处于无票可获，从而面临无成本可在所得税税前扣除的窘境。另外，无票可获的实际承运人找票诉求强烈，使得部分网络货运平台演变成“过票平台”，成为虚开盛行的“雷区”，引发税务机关对网络货运平台的严重不信任，纷纷收回平台的委托代征及代开（办）发票权限，不再轻易赋予，从而殃及合规平台，其获票需求也难以得到满足。

（三）税务内控难点

实务中存在一种观点：允许无实际承运人资质的独立货车司机和挂靠车主，在其未办证照（指既未办营业执照，也未办临时税务登记，下同）的情况下，按照《中华人民共和国个人所得税法实施条例》中关于“个人从事其他生产、经营活动取得的所得，对个税按照‘经营所得’项目征收”的规定执行，可以将其税收由平台集中代办申报，税款缴纳至网络货运经营者注册所在地（即地方政府建设的物流园区），从而免于作为“劳务报酬”项目被扣缴至支付单位（包括托运人或实际承运人）注册地。

经过认真分析，我们认为该做法绕开了市场主体登记和道路货物运输经营行政许可，以及临时税务登记，架空了劳务报酬所实行的源泉扣缴制度，存在较大执法风险。具体来说：

（1）违反了《中华人民共和国市场主体登记管理条例》。商事登记制度是市场经济的基本制度。2022 年 3 月 1 日起施行的《中华人民共和国市场主体登记管理条例》规定，市场主体应当依照本条例办理登记。未经登记，不得以市场主体名义从事经营活动。以地方税收规范性文件来改变国家《市场主体登记管理条例》，将面临较大执法风险。

（2）弱化了《道路货物运输及站场管理规定》执行力度。对未办照证的无资质货车司机个税视同经营所得，使其享受与依法办理照证、规范经营的实际承运人一样或类似的税收待遇，无疑是为非法经营者打开了方便之门，与协同共治的国家治理精神不符。

（3）不符合市场主体认定的形式要件（即办理市场主体登记）。《中华人民共和国个人所得税法实施条例》关于经营所得的范围界定中，除“兜底条款”（即“个人从事其他生产、经营活动取得的所得”）的解释不够明确以外，经营所得的纳税人都需要具备商事主体外观方面的资格。比如，个体工商户、个人独资企业、合伙企业需要进行工商登记；依法从事办学、医疗、咨询及其他有偿服务活动需要经过行政许可；对企业、事业单位承包、承租或转包、转租则需要依托于企业、事业单位这一组织形式开展生产经营。也就是说，要成为经营所得的纳税人，需具备“商事主体外观”，并非“任何个人”都可以。

（4）大大增加了税收政策（指对“经营所得”的判断）的不确定性。各地税务部门对上述“兜底条款”的自行解释，造成了个税“经营所得”项目范围界定的模糊地带，也带来了各地执法不一和纳税人的困惑，甚至直接否定了上述关于“商事主体外观”的限定。由于兜底条款的存在，在个人所得税的框架内，“任何个人”都有可能成为经营所得的纳税人，由此带来的直接后果是产生了与劳务报酬所得及其他分类所得的竞合问题。近些年频繁发生的明星偷税案件、灵活用工平台税收漏洞等问题，主要与此有关。

（5）造成了同一基础征管标准在个税与增值税领域执行时相互冲突。《对十三届全国人大三次会议第 8765 号建议的答复》指出，“自然人能否享受小规模纳税人月销售额 10 万元以下免税政策，需要根据其业务实际情况进行判断。按照上述规定，自然人持续开展经营业务的，如办理了税务登记，并选择按期纳税，履行按期申报纳税义务，则可以按规定享受小规模纳税人月销售额10万元以下免税政策；自然人不经常发生应税行为的，如未办理税务登记，或只选择了按次纳税，则应按规定享受按次纳税的起征点政策”。这表明，享受增值税免征额优惠，原则上以办理税务登记为前提。在个税框架内将不办证也可认定为“经营所得”，意味着承认自然人是“持续开展经营业务”的生产经营活动；而增值税框架内因其未办理税务登记而不予认可，不能配套享受按月10万元的免征额优惠，只能执行按月2万元或者按次500元的起征点政策；两者对何谓自然人“持续开展经营业务”这一基础征管标准产生严重冲突。

（6）冲击个税对劳务报酬实行源泉扣缴这一基本管理制度。地方出台税收规范性文件对经营所得进行自行解释后，“任何个人”都有可能成为经营所得个税纳税人，由此产生与劳务报酬所得的竞合，“任何个人”都可以其个税属于经营所得项目而非劳务报酬项目为由进行避税，从而冲击劳务报酬个税实行源泉扣缴制度，造成税收流失。

（7）容易诱发“引税”，对税收营商环境产生破坏力。如果地方出台税收规范性文件进行对经营所得进行自行解释，则个税纳税地点和收入归属将被改变，从本应作为劳务报酬项目在支付单位处进行源泉扣缴，变成了作为经营所得由自然人自行申报（实务操作由平台经营者批量代办自然人申报，缴纳至平台经营者注册地），极易诱发“引税”。

四、构建税收监管服务新模式建议

以去痛疏堵为导向，以“以数治数”理念为指引，以“数据驱动+规则驱动”为手段，采用指定平台源泉扣缴税款和代开发票（过渡期间采用委托平台代办纳税申报和向税务部门申请代开发票方式）、指定平台报告交易信息、加强与交通部门信息共享以获取平台上的交易信息、动态风险监控+发票代开等措施，构建“风险可控、严防虚开、规范高效、便利开票”的网络货运平台税收监管服务新模式。

（一）对网络货运经营者的税收监管服务措施

针对总分包自营模式下网络货运经营者为托运人虚开发票的问题，可以采用总额控制法来控制超额虚开，要求开票方（网络货运经营者）累计开票金额不得超过其与受票方（托运人）对应订单的累计金额。订单等数据可从交通部门信息共享或要求网络货运经营者依法报告。

1. 加强与交通部门信息共享

根据《暂行办法》的规定，网络货运经营者应按照要求上传运单数据至省级网络货运信息监测系统。税务部门可以与交通部门开展信息共享，从其省级网络货运信息监测系统中获取运单数据，内容包括交易双方主体信息、运单生成日期、收发货日期、运费金额等。

2. 要求网络货运经营者依法报告信息

如果难以协调取得交通部门运单信息，税务部门可以要求网络货运经营者依法报告运单信息。

其政策依据有二，一是根据《电子商务法》的规定，电子商务平台经营者应当依照税收征收管理法律、行政法规的规定，向税务部门报送平台内经营者的身份信息和与纳税有关的信息。二是《国家发改委发布关于推动平台经济规范健康持续发展的若干意见》（发改高技〔2021〕1872号）规定，强化平台企业涉税信息报送等税收协助义务，加强平台企业税收监管，依法查处虚开发票、逃税等涉税违法行为。

鉴于信息量非常大，报送每条运单明细不现实，可以分月/季度/年度汇总报告大额托运人（获票方）的累计运单金额（大额托运人是指年运单金额50万以上，金额阈值可配置）。

3. 加强信息比对防范虚开

税务部门获取运单信息后，可以根据网络货运经营者与托运人之间的运单，结合税务部门掌握的电子发票信息，按照网络货运经营者向托运人开票的结算所属期和金额，比对相应所属期的运单金额，识别是否存在超额虚开的风险。

后续待数字化发票改革试点全面推广后，可将风控措施前移对接至数字化发票开具环节，实现动态风险监控。

（二）对实际承运人的税收监管服务措施

如上所述，实际承运人既包括法人实际承运人，也包括个体经济组织实际承运人。其中的增值税小规模纳税人，特别是个体经济组织实际承运人，由于其未建账建制或者核算不健全，如果任由其自行申报或者仅采用核定征收方式，则极易造成税款流失。实务中它们体量大、分布广，税务机关难以一一顾及，因此，倒逼税务机关需要采用规范高效、风险可控的征管方式。建议采用指定平台源泉扣缴税款（过渡期间采用实际承运人委托平台代办涉税事项方式）、动态风险监控+发票代开等措施。具体内容是：

过渡期间，由实际承运人与网络货运经营者签订委托代办涉税事项协议，委托网络货运经营者在与实际承运人进行运费结算时，按照税务机关确定的计税规则，代扣税款并代办纳税申报；再按照“先税后票”原则，代为向税务机关申请代开发票（包括专票和普票）。后续，待征管法和个税法的修法条件成熟，可进一步升级为指定平台源泉扣缴税款。

后续，待征管法和个税法的修法条件成熟，可进一步升级为指定平台源泉扣缴税款。

1. 规范代办纳税申报

针对撮合模式，405号文规定，应与会员签订委托代开增值税专用发票协议，协议范本由各省税务局制定；试点企业代开增值税专用发票应当缴纳的增值税，由试点企业按月代会员向试点企业主管税务机关申报缴纳，并将完税凭证转交给会员。

针对总分包自营模式，405号文规定，试点企业接受会员提供的货物运输服务，不得为会员代开专用发票。试点企业可以按照《货物运输业小规模纳税人申请代开增值税专用发票管理办法》（国家税务总局公告2017年第55号）的相关规定，代会员向试点企业主管税务机关申请代开专用发票。

55号公告规定，纳税人在境内提供公路或内河货物运输服务，需要开具增值税专用发票的，可在税务登记地、货物起运地、货物到达地或运输业务承揽地（含互联网物流平台所在地）中任何一地，就近向税务机关（以下称代开单位）申请代开增值税专用发票。这意味着，无论增值税小规模纳税人经营活动地是否离开了其税务登记地，其均可委托运输业务承揽地平台代收增值税——这属于便民办税，不属于“引税”，这是网络货运业务与一般的外出经营业务明显不同的特殊规定（一般的外出经营业务，政策规定只能在外出经营地预缴增值税，在注册地结算申报）。需注意的是，上述代征税种不含个人所得税，按照政策规定，经营所得个人所得税仍应在被投资单位所在地申报缴纳。

综上所述，建议在新监管模式中，对上述规定进行升级。一是将代办开票范围从专票扩围至普票；二是代收税款范围，由专票对应的增值税扩围到核定征收个税的个体经济组织实际承运人业主的经营所得个税，普票对应税款参照代收；三是待后续征管法和个税法的修法条件成熟，进一步升级为指定平台源泉扣缴税款。

（1）符合条件的实际承运人委托平台代办增值税申报。

代办对象：增值税小规模纳税人实际承运人，并签订协议委托网络货运经营者代办纳税申报。

代办人：上述代办对象注册成为会员的所在平台网络货运经营者。

课税对象：总分包自营模式下，网络货运经营者购买实际承运人劳务服务所支付的交易款项。撮合模式下，网络货运经营者代托运人支付给实际承运人的交易款项。

若代办的发票为增值税专用发票，则按照增值税专用发票上注明的税额全额缴纳增值税及其他相关税费。

若代办的发票为增值税普通发票，以小规模纳税人按月申报为例，因小规模纳税人拥有10万元的免征额，所以理论上，网络货运经营者进行扣缴时，因为不知道实际承运人当月在其他网络货运平台的收入金额，无从知晓其当月收入是否超过10万元，难以实行准确扣缴。即若实际承运人当月分别在两个网络货运平台取得8万元收入，共计16万元，已超过10万元免征额，应缴纳增值税及相关税费，但由于网络货运经营不知道其当月的总收入，且在自身平台都未超过10万元，故可能都未做扣缴。因此建议采用综合预征率（见表）预扣缴进行逐笔预扣缴。综合预征率参照增值税及其附加的法定税率设置，由网络货运经营者对实际承运人从平台内取得的每笔收入（体现在运单上），在网络货运经营者或与网络货运经营者合作的第三方支付服务商向实际承运人支付时，按综合预征率进行预扣缴。鉴于笔数海量，考虑到财税库银系统承受力，税款资金可暂存于专户。

此外，为便于税务部门按月汇总实际承运人的跨平台订单总额，需要平台按月以实际承运人为单位报送运单汇总数（无须订单明细），税务部门开展“一户式”归集后，对于当月汇总收入达到免征额的，由平台从专户划入国库；当月汇总收入未达到免征额的，由平台将当月预扣款项退还给实际承运人。

表16－1　　增值税综合预征率表

税费种	税率
增值税	3%
城市维护建设税	7%
教育费附加	3%
地方教育费附加	2%
增值税综合预征率	3.36%

注：具体实施时，需结合国家及各地税收优惠政策进行调整。

（2）符合条件的实际承运人委托平台代办个人所得税申报。

代办申报对象：核定征收个人所得税的个体经济组织实际承运人，并签订协议委托网络货运经营者代办纳税申报。

代办人：上述代办对象注册成为会员且为实际承运人税务登记地的所在平台网络货运经营者。由于经营所得个人所得税是按年累计计税，所以需要平台具有按照个体经济组织的业主进行经营所得“一人式”归集的能力。如果不具备，则无法委托，由实际承运人自行申报。

课税对象：总分包自营模式下，网络货运经营者购买实际承运人劳务服务所支付的交易款项。撮合模式下，网络货运经营者代托运人支付给实际承运人的交易款项。

按照“经营所得”项目，采用核定应税所得率扣缴，无须进行年终汇缴。但对于从多处取得经营所得的实际承运人，需要进行“一人式”归集后，由税务机关通过系统自动提醒其进行《个人所得税经营所得纳税申报表（C表）》申报，表中部分项目可由系统预填。

2. 规范发票代开，严防虚开

按照405号文和55号公告，网络代办专票代开的对象范围是增值税小规模纳税人；为更大范围便利办税，建议将其扩围至普票；同时，通过指定平台报告交易信息、加强与交通部门信息共享等方式，获取实际承运人的交易信息，用于比对校验代开发票业务的勾稽关系准确性和合理性，以此防范虚开。

参照《国家税务总局关于个人保险代理人税收征管有关问题的公告》（国家税务总局公告2016年第45号，以下简称“45号公告”）中“接受税务机关委托代征税费的保险企业，向个人保险代理人支付佣金费用后，可代个人保险代理人统一向主管税务机关申请汇总代开增值税普通发票或增值税专用发票”这一方式，网络货运经营者代办开票时，可以根据实际情况申请税务机关逐笔代开或汇总代开：在总分包自营模式下，实际承运人的运输服务购买方统一为网络货运经营者，因此可以申请汇总代开（当然逐笔代开也是可以的）；在撮合模式下，实际承运人的运输服务购买方为不同的托运人，则应逐笔代开。

（1）代开发票风控模式。

为防范虚开，一般来说，代开发票必须同时满足4条规则：一是对应增值税及附加已全部预扣缴；二是需代开发票的运单数据应与其他关联审核数据比对相符，确保勾稽关系正确、合理；三是严格按照运单交易双方抬头开具，不得串票即张冠李戴；四是不得超额、重复开具。

先审后开模式。网络货运经营者可以通过网络货运平台的数据接口，将已扣缴的增值税及附加数据、需代开发票的运单数据，以及其他关联审核数据（例如驾驶员信息、车辆信息、运输轨迹、资金流信息等）报送至税务机关（电子税务局等），税务机关按照既定规则审核无误后开具发票，发票开具后应标识“对应的订单已开票”，避免重复或超额开具。如果税务部门可以从交通运输主管部门共享获得待开票运单数据和关联数据，则无须网络货运经营者重复报告，后者只需报送待开具发票的实际承运人清册即可。

先开后查模式。由网络货运经营者的内控功能先行审核运单业务的真实性无误后，再向税务部门报告待开具发票的实际承运人清册和待开票运单数据，免于报告关联审核所需数据。税务部门完成开具后，采用对网络货运经营者联网审计的方式进行审核和应对处置。该模式对网络货运经营者内控功能和税务联网审计要求高，在条件不成熟时，不宜采用。

（2）风控所需数据来源。

风控所需数据来源主要有两大途径：外部信息交换和平台依法报送。

其一，外部信息交换。

根据《暂行办法》的规定，网络货运经营者应按照要求上传运单数据至省级网络货运信息监测系统；省级交通运输主管部门应按照相关技术规范的要求建立和完善省级网络货运信息监测系统，实现与网络货运经营者信息平台的有效对接；应定期将监测数据上传至交通运输部网络货运信息交互系统，并及时传递给同级税务部门。同时，《网络平台道路货物运输经营服务指南》（交办运函〔2019〕1391 号）的三个附件分别从数据交换、信息服务、运行检测、行业监督四个维度制定了网络货运经营者的信息报送的规则范本，囊括了网络货运交易活动中的各维度信息，如托运人信息、实际承运人信息、驾驶员信息、车辆信息、订单信息、运输轨迹、资金流信息等。

由此，税务机关可以通过与交通部门进行信息交互，获取网络货运相关涉税数据。此外，交通部门网络货运信息监测系统中的数据量级、颗粒度也足以支撑税务机关“以数治税”的征管体系建设。

建立外部信息交换机制的优点是：减轻税务部门自建系统的压力；将交通部门数据分析成果化为己用，降低税收征管成本；避免网络货运经营者信息数据的重复报送。缺点是：需要外部门支持；数据可能存在滞后性，影响税收征纳；数据不一定能完全满足税务需要，需要税务部门甄别使用或查漏补缺、补充采集。

其二，平台依法报送。

网络货运经营者具有涉税交易数据报告义务。《税收征管法》规定，纳税人、扣缴义务人和其他有关单位应当按照国家有关规定如实向税务机关提供与纳税和代扣代缴、代收代缴税款有关的信息。其中，其他有关单位包括手握海量订单的平台经营者；《电子商务法》规定，电子商务平台经营者应当依照税收征收管理法律、行政法规的规定，向税务部门报送平台内经营者的身份信息和与纳税有关的信息；《发改委发布关于推动平台经济规范健康持续发展的若干意见》（发改高技〔2021〕1872 号）指出，强化平台企业涉税信息报送等税收协助义务，加强平台企业税收监管，依法查处虚开发票、逃税等涉税违法行为。据此，税务部门可以要求网络货运经营者依法报告涉税交易的数据信息。

网络货运经营者具有保障涉税交易数据完整、可用的义务。《电子商务法》规定，电子商务平台经营者应当记录、保存平台上发布的商品和服务信息、交易信息，并确保信息的完整性、保密性、可用性。

网络货运经营者具有保障涉税交易数据真实性义务。《电子商务法》规定，电子商务经营者不得以虚构交易、编造用户评价等方式进行虚假或者引人误解的商业宣传，欺骗、误导消费者；《网络交易监督管理办法》（国家市场监督管理总局令第 37 号）规定，网络交易经营者不得“虚构交易、编造用户评价”的方式，作虚假或者引人误解的商业宣传，欺骗、误导消费者。

当然，为保障统一规范操作执行，还需要另行制定《网络货运交易涉税信息报告规则范本》。建立涉税数据信息报送机制的优点是：与外部信息交换相比，本方式税务自主性和信息时效性更强，能够更好满足税收征管需要。缺点是：网络货运经营者可能会重复报送部分信息数据。

（3）构建风控指标模型

一是加强多流信息比对。

对涉税数据信息中的托运人信息、实际承运人信息、驾驶员信息、车辆信息、货物信息、运输轨迹、业务发生时间、订单发生时间、资金流信息等多个维度设置多流比对风险指标模型。如：一辆车不能在同一时间承运两个不同路线的订单业务；同一驾驶员不能在同一时间同时驾驶两辆车；运输距离与运输时间需要具备一定的合理性（车速）；必须要有运输轨迹予以证明业务的真实性等。该风险指标模型可结合数据信息采集情况与各地的实际业务场景不断完善，参考《交通运输部办公厅关于进一步做好网络平台道路货物运输信息化监测工作的通知》（交办运函〔2020〕1520 号）动态升级。

税务机关可以设立风险指标模型分值体系，由基层主管税务机关据此评估每笔代开申请的风险程度，以决定是否代开。例如：满分 100 分，60 分以下为高风险订单，不予开票；60 分到 80 分为中风险订单，需详细说明风险产生原因，审核后再确定是否准予开票；80 分以上为低风险订单，可直接开票。若网络货运经营者所提交的代办开票申请中，有 50% 以上的订单处于高风险，税务机关可升级风控应对措施，依法约谈、限票、实地稽查等。

二是建立事后补单风控标准。

首先，根据实际业务场景，设置补单期限。即实际业务发生时间与平台上订单发生时间不得超过 48 小时（可配置）；超过补单期限的，需要另行提供证据和说明。其中，实际业务发生时间可从运输轨迹数据中获取，运单发生时间可从平台上的运单信息中获取。其次，税务机关可对“事后补单”的运单进行随机抽检，即通过联系被抽检的驾驶员，核实确认其运单的业务真实性，并将抽检结果纳入对网络货运经营者的信用评级。

3. 支持反向发起代开发票

为支持托运人便利获票，可由托运人发起获票申请，网络货运经营者通过平台提交待开票数据（即运单信息）给税务机关（电子发票服务平台等），电子发票服务平台通过接口返回开票结果电子数据给托运人（按照托运人指定的接受方式）；发票开具后应标识对应的运单已开票，避免重复或超额开具。

本场景应优先保障用户便利获票的体验，其前提假设是网络货运平台的运单可信，以降低电子发票开票服务的核验负担、提高开票效率，因此，原则上不校验运单数据是否已完税，不进行关联数据勾稽关系审核。为确保风险可控，本场景只对网络货运经营者信用评级高的平台开放。

4. 防止为无资质者代办纳税申报和代开票

《暂行办法》规定，网络货运经营者应当在许可的经营范围内从事经营活动；网络货运经营者应当对实际承运车辆及驾驶员资质进行审查，保证提供运输服务的车辆具备合法有效的营运证（从事普通货物运输经营的总质量 4.5 吨及以下普通货运车辆除外）、驾驶员具有合法有效的从业资格证（使用总质量 4.5 吨及以下普通货运车辆的驾驶人员除外）。网络货运经营者和实际承运人应当保证线上提供服务的车辆、驾驶员与线下实际提供服务的车辆、驾驶员一致。网络货运经营者委托运输不得超越实际承运人的经营范围。

《暂行办法》是由交通运输部和国家税务总局联合下文的，各级税务机关也必须遵守。因此，原则上网络货运经营者不得为无资质者代办涉税事项，否则网络货运平台将沦为鱼龙混杂、泥沙俱下的非法灵工平台。

（1）对总质量 4.5 吨及以下普通货运车辆的车主。

鉴于法定允许其无须取得《中华人民共和国道路运输经营许可证》和《中华人民共和

国道路运输证》，但仍应办理营业执照，所以若总质量 4.5 吨及以下普通货运车辆的车主未办理营业执照或者临时税务登记时，网络货运经营者应拒绝将其作为实际承运人为其代办涉税事项，即便网络货运经营者将其代办事项报至税务机关，税务机关也应拒绝。

（2）对其他货运车辆的车主。

如果其他货运车辆的车主未办理照证，或者未取得《中华人民共和国道路运输经营许可证》的，网络货运经营者应拒绝将其作为实际承运人为其代办涉税事项，即便网络货运经营者将其代办事项报至税务机关，税务机关也应拒绝。

5. 合法代办证照

对于总质量 4.5 吨及以下普通货运车辆的车主，平台可在其进行会员注册时审核其是否已办照证，如未办理，则提醒其及时办理，由平台提供办理照证功能，所需办理营业执照接口由平台自行向有权市场监督管理机关申请，所需办理临时税务登记接口由平台自行向有权税务机关申请。平台也可单独提供办理照证专用功能。

对于已取得《中华人民共和国道路运输经营许可证》的车主，平台可在其进行会员注册时审核其是否已办照证，如未办理（虽然法定要求应先办照再办经营许可证，但相关部门执行未必那么严格，仍有可能会漏办），则提醒其及时补办照证，由平台提供办理照证功能，所需办理营业执照接口由平台自行向有权市场监督管理机关申请，所需办理临时税务登记接口由平台自行向有权税务机关申请。但对于未取得《中华人民共和国道路运输经营许可证》的，不得将其作为实际承运人为其补办照证。平台也可单独提供办理照证专用功能。

税务机关在为符合条件的车主办理临时税务登记记录保存时，要注意校验其是否已有照证，避免其重复办理造成“一户多证”。

6. 防范重复办证

如上文所述，为避免实际承运人重复办理照证造成“一户多证”，需要在全国范围内建立需要代开票（指未做增值税专用发票票种核定，即无自开票认定）的增值税小规模纳税人的实际承运人名录库（以下简称“名录库”），根据 55 号公告的规定，纳税人应将营运资质和营运机动车、船舶信息向主管税务机关进行备案，名录库主要内容包括实际承运人的已办照证、营运资质和营运机动车信息。符合条件的实际承运人在首次办理涉税事项时（包括通过网络货运平台代办）即应纳入名录库。

后续，其在通过异地网络货运平台承接业务而需要办理涉税事项时（包括通过网络货运平台代办）时，税务机关可通过名录库调取信息，参照金税三期“跨区域涉税事项管理”业务处理方式，不用重复办理照证，只需要使用其已有照证在异地办理涉税业务即可。

（三）对末端灵工的税收监管服务措施

如上文所述，网络货运平台作为货运领域的灵活用工平台，具有一般灵工平台的堵点，即：居于末端的灵工不缴税、不开票，造成税收流失和灵工上游的中间单位难于获票。为消除这一堵点，有必要建立指定平台扣缴税款机制和便利开票机制。

对于平台直接支付或者平台代托运人支付交易款项（不通过实际承运人转付）给末端灵工的，指定平台代扣代缴相应税款，过渡期间可由末端灵工委托平台代收税款；平台代收增值税后，可代末端灵工向税务机关申请代开发票。后续，待征管法和个税法的修法条件成熟，可进一步升级为指定平台源泉扣缴税款。

对于交易款项通过实际承运人转付给末端灵工的，则可由末端灵工委托实际承运人代收税款，个税按现行扣缴机制执行；实际承运人代收增值税后，可代末端灵工向税务机关申请代开发票。

1. 收款方式决定谁掌握涉税信息

末端灵工从平台直接收款方式下，平台掌握其涉税信息。实务中，实际承运人可在网络货运平台中设置好其与末端灵工的分配比例，交易款项由网络货运平台直接支付给末端灵工（总分包自营模式下），或者由网络货运平台代托运人支付给末端灵工（撮合模式下）。此时网络货运经营者掌握着末端灵工的个人主体信息、收入信息和资金，完全有能力代收税款。

末端灵工从实际承运人处收款方式下，平台不掌握而实际承运人掌握其涉税信息。即实际承运人从网络货运平台获得运费收入（总分包自营模式下）或从托运人处获得运费收入（撮合模式下），再将其中的部分支付给末端灵工。此时网络货运经营者并不掌握末端灵工的收入信息和资金，没有能力代收税款；而实际承运人掌握末端灵工的收入信息和资金，有能力代收税款。

2. 如果平台掌握涉税信息时，则由平台代办纳税申报与代开

平台掌握末端零工的涉税信息时，可由网络货运经营者和末端灵工之间签订协议，由末端灵工委托网络货运经营者按月代收增值税与劳务报酬个税并代为纳税申报，还代办向税务部门申请发票代开事宜。

按照现行增值税政策，末端灵工适用于按月起征点（按月 2 万元）缴纳增值税，并应向所挂靠或聘用其的实际承运人开具发票（只能开具普通发票）。

挂靠车主应缴纳的个人所得税，按照现行个人所得税政策，应由支付单位（如所挂靠的实际承运人等）按照“劳务报酬（非连续性）”项目预扣预缴。无车驾驶员应缴纳的个人所得税，按照现行个人所得税政策，应由支付单位（如聘用其的实际承运人等）按照“劳务报酬（非连续性）”项目预扣预缴。年终，末端灵工依法自行进行综合所得汇缴。

为更好服务于网络货运平台经济发展，建议出台新政，让网络货运经营者在代办开票时，可以申请税务机关汇总代开普票或专票，受票方为末端灵工所挂靠或聘用末端灵工的实际承运人。

税务机关汇总代开普票或专票时，应校验对应的增值税已经纳税申报。为防范网络货运经营者虚开，如有必要，税务机关可要求网络货运经营者同时报告向末端灵工付款的资金流水单，或实行联网审计。

3. 如果实际承运人掌握涉税信息时，则由实际承运人代办纳税申报与代开票

由于网络货运经营者并未掌握末端灵工的收入信息以及对应的资金款项，无法代办末端灵工的纳税申报与开票业务，建议出台新政，比照 45 号公告，由实际承运人代办灵工纳税申报与汇总代开发票事宜。

其中，实际承运人按月代收增值税及附加、代扣个人所得税的标准与平台代收标准一致。

4. 平台为末端灵工代办证照

末端灵工（总质量 4.5 吨及以下普通货运车辆的车主除外）若想开具增值税专用发票，或开具普通发票时享受小规模纳税人 10 万元以下的免税额优惠政策，或按经营所得缴纳个人所得税，则需办理营业执照或者临时税务登记，可由末端灵工与网络货运经营者签订协

议，委托网络货运经营者代其办理照证事宜。

但需注意的是，末端灵工（总质量 4.5 吨及以下普通货运车辆的车主除外）由于是挂靠车主或无车驾驶员，无《道路运输经营许可证》，不符合法定的实际承运人资质（因为无《道路运输经营许可证》），即使办理了照证，也不能作为实际承运人参与网络货运平台的经营活动。其办理的照证经营范围应属于“代驾服务”，不属于“货物运输”。

第六部分

促进纳税人合规的实践探索

17. 股权转让交易税收风险的大数据识别

随着我国资本市场的发展，股权转让已成为企业改制重组中常见的业务。股权转让创造大额税收增长的同时，也带来了税款流失的风险。股权转让看似是一种简单的交易，但站在税收监管角度，其固有风险高，管理难度大，近年来股权转让税收风险已成为税务机关关注的重点。

股权转让的固有高风险具体表现为：股权转让交易金额通常较大、涉及税种较多，税收政策较复杂，不同转让情形下纳税义务存在差异，纳税人准确理解纳税义务存在难度。并且，股权转让价格直接影响转让双方的纳税金额，基于利益最大化的目标，转让双方主观上存在隐瞒股权转让的动机和积极筹划的意愿。

税收监管难度大具体表现为：股权转让具有偶发性、隐蔽性的特点，纳税人与税务机关之间信息不对称，税务机关无法及时掌握股权转让信息，因此相关税收风险管理存在滞后性。同时，由于缺乏股权转让风险分析的相关工具，目前的分析方法仍以人工分析为主，分析效率有限。

随着税收征管的深化改革，税务机关与市场监管部门逐步落实和完善股权信息交换制度。自然人股权转让已实行在工商变更环节先税后证的措施，将事后风险管控转变为事前管控，但由于各地实施情况存在差异，未实施先税后证的地区仍存在较高风险。而法人股权转让、非法人组织股权转让仍处于事后风险管控的状态。

“互联网 + 大数据”背景下，大数据技术为挖掘数据的潜在价值提供了技术支撑，可探索利用大数据识别股权转让交易及其税收风险，解决征纳双方信息不对称的问题。

其一，利用大数据技术，实时掌握股权转让信息，解决信息不对称问题。

股权转让的税收管理关键在于税务部门能够及时掌握纳税人股权转让的相关信息。传统管理办法是由税务部门定点联系管辖企业，让企业报送股权转让相关信息及资料，人工分析相关数据的合理性及勾稽关系等。传统管理办法依赖于纳税人的税收遵从，且风险分析以人工分析为主，工作量大，管理效果相对有限。利用大数据分析方法，从外部工商登记信息自动监控股权转让，解决股权转让税收风险“管不到”的痛点。

其二，以模板、模型为抓手，强化大数据比对分析，实现股权转让风险分析智能化、精准化。

研究股权转让事项税收政策及核心税收风险点，以点带面强化股权转让税收风险管理。充分利用大数据，以分析模板和分析模型为抓手实现风险自动化分析，提升风险分析的精准度和智能化水平。在传统指标模型基础上，探索利用大数据进行更深入或更精准的风险分析，充分挖掘外部数据和税收数据的价值，解决股权转让事项税收风险“管不精”的痛点。

一、股权转让涉及税种及主要风险

股权转让主要涉及企业所得税、个人所得税、印花税及土地增值税等相关税种，不同的场景涉及的税种不同，存在不一样的税收风险。

（一）股权转让涉及的企业所得税义务①

转让方为法人（以下简称“企业”）的场景涉及企业所得税。企业转让股权收入，应于转让协议生效且完成股权变更手续时，确认收入的实现。股权转让收入扣除为取得该股权所发生的成本后，为股权转让所得。企业在计算股权转让所得时，不得扣除被投资企业未分配利润等股东留存收益中按该项股权所可能分配的金额。

法人可进一步分为居民企业、非居民企业，不同法人的纳税义务存在差异。居民企业取得股权转让所得在会计处理时计入“投资收益”科目，在企业所得税预缴申报时计入应纳税所得额，并于次年5月31日前完成年度汇算清缴。非居民企业取得股权转让所得，由受让方作为扣缴义务人在其所在地主管税务机关进行源泉扣缴。在受让方未扣缴的情况下，转让方非居民企业自行向被投资企业所在地主管税务机关申报缴纳股权转让所得对应的税款。

此外，存在法人合伙人的合伙企业取得股权转让所得需穿透至合伙人处理，具体纳税义务可根据合伙人的具体类型参照上述内容进行管理，不再赘述（其中，非居民企业合伙人取得所得的税务处理存在争议）。

（二）股权转让涉及的个人所得税义务②

转让方为自然人、非法人组织（存在自然人合伙人的合伙企业、个人独资企业）的场景涉及个人所得税。

自然人取得股权转让所得，以股权转让方为纳税人，以受让方为扣缴义务人，按月或按次分项计算缴纳个人所得税。纳税人取得应税所得，扣缴义务人未扣缴税款的，纳税人应当在取得所得的次年6月30日前，缴纳税款；税务机关通知限期缴纳的，纳税人应当按照期限缴纳税款。

非法人组织取得股权转让所得，需穿透至上层自然人，相关所得作为自然人的生产经营所得，由非法人组织代为申报缴纳税款。但创投企业例外，相关所得作为自然人的财产转让所得，由创投企业代扣代缴。

（三）股权转让涉及的印花税义务③

股权转让方、受让方均存在印花税纳税义务，应按“产权转移书据——股权转让书据”

---

① 政策依据：《国家税务总局关于贯彻落实企业所得税法若干税收问题的通知》（国税函〔2010〕79号）；《国家税务总局关于非居民企业所得税源泉扣缴有关问题的公告》（国家税务总局公告2017年第37号）。

② 政策依据：《中华人民共和国个人所得税法》《国家税务总局关于发布〈股权转让所得个人所得税管理办法（试行）〉的公告》（国家税务总局公告2014年第67号）《财政部 税务总局 发展改革委 证监会关于创业投资企业个人合伙人所得税政策问题的通知》（财税〔2019〕8号）。

③ 政策依据：《中华人民共和国印花税法》《中华人民共和国印花税暂行条例施行细则》。

税目，按转让价款的万分之五缴纳印花税（符合“六税两费”减免优惠的纳税人可在50%的税额幅度内减征）。按金额比例贴花的应税凭证，未标明金额的，应按照凭证所载数量及国家牌价计算金额；没有国家牌价的，按市场价格计算金额，然后按法规税率计算应纳税额。

纳税人为境外单位或者个人，在境内有代理人的，以其境内代理人为扣缴义务人；境内没有代理人的，由纳税人自行申报缴纳印花税，具体办法由国务院税务主管部门规定。

（四）股权转让涉及的土地增值税义务

名为股权转让、实为资产转让（房屋或土地）的场景下，转让方可能存在土地增值税纳税义务。实际场景中，各地税务机关执行口径存在差异，具体需根据实际情况由当地主管地税机关判定：

执行口径一：应征收土地增值税。部分税务机关明确“对于控股股东以转让股权为名，实质转让不动产并取得了相应经济利益的”应缴纳土地增值税（比照国税函〔2000〕687号、国税函〔2009〕387号、国税函〔2011〕415号）。

执行口径二：不应征收土地增值税。部分税务机关认为上述国税函文件属于个案批复，根据土地增值税暂行条例，确实属于纯股权转让的原则上不征土地增值税。

（五）股权转让涉及的主要税收风险

基于对相关风险案例的研究，股权转让的税收风险主要有以下几类：

一是转让方未确认或申报股权转让所得。居民企业转让股权，转让方存在未确认、申报股权转让所得的风险。具体情形可能包括：转让方虽在会计上确认股权转让所得，但虚假填报申报表数据；转让方政策理解不当（比如以实际收到股权转让款的时间来确认收入实现）或出于筹划角度滞后申报股权转让所得；转让方通过虚构往来的方式隐匿股权转让收入。

二是受让方未履行扣缴义务。受让方取得非居民企业转让的股权，可能存在未按规定扣缴非居民企业股权转让企业所得税的风险。受让方取得自然人（居民个人、非居民个人）转让的股权，可能存在未按规定扣缴自然人股权转让个人所得税的风险。

三是受让方或被投资企业未履行报告义务。自然人转让股权场景下，受让方、被投资企业可能存在未按规定履行报告义务的风险。受让方的报告义务为：应于股权转让相关协议签订后5个工作日内，将股权转让的有关情况报告主管税务机关。被投资企业的报告义务为：应当在董事会或股东会结束后5个工作日内，向主管税务机关报送与股权变动事项相关的董事会或股东会决议、会议纪要等资料。发生个人股东变动或者个人股东所持股权变动的，应当在次月15日内向主管税务机关报送含有股东变动信息的《个人所得税基础信息表（A表）》及股东变更情况说明。

四是股权转让收入不实。转让方申报的股权转让收入偏低（比如零价转让、平价转让、低于股权对应账面净资产份额等情形）且无正当理由的风险。股权转让收入不实的其他情况还包括：转让双方签订阴阳合同，利用阴阳合同隐匿真实股权转让收入；自然人股权转让情形下，转让方取得的违约金、补偿金等未计入股权转让收入。

五是股权转让成本（原值）不实。虚构股权转让成本（原值）的风险、未如实出资但按认缴金额申报股权转让成本（原值）的风险。

六是特殊性税务重组优惠享受不当。涉及股权重组的股权转让不符合特殊性税务处理规定，但转让方享受特殊性税务重组免税优惠的风险。

七是利用增资协议、注资协议、股权置换等方式掩盖股权交易实质。利用增资协议、注资协议、股权置换等方式掩盖股权交易实质、逃避缴纳税款。比如：双方签订增资协议后，又签订变更和补充协议（将原先的增资关系转化为股权转让关系）；转让方先减资、受让方再增资变相实现股权转让。

八是换出股权的非货币性资产交换未视同股权转让。以股权对外投资或进行其他非货币性资产交换。对于投资方/换出方，存在未按规定视同销售（视同股权转让）缴纳相关税费的风险。

九是转移至低税负企业迂回转让过度筹划。以成本价或低价将股权转让给集团内低税负企业（亏损企业、重大优惠税率企业、可获得税收返还企业等），再由集团低税负企业转给最终股权受让方，降低股权转让的整体税负。转让给集团内低税负企业可能存在定价不合理而被特别纳税调整、少缴企业所得税的风险。

十是股权转让未按照规定申报印花税。转让方、受让方存在股权转让未按规定申报印花税的风险，比如未申报缴纳印花税（含零价无偿转让情形）、印花税计税金额申报金额错误。

此外，还存在名为股权转让实为资产转让的税收风险。以转让土地使用权、地上建筑物及附着物为目的的股权转让，转让方存在应缴纳土地增值税但未缴纳的税收风险（实务中存在争议）。

二、大数据识别股权转让及相关主体

股权转让税收风险分析即利用大数据识别股权转让交易及相关主体，解决信息不对称的问题。股权转让涉及三方：转让方、受让方、被投资企业，三方的税收风险各不相同。因此，股权转让监控必须同时识别三方，采集三方与股权转让相关的数据，才可进行更深入的税收风险分析。

大数据识别股权转让的基本思路是：基于外部工商登记信息、上市公司资讯、专业数据库，识别和采集企业的股权变动信息以及各方的相关登记信息，再利用大数据智能分析处理技术，对相关数据进行结构化处理、清洗、转换后输出股权转让的有关数据。

从工商登记信息识别股权转让信息的核心思路为：从工商登记信息中分析投资信息，即根据投资企业对被投资企业的投资情况变动（根据投资有效期、投资金额、投资比例等要素进行判断）识别股权转让方、被投资企业、受让方，根据被投资企业将转让方与受让方进行匹配，最终输出相关交易数据。利用工商登记信息识别股权转让既保证了时效性，也保证了广覆盖，实际应用时建议优先使用此类数据。

从上市公司资讯、专业数据库获取股权转让的核心思路为：通过关键词搜索、语义分析等大数据技术，从相关公告中分析股权转让交易信息。相关公告包括简式权益变动报告书、详式权益变动报告书、回购信息、关于股东权益变动的提示性公告、关于股东变更的提示性公告、股东增持减持信息等。其中，上市公司资讯数据结构化程度较差，专业数据库虽然结构化程度得到改善但往往需收费使用，且利用这两类数据涉及的企业主体有限，若要确保广覆盖则难免有所缺陷。

除上述外部数据外，也可以根据纳税申报数据模糊识别股权转让。利用纳税申报数据识别股权转让的方式相对较简单，即通过《企业所得税年度纳税申报表》中基础信息表主要股东的变动情况识别股权变动的被投资企业、转让方与受让方，或通过 A105030 投资收益纳税调整明细表中“长期股权投资”项目处置收益的填报情况进行识别股权转让方，或通过《资产负债表》中“长期股权投资”项目的变动识别发生股权转让的转让方。但申报数据时效相对滞后，不能实现实时掌握股权交易信息。

三、大数据识别主体间关联关系

识别股权转让交易主体后，可进一步利用工商登记信息、税务登记信息对主体间的关联关系进行分析，比如分析转让方与受让方之间的关联关系。关联关系的判断主要用于股权转让定价不公允、转移至低税负企业迂回转让过度筹划等税收风险分析。

对于企业关联关系判断，税法、公司法、会计准则有着不同的规定。从税收风险分析的角度来看，税法的规定最有价值，初步应用时优先使用税法规定的判断标准，即参照《国家税务总局关于完善关联申报和同期资料管理有关事项的公告》（国家税务总局公告 2016 年第 42 号，以下简称“42 号公告”）中规定的关联关系情形。

从数据角度进行可行性分析，利用相关登记信息无法对所列情形一一作出判断，能判断的仅有持股情况和任职情况两类。对于数据层面无法计算判断的关联关系暂不考虑，比如两个以上具有夫妻、直系血亲、兄弟姐妹以及其他抚养、赡养关系的自然人共同持股同一企业，在判定关联关系时持股比例合并计算；双方存在持股关系或者同为第三方持股，虽持股比例未达到 25% 规定，但一方的生产经营活动必须由另一方提供专利权、非专利技术、商标权、著作权等特许权才能正常进行等。

因此，需要重点识别股权关联、人员关联两大类关系。鉴于关联关系判断对数据要求高，清洗难度大，因此应考虑先易后难。比如先判断股权关联中的直接关联，若存在关联则不再开展剩余关联情况判断。

（一）股权关联

基于数据可获得性，股权关联仅识别 42 号公告第二条中的关联关系情形（二）的部分：即“一方直接或者间接持有另一方的股份总和达到 25% 以上；双方直接或者间接同为第三方所持有的股份达到 25% 以上（如果一方通过中间方对另一方间接持有股份，只要其对中间方持股比例达到 25% 以上，则其对另一方的持股比例按照中间方对另一方的持股比例计算）”。

识别股权关联的数据源为工商登记信息。以下分类展示具体的判断示意图（图中线条代表持股关系）。

情形一：一方直接或者间接持有另一方的股份总和达到 25% 以上，如图 17－1 所示。一方被直接加间接持有股份的关系关系如图 17－2 所示。

直接持有情况：

若A对B的直接持股比例大于等于25%，则A、B构成关联关系。

间接持有情况：

若A对B的持股大于等于25%，且B对C的持股大于等于25%，则A、B、C构成关联关系。（当A对B持股大于等于25%时，A对C的持股按B对C的持股比例计算。）

图 17－1　一方被直接或间接持有股份关联关系示意图

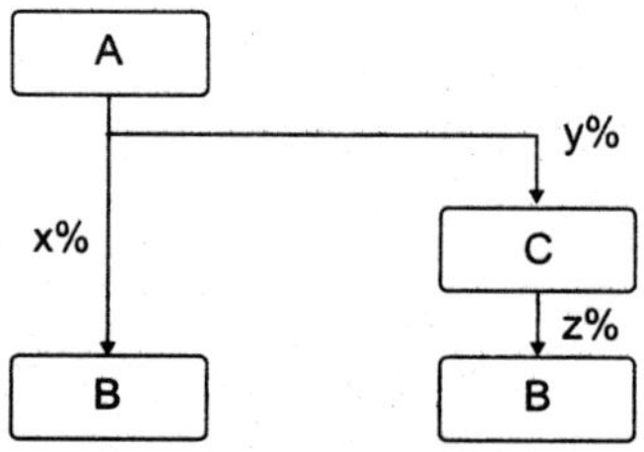

直接加间接持有情况，判断A、B的关联关系：

若x≥25%，则根据直接持股比例可判断A、B构成关联关系；

若x<25%，由于还存在间接持股情况，则需进一步判断直接和间接持股比例总和：

若y≥25%，则A对B的总持股比例a=x+z。若a≥25%，则A、B构成关联关系；

若y<25%，则A对B的总持股比例a=x+y×z。若a≥25%，则A、B构成关联关系。

图 17－2　一方被直接加间接持有股份的关联关系示意图

情形二：两方直接或者间接同为第三方所持有的股份达到25%以上，如图 17－3 所示。两方被直接加间接持有股份的关联关系如图 17－4 所示。

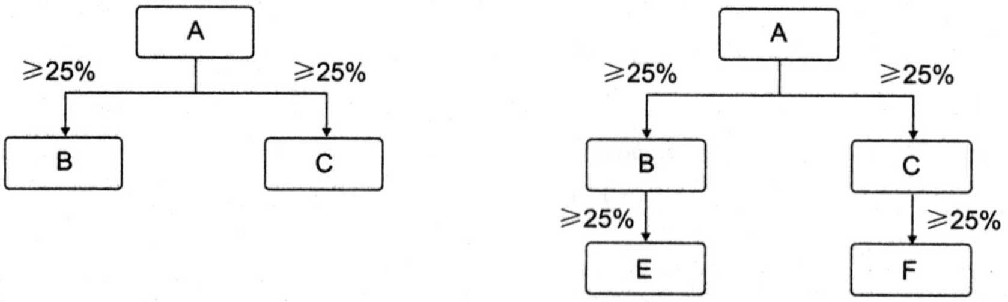

直接持有情况：

若A对B、C的直接持股比例均大于等于25%，则A、B、C构成关联关系。

间接持有情况：

若A对E、F的间接持股比例均大于等于25%，则A、B、C、E、F构成关联关系。

图 17－3　两方被直接或间接持有股份的关联关系示意图

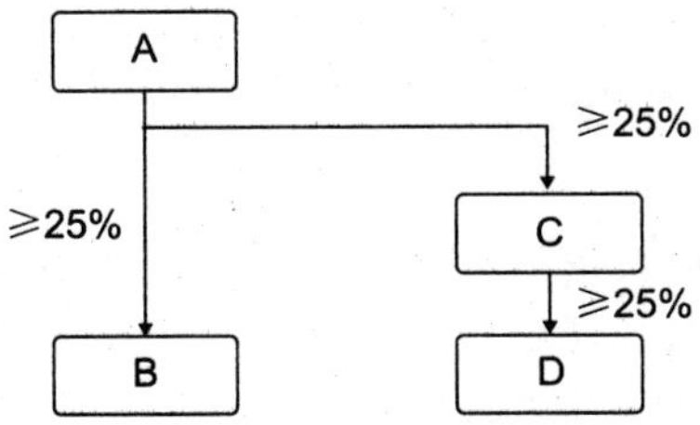

直接持有（A、B）加间接持有（A、D）情况，判断B、D的关联关系：

A对B的持股大于等25%， A、B构成关联关系；
且A对C的持股大于等于25%， C对D的持股大于等于25%， A、C、D构成关联关系；
此时， B、D之间也构成关联关系。

图 17－4　两方被直接加间接持有股份的关联关系示意图

（二）人员关联

基于数据可获得性，人员关联仅识别 42 号公告第二条中的关联关系情形（五）的部分：“一方半数以上董事或者半数以上高级管理人员（包括上市公司董事会秘书、经理、副经理、财务负责人和公司章程规定的其他人员）同时担任另一方的董事或者高级管理人员。”

识别人员关联的数据源为工商登记信息、税务登记信息。工商登记信息中的人员信息主要包括董事长、董事、监事、总经理；税务登记信息中的人员信息主要是财务负责人。具体判断如图 17－5、图 17－6 所示（图中线条代表任职关系）。

情形1：

若A的半数以上董事同时担任B的董事，则A、B构成关联关系。

情形2：

若A的半数以上高级管理人员同时担任B的高级管理人员，则A、B构成关联关系。

图 17－5　董事或高级管理人员关联关系示意图

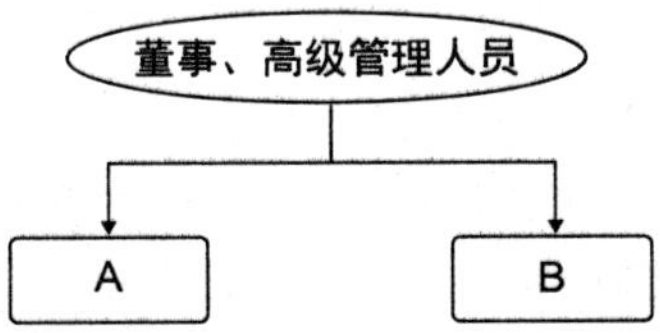

情形3：

若A的半数以上董事和高级管理人员同时担任B的董事和高级管理人员，则A、B构成关联关系。

图 17－6　董事和高级管理人员关联关系示意图

四、大数据分析股权转让申报情况

利用大数据技术对外部数据进行挖掘分析，筛选出发生股权转让的主体名单并分析主体间关联关系之后，再利用申报数据开展更深入的税收风险分析，即将相关信息与申报信息进行比对，进一步过滤出股权转让公开信息与申报信息不一致的纳税人或扣缴义务人名单，以便更加精确地锁定存在股权转让税收风险的企业，提高风险识别的准确度。

不同转让方取得股权转让所得向税务机关报送的主体及申报材料不同，因此需针对不同转让方分别确定分析的数据源及分析方法，核实相关主体是否申报、数据是否准确。

（一）居民企业

居民企业对外投资在会计上通过“长期股权投资”科目核算，转让股权取得的相关所得计入“投资收益”科目，在企业所得税预缴/汇缴时计入应纳税所得额缴税。居民企业股权转让税收风险分析的数据源是《企业所得税年度纳税申报表》，其分析重点在于转让方是否申报相关所得、转让收入是否明显偏低、是否享受特殊性税务重组等，并输出相关数据。

若居民企业一年内仅发生一次股权转让交易，则不仅能实现股权转让申报“有/无”的简单核对，还可进行“金额大/小”的简单核对，比如与被投资企业的净资产份额进行比较，分析是否存在转让收入明显偏低的情况。

若居民企业一年之内发生了多次股权转让交易，由于申报时只在年终汇算清缴时申报一个总数，且申报信息中缺少各次股权转让的明细数据，因此只能实现股权转让申报“有/无”的简单核对，但无法判断是否每笔都进行了申报，更无法进行“金额大/小”的核对。

（二）非居民企业

非居民企业取得股权转让所得，由受让方进行代扣代缴，其税收风险的分析重点在于分配方是否按规定扣缴相应所得税。

分析非居民企业股东税款是否扣缴的主要数据源为《扣缴企业所得税报告表》，通过受让方（扣缴义务人）的名称查找转让所在期间受让方报送的《扣缴企业所得税报告表》，分析受让方是否扣缴转让方股权转让所得相关税款，并输出扣缴申报的转让收入、转让原值等数据。

（三）自然人

自然人取得股权转让所得，由受让方进行代扣代缴，与非居民企业转让股权的类型类似，其税收风险的分析重点在于受让方是否按规定扣缴相应所得税。

分析自然人股东税款是否扣缴的数据源为《个人所得税扣缴申报表》，根据受让方（扣缴义务人）的名称查找转让所在期间受让方报送的《个人所得税扣缴申报表》，分析受让方是否扣缴税款，并输出扣缴申报的转让收入、转让原值等数据。

（四）合伙企业、个人独资企业

合伙企业（非创投企业）、个人独资企业取得的股权转让所得属于合伙企业的生产经营所得，与其他所得并入生产经营所得按5% ~35%超额累进税率计税，因此难以从申报表中直接获取股权转让的明细数据，只能简化处理，分析股权转让所在期间经营所得的收入总额是否明显偏低。

分析经营所得收入总额的数据源为《个人所得税经营所得纳税申报表（A表）》，根据转让主体名称、转让主体上方自然人名称查找转让所在期间报送的《个人所得税经营所得纳税申报表（A表）》，设置相应的阈值分析收入总额是否明显偏低，并输出收入总额、成本费用等数据。

五、风险分析方法

以分析模板和分析模型为抓手，建立股权转让预警体系，实现自动识别股权转让税收风险，提高风险识别的及时性、准确性。即在上述大数据分析方法的基础上，结合股权转让的税收风险以及相关数据的可获得性，设计相应的分析模板或模型。其中，模板侧重于台账式管理让用户实时掌握股权转让相关信息，而模型更侧重于不同数据源下股权转让税收风险的分析。

（一）模板分析

从有助于风险识别和分析的角度，设计股权转让风险分析模板。分析模板的核心作用在于建立较为完善的股权转让信息数据台账，展示分析期间全国范围内的股权转让交易情况，并提示交易各方的关联关系、相关纳税数据等。通过使用该模板，不仅可以快速获取分析期间股权转让交易的整体情况，也可筛选风险企业进行风险应对、跟踪管理。

分析模板可至少设计两类，一类是“股权交易总览模板”，另一类是“风险分析模板”。

“股权交易总览模板”用于展示分析期间全国范围内的股权转让交易情况。股权转让涉及三方主体：转让方、受让方、被投资企业，如表17-1所示，三方主体的核心税收风险各不相同。因此对于总览模板，必须输出每次股权交易涉及的三方主体。总览模板中的数据项包括各笔交易的交易日期、转让类型、纳税义务人、扣缴义务人、股权转让三方主体的基本信息、转让方与受让方的关联关系等。

表17-1　　股权交易总览模板

主体	核心税收风险
转让方	股权转让获益方，为直接的所得税和印花税纳税义务人，其税收风险为未按规定申报纳税的风险
受让方	为股权转让支付方而非获益方，因此受让方不存在直接的所得税纳税风险，但存在印花税纳税风险、所得税扣缴风险（转让方为非居民企业、居民个人、非居民个人场景下）
被投资企业	非股权转让的受益方、支付方，因此被投资企业不存在纳税风险、扣缴风险，但存在股权变动事项相关的报告风险

“风险分析模板”用于展示相关主体股权转让交易的申报表明细数据。不同转让类型下交易方向税务机关报送的申报材料不同，因此需根据不同转让类型分别设计不同的模板采集交易主体更多的明细数据并开展简单的税收风险分析。

转让类型可至少分为以下五类：居民企业转让、非居民企业转让、居民个人转让、非居民个人转让、非法人组织转让。模板可设计五类或者将部分类别进行合并（比如将分析扣缴义务的非居民企业转让、居民个人转让、非居民个人转让设计在一张模板中）。

例如，“居民企业申报风险分析模板”展示转让方为居民企业转让的股权转让交易的相关数据。具体包括：转让方是否申报股权转让，是否享受特殊税务重组，填报的转让收入、转让原值以及被投资企业净资产、被投资企业是否存在房屋土地，转让收入是否明显偏低等信息。

（二）模型分析

模型分析主要用于居民企业股权转让的税收风险分析，既可以分析居民企业转让股权的申报风险，也可以分析居民企业受让股权的扣缴风险。模型分为三大类，包括“传统指标模型”“账套数据比对分析模型”和“大数据比对分析模型”，三类模型层层递进，风险识别效果不断强化。实际应用时，可根据数据的可获得情况，选择相应的模型。

1. 传统指标模型

税务风险分析模型一般指利用单一主体单一数据源（主要是申报数据，包括纳税申报表、申报的财务报表）进行建模分析的模型，将此类模型命名为“传统指标模型”。例如，分析某一主体税负率低于行业平均值、分析某一主体不同申报表间的勾稽关系是否存在问题等等。此类模型建模相对简单，也具备一定的分析效果。

用“传统指标模型”分析供产销风险、收入成本费用风险可以取得较好的效果，但股权转让交易风险与这些风险不同，仅利用单一主体申报数据可以识别股权转让收入明显偏低、完全未申报缴纳印花税的风险，但无法识别股权转让收入确认不实、印花税申报计税依据不实、未按规定完成扣缴义务等风险。因此在模型分析层面进行拓展，一方面是数据源的拓展，另一方面是主体的拓展，即拓展补充账套数据比对分析模型和大数据比对分析模型。

2. 账套数据比对分析模型

账套数据比对分析模型仅适用于转让方为居民企业且存在账套数据（包括总账、明细账、记账凭证）的情况，此类模型基于账套数据建立深度挖掘模型或通过账套数据与申报数据的比对分析识别风险。

例如，对于转让股权的居民企业，通过借贷科目的对应关系、摘要关键字等内容设置相应的深度挖掘模型，扫描转让所在期间的账套数据，即可分析相关月份是否存在确认股权转让所得的记账凭证，对于不存在相应记账凭证的企业即为疑点企业，存在未确认股权转让所得的风险。

3. 大数据比对分析模型

大数据比对分析模型的核心特征在于通过多方数据的交叉比对、多数据源的交叉比对识别风险，既可以利用多方数据的申报数据进行比对分析，也可引入相关主体的账套数据进行比对分析。股权转让风险识别的大数据比对分析模型主要是多方数据的交叉比对，而多主体数据比对的前提是相关交易主体的挖掘，因此此类模型最好在分析模板的基础上再扫描使用。

例如，建立转让方转让收入与受让方受让成本的比对模型，通过比对转让方转让收入与受让方受让成本的金额差异，分析转让方未确认转让收入或转让收入确认不实的风险。相关数据项的获取方式视主体的交易情况及相关数据可获得情况而定。以转让方为例，若分析年度转让方仅发生一次股权转让交易且申报表中填报相关数据，则可直接利用申报数据进行分析；若分析年度转让方发生多次股权转让交易，由于申报表中无法获取各交易的明细数据，此时若可获得账套数据则应利用账套数据，从中爬取数据后进行比对分析。

18. 基于大数据的金融业税收风险共治策略

金融业交易量大、业务复杂，一直是税收风险管理的难点和重点。营改增的全面实施进一步加深了金融业税收风险问题的复杂性，无论是纳税人还是税务机关，都面临更大挑战。针对金融业的行业特点，引入税务大数据分析方法，综合利用纳税申报、发票以及账务处理数据，设计金融业特定的指标模型，并辅以风险分析指引和应对指南，以及专为纳税人提供的风险报告和自查提纲，在提高税务机关风险分析和应对能力的同时，将纳税人纳入“风险共治”轨道，同步解决行业风险识别（选案）和单户风险应对问题，对于省及省以下税务机关的风险管理、企业内控内审等工作，具有重要应用价值。

金融业包括货币金融服务（66）、资本市场服务（67）、保险业（68）、其他金融业（69），涉及范围较广。但纳税大户集中在货币银行服务（662）、证券经纪交易服务（6712）、人身保险业和财产保险（681、682），即通常所说的银行业、证券业、保险业三大块。下文所称银行业、证券业、保险业分别指的是货币银行服务（662）、证券经纪交易服务（6712）、人身保险业和财产保险（681、682）。

一、风险共治策略基本思路

从业务角度讲，金融业风险分析解决方案主要遵循以下思路。

（一）以行业筛查为主，兼顾单户分析

所谓行业筛查，就是利用指标模型针对某一地区的金融企业进行扫描，按指标模型命中情况输出风险企业清单，供进一步分析。行业筛查一般由总局或省局风险管理部门完成，重在完成“筛选”，核心抓手是指标模型以及数据平台。所谓单户分析，就是对清单中的企业，按命中提示的风险指向和应对指南，做进一步分析，重在缓解主管税务机关风险应对人员，特别是基层风险应对人员在风险应对时“心中没底”“手上没工具”的处境，核心抓手是与指标模型一一对应的应对指南，以及差别化的单户风险报告和面向纳税人的风险提示和自查提纲。通过与纳税人的双向反馈，达到事半功倍的效果。

（二）以指标模型为主，兼顾辅助工具手段

指标模型决定了风险识别的广度、深度和精度，因此风险分析的重点是指标模型。但由于受数据来源以及其他信息不对称方面的局限，指标模型很难做到精准，深度和广度也大受限制，因此需要用其他方法进行弥补。有效的弥补手段，一是为税务分析人员提供系统的行业风险分析指引以及与每一个指标模型一一对应的风险应对指南，并实现指标模型和企业间

的快速切换和钻取查看，缓解风险应对中的信息不对称和手段缺失的困境。二是为风险纳税人出具风险分析报告，并提供自查提纲，供纳税人进行自查自纠，并将结果反馈给税务分析人员，充分调动纳税人自身资源参与“风险共治”，拓展和深化风险应对手段。

（三）区分一般风险与高风险分析

主要是指标模型，分为一般风险指标模型和高风险指标模型。一般风险指标模型主要是那些指向性较差，但又是不可或缺的指标模型，如与税负率、变动率相关的指标模型。高风险指标模型则是指向性较强、精准度更高的指标模型，特别是多源大数据比对指标模型。但由于数据来源的局限，高风险指标模型无法涵盖所有风险域，因此一般风险指标模型还是必不可少。二者并用，可以一定程度缓解有限的数据源与更高的指标精准度之间的矛盾问题。但即使是二者并用，也没法完全涵盖所有行业风险，因此辅助手段（包括行业风险分析指引、风险报告和自查提纲等）不可或缺。

（四）引入税务大数据分析核心方法

多源数据之间的交叉比对，是提高指标模型精准度的有效途径。长期以来，风险分析指标模型的指向性和精准度始终不能令人满意，其中一个重要原因就是数据的广度和深度不够，也就是数据的来源少、颗粒度不够。引入账套数据，可以一定程度解决这一问题。

账套数据的颗粒度远远细于申报表和财务报表数据，许多税务口径要求的细分数据，都可以通过账套数据加工得到。利用自身账套数据与申报数据，以及自身账套数据与交易对方数据进行关联比对，可以大大提高模型的指向性和精准度。这种多源数据之间的关联比对，是税务大数据分析的核心方法之一。

不足的是，账套数据只有总局大企业管理监管的列名企业才有，因此基于账套数据的分析只能用于大企业管理线。

二、风险共治策略业务方案

基于上述基本思路，解决方案从三方面着手。一是设计金融业风险识别指标模型，用于金融业行业风险扫描；二是提供面向税务人员的风险分析指引和应对指南，辅助税务人员进行风险分析和风险应对；三是提供面向纳税人的风险检测报告和自查提纲，将纳税人引入“风险共治”轨道，共同完成风险应对工作。

（一）金融业风险分析及应对流程

本方案设计金融业风险分析和应对工作，涉及三类用户角色。一是总局或省局风险管理部门，主要工作是提供相关工作所需的数据和平台工具支撑，利用指标模型进行行业风险扫描，输出相关扫描结果，经过简单分析排序后，派发风险应对任务，并汇总应对结果。二是风险应对人员，包括总、省集中的人员以及省以下各级机关风险应对人员，主要工作是根据派发的风险清单和分管的企业风险检测报告、自查提纲，经过初步分析后，将对应的风险检测报告和自查提纲下发到对应的企业，辅导企业自查，并在企业反馈的基础上做进一步分析，完成分管的每户企业风险应对，按要求将应对结果反馈至任务派发机关部门。三是企业纳税人，主要工作是自查，即对照税务人员下发的风险检测报告和自查提纲，按“风险共治”的要求，组织内部相关人员进行风险自查，并按要求将自查结果反馈给税务风险应对人员。

金融业风险分析和应对工作流，以及相关业务研究提交物的介入环节如图 18－1 所示（图中“业务输入、辅助文档”是指业务研究提交物，主要包括指标模型、报告模板、面向税务人员的三个行业的风险分析指引、面向纳税人的三个行业的自查提纲）。

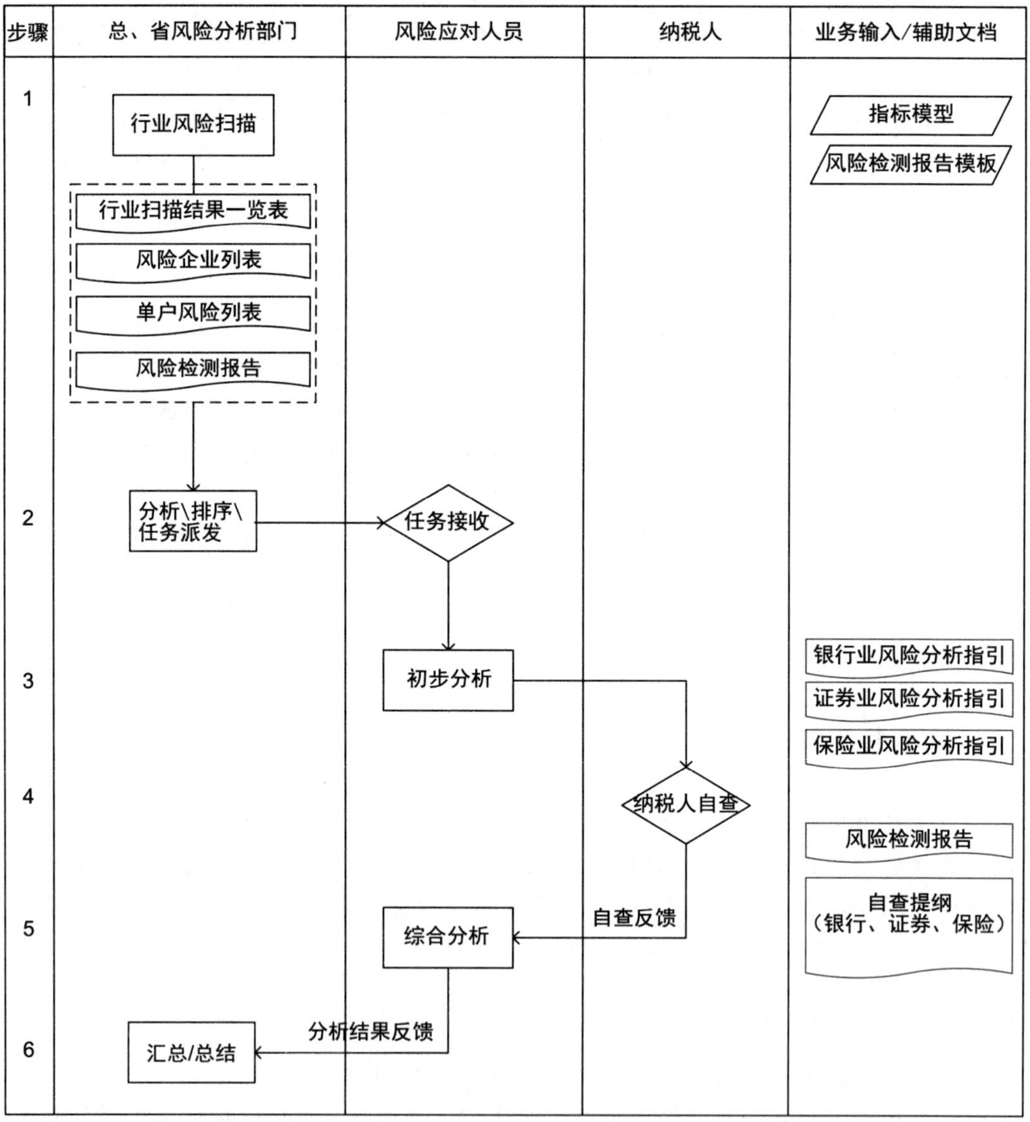

图 18－1　金融业风险分析工作流与业务输入关系示意图

（二）风险分析指标模型

风险分析指标模型（简称“指标模型”），是进行行业风险识别的关键。由于数据所限，金融业的相当一部分特有风险无法利用指标模型进行识别，只能辅以分析指引、自查提纲等手段进行分析和应对。有数据支持建模的，又分为两部分，一部分有申报数据、发票数据和账套数据支撑，适用于总局大企业管理司负责的列名企业，因为只有列名的大企业才采集账套数据。另外一部分只有申报数据和发票数据，没有账套数据，指标的指向性和准确性都不如账套数据。省及省以下风险管理部门负责的企业只能适用没有账套数据支撑的指标模型。

1. 账套数据相关指标模型

引入账套数据大数据关联比对模型，风险指向性较好，模型准确度也大大提高，特别是账套数据与申报数据和发票数据的交叉比对模型效果更好。纯账套科目数据分析效果，也比纯申报数据分析好。

与账套数据相关的金融业指标模型共设计了42个，其中高风险模型24个，一般风险模型24个。高风险模型主要是账套与申报数据之间，或账套内部跨科目之间的数据比对模型，风险指向性较好，准确度也较高。一般风险模型主要是账套数据中异常科目余额和异常发生额的一般性提示风险，有一定指向性，但精准度不如前者。

2. 无账套数据支撑的指标模型

由于省及省以下风险管理部门分析的企业缺少账套数据，因此必须设计无账套数据支撑的指标模型。数据来源局限于登记信息、纳税申报数据和发票数据。

无账套数据支撑的指标模型共设计了43个，其中高风险模型17个，一般风险模型46个。

高风险指标模型主要是一些与本行业特定的业务域直接相关，或者有较细颗粒数据支撑的指标模型，比如涉农保费收入、贷款利息支出进项抵扣相关风险，以及跨税种的数据比对模型。

一般风险模型主要是那些指向性较差，无法定位特定的业务域，或单一数据异常，而没有得到其他数据印证的指标模型。这些指标模型指向性较差，精准度不够，但又不可或缺。如税负率、变动率相关的指标模型，以及特殊零数据或负数申报。给这些指标模型辅以详细的风险分析指引和应对指南，并利用风险报告和自查提纲调度纳税人参与风险共治，则也可以起到很好的作用。

（三）行业风险识别

所谓行业风险识别，就是利用指标模型，批量对一个地区的金融企业进行扫描，识别出具有风险的企业，输出按指标模型排列的行业扫描结果一览表以及相应的风险企业清单。

1. 行业扫描结果一览表

根据指标模型命中情况，输出“行业扫描结果一览表”。点击表中“命中企业数”对应的数字，即钻取与该指标模型对应的企业列表。

表中税款所属期、命中企业数两栏是根据扫描结果输出，其他栏目内容是指标模型本身自带的内容。行数随命中情况而改变，当某一指标模型命中企业数为0时，该行（该指标模型）不显示。

2. 企业列表

针对每一个指标模型，提供命中该指标模型的企业列表。

从“行业扫描结果一览表”中的“命中企业数量”列，点击相应的数字，钻取显示当前指标模型对应的企业列表。一次只显示一个指标模型命中的企业列表。表头显示该指标模型名称、风险类别、风险指向、应对指南。表体包含序号、企业名称、税号、税款所属期以及与该指标模型相关的关键指标值。注意：不同指标模型对应的指标值存在差异，因此该表字段随着指标模型而改变。企业列表格式示例如表 18－1 所示。

表 18－1　企业列表格式示例

指标模型名称						
风险类别						
风险指向						
应对指南						
序号	企业名称	税号	税款所属期	所得税贡献率	行业所得税贡献率	差异
1	xxxxxx					
2	xxxxxx					
3	xxxxxx					
4	xxxxxx					
5	xxxxxx					
……	xxxxxx					

3. 单户风险列表

针对每一户企业，汇总该户企业命中的所有的指标模型，提供按户列示的风险清单列表。表头显示企业名称、税号。表字段包含指标模型编号、风险类别、指标模型名称、风险指向、提示提醒、涉及税种、税款所属期等项目。表行数按命中的指标模型数自动调整，即：只显示本户企业命中的指标模型。示例表样如表 18－2 所示。

表 18－2　单户风险列表示例

企业名称：xxxx

税号：xxxxxx

模型编号	风险类别	指标模型名称	风险指向	应对指南	涉及税种	税款所属期
……	……	……	……	……	……	……

【按命中的指标模型数自动调整表格行数，即：只显示本户企业命中的指标模型】

（四）风险分析指引和应对指南（面向税务人员）

面向纳税人的风险分析指引和应对指南，由两部分组成，一是按银行、证券、保险三个行业分别归纳的风险分析指引（简称“分析指引”）；二是与指标模型一一对应的风险应对指南摘要（简称“应对指南”）。

1. 金融业税收风险分析指引

按银行、证券、保险分别归纳的风险分析指引，分别介绍银行、证券、保险三个行业的主要业务、核算特点、特殊会计科目和报表项目，并详细介绍了该行业的特殊政策、主要涉税风险，以及主要相关风险的核查分析要点。

分析指引的目的，在于为税务风险分析应对人员提供一套完整的行业指南，让税务人员快速、系统、详细地了解行业特征，并准确理解相关风险，把握应对方向，成为风险分析和应对的有效辅助工具。

分析指引是对现有指标模型的补充，也为后续进一步分析应对指明方向。

一方面，基于前面所述的数据以及其他原因，金融业的涉税风险，只有一部分可以用指标模型的方式进行初步识别，而另一部分则无法利用指标模型进行分析。因此，指引是对指标模型的补充和兜底。

另一方面，分析指引系统地对相关行业的业务、核算和行业风险特征、政策依据、核查要点等进行了详细描述，是指标模型简要描述所不可替代的，可以帮助税务人员系统掌握相关行业知识，准确理解相关风险，明确进一步分析方向，极大缓解税务人员在风险应对过程由于信息不对称而带来的被动局面。

2. 风险应对指南摘要

与指标模型一一对应的风险应对指南摘要（简称“应对指南”），是根据每一条指标模型所识别出的风险，提供一对一的简要指南，主要从模型的业务逻辑（部分涉及政策规定）基础上进一步分析做出的简要描述，便于税务分析人员准确理解该指标模型的业务含义、风险指向，并提供进一步分析的方向。

应对指南随指标模型一一对应。行业扫描时命中的指标模型，需要带出该指标模型对应的应对指南；单户风险列表中，应对指南也随命中的指标模型出现在列表中。

需要注意的是，按行业归纳的行业风险分析指引中，与相关风险有关的“政策依据”和“核查要点”部分也具有一定的应对指南功能，但分析指引中的“核查要点”不涉及指标模型，同时分析指引中的部分风险由于缺少数据支持而没有设计指标模型，因此，按行业归纳的指引与按指标模型提供的应对指南，二者互为补充，互为参照，可以发挥更好作用。

（五）风险检测报告及自查提纲（面向纳税人）

利用纳税人资源，将纳税人拉上“风险共治”的轨道，需要有适当的工具和手段。风险报告和自查提纲就是两个有效的工具手段。

1. 风险检测报告

风险检测报告指的是按纳税人一一出具的风险检测结果报告（简称“风险报告”）。风险报告是根据风险检测报告模板以及该户纳税人命中的指标模型所对应的风险自动生成。报告主要内容是对识别出的风险给出提示提醒，用于纳税人对照自查。后续纳税人需将自查情况反馈给税务机关。

风险报告中检测结论“风险等级”判断条件示例如下：

（1）命中高风险指标数量5个以上（含5个）；

（2）命中高风险和一般风险指标数量10个以上（含10个）。

上述条件满足任意一条即判断该户企业为“高风险”，除此之外为“一般风险”（相关阈值可根据实际情况进行调整）。

2. 自查提纲

自查提纲是按行业分别列出该行业的主要涉税风险，部分提供相关风险对应的税收政策依据，涵盖主要税种。

自查提纲按税种列示。其中重点风险等级标记为“高风险”项目，是该行业特有的风险，需要企业自查时重点关注，无论是否存在问题，都要一一自查并反馈，反馈时说明自查方法、自查过程、自查结论等情况。标记为“一般风险”的项目，多数是适用于所有行业的通用风险或风险等级较低的风险点，纳税人可以根据自身情况对照自查，只对有问题的项目进行反馈。

19. 搭建风险识别模型 助力个独精准监管

随着网络主播、明星艺人的偷漏税事件频繁曝光，相关高收入群体的税收问题引起了社会广泛关注。网络主播、明星艺人的偷税漏税，不仅导致了巨额税收流失，也极大破坏了社会分配的公平，并对其自身带来“身败名裂”的巨大风险。

2021 年 9 月 18 日，国家税务总局办公厅发布《加强文娱领域从业人员税收管理通知》（以下简称《通知》），标志着网络主播、明星艺人利用核定征收主体避税的漏洞从此得到了一定修复，并且随着针对网络主播、明星艺人的“双随机、一公开”税收检查的力度不断加大，以及知名头部网络主播和明星艺人案件的曝光，相信从 2022 年开始相关风险问题会得到较大改善。近期不少网络主播、明星艺人已完成自查主动补缴税款，并纷纷注销避税地个人独资企业，从侧面证明了《通知》已开始发挥重要作用。但必须看到，税收问题始终是一个博弈问题，靠纳税人自觉纠错从来都是只对部分人有效，必然不乏有人心存侥幸，不仅不主动补税纠错，甚至还若无其事继续偷税漏税。因此，为了更好维护税收的公平性，对 2021 年之前的偷税漏税问题仍然需要大力查处，同时也需要利用大数据手段加强 2022 年以后的相关风险监控，从而使《通知》的精神真正得到充分落实。

本文结合近期曝光的网络主播、明星艺人偷漏税案例，研究其主要偷漏税模式及相关表现形式和特征，搭建风险识别模型，充分利用税收以及第三方数据，运用大数据分析方法发现疑点人员名单并结合征管数据锁定高风险纳税人，助力个独企业精准监管与合规发展。

一、网络主播与明星艺人偷漏税模式分析

（一）网络主播类别

业内一般将网络主播分为两类，一类是签约主播，另一类是独立主播。

签约主播：和经纪公司、MCN 机构或直播平台签约的网络主播，借机构或平台赋能直播，这些主播与品牌方之间不存在直接合作关系，签约方代替主播和品牌方进行对接，在主播完成相关业务后向主播支付相关所得。

独立主播：未与经纪公司、MCN 机构或直播平台签约，完全凭自身能力和资源进行直播，直接和品牌方直接签订相关合作协议的网络主播，完成相关业务后由品牌方向其支付相关所得。

（二）网络主播收入纳税方式

主播取得的收入具有多样性。带货类主播的收入主要包括常规坑位费和带货的佣金收

入，其他收入类型还包括观众的打赏收入（比如虚拟货币、虚拟道具、虚拟礼物等）、广告收入等。

主播取得的收入如何缴税，关键不在于收入类型，而在于收入性质。在确定收入性质时，又需确定主播和相关合作方之间的合作关系：

一是主播个人与相关公司或机构签订劳动合同的情况下，则相关所得应视为工资薪金所得，扣缴义务人（签约方）向主播支付上述所得时，应按累计预扣法计算预扣税款，并按月扣缴个人所得税。

二是主播个人与相关公司或机构签订劳务服务合同的情况下，比如双方签订代理合同、经纪合同等，则相关所得应视为劳务报酬所得。主播个人需前往税务局申请代开发票，并缴纳相应的增值税及附加，扣缴义务人（签约方）向主播支付上述所得时，应按“劳务报酬所得”项目依法扣缴个人所得税。

三是主播以工作室的名义签订合同提供服务的情况下，则相关所得为工作室的生产经营所得。主播应在月度或季度终了后15日内申报工作室的生产经营所得，预缴相应的个人所得税。对于实行查账征收的工作室，还需在次年3月31日前办理汇算清缴。主播成立多个工作室的情形下（从两处以上取得经营所得），还应当于取得所得的次年3月31日前办理年度汇总纳税申报。

明星艺人从事演艺工作的收入类型虽然和网络主播存在差异，但其服务特点、签约方式、偷漏税模式等方面与网络主播大同小异，因此不再单独描述。

（三）网络主播与明星艺人偷漏税模式

1. 将工资薪金或劳务报酬所得转换为生产经营所得

模式一：转换为生产经营所得且享受核定征收。

设立按生产经营所得缴纳个税，且征收方式为核定征收的纳税主体（企业类型包括个人独资企业、合伙企业、个体工商户，地点一般设立在税收洼地），利用该主体承接业务，将实质为工资薪金或劳务报酬的所得转换为主体的生产经营所得，并使用税收“灰色地带”的核定征收政策。工资薪金或劳务报酬所得的最高边际税率为45%，而转换为经营所得后再享受核定征收可大幅降低实际税负（通常可降至10%以下）。

对于收入较高的网络主播或明星艺人，为避免出现单一主体销售额超过500万元需建账、转为一般纳税人无法享受核定征收的情形，甚至采用化整为零的方式，设立多户核定征收主体，将销售额分拆入多个主体中，从而使多户主体均按低税率纳税。

根据相关偷漏税的查处案例，相关人员一般在洼地设立核定征收的个人独资企业或有限合伙企业。此类避税方法具有明显的表现形式，即相关人员设立一户甚至多户核定征收主体。

利用上述纳税主体，特别是个人独资企业，将工资薪金所得或劳务报酬所得转换为经营所得，且利用核定征收模式偷漏税，是本文重点识别的模式。

模式二：转换为生产经营所得未享受核定征收。

通过设立按生产经营所得缴纳个税，且征收方式为查账征收的纳税主体（企业类型包括个人独资企业、合伙企业、个体工商户），利用该主体承接业务，将实质为工资薪金或劳务报酬的所得转换为主体的生产经营所得。将最高边际税率从综合所得45%降低为经营所得35%，并且还可以列支相关费用进行扣除降低应税所得额。

收入较高者，可能采取分拆收入至多户查账征收的主体中，预缴时享受较低的预缴税率，且次年3月31日前未按规定办理个人所得税经营所得的汇总申报，从而避免汇总后按最高边际税率补税的情形。

该方法的节税空间较模式一而言相对较小，实际中使用该方法偷税漏税的个体较少（已曝光的案件主要是利用核定征收主体的情形）。因此本文也有相关识别方法，但不作为重点。

2. 隐匿收入

网络主播、明星艺人隐匿收入最常见的手段是“阴阳合同”，或私下现金交易、他人银行转账、股权洗澡套现等。范冰冰事件曝光后，明星艺人的此类偷漏税行为已有所收敛，但肯定仍然存在。由于这里隐匿收入的情形复杂，缺乏数据线索，通常需要采取稽查手段或知情人士举报才能查证。因此本文暂不涉及此类偷漏税行为的识别。

二、业务方案基本思路

（一）聚焦热点行业、热点人员、热点风险

直播、文娱行业的偷漏税手段多样，其他行业高收入个人也存在各种偷漏税行为，但从近年曝光的案例来看，直播和文娱行业高收入人群是重点打击对象，也是社会和舆论普遍关注的热点，且打击的重点是利用个人独资企业转换收入性质的偷漏税模式。因此，本文重点聚焦直播和文娱领域从业人员（网络主播、明星艺人）利用个人独资企业将工资薪金或劳务报酬所得转换为生产经营所得少缴个人所得税的偷漏税风险。

当然，虽然本文聚焦于直播和文娱行业高收入人群，但由于其他高收入人群也存在采用类似方式避税的情形，因此本文的指标模型也能识别出其他行业高收入人群，即最终输出的名单中也可能包含少部分其他行业的高收入人员。

（二）引入外部数据，充分利用大数据分析方法

利用个人独资企业偷漏税的关键环节是通过个人独资企业转换收入性质和税收征收方式，因此必须先利用全国的、多年期的工商登记信息这一外部数据进行挖掘，识别出相关高收入人员名下的所有个人独资企业。在此基础上利用税务登记和纳税申报数据识别相关个人独资企业的征收方式和税款申报缴纳情况，并进行数据之间的关联比对分析。这种多主体、跨度长、覆盖范围广的多源数据挖掘分析，需要充分利用大数据挖掘和分析方法。其中利用工商登记信息这一外部数据进行挖掘是关键。

利用工商登记信息进行挖掘的核心思路为：根据企业名称、企业类型、所属行业等信息先识别全国范围内的风险企业，由风险企业锁定至疑点人员，再运用大数据分析方法全面挖掘风险人员完整的投资网络（即名下投资的企业类型、企业名称、所属行业、登记注册时间、注册地址等信息）。在此基础上再引入税务数据开展详细的风险分析。

（三）不同数据层层递进，适应不同应用场景

本文中风险模型使用的数据源可分为两大类：第一类是较为基础、可获得性较强的工商登记信息、税务登记信息；第二类是申报数据，包括增值税申报数据、个人所得税申报数据。

两类数据综合运用可以达到最好效果，但由于不同应用场景下的数据获取存在差异，一些场景只能获取有限数据，无法完整利用两类数据，因此本文充分照顾不同场景需求，在部分数据受限情况下仍能发挥较好作用。

仅利用第一类数据（登记信息），可实现快速风险扫描，识别出高风险个人独资企业及相关企业网络，并输出风险人员清单。随着数据源的增加，可获取的信息量增加，风险识别的效果进一步强化。因此，可根据不同场景下可获得的数据情况进行部署和实施，都能独立达到阶段性识别目标和效果。具体两类数据的使用情况如下所述：

1. 仅工商登记信息、税务登记信息

可直接利用工商登记信息、税务登记信息开展风险分析，这两类数据可获得性较强、时效性较好，利用这两类数据的直接效果即锁定全国范围风险人员，并扫描出其投资网络。

2. 申报数据

申报数据并不直接影响风险人员的扫描，但可协助税务人员开展更详细的风险分析，进而确定名单中各人员的风险高低。具体来说，申报数据包括增值税申报数据、个人所得税申报数据。值得注意的是，个税汇算清缴申报数据可用于判断相关风险人员的任职、受雇所在地，对任务派发选择应对的主管税务机关具有重大价值，特别是在全国方案下，确定风险任务接收机关非常重要。

三、风险分析业务方案

（一）风险分析总体流程

个人独资企业避税风险分析的总体流程，以及相关环节涉及的数据源如图 19 - 1 所示。

个人独资企业避税风险分析的总体流程共涉及三类用户角色：一是风险管理部门（总局、各省、地市），二是风险应对部门，三是存在涉税风险的纳税人。

上述流程既适用于首次风险扫描（涉及历史数据，扫描重点是利用按生产经营所得缴纳个税且享受核定征收政策的主体将工资薪金、劳务报酬所得转换为生产经营所得的高风险人群），也适用于首次扫描以后的日常扫描。

首次扫描，时间跨度可以拉长，重点是完整识别出网络主播、明星艺人两类高收入人群利用转换收入性质偷漏个税的情形，重点打击利用按生产经营所得缴纳个税且享受核定征收政策主体转换收入性质的风险人群。

首次扫描后的日常扫描，关注点则是网络主播、明星艺人利用按生产经营所得缴纳个税且查账征收的主体将工资薪金、劳务报酬所得转变为生产经营所得。尽管《通知》明确对明星艺人、网络主播成立的个人工作室和企业，要辅导其依法依规建账建制，并采用查账征收方式申报纳税。但利用相关查账征收主体转换收入性质也可以降低税负，仍可能成为相关

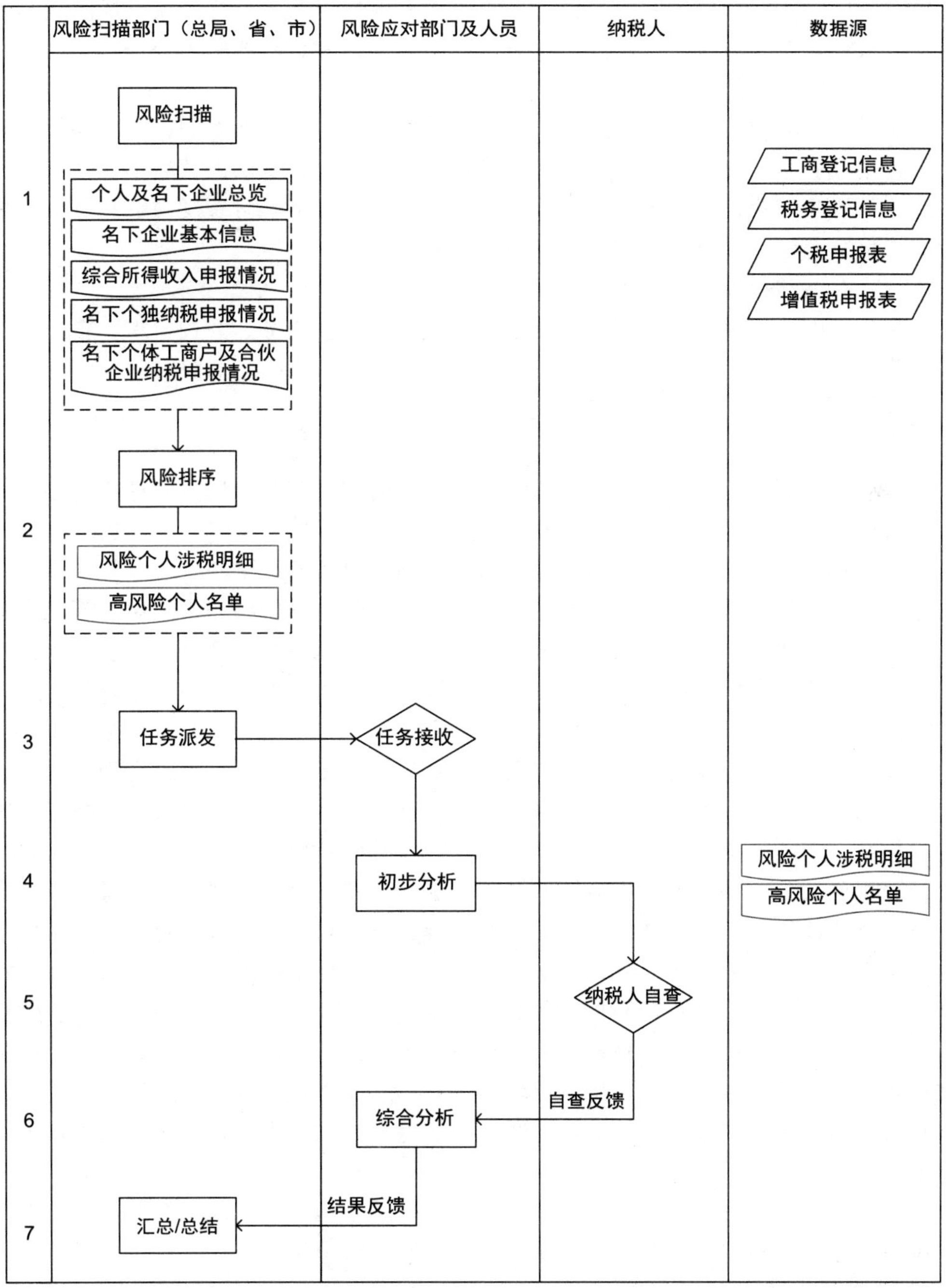

图 19－1　个独避税风险分析工作流程与数据源关系示意图

高收入群体偷税漏税采用的灰色模式。

三类角色的主要工作为：

角色一：风险管理部门。

实施风险扫描，并完成简单分析排序和风险任务派发。即提供相关工作所需的数据和平台工具支撑，利用指标模型开展大范围的群体风险扫描，输出初步扫描结果后，简单分析数据完成风险排序，然后派发风险应对任务，在资源有限的情况下，优先安排风险较高人员的任务派发。最终，在风险应对部门完成任务传回结果反馈后，对相关内容进行总结汇总。

角色二：风险应对部门。

任务接受并完成相关分析和应对工作。即接受风险管理部门派发的任务，并根据相关名单和详细数据开展初步分析，确定存在涉税风险较高应配合自查的人员名单，并对这些人员开展一对一的风险提示、自查辅导、整改督促。根据相关人员的自查反馈综合分析，按要求将应对结果反馈至任务派发机关部门（即风险管理部门）。

角色三：存在涉税风险的纳税人。

完成自查。即根据风险应对部门的提示、辅导完成自查任务，并按要求将自查结果及时反馈回风险应对人员。

（二）风险扫描及应对方案

本文的业务模型和分析方法集中于风险分析总体流程中角色一风险管理部门涉及的相关工作，即风险扫描、风险排序和任务派发。

风险分析总体流程的起点为风险扫描，风险扫描是总体流程中角色一风险管理部门需要完成的首要工作。与传统的风险分析模型不同，本文风险扫描的核心为利用外部工商登记信息和大数据分析方法，在全国范围内快速锁定疑点人员。风险扫描环节共三步，全国和地市风险扫描部门可获得数据不同，因此两者方案在风险扫描的前两步存在较大差异。

风险排序是风险扫描后的环节，对风险人员进行风险排序时，原则是根据相关数据抓大放小，不仅可以提高后续风险应对工作的效率和效果，还可以解决少部分合理避税人员被错误关注的问题。由于利用个人独资企业合理避税和利用个人独资企业偷逃税的投资网络存在一定的相似性，因此基于投资网络设立的大数据分析模型存在“错杀”的可能，即少部分可能是合理避税的人群也将出现在最终的风险清单中。总体来讲，风险排序考虑的因素共两大类，包括个独涉税金额、个独登记注册情况，视数据的可获得情况确定具体方法。

风险排序后进入任务派发环节，任务派发的关键在于确定派发的高风险人员及存在追补税款义务的主管税务机关（即应对的主管税务机关）。不同场景下，追补税款的主管税务机关存在差异。若要准确找到追补税款的主管税务机关，最好可以获取全部数据。总体上，由于本文聚焦于将工资薪金、劳务报酬所得转换为生产经营所得的偷漏税模式，而工资薪金、劳务报酬所得在次年需按综合所得汇算清缴，因此追补税款的主管税务机关优先选择个税汇算清缴地机关。

全国和地方可获得数据情况不同，以下将分别描述全国和地市风险管理部门方案在风险扫描、风险排序、任务派发环节中建议使用的业务模型或分析方法。

1. 全国方案建议

数据源为全国工商登记信息、全国税务登记信息、全量申报数据（增值税申报数据、个人所得税申报数据）。

（1）全国方案风险扫描。

分为首次扫描和日常扫描。

首次扫描：项目实施后的第一次扫描，扫描期间从往前追溯年限至扫描时间点为止，扫描对象是在此期间所有登记注册过个人独资企业的个人，包括登记注册后又注销的个人独资企业的个人。首次扫描的目标是完成对历史数据的识别，解决历史积累下来的风险问题。

日常扫描：以首次扫描时间点的月份为起点，以后定期扫描，扫描频率为每季度一次或每年一次。每次扫描只针对上次扫描之后新登记注册的个人独资企业及相关个人。但在挖掘这些人员相关的企业网络时，则需覆盖此前追溯时间点至扫描时间点为止的所有时间段，也就是要挖掘和统计这些人员从此前追溯时间点至扫描时间点为止登记注册的所有相关企业。因此，日常扫描与首次扫描的区别只是在于人员范围不同，但挖掘人员的企业网络方法完全一致。

说明："扫描期间"与"分析期间"不是一个概念。首次扫描时，"扫描期间"与"分析期间"完全相同。日常扫描时，"扫描期间"一般是上次扫描后的某一个时间段，可能是一年，也可能不足一年，但"分析期间"一般则是若干年、或若干年加分析年度部分季度（年中扫描的情形或相关企业年中成立、注销的情形），也就是对扫描期间涉及人员名下的企业进行多年数据挖掘分析。

全国扫描方案综合利用全国登记信息和全量申报数据，开展逆向、全面的风险扫描，即全面识别全国范围的风险企业（符合条件的个人独资企业），然后根据风险企业的投资者锁定至疑点个人。因此全国扫描方案覆盖全国所有个人独资企业、所有地区人员。

全国扫描方案下，不仅可以实现全国范围快速锁定疑点人员，还可对疑点人员名下的个人独资企业开展详细的涉税金额分析，全面提升风险识别的深度和精准度，具有见效快、易出成果、精准度较高的特点。并且，该方案可以更准确识别出高风险人员对应的主管税务机关。

全国扫描方案下，风险扫描环节共分三步进行，如图 19－2 所示。

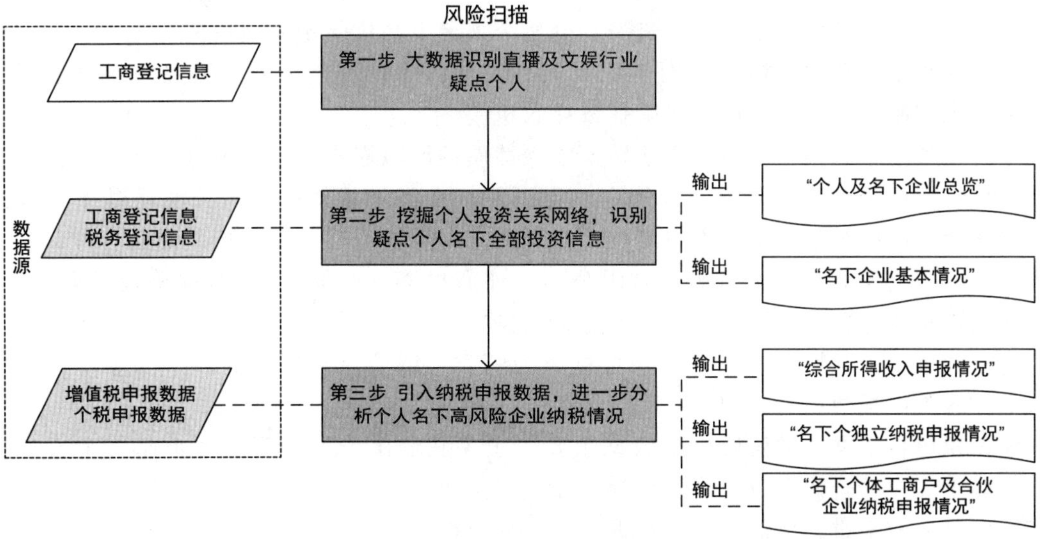

图 19－2　全国方案的风险扫描步骤及业务模型示意图

第一步，大数据识别直播及文娱行业疑点个人。

根据全国工商登记信息，运用大数据挖掘技术，多因子逆向识别风险企业（符合条件的个人独资企业），再由风险企业锁定直播及文娱行业疑点个人。

识别风险企业的因子包括企业登记注册时间、企业登记注册类型、所属行业、企业名称。各因子的模型条件如下：

企业登记注册时间：前次扫描截止期开始至当次扫描日期为止登记注册的个人独资企业。如果是首次扫描，则“前次扫描截止期”默认为往前追溯年限的起点。

企业登记注册类型 = “个人独资企业”。

所属行业：72 - 商务服务业，87 - 广播、电视、电影和录音制作业，88 - 文化艺术业，90 - 娱乐等……

企业名称：含以下任意一关键词即可——工作室、文化、艺术、影视、传播、传媒、演艺等，且不含以下所有词——劳务、人力、会计师。

四个因子都符合上述模型条件的企业，即被识别为风险企业，再利用风险企业的投资者信息锁定疑点人员，输出全国范围内这些企业的投资者姓名、身份证号、联系方式，并根据身份证号码做去重处理，用于下一步分析。

第二步，挖掘个人投资关系网络，识别疑点个人名下全部投资信息。

基于第一步去重后的疑点人员名单，根据全国工商登记信息，再次运用大数据技术挖掘名单中每一位人员名下自往前追溯年限起点开始至扫描时间点为止登记注册的所有企业网络，并输出相关企业名称、税号、企业类型、登记注册时间、地址、投资比例等，其中：个人独资企业、个体工商户都输出，合伙企业和其他类型企业仅输出该个人直接投资比例占比50%以上的企业。其他企业类型包括有限责任公司、股份有限公司、外商投资企业等。

然后，利用税务登记信息，关联输出相关企业的纳税人状态（正常/注销/非正常）。

第二步结束后，输出表“个人及名下企业总览”，显示被扫描出的所有人员的名下企业统计信息，以及表“名下企业基本情况”，显示个人名下企业的基本信息。

第三步，引入纳税申报数据，进一步分析个人名下高风险企业纳税情况。

引入纳税申报数据的核心作用是分析疑点人员名下投资企业的涉税规模及税款征收模式，并用来判断相关人员对应的风险任务接收机关。

本方案聚焦于利用个人独资企业转换收入性质的风险模式，因此重点统计个人独资企业的申报数据。由于个体工商户、合伙企业也可能存在类似的避税模式，因此对于个体工商户、合伙企业的申报数据也做简单统计，供风险应对人员后续查账分析做辅助参考。名下其他类型企业（有限责任公司、股份有限公司、外商投资企业等），与个独避税关联性不强，因此相关申报数据暂不统计分析。

与个独风险关联性强的纳税申报数据分为两类：增值税申报数据、个人所得税申报数据。具体各类申报数据的作用为：

增值税申报数据。增值税申报数据主要用于关联输出个人名下三类企业（个人独资企业、个体工商户、合伙企业）的销售额。增值税销售额主要用于判断一个纳税主体的涉税规模，而且一般来讲，增值税申报数据相对容易获得。

对于名下个人独资企业，先按年统计分析期间存在纳税申报的所有增值税申报数据，即分析期间各年最后一次有效申报的累计数，有效申报指非零申报。一般来讲，如果企业12月份（一般纳税人）或第四季度（小规模纳税人）存在有效申报，则直接取12月份申报的累计数或第四季度申报的累计数。如果12月份（一般纳税人）或第四季度（小规模纳税人）不存在有效申报，则取当年最后一次有效申报月份或季度数据。

对于名下个体工商户和合伙企业，仅统计存在个人独资企业申报数据的年份，即：相关年度存在至少一家非零申报的个人独资企业增值税申报数据或个人独资企业相关的个人所得税经营所得申报数据，才统计相关年度名下的个体工商户和合伙企业的增值税销售额。

在需要用增值税销售额作为名下企业涉税金额时，需要将三类企业（个人独资企业、个体工商户、合伙企业）分析期间不同年度的销售额分别相加计算各自的多年销售额总计。

个人所得税申报数据。主要用于两方面：

一是利用个人所得税申报数据关联输出每个疑点人员的综合所得收入金额、名下三类企业经营所得的税款征收方式及年收入总额。

综合所得收入金额包括四大项收入金额（工资薪金、劳务报酬、稿酬、特许权使用费），利用个人所得税汇算清缴数据统计相关年度（个人名下至少1户个人独资企业存在有效申报的年度）的个税综合所得收入金额，供风险应对人员对相关风险个人的综合所得收入金额和经营所得收入金额进行比较分析。

名下三类企业（个人独资企业、个体工商户、合伙企业）的经营所得税款征收方式及年收入总额，用于辅助风险排序和后续进一步分析，其中个人独资企业的税款征收方式和收入总额数据是风险排序的关键。

和增值税申报数据统计规则类似，对于个人独资企业，先按年统计分析期间存在纳税申报的所有个税经营所得收入总额，即分析期间各年最后一次有效申报的累计数，有效申报指非零申报。一般情况下，个人独资企业12月份或第四季度存在有效申报，则直接取12月份申报的累计数或第四季度申报的累计数，如果12月份或第四季度不存在有效申报，则取当年最后一次有效申报月份或季度数据。

对于名下个体工商户和合伙企业，仅就存在个人独资企业申报数据的年份进行统计，即：相关年度名下至少1户个人独资企业存在有效申报，才统计相关年度名下的个体工商户和合伙企业的个税经营所得收入总额。

在需要用个税经营所得收入总额作为名下企业涉税金额时，需要将三类企业（个人独资企业、个体工商户、合伙企业）分析期间不同年度的收入总额分别相加计算各自的多年收入总额总计。

二是利用个人所得税申报数据分析输出疑点人员的个税综合所得汇缴清缴所在地、工资薪金申报地、经营所得申报地主管税务机关，以及用于接收风险任务的主管税务机关。

第三步结束后，需要输出表“综合所得收入申报情况”，显示相关疑点人员的综合所得收入情况（仅展示疑点人员名下个人独资企业存在申报年份的申报数据）；以及表“名下个独纳税申报情况”，显示疑点人员名下个人独资企业的纳税情况；以及表“名下个体工商户及合伙企业纳税申报情况”，显示疑点人员名下个体工商户和合伙企业的纳税情况（仅展示疑点人员名下个人独资企业存在申报年份的申报数据）。

（2）全国方案风险排序及任务派发。

风险排序重点关注相关人员名下个人独资企业的户数及涉税情况，因此在排序前需对风险扫描输出的相关表数据进行简单提取和加工处理，生成表“风险个人涉税明细”（在数据不全或相关数据获取结果为空的情况下，无数据支撑的字段直接显示“无数据”）。该表加工内容主要包括三大类：风险人员名下个人独资企业户数情况、名下个独资企业涉税金额、主管税务机关信息。

①首先讨论风险排序。基本方法是根据个人名下核定征收个人独资企业和查账征收个人独资企业的涉税金额加权计算风险得分，然后按风险得分降序排序。

名下核定征收个人独资企业的涉税金额、名下查账征收个人独资企业的涉税金额皆是合计数，即分别加总分析期间名下所有核定征收的个人独资企业的涉税金额、分析期间名下所有查账征收的个人独资企业的涉税金额。

对于单户企业而言，先按年汇总相关金额，即计算分析期间各年（不满一年的按季度）合计的增值税销售额、各年合计的经营所得收入总额，然后计算涉税金额，即取合计的“增值税销售额”、合计的“经营所得收入总额”中的较大值。因素权重及风险得分计算方法如表 19－1 所示。

表 19－1　因素权重及风险得分计算方法

名下企业类型	涉税金额	权重系数	风险得分
名下核定征收的个人独资企业	X1	70%	Y1 = X1 * 70%
名下查账征收的个人独资企业	X2	30%	Y2 = X2 * 30%
个人风险得分合计	—	100%	Z = Y1 + Y2

即：

风险得分 Z = 名下核定征收的个人独资企业的涉税金额合计 ×70% ＋ 名下查账征收的个人独资企业的涉税金额合计 ×30%

名下核定征收个人独资企业的涉税金额 = Σ 核定征收个人独资企业的涉税金额

单户核定征收个人独资企业的涉税金额 = Max（Σ 增值税销售额，Σ 经营所得收入总额）

Σ 增值税销售额 = 分析期间各年度增值税销售额加总（不满一年的按季加总）

Σ 经营所得收入总额 = 分析期间各年度经营所得收入总额加总（仅按年加总，不满一年的不加总）

查账征收的个人独资企业的相关金额计算方式同核定征收的个人独资企业，不再展开。

最后按风险得分高低进行降序排序，即风险得分越高则风险等级越高，风险等级越高则排位越靠前。

风险排序环节结束后，将输出表“高风险人员名单”中的部分字段，包括高风险人员姓名、身份证号、联系方式、名下个人独资企业户数情况、名下核定征收个人独资企业涉税金额、名下查账征收个人独资企业涉税金额、风险得分、风险排序。

②再来讨论任务派发。业务逻辑上，先确定风险人员，再根据风险扫描的相关机关结果，按上述规则确定风险应对的主管税务机关。实际产品设计时，选择派发的风险人员后，直接输出其风险应对的主管税务机关。

第一步，确定用于派发的高风险个人名单。

原则上每次风险扫描完成后，只选择风险得分较高、风险排序靠前的个人，作为风险任务派发的对象，分别派发至风险应对的主管税务机关，用于核查和追缴税款。当然也可以将识别出的所有的高风险纳税人都作为任务派发至风险应对的主管机关。

确定派发的风险人员的方法共两种，一是根据个人名下个人独资企业涉税金额大小判断是否派发，比如只派发名下个人独资企业涉税金额超过一定阈值的高风险个人（比如只派发名下涉税金额大于200万元的高风险个人）；二是根据每次扫描出的高风险人员数量选择一定比例进行派发，比如只派发风险排名前30%的高风险个人。也可根据具体派发任务要求选择其他方法。

第二步，确定风险任务接收机关。任务派发的关键在于确定风险应对的税务机关，即确定存在追补税款义务的主管税务机关（称为“风险任务接收机关”）。

根据风险扫描输出的相关主管税务机关信息，确定风险应对的主管税务机关。确定的优先级顺序如下：个人所得税汇算清缴地 > 工资薪金个税申报地 > 个体工商户经营管理所在地主管税务机关 > 个人独资企业经营管理所在地主管税务机关。

③任务派发环节结束后，将输出表“高风险人员名单”中的“应对的主管税务机关”。风险扫描部门税务人员选择派发的高风险人员后，点击派发，相关风险人员的应对任务即可发送至应对的主管税务机关。

2. 地市方案建议

地市方案的特殊之处在于：覆盖范围缩小至本省/市管辖的风险人员或指定的人员，是顺向从“人”出发找风险企业再反过来锁定风险人员，因此扫描范围大大缩小；个人名下关联网络挖掘仍需要全国工商登记信息支持。

覆盖范围缩小至本省/市管辖的风险人员或指定的人员。全国风险扫描时可对全国范围人员进行完整扫描，但地市风险扫描时，考虑到追补税款的义务及风险应对的效率，将扫描人员范围直接缩小至本省/市管辖的风险人员或指定的人员，并且仅将名下存在前述风险企业的个人作为风险人员。地市方案下风险扫描的思路为顺向，即从“人”出发找风险企业，不同于全国方案逆向从风险企业出发找风险个人。因此风险扫描环节的步骤和全国扫描方案存在差异，具体差异情况详见下文地市扫描方案的具体描述。

个人名下关联网络挖掘仍需要全国工商登记信息支持。一般来讲，地市只掌握本省/市相关的工商登记和税务登记信息。但由于风险人员的投资网络往往覆盖全国各地，因此仍需要解决疑点人员涉及的全国范围的工商登记信息。好在一个省/市的疑点人员数量有限，因此利用网络爬虫等手段可以解决。当然，如果能够取得全国交换过来的工商登记信息，则更加事半功倍。此外，省/市也可以采取只提供待扫描人员名单的方式，直接利用全国系统进行扫描。

因此，地市扫描提供两种方案，分别适用于两种场景。

场景1：自行扫描，覆盖本地收入较高的个人所得税纳税人，或指定待扫描人员名单。

场景2：仅提供待扫描人员名单，由全国系统扫描后返回结果。

（1）地市风险扫描。

以下按场景分别描述地市扫描方案的具体内容。

场景1：自行扫描，覆盖本地收入较高的个人所得税纳税人，或指定待扫描人员名单。

数据源：工商登记信息（本地名单相关）、申报数据（个人所得税申报数据、增值税申报数据）。

地市风险扫描方案的步骤及业务模型如图19-3所示。

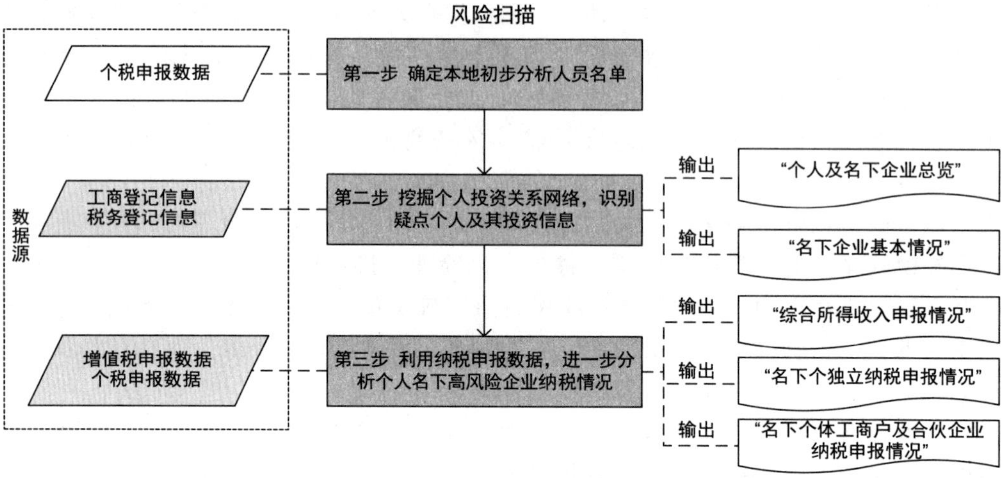

图 19－3 地市风险扫描方案的步骤及业务模型示意图

第一步，确定本地初步分析人员名单。

与全国方案不同，全国方案针对的是全国范围内有个人独资企业的个人，因此采用的是逆向从风险企业出发找人的方法，即从工商登记信息入手，找出网络主播、明星艺人相关的个人独资企业，将这些企业对应的投资者作为待分析的疑点人员名单。而地市方案不能采取这种从企业出发找人的方法，因为从企业出发找出的人员，多数可能不由本地管辖也不由本地负责查补税款。因此，地市方案需要用不同的方法来确定待分析人员名单，以确保本地对相关人员拥有查补税款管辖权，然后再顺向从"人"出发找风险企业的方法锁定风险人员。

分析人员名单包括本地收入较高的个人所得税纳税人，或本地税务机关根据其他条件指定的待扫描人员。本地收入较高的个人所得税纳税人可利用本省/市的个税申报数据筛选确定，方法与全国方案中确定风险任务接收机关的方法类似，优先考虑在本地进行个人所得税汇算清缴的人员；如果要进一步扩大人员范围，则可以进一步延伸覆盖那些虽然没有在本地进行个税汇算清缴，但在本地有申报缴纳工资薪金所得个税的个人；如果需要再扩大人员范围，则可以考虑将那些在本地登记注册并申报纳税的个体工商户对应的人员纳入覆盖范围。上述方法确定的人员之间存在交叉重复的，进行去重处理。具体筛选方法如下：

a. 扫描年度截止日所在年度上溯三年内（当年、上年、上上年）在本省/市个税综合所得汇算清缴收入总额 50 万元以上；b. 扫描年度截止日所在年度上溯三年内（当年、上年、上上年）未在本省/市进行个税综合所得汇算清缴申报，但扫描年度截止日所在年度上溯三年内（当年、上年、上上年）在本地申报工资薪金，且存在某一年度工资薪金收入金额 50 万元以上；c. 不存在上述两类情况，但扫描年度截止日所在年度上溯三年内（当年、上年、上上年）在本地申报个人所得税经营所得，且存在某一年度经营所得收入总额 50 万元以上。

去重处理后，输出符合条件的相关人员的姓名、身份证号、联系方式，用于下一步分析。

与全国扫描方案差异说明：与全国扫描方案最大的不同点是，全国扫描方案第一步先利用工商登记信息在全国范围内识别风险企业，再根据风险企业的投资者信息识别至风险个人。而地市扫描方案直接从本地符合条件的相关人员出发进行有限扫描，因此第一步并非全国范围内识别风险企业，而是利用个税申报数据先确定初步分析人员名单。

第二步，挖掘个人投资关系网络，识别疑点个人及其投资信息。

根据全国工商登记信息，运用大数据挖掘技术，挖掘相关人员的个人投资关系网络，判断其名下是否存在风险企业（符合条件的个人独资企业）。地市风险扫描部门仅存在本地企业的工商登记信息，需向申请调用跨省/市的工商登记信息，若无法获取，由于本省的扫描人员相对有限，也可利用网络爬虫等手段快速爬取相关人员名下的投资关系网络予以解决。

识别风险企业的因子包括企业登记注册时间、登记注册类型、所属行业、企业名称。各因子的模型条件如下：

企业登记注册时间：前次扫描截止期开始至当次扫描日期为止登记注册的个人独资企业。如果是首次扫描，则“前次扫描截止期”默认为2013年1月1日。

企业登记注册类型=“个人独资企业”。

所属行业：72-商务服务业，87-广播、电视、电影和录音制作业，88-文化艺术业，90-娱乐等……

企业名称：含以下任意关键词即可——工作室、文化、艺术、影视、传播、传媒、演艺等；且不含以下所有词——劳务、人力、会计师。

四个因子都符合上述模型条件的企业，即被识别为风险企业，名下存在至少1户风险企业的人员即为疑点个人。

对于疑点个人，输出其名下投资的企业信息，包括企业名称、税号、登记注册时间、地址、投资比例等，其中：三大类型企业（个人独资企业、合伙企业、个体工商户）皆挖掘，其他类型企业仅挖掘直接投资比例25%以上的。

对于非疑点个人（即名下不存在风险企业），不输出名下投资的企业信息。

即第二步结束后，将输出表“个人及名下企业总览”全部字段，显示被扫描出的所有疑点人员的名下企业统计信息。

与全国扫描方案差异说明：全国扫描方案第二步直接利用登记信息挖掘疑点个人的投资关系网络并输出；而地市扫描方案第二步先对初步分析人员的投资关系网络进行挖掘，将名下存在风险企业的人员锁定为疑点个人，并输出疑点个人的投资关系网络信息。

第三步，利用纳税申报数据，进一步分析个人名下高风险企业纳税情况。

引入纳税申报数据的核心作用是分析疑点人员名下投资企业的涉税规模及税款征收方式，并用来判断相关人员对应的风险任务接收机关。地市风险扫描部门有本省/市企业的申报数据，仅利用本省/市申报数据也可以完成风险分析，只不过风险分析的精准度略有下降（无法获取疑点人员名下所有风险企业的涉税金额）。

本文聚焦于利用个人独资企业转换收入性质的风险模式，因此重点统计个人独资企业的申报数据。由于个体工商户、合伙企业也可能存在类似的避税模式，因此对于个体工商户、合伙企业的申报数据也做简单统计，供风险应对人员后续查账分析做辅助参考。名下其他类型企业（有限责任公司、股份有限公司、外商投资企业等），与个独避税关联性不强，因此相关申报数据暂不统计分析。

与个独风险关联性强的纳税申报数据分为两类：增值税申报数据、个人所得税申报数据。具体各类申报数据的作用为：

增值税申报数据。主要用于关联输出个人名下三类企业（个人独资企业、个体工商户、合伙企业）的销售额。增值税销售额主要用于判断一个纳税主体的涉税规模，而且一般来讲，增值税申报数据相对容易获得。

对于名下个人独资企业，先按年统计分析期间存在纳税申报的所有增值税申报数据，即分析期间各年最后一次有效申报的累计数，有效申报指非零申报。一般来讲，如果企业 12 月份（一般纳税人）或第四季度（小规模纳税人）存在有效申报，则直接取 12 月份申报的累计数或第四季度申报的累计数。如果 12 月份（一般纳税人）或第四季度（小规模纳税人）不存在有效申报，则取当年最后一次有效申报月份或季度数据。

对于名下个体工商户和合伙企业，仅统计存在个人独资企业申报数据的年份，即：相关年度存在至少一家非零申报的个人独资企业增值税申报数据或个人独资企业相关的个人所得税经营所得申报数据，才统计相关年度名下的个体工商户和合伙企业的增值税销售额。

在需要用增值税销售额作为名下企业涉税金额时，需要将三类企业（个人独资企业、个体工商户、合伙企业）分析期间不同年度的销售额分别相加计算各自的多年销售额总计。

个人所得税申报数据。主要用于两方面：

一是利用个人所得税申报数据关联输出每个疑点人员的综合所得收入金额、名下三类企业经营所得的税款征收方式及年收入总额。

综合所得收入金额包括四大项收入金额（工资薪金、劳务报酬、稿酬、特许权使用费），利用个人所得税汇算清缴数据统计个人名下个人独资企业存在有效申报年度的个税综合所得收入金额，供风险应对人员对相关风险个人的综合所得收入金额和经营所得收入金额进行比较分析。

名下三类企业（个人独资企业、个体工商户、合伙企业）的经营所得税款征收方式及年收入总额，用于辅助风险排序和后续进一步分析，其中个人独资企业的税款征收方式和收入总额数据是风险排序的关键。

和增值税申报数据统计规则类似，对于个人独资企业，先按年统计分析期间存在纳税申报的所有个税经营所得收入总额，即分析期间各年最后一次有效申报的累计数，有效申报指非零申报。一般情况下，个人独资企业 12 月份或第四季度存在有效申报，则直接取 12 月份申报的累计数或第四季度申报的累计数，如果 12 月份或第四季度不存在有效申报，则取当年最后一次有效申报月份或季度数据。

对于名下个体工商户和合伙企业，仅就存在个人独资企业申报数据的年份进行统计，即：相关年度存在至少一家非零申报的个人独资企业增值税申报数据或个人独资企业相关的个人所得税经营所得申报数据，才统计相关年度名下的个体工商户和合伙企业的个税经营所得收入总额。

在需要用个税经营所得收入总额作为名下企业涉税金额时，需要将三类企业（个人独资企业、个体工商户、合伙企业）分析期间不同年度的收入总额分别相加计算各自的多年收入总额总计。

二是利用个人所得税申报数据分析输出疑点人员的个税综合所得汇缴清缴所在地、工资薪金申报地、经营所得申报地主管税务机关，确定用于接收风险任务的主管税务机关。

第三步结束后，输出表“综合所得收入申报情况”，显示相关疑点人员的基本收入情况；以及表“名下个独纳税申报情况”，显示疑点人员名下个人独资企业的纳税情况；以及表“名下个体工商户及合伙企业纳税申报情况”，显示疑点人员名下个体工商户和合伙企业的纳税情况（仅展示疑点人员名下个人独资企业存在申报的年份的申报数据）。

场景 2：提供待扫描人员名单，直接利用全国系统扫描。

数据源：本地待扫描人员名单。

场景 2 和场景 1 相比更快速更全面，场景 2 不需要自行扫描，仅需确定本省/市的待扫描名单，直接利用全国系统扫描，根据全国系统返回的扫描结果进行排序、甄别，确定风险人员名单。

（2）地市风险排序及任务派发。

不同场景下地市风险扫描结果的不同，将直接影响风险排序和任务派发。

场景 1 利用本地申报数据对疑点人员开展有限的风险分析，其风险排序方法和全国方案不同，任务派发方法可参考全国方案。

场景 2 地市仅需提供扫描人员名单，直接利用全国系统进行扫描并返回结果，因此风险排序和任务派发方法可参考全国方案。

场景 1：自行扫描，覆盖本地收入较高的个人所得税纳税人，或指定待扫描人员名单。

数据源：工商登记信息（本地名单相关）、申报数据（个人所得税申报数据、增值税申报数据）。

风险排序重点关注风险人员名下个人独资企业情况，因此在排序前需对风险扫描输出的相关表数据进行简单提取和加工处理，生成表“风险个人涉税明细”。（在数据不全或相关数据获取结果为空的情况下，无数据支撑的字段直接显示“无数据”）。该表加工内容主要包括三大类：风险人员名下个人独资企业户数情况、名下个独资企业涉税金额、主管税务机关信息。

A. 地市风险排序方法：不同于全国方案，优先用个独登记注册情况排序。

场景 1 下的方案仅利用本地申报数据对风险人员开展有限风险分析，因此风险排序方法无法和全国方案一致，即无法根据名下所有个人独资企业（含跨省/市个人独资企业）的涉税金额计算风险得分进行排序，而是优先用个独登记注册情况进行排序，相应考虑疑点人员名下本省/市个人独资企业的涉税金额。具体风险排序逻辑为：

a. 名下个人独资企业户数越多的，风险越高；

b. 名下个人独资企业户数相同，注销或非正常的个人独资企业占比越大的，风险性越高；

c. 名下个人独资企业户数相同，且注销或非正常的个人独资企业占比相同的，本省/市的个人独资企业的涉税金额越大的，风险越高。

B. 地市任务派发方法：同全国方案，但限定在本地主管税务机关。

派发方法与全国方案一致，但是由于地市方案起点为本地管辖人员，因此应对机关限定在本地主管税务机关中。具体方法参照上文全国方案风险排序及任务派发。

任务派发环节结束后，将输出表“高风险人员名单”中的“应对的主管税务机关”。风险扫描部门税务人员选择派发的高风险人员后，点击派发，相关人员的应对任务即可发送至应对的主管税务机关。

场景 2：仅提供待扫描人员名单，由全国系统扫描后返回结果。

数据源：本地待扫描人员名单。

A. 地市风险排序方法：同全国方案。

由全国系统扫描后返回的结果包含疑点人员名下所有个人独资企业的涉税金额，此时风险排序方法可参考全国方案，即根据个人名下核定征收个人独资企业和查账征收个人独资企业的涉税金额加权计算风险得分，然后按风险得分降序排序。具体方法参照上文（2）全国方案风险排序及任务派发。

B. 地市任务派发方法：同全国方案，但限定在本地主管税务机关。

派发方法与全国方案一致。但是由于地市方案起点为本地管辖人员，因此应对机关限定在本地主管税务机关中。具体方法参照上文（2）全国方案风险排序及任务派发。

任务派发环节结束后，将输出表“高风险人员名单”中的“应对的主管税务机关”。风险扫描部门税务人员选择派发的高风险人员后，点击派发，相关人员的应对任务即可发送至应对的主管税务机关。

（三）建议基于模型开发辅助工具

如前所述，虽然模型设计时已聚焦于网络主播、明星艺人利用个人独资企业将工资薪金、劳务报酬所得转换为生产经营所得的税收风险，可对相关群体以往年度相关风险进行识别。但由于相关群体可能还存在其他更为隐蔽的偷漏税手段。因此，单单提供指标模型虽可用于初步选案，但其作用更多的是提供线索，后续最好能够提供配套辅助工具以便税务人员进一步定位分析和风险应对。

建议基于风险分析模型开发相应的辅助工具，为税务人员提供一览全面的风险人员列表，并提供可钻取显示和快速切换的信息查询工具，便于税务人员查看各人员名下企业的详细数据，进而对相关人员风险进行评估和排序，以及风险派发和应对。辅助工具既便于税务人员识别以往年度的风险分析人员，还可以定期更新数据，在未来年度对相关风险人员保持实时风险监控。

四、风险分析业务方案的亮点

一是聚焦热点行业、热点人群、热点风险，社会效应突出。聚焦近期频繁曝光的网络主播、明星艺人利用个人独资企业偷漏税的风险，顺应形势，顺应民意，有利于形成良好的社会效应。

二是基于案例建模，针对性强，准确性较高。基于近期曝光的网络主播、明星艺人偷漏税案例建立风险识别模型，挖掘、提炼案例特征，锁定利用个人独资企业将工资薪金或劳务报酬所得转换为生产经营所得少缴个人所得税的偷漏税风险，模型针对性强。

三是有效利用外部数据，大数据分析彰显威力。突破传统风险分析数据瓶颈，充分挖掘外部工商登记信息的数据价值。利用大数据分析方法挖掘多主体、跨度长、覆盖范围广的工商登记信息，快速识别风险企业，锁定疑点人员，彰显大数据分析方法威力。

四是风险人员投资网络全面挖掘，不留死角。以人的维度，挖掘各风险人员名下的企业投资情况，搭建“一人式”投资网络，全面挖掘个人名下的关联投资企业情况，不留风险分析死角。不仅有助于税务人员对风险人员开展全面风险分析，也有助于强化后续风险监控。

五是分析过程数据透明，风险信息一览无余。提供风险分析配套的辅助工具，展示风险分析过程中的重要数据，包括风险人员名单、名下关联投资企业基本情况及涉税数据等，实现风险分析过程数据透明化、风险信息一览无余，便于税务人员开展风险评估和排序、确定后续派发应对的高风险人员，以及日常风险监控。

六是合理确定应对机关，风险任务落实到位。合理确定高风险人员的风险应对机关（即存在追补税款义务的主管税务机关），及时安排风险应对机关对高风险人员开展一对一的风险提示、自查辅导和整改督促等工作，确保风险任务落实到位，形成风险分析闭环。

七是适应不同数据环境，实施方案灵活选择。设计多套实施方案，供不同数据环境灵活应用，方案的落地性较强。其中：数据全量情况下（全国登记信息、全量申报数据），即全国落地的情形，直接选择全国方案。数据受限情况下，即地市落地的情形，此时可选择地市方案一：利用网络爬虫或申请调用等手段解决数据来源，再进行扫描；也可选择仅提供待扫描名单，调用全国系统完成扫描并返回结果。